폭력 없는 미래

사랑하는 스리 이스와란 스승님께

(1911. 1. 2 ~ 1999. 10. 26)

폭력 없는 미래

비폭력이 살 길이다

The Search

for a

Nonviolent

Future

마이클 네이글러 지음 ― 이창희 옮김

두레

추천의 글

꼭 들어맞는 비유는 아닐 수도 있지만 오늘날의 세계는 말기 환자와 비슷하다는 생각을 떨칠 수가 없다. 새삼스럽게 무슨 얘기냐고 할지도 모른다. 세상이 폭력으로 얼룩져 말기 환자 같은 모습이 되었다는 얘기라도 하려는 것인가? 이것도 잘 알려진 얘기가 아닌가? 그러나 비슷해도 너무 비슷하다는 생각이 상상력을 자극한다.

이 비유에 등장하는 환자는 골초다. 이 사람은 흡연의 위험을 잘 알고 있으면서도 '아무 일도 없겠지' 하는 근거 없는 믿음으로 계속 담배를 피워 댄다. 이런 믿음이라도 가질 수밖에 없다. 왜냐하면 흡연이라는 습관은 스스로 통제하기 어렵기 때문이다(내가 아는 어떤 여자는 담배를 끊지 않으면 몇 년 안에 죽는다는 의사의 이야기를 듣고는 너무 놀라 뛰어나가 담배를 한 대 피웠다고 한다). 결국 이 환자는 폐암에 걸려 의사에게 달려가 살려 달라고 애원한다. 의사는 생활습관을 완전히 바꿔야만 제대로 회복될 수 있다고 말한다. 먼저 담배부터 끊어야 한다는 말을 들은 환자는 의사가 시키는 대로 해야겠다고 결심한다. 마치 인류가 전쟁이나 엄청나게 끔찍한 폭력 사태 직후에 움찔해서 한동안 조용한 것처럼 말이다.

환자는 새 삶을 얻은 기분으로 집으로 간다. 그러나 일단 병이 낫고 나면 옛날 버릇이 돌아와 담배를 다시 피우게 된다. 우리 모두 잘 알고 있는 것처럼 이러한 과정의 종말은 죽음이다.

내가 무슨 얘기를 하려는지 짐작이 갈 것이다. 세상은 폭력으로 인해 말기 환자처럼 신음하고 있고, 병이 크게 악화되면 우리는 그제야 치료책을 찾아 헤맨다. 어찌어찌해서 치료가 되고 나면 다시 옛날의 파괴적인 행동을 반복한다. 이런 점에서 사회는 개인과 다를 것이 없다. 치료가 효과를 거두려면 나쁜 버릇을 고쳐야겠다는 결심이 변하지 않아야 한다.

수백 년간 인류는 '폭력의 문화'에 푹 절어 있어서 폭력이 우리 존재의 핵심까지 파고들어 버렸다. 적어도 그렇게 보인다. 그러나 폭력은 끊임없는 흡연으로 몸을 망치는 것만큼이나 부자연스러운 일이다. 폭력의 문화 속에서 살고, 생각하고, 존재하는 한 우리는 이 문화로부터 빠져나올 길을 찾을 수 없다. 미봉책으로도 해결되지 않는다. 그것은 마치 수영장 안에서 몸이 젖지 않게 하려는 것과 같다.

폭력 문화가 보이지 않게 우리 삶에 스며든 모습을 이해하려면 폭력의 많은 얼굴을 볼 수 있어야 한다. 세상에는 전쟁, 싸움, 폭동, 구타, 강간, 살인 등의 물리적 폭력만 있는 것이 아니라 더욱 파괴적인 "조용한" 폭력도 있다. 조용한 폭력으로 사람들은 물리적 힘을 쓰지 않고도 남을 해친다. 이러한 폭력은 암처럼 눈에 보이지 않기 때문에 더욱 파괴적이다. 조용한 폭력은 자연의 파괴, 과소비, 증오, 편견, 욕설 등 수천 가지의 모습으로 나타나며, 겉보기에는 정상적인 행동이지만 무의식 중에 사람들을 다치게 만드는 행동도 무수히 많다. 조용한 폭력은 타오르는 불길 같은 물리적 폭력의 연료 역할을 하므로, 물리적 폭력의 불을 끄려면 연료 공급을 차단해야 한다. 어떻게 해야 할까? 나의 할아버지 간디는 이렇게 말했다. "세상에 변화를 일으키려면 우리가 변화 그 자체가 되어야 한다."

환자의 비유를 다시 한번 잠깐 생각해 보자. 환자를 협박해서 잠시 담배를 끊게 할 수는 있을 것이다. 니코틴 패치를 붙여서 금연기간을 좀더 연장할 수는 있겠지만 이것으로는 애당초 이 사람이 흡연을 시작하게 만든 원인을 해결할 수 없다. 마지막으로 환자에게 삶의 의미, 좀더 차원 높은 목적 같은 것을 줄 수 있다. 이렇게 하면 담배를 완전히 끊으려는 의지를 끌어낼 수 있을 것이다.

내 친구인 마이클 네이글러 박사가 쓴 이 글은 이 세 가지를 모두 제시하고 있다. 이 책은 다양한 형태의 폭력이 얼마나 역겹고 또 불필요한 존재인지를 여실히 보여 준다. 이 책은 또한 비폭력이 얼마나 효과적인지를 보여 주는 여러 이야기를 담고 있을 뿐만 아니라, 우리가 불가피하거나 "정당"하다고 생각해 왔던 형태의 폭력을 포함한 여러 가지 폭력에 대한 창의적이고도 건설적인 대안에 관한 사업을 펼치는 많은 기관과 조직의 보고서도 담고 있다. 이 책은 또한 우리와 우리의 가족, 그리고 온 세계를 폭력이라는 암으로부터 영원히 지켜줄 새롭고 풍성한 삶의 길을 찾는 안내자 역할도 할 것이다. 이 책을 세상의 많은 사람들이 읽었으면 하는 바람이다.

아룬 간디
(M. K. 간디 비폭력연구소 창립자 겸 소장)

끔찍했던 9 · 11사태가 터지기 석 달쯤 전 나는 우리 학교에서 열린 "J 스쿨(School of Journalism)"에서 열리는 토론에 참석한 적이 있다. J 스쿨은 과거의 "스타워즈(Starwars)" 우주 미사일 방어계획을 부시 대통령이 부활시킨 것에 대해 토론하기 위해 우리 학교의 학장인 오르빌 셸이 개설한 것이다. 첫 번째 연사는 로렌스 리버모어 연구소에서 온 사람이었는데, 이 연구소는 미국의 양대 핵폭탄 관련 시설 중 하나로 미사일 방어계획 같은 것을 옹호할 이유가 충분히 있는 조직이다. 그러나 핵무기 연구에 종사하는 과학자들도 이 사업에 대해 우려하는 분위기가 강했고, 냉전 시대 때 나는 이 과학자들 몇 명과 이야기할 기회도 있었다. 이런 기회를 얻은 것은 나 같은 교수들과 신학자들, 국방 과학자들이 몇 년에 걸쳐 기회 있을 때마다 한 번씩 지속적으로 열린 원탁회의에 참석했기 때문이다. 교수 생활 중 지적으로 가장 만족할 만한 토론의 장 가운데 하나였던 것으로 기억한다. 그런데 이날 저녁 충격적인 연사가 등장했다.

　학식을 갖춘 데다 연설에도 재능이 있던 이 연사는 청중을 완전히 사로잡았다. 토론의 첫 번째 논제는 이 사업과 관련된 기술이 효과가 있을 것인가였다. 그는 비웃듯 이렇게 말했다. "물론 효과가 있죠. 기술은 항상 잘 돌아갑니다." 그래? 이 방에는 컴퓨터가 말썽을 일으켜서 고생을 해 본 사람이 하나도 없단 말인가? 이어서 그는 더 심한 말을 했다. "미국은 돈이 많습니다. 그래서 미국은 원하는 많은 일을 할 수 있고, 아무도 우리를 막지 못할 것입니다." 그 뒤의 이야기는 생략하겠다. 교수와 전문가들 앞에서 이렇게 조악하고 통속적으로 오만함을 드러내는 모습은 나는 일찍이 본 적이 없다. 불행히도 나는 고등학교 때 무솔리니의 모습을 담은 기록 영화를 여러 번 봐야만 했던 적이 있었는데, 그는 내 기억 속의 무솔리니와 비슷하게 행동했으며, 심지어 무솔리니 비슷하게 보이기까지 했다. 그의 이야기 중 다음 한 마디가 정말 압권이었다. "미국의 21세기에 오신 것을 환영합니다. 여기가 마음에 안 드시면, 아마 다음 세기까지 100년쯤 기다리셔야겠군요."

여기까지 듣고 나니 공포가 온몸을 덮쳤다. 마치 몸속 깊은 곳으로부터 내 것이 아닌 것 같은 목소리가 이렇게 말했다. "세상에, 우리 한번 당하겠군." 내 마음속의 눈 앞으로 거인이 얻어맞고 땅바닥으로 쓰러지는 장면이 잠깐 비쳤다.

석 달 뒤 나는 통근버스에 앉아 앞좌석 등받이를 움켜쥐고 있었다. 그때 같이 출근하던 동료 하나가 휴대용 라디오로 방송을 듣더니 무역센터가 무너졌다고 했다. 사무실 앞에 도착해 어안이 벙벙한 채로 차에서 내려 서 있자니까 노엘이 이렇게 말했다. "세상은 결코 전과 같지 않을 거야." 그의 말은 너무도 옳았다.

그러나 다른 측면에서 보면 그의 말은 완전히 틀리기도 했다. 세상은 옛날과 같고 앞으로도 계속 같을 것이다. 앞에서 예로 든 오만한 과학자가 이해하지 못한 것이 바로 이 점이다. 폭력은 새로운 폭력을 낳고, 폭력으로 인해 태어난 폭력은 더 많은 폭력을 낳는다. 이 악순환에 빠진 사람은 쉽게 탈출하지 못한다. 그러니까 다른 방법을 찾아야 한다.

따라서 나는 이 책이 환영받은 것과, 9·11사태 이후 출판된 개정판에 서문을 새로 쓰게 된 것을 기쁘게 생각한다. 그러나 개정판이라고 해서 고칠 만한 부분은 별로 없었다. 이제 폭력이 매우 잔혹한 방법으로 모습을 적나라하게 드러낸 만큼 폭력 없는 미래를 추구하는 일은 더욱 절실해졌다. 시인 시어도어 뢰트케는 이렇게 썼다. "어둠이 내리면 눈은 비로소 보기 시작한다."

많은 사람들이 정신을 갉아먹는 현대 문명의 공허함을 이미 느끼고 있었다. 이런 상황에 눈을 감으려 하던 사람들도 파산한 물질숭배의 산물인 이 공허감의 해결책을 찾는 일이 더 이상 사치가 아님을 절감하기 시작했다. 인류는 폭력의 소용돌이 속으로 끌려 들어가고 있고, 이제 정신을 차리기 시작한 우리의 의지는 나태함의 장막을 뚫고 나와 탈출구를 찾으라고 목청껏 외치고 있다. 절망은 결코 좋은 것이 아니지만 절망에 쫓겨 탈출구를 찾게 되는 경우도 많다. 9·11사태 '기념일'에 이 글을 쓰고 있는 지금 전 미국에서 바로 이런 일이 벌어지고 있다.

이번 주에 나온 「뉴요커(New Yorker)」지 기념판에서도 좋은 예를 찾을 수 있다. 데이비드 렘닉과 헨드릭 허츠버그는 이렇게 썼다. "이

번 주는 슬픔에 찬 주다. 그러나 슬픔이 전부는 아니다. 9·11사태로 인해 우리는 오랫동안 해결하지 못했던 일련의 문제들을 지속적으로 들여다볼 수밖에 없게 되었다."[1] 나는 이들에게 전적으로 동의한다. 그런데 우리가 들여다보는 작업을 하기는 했는가? '미국은 왜 그런 끔찍한 일을 당했는가, 그리고 이런 폭력으로부터 스스로를 지키기 위해 우리는 무엇을 해야 하는가?' 이런 질문을 스스로에게 던진 적이 있는가?

앞서 이야기한 과학자의 연설을 들으며 내가 특히 두려움을 느낀 부분은, 그 사람 같은 자리에 있는 사람들은 대개 백악관 측과 가깝고 따라서 정계의 분위기를 대변하는 수가 많다는 사실이다. 그리고 이제 우리 모두 알고 있는 사실이지만, 외국의 평론가들 심지어 미국의 평론가들도 제2기 부시 행정부의 특징을 이야기할 때 '오만'이라는 단어를 자주 쓴다. 역사를 조금이라도 아는 사람이거나, 인간관계가 어떤 것인지 조금이라도 겪어서 아는 사람이라면 모두 아는 사실을 이 과학자는 모르고 있었다. 아무리 돈이 많아도, 아무리 군사력이 강해도, 남의 권리를 무시하고 오만한 행동을 하는 사람이나 국가가 행복해진 적은 없다는 사실 말이다. 어떤 형태로든 폭력은(오만도 분명히 폭력의 한 가지이다) 폭력을 부른다. 일단 폭력을 선택하면 안전과는 결별해야 한다.

지난 1년간 벌어진 일련의 사태로 이제 우리는 CIA가 만든 용어인 "블로우백(blow back, 역풍 또는 역류라는 뜻으로 강력한 군사력을 앞세운 미국의 외교정책이 뜻밖의 결과를 낳는다는 의미―옮긴이)" 이라는 말에 어느 정도 익숙해졌다. 파나마의 마누엘 노리에가, 탈레반, 오사마 빈 라덴, 그리고 사담 후세인 등은 말할 것도 없이 모두 CIA로부터 강력한 지원을 받은 사람들이다. CIA를 비롯한 이른바 "안보" 담당 부처들은 이 폭력적인 사람들에게 이런저런 일을 시키면 미국에 이익이 될 거라고 생각했고, 미국인의 절대다수는 이런 일이 일어나는지 알지도 못했다. 그런데 이들은 폭력의 칼날을 미국인에게로 돌렸다. 그러나 이런 식의 블로우백은 더 큰 그림의 일부에 불과하다. 그리고 앞서 말한 과학자의 위험한 오만은 이 그림의 또 다른 한 부분을 이룬다. 역류는 폭력의 논리가 공개리에 전개되는 장이다. 정부가 비밀리에 지원하는 폭력만 역류하는 것이 아니라 사실 모든 폭력은 역류한다. 그 가장 생생한 예는 이 책에서 나중에 다룰 1991년 이라크 전쟁이다.

생중계로 직접 보았든 아니면 나중에 보았든 세계무역센터가 무너지는 장면을 보면서 사람들이 공통적으로 보인 반응은 무엇일까? "영화를 보는 것 같았다"였다. 이들은 눈앞에서 벌어진 현실적 사건을 일상적으로 접하는 픽션 속에 자주 등장하는 모티프, 이를테면 재난, 피바다, 시체, 폭발 등과 즉각 연결한 것이다. 컬럼바인 고등학교 총격 사건의 주인공이었던 다일런 클레볼드와 에릭 해리스는 대학살을 저지르기 직전 비디오를 하나 남겼다. 비디오에서 이들은 비행기를 하나 납치해 뉴욕을 덮쳐 "최대한 많은 사람을 죽이는" 꿈에 대해서 털어놓았다. 9월 11일에 테러범들이 자행한 것은 극악무도한 짓이었다. 그러나 이런 일은 '상상할 수 없는' 것이 아니었다고 말하는 것이 정직할 것이다. 그 이유는 거의 모든 사람들, 특히 청소년들이 항상 폭력을 생각하는 문화를 만들어 냈기 때문이다. 이런 문화 속에서는, 내 친구가 말한 것처럼, "사람들이 모든 가능한 방법으로 폭력을 부추긴다."

어떤 경우에는 폭력이 안보상의 위협으로 곧장 이어지는 모습이 보이기도 한다. 그 좋은 예가 미국의 맹목적인 이스라엘 지원이다. 다른 경우에는 그저 직관적으로 좀 위험하다 싶을 뿐이다. 그러나 폭력은 어떤 형태의 것이든 우리의 안전과 행복을 파괴한다는 사실을 명심해야 한다. 테러의 위협에서 벗어나려면 우리는 다음과 같은 질문을 체계적으로 끊임없이 던져야 한다.

"우리는 어떤 경우에 폭력을 선택하는가? 그리고 폭력 대신 어떤 선택을 할 수 있는가?"

이것이 이 책이 지향하는 바이다.

나는 퇴역군인이며 모든 형태의 폭력에 반대한다. 나는 걸프전에 참전한 것을 자랑스럽게 생각하지 않는다. 그리고 나는 실수를 통해 많은 것을 깨달았다. 다른 사람도 마찬가지였다. 나의 바람은 9월 11일에 한자리에 모여 우리가 잃은 것은 무엇인지를 돌아보고, '폭력과 군국주의로 얼룩진 문화를 거부하며' 모든 사람에게 정의와 평화를 가져다 줄 지속적인 운동을 시작하는 것이다.[2](' ' 표시는 저자)

최근 이와 같은 글을 쓴 크리스틸 카이어는 이런 생각을 실천에 옮기기 위해 "폭력장면으로 범벅이 된" 텔레비전을 껐다.

무슨 소용이 있냐고? 소용이 있는 정도가 아니라 이렇게 폭력을 거부하는 자세야말로 핵심적이고 필수적이다. 왜냐하면 인간의 삶은 친절함과 잔인함, 동정과 소외, 상호존중과 비인간화(아니면 나중에 인용할 학자의 말을 빌리자면 민주주의와 폭력)가 씨실과 날실처럼 얽힌 가운데 펼쳐지기 때문이다. 이 두 가지의 상반된 힘이 모든 인간관계의 결과를 만들어 낸다. 가까운 사람들끼리 다투는 모습을 보면, 분명한 주제를 놓고 의견이 엇갈리는 것 같지만 사실은 상처 받은 감정과 자존심 때문에 다투는 경우가 더 흔하지 않은가? 이 단순한 사실을 외면하는 우리는 온갖 종류의 어려움 속으로 더욱 끌려 들어간다. 군비에 돈을 쏟아 부으면 부을수록, 군사력으로 남의 나라를 위협하면 할수록, 우리의 자유가 희생당하면 당할수록 왜 우리는 불안해야 하는지 이유도 모르면서 말이다. 불안하게 느끼는 정도가 아니라 우리는 사실 불안하다. 폭발물 탐지견을 동원하고, 첩보위성을 작동한다고 해서 안전해지는 것은 아니다. 그저 내가 행복하자고 남을 밀어내는 짓을 하지 않으면서 사는 방법을 터득하면 된다. 좀더 적극적인 측면에서 보면 마틴 루터 킹 목사가 말한 "사랑의 공동체"를 만드는 일이다.

「뉴요커」의 렘닉과 허츠버그가 일깨워 준 것처럼 9·11사태는 자명종 같은 것이었다. 그러나 이 자명종을 듣고 일어나는 것은 추운 날 아침 침대에서 빠져나오는 것보다 더 어렵다. 그리고 전쟁터로 나가는 것보다도 훨씬 더 어렵다. 몇 년 전 샌프란시스코에서 본 한 광고에 이런 문구가 있었다. "자명종 버튼을 한 번 더 누르세요." 탐닉에 빠진 삶은 사실 잠에 빠진 것과 같다. 끝없이 육체를 만족시키는 것은 꿈을 꾸는 것만큼이나 허망하며, 육체적 만족만을 추구하면 결국 간디가 거의 100년 전에 경고한 것처럼 "걷잡을 수 없이 늘어나는 욕망"에 바탕을 둔 경제체제에서 빠져나올 수 없다. 욕망은 끝없이 만족되지 않기 때문에 이런 체제는 결국 파멸할 수밖에 없다. 여기서 깨어난다는 것은 우리가 쾌락의 기계가 아님을 깨닫는 것, 그리고 인간을 행복으로 이끌 유일한 길인 영신적 의미가 인생에는 존재한다는 사실을 깨닫는 것이다.

아프가니스탄 전쟁은 9·11사태보다 무고한 사람들을 더 많이 죽였고, 그 결과는 이제 잘 알려져 있다. 살아남은 알카에다 대원들이 전 세계로 흩어져 찾기가 매우 어려워진 데다가, 미국의 아프가니스탄 공격 때문에 알카에다의 활동을 지지하는 증오의 불길이 더욱 거세게 타오르고 있다. 오늘자 「뉴욕타임스(New York Times)」지는 이렇게 보도하고 있다. "중동 전문가들과 외교관에 따르면 중동 사람들은 부시 행정부가 팔레스타인을 희생시켜 가면서 맹목적으로 이스라엘을 지원하고 있다고 믿고 있으며, 이에 따른 미국에 대한 분노는 유례가 없을 정도로 격화되어 있다.…… 과거의 반미주의와는 달리 중동 지역 사람들이 느끼는 분노는, 특히 고등교육을 받은 사람들을 비롯한 사회 각층에 퍼져 있으며, 미국을 등에 업은 자국 정권에 대한 환멸이라는 요소가 덧붙여져 있다."[3] 이런 상황에서 미국이 더 안전할 것이라고 믿는 사람이 있다면 몽상가일 것이다. 이성의 부름에 전쟁의 악몽으로 대답할 수는 없다.

이 자명종이 울림과 동시에 미국은 방향이 완전히 반대인 기로에

섰다. 절반이 조금 넘는 미국인과 미국 지도층의 거의 전부는 보복 쪽을 택했다. 그러나 9·11의 충격에서 서서히 벗어나면서 점점 더 많은 사람들이 반대쪽 길을 택하고 있다. 이들은 아랍계 미국인에게 관심을 기울이기 시작했고, 스스로 연료를 낭비하는 것을 걱정하기 시작했다. 내 동료 한 사람은 이런 말을 했다. "테러와의 전쟁에 힘을 보태기 위해 프리우스를 샀어." 그리고 이들은 이 책에서 다룰 평화문화의 정착을 위해서도 노력을 기울이고 있다.

폴 레이와 셰리 앤더슨의 연구결과에 따르면, 수천만 명의 미국인들은 앞서 내가 이야기한 생각, 그러니까 인생에서 중요한 일을 결정짓는 요소는 돈이 아니라 선의 또는 악의가 어떻게 움직여 가는지에 달려 있다고 생각하고 있다.[4] 이 책 뒷부분에서 다루고 있는 대안경제의 예는 다양한 분야에서 진행되고 있는 사회적 실험의 일부일 뿐이다. 여기 관련된 사실들은 「예스(Yes)!」지에서 분기에 한 번씩 만나볼수 있다(이 책 맨 끝의 '참고문헌' 참조).

그런데도 미국 전체는 반대 방향으로 움직이고 있다. 미국에서는 사상 유례없는 군국주의화가 이루어지고 있다. 그리고 거의 매카시 시절 수준의 각종 인권제한이 시행되고 있다. 진실과 인권에 대한 손실은 과거 밀로셰비치 수준이다(9·11사태 후 겨우 6주 만에 의회가 황급히 통과시킨 이 애국법은 40개 정부 부처가 관련된 350개 분야에 대한 각종 법률을 정부에 유리한 방향으로 바꿔 놓았다). 최후의 일전이라도 벌일 모양이다.

이러한 갈등을 재앙으로 이끌어 갈 수 있는 길은 여러 가지가 있다. 그러나 재앙을 피해 갈 수 있는 길은 단 하나밖에 없다. "안전"을 확보하기 위해 전 미국이 신경질적인 반응을 보인다면 앞서 말한 희망적인 사회적 실험은 좌초할 것이고, 미국은 적대국들에게 포위되어 고립된 요새 같은 모습이 될 것이다. 아니면 베트남전 때보다 더 심하게 국론이 분열될 수도 있다. 아니면 비폭력의 길을 찾아 우리 모두를 구원할 수도 있다.

이 책이 세상에 기여하는 바가 있다면, 그것은 비폭력이라는 엄청난 힘 속에 숨어 있는 방대한 가능성을 좀더 알기 쉽게 보여 주고 또 활용할 수 있도록 해 주는 것이다. 과거 어느 때보다도 우리는 이 힘을 잘 이해해야 한다. 미국이 아직도 폭력을 더 행사해야 한다고 주장하는 사람은 악인이며, 본인들은 기가 막히겠지만 비애국자들이다. 비폭력이 사회정의와 자유의 구현에서 얼마나 큰 성공을 거두고 있는지를 지적하면서 이러한 교훈을 테러에도 적용할 수 있다고 믿는 사람들은 아직도 순진한 몽상가 취급을 받고 있다. "슬프다고 해서 복수를 외치는 것은 아니다"라는 모토에 찬성하지 않는 사람들은 간혹 9·11사태에서 내가 가족을 잃었어도 그렇게 말하겠느냐고 묻는다. 그러나 이 사람들은 틀렸다.

이 책의 서문을 사촌인 칙에게 바친다. 칙은 자신의 아내인 실비카가 9·11사태가 있던 날 밤 직장이 있던 세계무역센터 1층에서 비틀거리며 걸어 나와 집으로 돌아온 지 얼마 뒤에 심장 발작을 일으켰고, 이어 사망했다.

2002년 9월 11일

감사의 말

이 책을 쓰기까지는 몇 년이 걸렸고, 많은 사람들의 도움을 받았다. 일일이 감사의 말을 하지 못하는 사람들에 대해서 미리 양해를 구하고자 한다.

먼저, 스리 에크나트 이스와란에게 고마움을 표한다. 이스와란은 정열은 넘치고 지혜는 모자란 젊은 시절 내 길잡이가 되어 주었고, 지금도 길잡이 노릇을 하고 있으며 앞으로도 그럴 것이다. 이스와란과 그의 아내 크리스틴에게도 감사를 드린다.

많은 사람 중에서도 특히 내 연구조교였던 줄리 앤더슨에게 먼저 고마움을 표한다. 줄리는 대학에서 나오는 소액의 연구보조비밖에는 받지 못했으면서도 수많은 참고문헌(어떻게 찾아야 할지 갈피를 잡지 못할 것도 많았다)을 찾는 것도 도와주었고, 내가 쓴 원고의 구두점 교정도 해 주었다. 줄리는 또 지칠 줄 모르는 자료검색 전문가이기 이전에 이미 꼼꼼한 독자이기도 했다. 바버라 기는 내가 갖지 못한 능력을 갖추고 있었으며, 시간을 내서 그 능력을 이용할 수 있게 해 주었다. 마지막 몇 주간 바버라는 중요한 일에서부터 사소한 작업에 이르기까지 그 능력을 한껏 발휘했다. 베로니카 볼로우는 (연구비를 받는 것도 아니었는데) 컴퓨터 문맹인 줄리와 나를 구해 주었고, 크리스틴 닐슨과

수라야 브린은 마무리 작업을 해결해 주었다.

글렌 페이지는 평화 연구를 하는 동료 중 내가 가장 먼저 이 책의 초고를 건넨 사람으로, 비판의 시선으로 원고를 읽어 주었다. 글렌은 긍정적이건 부정적이건 자신의 조언이 얼마나 큰 역할을 했는지 모를지도 모른다. 가장 최근에 도움을 준 사람은 엘리즈 불딩으로, 평화 연구에 종사하는 사람들은 모두 한 번쯤 엘리즈의 도움을 받았을 것이다. 엘리즈가 없었다면 지금 세상은 어떨까? 미국 유일의 비폭력 언론인인 콜맨 매카시는 항상 간결한 표현을 찾아내 나를 도와주었다. (모든 얘길 한꺼번에 다 하려고 하지 말아요, 마이크.)

몇 년 전 캔디스 퍼맨은 원고가 아직 형편없던 시기에 이를 읽고 형편없다고 솔직히 말해 주었다. 사실 나는 이렇게 솔직한 독자와 편집자의 신세를 많이 졌다. 캘리포니아 대학 출판부의 메리 람프레치는 학문적인 책을 또 한 권 쓴다는 생각을 떨쳐 내게 해 주었고(메리는 이 책을 "월든 3"라고 불렀다), 버나데트 스미스는 시간을 내서 오타와 어색한 부분을 정리해 주었고, 게일 래릭도 같은 일을 해 주었다. 나의 편집인이자 출판인인 존 스트로마이어는 지식인, 친구, 유능한 사업가, 몽상가의 특징을 한 몸에 갖춘 사람으로, 함께 일하는 게 즐거웠다. 이 책의 출판 과정이야말로 이 책의 이상과 일치했다. 사람 냄새가 나고 의미 있는 가치를 추구하는 작업이었으니까.

비영리기관인 METTA의 친구들 중에서도 짐 피닉스, 메건 맥켈로그, 앞서 소개한 바버라, 그리고 비폭력 평화운동의 친구들인 데이비드 하초, 멜 던컨에게도 고마움을 전한다. 수십 년간 지구상에서 가장 중요한 사회활동을 하면서 나에게 많은 자료와 희망을 준 사람들도 빼놓을 수 없다.

　내 자식들인 제스와 조시, 그리고 이제 다 커 버린 제스와 릭의 아이들에게도 고마움을 전한다. 이 책을 쓰느라고 손자들과 많이 놀아 주지를 못했다. 30여 년 간 고락을 같이해 온 블루 마운틴 명상센터의 많은 형제자매들에게도 감사한다. 예를 들어 지적으로 느슨한 상태에 있을 때 정신이 번쩍 나게 해 준 캐럴이 있다. 공동체의 어린이들은 인간 존재의 이유라고나 할 세계의 모든 어린이들을 생각나게 해 주었다. 공동체의 어린이들과 어른들이 없었다면 이 책뿐만 아니라 지금의 나도 없었을 것이다.

　마지막으로, 지난 수십 년간 나와 함께 평화라는 주제를 다룬 무수한 사람들이 있다. 누구보다도 버클리 대학의 PACS 164에서 나와 함께한 학생들이 떠오른다. 이들 중 몇몇은 오늘날도 이 책이 지향하는 세계를 현실로 만들기 위해 목숨을 걸고 일하고 있다.

　그리고 로렌과 제이슨에게 특별히 감사한다. 이들은 결혼식 전날 내가 로스앤젤레스의 한 호텔에서 이 책의 참고문헌 목록을 하루에 완성하는 것을 도와주었다.

　새 판을 내는 데도 많은 사람의 도움을 받았다. 두루 아는 것이 많은 나의 에이전트 캐런 쉬한과 그녀가 소개한 편집자 캐런 부리스, 이너 오션 출판사의 모든 분들, 그리고 이번 판에서도 다시 애써 준 나의 학생들과 친구들인 피터넬 드 비, 사라 할링, 매튜 테일러, 다니엘 브랑-르몽드, 날리니 람지 등에게도 고마움을 전한다. 내가 잊어버리고 여기서 이야기하지 않은 사람들 모두에게도 감사드린다.

　그리고 인류가 당면한 가장 중요한 과제인 폭력의 종식에 전심전력하고 있는 모든 사람들에게 깊은 감사를 보낸다. 이 책이 이러한 노력에 작으나마 보탬이 되었으면 하는 것이 필자의 바람이다.

차례

프롤로그

도시로부터 멀리 떨어지고 나무 한 그루 없는 사바나에 파올로 루가리 카스트리욘은 꿈을 심었다. 그때는 1971년이었다. 가장 가까운 도시로부터 16시간이나 떨어진 콜롬비아 동부의 야노(llano, 에스파냐 어로 평원이라는 뜻—옮긴이) 한가운데 카스트리욘을 포함한 몇몇 이상주의자들이 오늘날의 가비오타스(Gaviotas)를 건설했다. 오늘날 가비오타스는 사회적, 생태적, 경제적 등 여러 가지 측면에서 모범이 되는 자급자족적인 공동체로, 지속가능한 가비오타스의 모습을 본 콜롬비아의 소설가 가브리엘 가르시아 마르케스는 카스트리욘을 "세계의 발명자"[1]라고 불렀다. 근처의 강에 사는 민물 갈매기의 이름을 따 가비오타스라고 이름 붙인 이곳에서는 어린이들이 시소를 타며 웃고 떠들고 있다. 그러나 여기서 시소는 단순한 놀이기구가 아니다. 왜냐하면 시소가 오르내리면서 논밭에 필요한 물을 퍼올리고 있기 때문이다. 우아한 곡선을 그리는 음악당의 스테인레스 스틸 지붕은 아주 효과적인 온수기 역할을 한다. 실제로 가비오타스에서 설계한 태양열 수집 장치는 오늘날 보고타를 비롯한 콜롬비아 전역에 있는 수만 개의 건물에 열을 공급하고 있다.

가비오타스 사람들은 오랜 기간에 걸쳐 부지런히 연구를 계속한 끝에 카리브 해 소나무(이웃 나라인 에콰도르에서 번성하는) 한 종이 야노에서 잘 자란다는 사실을 발견했다. 이들은 참을성 있게 묘목을 심어 키웠고, 오늘날은 수백만 그루의 카리브 해 소나무가 이 지역의 생태계를 완전히 바꿔 놓았다. 그러자 놀랍게도 이 땅에서 무성한 열대우림이 생겨났다. 이곳의 흙은 틀림없이 까마득한 옛날부터 이렇게 적절한 조건이 무르익기만을 기다리고 있었던 것 같았다.[2]

이 책은 거듭남을 다루는 책이다. 이 거듭남이 이루어질 수만 있다면 그것은 마치 가비오타스의 소나무가 이루어 낸 기적을 닮아 있을 것이다. 왜냐하면 여기서 거듭남이란 오늘날의 비인간적이고 이익만을 추구하며 폭력에 물든 문명, 인간의 의미가 퇴색하고 인간관계가 먼지처럼 흩어져 버린 척박한 흙 속에 숨어 있는 힘을 끌어낼 것이기 때문이다. 예상외로 번성한 가비오타스의 숲이 그랬던 것처럼 거듭남의 씨앗도 따로 만들어 낼 필요는 없다. 이 씨앗들도 우리의 존재라는 토양 안에서 기다리고 있다. 이들이 깨어날 수 있는 조건을 우리가 만들어 줄 때까지 기다리고 있다는 얘기다. 가비오타스에서 새로 탄생한 열대우림처럼 이들도 태초부터 때를 기다려 왔다. 이 산업시대에 우리를 둘러싸고 있는 갈등 많은 인간관계보다 훨씬 더 자연스러운 인간관계가 그 속에 숨어 있다는 뜻이다. 그리고 가비오타스의 열대우림이 뜻밖의 선물이었듯이, 우리가 추구하는 거듭남이 어떤 것인지 미리 알 필요는 없다. 적어도 정확히 알 필요는 없다. 우리가 신경 써야 할 부분은 적절한 조건을 만들어 주는 것뿐이다. 그러고 나면 자연(이 경우는 인간의 본성)이 나머지를 알아서 해 줄 것이다.

나 자신의 거듭남은 1966년 가을에 시작되었는데, 사실 그때까지 여러 가지 방법으로 거듭남을 시작하고 있었다. 장소는 캘리포니아 주의 버클리였다. 나는 이곳 버클리 대학 캠퍼스에서 나의 영신적 스승인 스리 에크나트 이스와란을 만났다. 당시 이스와란은 명상실이라고 불리던 곳에서 매주 수요일 12시에 자신이 개발한 명상법을 가르치고 있었다. 당시 나와 내 친구들은 이런저런 활동을 통해 마음속의 공허감을 해결하려는 노력을 기울이고 있었지만 희망을 가지고 시작한 여러 가지 작업들이 모두 실패로 돌아가는 바람에 '무엇인가'를 모색하고 있던 우리는 실망한 상태였다. 이것을 알고 있던 옛 친구 하비에르 카스티요는 이스와란의 명상강의를 한번 들어 보자고 제안했다. 나에게는 거듭남이 필요했다. 하비에르도 마음속에 공허감을 느끼고 있었는데, 아마 나보다 더했을지도 모른다. 당시 나는 박사 학위를 받아 강사 생활을 끝내고 전임교수가 되어 학계에 본격적으로 발을 들여 놓던 참이었다. 내 강의 과목은 고전과 비교문학이었다. 공원 바로 건너편에 자리 잡은 아늑한 집에는 천사 같은 아이 두 명이 뛰노는 가족이 있었다. 공원에는 유칼립투스 나무가 심어져 있었고, 오솔길이 두 개 나 있었는데, 그중 하나는 무더운 캘리포니아의 오후를 캠퍼스에서 보내고 저녁을 먹기 전에 잠시 산책을 하기에 안성맞춤인 호수로 이어져 있었다. 그야말로 세상에 부러울 것이 없었다. 그런데 무엇이 문제였을까?

그로부터 몇 년 전, 거실에 앉아 갓 태어난 딸아이를 들여다보고 있는데, 핵실험 때문에 대기 중으로 방출된 스트론튬 90이 비를 오염시켜 결국 이제까지 알려지지 않은, 게다가 보이지도 않는 어떤 독성이 우유에까지 흘러들었다는 뉴스가 나왔다. 그 순간 마음속 깊은 곳에서부터 이것을 멈춰야 한다는 생각이 들었다. 그러나 어떻게 할 것인가? 당시 나처럼 환멸을 느낀 내 또래의 많은 사람들은 억압적이고 역겨운 물질주의 문화로부터 벗어나 인도를 순례하거나 아니면 적어도 뉴멕시코로 빠져나갔다. 그런데 나는 운 좋게도 그저 길을 건너 명상실로 가기만 하면 되었던 것이다.

언젠가 스리 이스와란과의 만남, 그리고 그 만남이 나를 비롯한 많은 사람들에게 어떤 의미를 갖는지에 대해서 글을 쓸까 한다. 지금으로서는 그와의 만남이 고통과 좌절에 차 있던 내 삶의 한 구석을 창의력 넘치는 활동으로 바꿔 놓았다는 사실만을 이야기하고자 한다. 스리 이스와란과 운명적으로 만나기 전부터 나는 폭력을 싫어했는데, 이는 아마 내 기억이 닿는 가장 어린 시절부터 그러했던 것 같다. 버클리로 이사 올 때쯤 나는 벌써 평화주의자가 되어 있었고, 간디에 대해서도 이미 알고 있었다. 그러나 대부분의 미국인들이 그런 것처럼 나도 간디에 대해 별로 아는 것이 없었다. 열한 번째 생일이 지나고 나서 며칠 뒤, 나는 「라이프(Life)」지 표지에 실린 간디의 장례식 장면과, 슬픔으로 몸부림치는 사람들의 모습을 보았다. 이 사진은 간디와 인도인들이 나하고는 아주 다른 사람들이라는 인상을 마음속에 새겨 주었고, 나중에 간디의 단식과 금욕주의에 대해 듣기는 했지만 그렇다고 해서 첫인상이 지워지지는 않았다. 나는 간디의 업적에 감탄했지만 거의 인간을 뛰어넘는 수준이라는 생각도 들었다. 그분은 위대하고 난 아니니까 그렇겠지, 그뿐이었다.

그러나 스리 이스와란이 감명 깊은 강연을 통해 자신이 겪은 간디의 이야기를 꺼내면서 천천히, 그리고 여러 각도에서 간디란 어떤 인물이었는지를 알려 주기 시작하자 완전히 새로운 그림이 그려졌다. 그 순간 간디는 내 생각보다 훨씬 위대했다는 사실, 그리고 나와 무관한 사람이 아니라는 사실을 깨달았다.

이는 물론 그 이후 겪은 많은 변화 중 하나에 불과했으며, 가장 깊은 변화도 아니었다. 스리 이스와란과 대화를 계속하면서 나는 지금 겪는 고뇌가 나만의 것이 아니며, 여기에는 해결책이 있다는 사실을 깨닫게 되었다. 그리고 그토록 나를 괴롭히던 정치적 불만이 사실은 영혼의 목마름이었으며, 이에 대해 바람직한 방향을 제시할 수 있음도 알았다. 전문 지식, 인내심, 끝없이 헌신적인 자세(가끔 그는 자신의 이름인 Eknath Easwaran의 이니셜인 E. E.가 "Endless Enthusiasm," 즉 끝없는 열정이라는 뜻이라고 농담하기도 했다)를 갖춘 이스와란 손에 이끌려 어느덧 명상은 내 삶의 주된 활동으로 자리 잡았다. 가치관, 열정, 비전, 그리고 간디의 나라인 인도에서 성장한 배경까지 갖추고 있는 이스와란은 마하트마 간디가 누구인지를 제대로 알려 주었고, 전설이 된 간디의 업적이 실제로 어떤 뜻인지도 깨닫게 해 주었다.

이런 일이 일어난 것은 내가 학자로서 "사다리"(전임교수라는 뜻의 학계 용어)에 막 발을 올려놓은 때였다. 이때부터 나는 사다리를 다른 자리로 옮기려고 하기 시작했는데, 사실상 사다리 맨 아래 단에 올라서서 하기에는 쉬운 일이 아니었다. 교수직에 있으면서 나는 학교를 설득해서 이스와란에게 "명상의 이론과 실제"라는 실험적 강의를 개설해 주었다. 1천여 명의 학생들이 모여들 정도로 성황이었지만 학교가 추구하는 학문적 성과와는 거리가 있었던 그의 강의는 학교라는 틀 안에서 자리를 잡을 수가 없어 두 번 만에 중단되었다. 나는 한동안 종교학과장 직책을 유지하려고 몸부림치기도 했지만 허사였다. 종교에 대한 학문적 연구와 내가 추구하는 바는 완전히 딴 세계였기 때문이다. 결국 비폭력과 간디를 강의하기 시작했고, 이것은 성공을 거두었다. 여기서 일하면서 글도 몇 건 썼는데, 이것이 버클리에서의 평화학 연구와 이 책의 시발점이 되었으며 지금도 나는 이 길을 걷고 있다. 이보다 더욱 중요한 사실은 그때부터 많은 친구를 사귀게 되었다는 것이며, 그중에는 4반세기에 걸쳐 내 강의실을 거쳐 간 수많은 탁월한 젊은이들도 있다. 젊은이들의 열정에 동참하는 것, 이들의 날카로운 질문에 답하는 것, 무엇보다도 더 나은 세계를 갈망하는 젊은이들에게서 영감을 얻는다는 것이 어떤 느낌을 주는지는 아마 교단에서 본 사람만이 알 것이다.

지금까지 이야기한 것이 이 책의 배경, 그러니까 이 책을 쓰도록 만든 신념이 생긴 과정이다. 수십 년에 걸쳐 비폭력의 길을 모색한 끝에 나는 지금 우리가 겪고 있는 세계적인 위기 속에서도 사랑으로 가득 찬 공동체를 창조할 수 있다는 굳은 믿음을 갖게 되었다. 이런 아름다운 미래의 모습이 정확히 어떨지는 지금 그려 내기 어렵고, 지금 단계에서는 아마 그럴 필요도 없겠지만 두 가지 분명한 사실이 있다. 하나는, 가비오타스 사람들이 일으킨 "기적"에서처럼 낙원을 만들려면 많은 노력이 필요하다는 것이다. 대부분의 기적은 노력의 산물이다. 나무 100만 그루를 심는 일이 오히려 알고 보면 쉬울지도 모른다.

가비오타스 사람들이 분명한 길잡이를 제공하는 것이 또 하나 있다. 노력의 결과는 아직 안개 속에 싸여 있다 하더라도 그것이 우리가 원하는 미래로 향하는 길이라면, 가비오타스라는 이상향을 실현시키는 데 필요했던 것과 비슷한 방식으로 올바른 선택을 해야 한다. 그것은 무수한 비관론에도 굴하지 않고 건설적인 선택을 하는 것이다. 파올로 루가리는 척박한 야노를 내상지로 택했는데, 그 이유는 이렇다. "콜롬비아에서 되면…… 세상 어디에서든 될 것이다." 마찬가지로 미국인들도, 폭력의 문화가 지배하는 사회인 미국에서도, 아니면 미국이기 때문에 더더욱, 안정과 생명력이 넘치는 공동체를 만들 것을 선택할 수 있다. 허무맹랑한 이야기를 하자는 것이 아니다. 이 책에서 앞으로 다룰 수많은 사례에서 참여자들도 미처 상상하지 못했던 좋은 결과가 나왔다. 가장 바람직하고도 지속적인 성과는 당초에 참여자들이 의도했던 바가 아닌 경우도 있다. 사실 당초의 의도는 실패로 돌아가기도 했다. 그러나 모든 사례에서 참여자들은 한 가지 옳은 일을 했다. 그것은 위협, 증오, 지배 대신 설득과 포용을 택한 것이다. 간단히 말해 이들이 택한 것은 "비폭력"이었다.

1장
어려운 질문, 어려운 대답

자연과 인간의 주요 시스템은 모두 위기에 빠져 있거나 전환기를 맞고 있다. 세계적인 어획고 감소, 삼림의 황폐화, 떨어져 가는 정부 신뢰도, 벌어지는 빈부 격차, 의미의 상실, 더해 가는 공허감 등 과도한 물질적 소비로 인한 변화의 조짐은 여러 가지로 나타나고 있다.
– 〈긍정적 미래를 향한 사람들의 모임〉의 뉴스레터에서

땅에서 불행이 솟아나는 일이 없고, 흙에서 재앙이 돋아나는 일도 없으니, 재난은 사람이 스스로 빚어내는 것, 불이 불티를 높이 날리는 것과 같다네.
– 『욥기』 5장 6-7절

1997년 8월 27일 일요일자 「뉴욕타임스」 1면에는 비탄에 빠진 한 어머니의 사진이 등장했다. 린다 레이드라는 이 여성은 17살의 나이에 스스로 목을 맨 아들의 비석에 꽃을 내려놓고 있었다. 그 아들은 그해 레이드 여인이 사는 지역에서 목을 매 자살한 여섯 번째 젊은이였다. 왜 그랬을까? 보스턴의 남쪽 지역에서 일어난 사건을 다룬 짜임새 있는 이 기사에서 기자는 지역 사회가 젊은이들에게 가하는 압력, 인종 간 갈등, 경제적 기회 부족 등을 언급하고 있다. 이런 문제들은 누구

나 다 알고 있지만 그렇다고 해서 미국 같은 나라에서 왜 이런 이유로 젊은이가 목숨을 끊어야 하는지는 설명해 주지 못한다. 진정한 이유는 지역 사회의 긍지나 경제적 기회 같은 요인보다 훨씬 깊은 곳에 자리 잡고 있는 것이 틀림없다. 1998년에 보건부 장관은 10세에서 14세 사이의 청소년들이 자살할 확률이 15년 전보다 두 배나 늘었다고 보고했다. 이유는 무엇인가? 지역 사회의 긍지 등에 관한 얘기들이 모두 피상적이라는 사실을 눈치 채기라도 한 듯 기자는 기사 끝에서 이 지역 교구 사제의 말을 인용하고 있다. "답이 없어요."

나는 이 말에 동의하지 않는다. 나는 언론에서 상투적으로 쓰는 "무의미한 폭력"이라는 말에도 동의하지 않는다. 생명의 경시와 생명에 대해 저질러지는 폭력의 증가에 대해서 답이 없다는 주장도 거부한다. 두 청년이 부모의 돈을 빼앗기 위해 부모들을 죽이기도 하고, 오랫동안 행복하게 사는 것으로 보이던 유명 인사와 그의 아내가 살인과 자살 끝에 궁전 같은 집에서 시체로 발견되기도 하고, 운동화 한 켤레 때문에 10대 소년이 길거리에서 살해되기도 한다. 왜일까? 답이 없다고 말하기는 쉽지만 이런 태도는 옳지 않다. 왜 사람이 다른 사람들과 평화롭게 살지 못하는지, 왜 살해당하기도 하는지와 같은 근본적인 문제에 대해 답이 없다면 아마 질문 자체가 잘못된 것인지도 모른다.

어떤 측면에서 보면 잘못된 질문만 던지고 있는 것이 분명해 보인다. 이렇게 되는 이유도 명백하다. 매체들은 매일 "보도"라는 이름으로 폭력을 무의미한 세부까지 우리 앞에 쏟아 놓는다. "26세인 아무

개 씨는 용의자가 지난 화요일 총기 상점에서 23달러를 주고 산 구경 9밀리미터 총 3발을 맞았다"거나 "데이턴의 이번 달 살인율은 지난 달보다 1.8% 낮다"는 식이다. 매체들은 상황 파악도 안 된 상태에서 혼란에 빠진 생존자들이 말하는 사소한 "이유"를 엄숙한 논조로 옮긴 다. 그리고 이렇게 기괴하고 인간의 본성을 모독하는 행위는 끝없이 이어진다.

오늘날 같으면 어처구니없는 소송이라고 불릴 만한 일이 있었다. 1984년 산 이시드로에 있는 맥도널드 햄버거 가게에서 21명을 살해한 제임스 올리버 휴버티의 아내는 맥도널드 햄버거에 MSG가 너무 많이 들어가는 바람에 남편이 그런 끔찍한 일을 저질렀다며 소송을 제기했다. 매체들은 폭력 사건을 거의 항상 일상적인 사건처럼 보도하기 때문에 우리는 폭력 사건을 대부분 이런 식으로 읽고 또 생각한다. 보도에 등장하는 폭력 사건은 사소한 세부적 내용의 보따리일 뿐이며, 보통 냉혹한 통계가 따라다닌다. 대중은 충격적인 사건 하나에서 다음 사건으로, 놀라운 세부 사실 한 가지에서 다음 사실로 옮겨다닐 뿐 폭력 자체에 대해서는 생각하지 않는다.

그러므로 다음과 같은 질문은 올바른 질문이 아니다.

왜 어린 학생들이 학교를 싸움터로 만들어 버리는가? 왜 플로리다에 사는 동성연애자들을 대상으로 한 범죄는 늘어나고, 뉴잉글랜드의 성범죄는 줄어드는가?

우리가 해야 할 질문은 이런 것들이다.

폭력이란 무엇인가?

왜 폭력은 악화되어 가는가?

폭력을 끝내려면 어떻게 해야 하는가?

변화의 조짐

사람들은 한 가지 의문을 해결하고 싶어 한다. 언론이 이러한 소망을 억누르는 쪽으로 가고 있는데도 말이다. 사람들은 "대책이 없다"고 주장하는 사람들을 비롯하여 이 문제를 무시하려는 사람들에 대해 점점 더 불만스러워한다. 그럴 수밖에 없는 것이, 폭력의 증가 같은 위험한 현상을 무시하는 것은 매우 위험하기 때문이다. 물론 폭력에 대해 눈을 감으려는 경향은 오래전부터 있었지만 이러한 시각이 약화되어 가는 조짐이 보이기 시작한다. 한나 아렌트는 1969년에 나온 그의 고전적 저서 『폭력에 대하여(On Violence)』에서, 역사 전체에 걸쳐 폭력이 차지해 온 엄청난 위치를 생각하면 "폭력만 따로 떼서 특별히 연구한 적이 매우 드물었다는 사실은 매우 놀랍다"[1]고 말했다. 여기서 그는 더 이상 폭력의 존재를 부정하지 말고 문제와 정면으로 맞서야 할 때는 지금이라는 생각, 즉 새로운 인식이 퍼져 나가고 있다는 사실을 지적한 것이다. 이 시기는 세계가 "죽도록 역겨울 정도로 피를 흘리고 있다"[2]고 간디가 말한 지 반세기가 지난 시점이었으며, 또한 비슷한 시기에 프랑스의 철학자 자크 엘륄은 우리의 시대는 "폭력의 시대가 전혀 아니며 폭력을 인식하는 시대"[3]라고 예리하게 지적한 것과 대략 비슷한 시기이다.

달리 말하면 우리의 시대를 진정으로 특징 짓는 요소는 폭력이 넘친다는 사실이 아니라(그런 시대는 과거에도 얼마든지 있었다) 인류가 아마 역사상 처음으로 폭력의 문제를 해결해야 한다는 도전에 직면했다는 사실일 것이다. 그렇다면 폭력이 별 것 아니고 이해할 수 없는 것이라는 언론의 자세처럼 '시의 부적절'한 것은 없다. 이렇게 해서 미디어는 인류 문명에 대해 잘못을 저지르고 있다.

폭력과 마주 선다는 것은 우리 앞에 온갖 휘황찬란한 영상과 그림자를 던져 주는 밝은 빛과 마주 선다는 뜻이다(플라톤의 영향을 받았음을 부정하지 않겠다). 이 밝은 빛을 뚫고 사물을 보는 것이 쉽지는 않지만 일단 보기만 하면 이상한 나라의 앨리스에 나오는 거울을 통과해서 들어가는 것과 같은 모습이 된다. 1960년대에 인기 있었던 포스터 중에 사람이 머리를 다른 세계로 들이민 포스터가 있는데, 갑자기 우리가 이 사람과 비슷한 모습이라는 느낌이 든다. 아니면 살짝 열린 감방의 문을 등진 채 쇠창살이 박힌 조그만 창문을 통해 손바닥만 한 하늘을 올려다보고 있는 죄수의 모습 같기도 하다.

한번 돌아서기만 하면 넓은 세상이 있다. 처음에는 눈이 부실지도 모르지만 일단 빛과 마주 서기만 하면 지금 당장은 도저히 해결할 수 없을 것 같았던 문제들에도 모두 여러 가지 해결책들이 딸려 있음을 알 수 있다. 이 해결책에는 또한 우리가 예측하지 못했던 부수적 효과까지 딸려 있을 것이다.

오늘날 폭력에 대처하는 일반적인 방법들은 해결해 내는 문제보다 새로 만들어 내는 문제가 더 많다는 끔찍한 특성을 갖고 있다. 예를 들면, 미국 학교에서는 학생들이 총을 갖고 오지 못하도록 금속탐지기를 설치하기도 한다. 물론 이렇게 하면 학교에 들어오는 총기의 수를 줄일 수는 있다. 그러나 동시에 이 조치는 학생들을 믿지 못한다는 사실을 보여 주는 것이기도 하기 때문에 학생들의 사기가 떨어진다. 한편으로는 학교로 총기를 숨겨 들여오는 "개인"을 더욱 짜릿하게 만들어 주기도 한다. 그리고 무엇보다도 폭력을 정상적인 것으로 만들어 준다는 문제가 생긴다. 둔해지는 것이다. 어떻게 했기에 이런 상황까지 왔는가? 총기를 휴대해도 안 되는 학생들이 심지어 학교까지 총기를 가지고 들어오는 사태 말이다. 그런데 학교에 총기를 반입하는 것 같은 충격이 없다면 우리를 행동으로 이끌어 갈 동인은 무엇일까? 진정한 문제(학교 총기반입은 문제의 일부일 뿐이다), 즉 폭력의 문제와 맞서게 해 주는 힘은 어디서 나오는가?

진실을 향하여

이제까지 나는 미디어가 우리 문제의 주요 원인이라고 주장해 왔는데, 이 이야기를 좀더 해야겠다. 이유는 간단하다. 언론을 바꾸는 것이 변화를 일으키는 지름길이라고 보기 때문이다. 그러나 솔직히 말해 언론에 모든 책임을 뒤집어씌울 수는 없다. 인류가 지금까지 폭력에 큰 주의를 기울이지 않은 것은 "놀랍다"고 말하면서 한나 아렌트는 인류가 폭력에 대해 직접 생각하는 것을 피하는 자연스러운 경향이 있다는 사실을 에둘러서 지적하고 있다. 이해할 만하다. 폭력에 대해 생각한다는 것은 인간 본성의 가장 부정적인 측면, 그러니까 우리 자신의 가장 부정적인 측면을 생각한다는 뜻이 되니까 말이다. 다른 사람들과 마찬가지로 여기에 대해 생각하기가 싫다. 물론 생각해야 하지만 파괴적으로 할 필요는 없다. 무슨 뜻인가 하면 인간, 그러니까 우리의 가장 깊은 내면을 균형 잡힌 방법으로 들여다볼 수 있다는 뜻이다. 달리 말하면 좋은 쪽과 나쁜 쪽을 똑같이 본다는 뜻이다. 오늘날, 인간 본성의 어두운 측면을 지나치게 "강조"하는 우리의 문화는 인간의 능력에 대해 점점 무지해지는 쪽으로 우리를 끌고 가고 있다. 14세기, 그러니까 이런 상태가 되기 전에 어떤 사람이 쓴 글을 인용해 본다.

> 우리의 바깥에는 피조물의 세계가 펼쳐져 있다. 태양, 달, 그리고 별들. 이들은 우리 머리 위에서 빛나고 있지만 인간으로서 우리의 존엄함에 비하면 아무것도 아니다.[4]

이 시기의 저술가가 마치 당연한 듯 인간의 본성을 이렇게 아름답게 묘사한 것은 거의 환상적이기까지 하다. 그러나 이 글을 쓴 사람이 오늘날 우리의 모습을 본다면 인간은 "살인자의 본성을 타고났다"고 역시 당연한 듯 말할 것이다.

우리는 폭력이라는 부정적인 측면을 당연시하기 때문에 부정적인 측면을 거의 제대로 이해할 수가 없는 것이다. 이 때문에 우리 속에 숨어 있는 폭력의 원인까지 캐고 들어가는 것, 즉 폭력의 원인이 우리

속에 있다는 생각을 불러일으킬 수가 없게 되었다. 그러므로 우리의 어두운 곳에 빛을 비추면서, 인간을 폭력적으로 만드는 여러 가지 충동, 욕구, 맹목적 상태 등과 함께 숨어 있는 변화와 재생의 씨앗을 찾는 데에도 반드시 시선을 돌려야 한다.

며칠 전 언론의 자유 운동 현장으로 1960년대에 유명해진 스프라울 광장을 건너다가 급히 얼기설기 만든 키오스크 근처에서 학생들이 전단을 나눠 주고 있는 모습을 보았다. 버클리에서는 흔히 있는 일이었다. 들떠 있는(이것도 흔히 볼 수 있다) 이 학생들에게 다가가 보니 손으로 쓴 큰 글씨가 눈에 들어왔다. "아시아 인에 대한 증오 범죄가 늘고 있다." 나는 놀랐고 마음이 상했다. 버클리의 학생들, 친구들, 동료들 중에는 아시아 사람이 많았기 때문에 이런 일이 버클리뿐만 아니라 미국 어디에서든 있어서도 안 된다는 생각 외에도 나는 개인 차원에서 큰 충격을 받았다. 그러나 몇 년 동안 나는 한 가지 배운 것이 있었다. 이런 문제에 대해 무엇인가를 하려면, 무엇인가 효과적이고 오래 갈만 한 일을 하려면 먼저 이런 일과 마주칠 때 울컥 치솟는 반감을 다스릴 줄 알아야 한다는 사실이다. 한 걸음 물러서서 큰 그림을 보려 해야 한다는 얘기다.

좀더 정확히 말하면 이 경우 나는 뒤로 세 걸음을 단계적으로 떼어 놓고 생각해야 했다.

아시아 인에 대한 증오 범죄로부터
증오 범죄로, 이어서

증오로.

진정한 문제는 증오다. 증오는 많이 존재할수록 더 다양한 모습으로 스스로를 드러낸다. 이러한 모습들 중 일부는 불법적인 것으로 달리 말해 범죄이며, 이들 중 일부는 아시아 사람들을 대상으로 한다. 그러나 아시아 인을 대상으로 한 증오 범죄가 늘어나는 근본적인 문제는(버클리든 어디든) 아시아 사람과는 무관하며 심지어 인종차별주의와도 상관이 없다. 문제는 증오가 늘어난다는 데 있다. 오늘날은 그 대상이 아시아 사람들이지만, 다음에는 유대인, 다음에는 흑인, 다음에는 노숙자, 동성애자 들이 희생될 수도 있다. 과거에는 공산주의자가 제물이었지만 지금 열거한 모든 집단들은 어떤 사람들이 품고 있는 증오의 '과녁'일 뿐이다. 이런 상황에서 피해 집단들에 초점을 맞추어 문제를 해결하려고 하는 것은 마치 낡은 배관이 샐 때마다 새는 부분만을 땜질하는 것과도 같다. 수도를 아예 잠가 버리면 어떤가? 달리 비유하면, 증오는 파도 같아서, 모든 배들이 이 파도를 타고 솟구친다. 그러니까 그런 상황에서 한 번에 배 한 척 또는 몇 척을 구조해 봐야 별 효과가 없을 것이다.

이렇게 한 번에 배 한 척을 구하려고 몸부림치고 있는 사람들은 내가 지금 보고 있는 학생들뿐만이 아니다. 우리 모두 그렇게 하고 있다. 호주 외무장관으로 일하다가 이제는 유명한 분쟁 전문 학자가 된 존 버튼은 이렇게 말했다. "당국이 여러 가지 문제들을 마치 각각 별개인 것처럼 다루는 한, 어떤 문제에 대해서도 항구적인 해결책은 나오지 않는다." 버튼은 오늘날 문명이 겪고 있는 문제는 사실상 인간이 만들어 낸 제도와 그 제도가 해결하도록 되어 있는 인간의 실제적인 필요 사이의 충돌임을 지적했다.[5] 그러니까 집단 대 집단의 개별적인 충돌이 아니라는 얘기다.

한 번에 한 군데씩 땜질하는 방법의 문제는 무엇보다도 이 방법으로는 문제가 있는 다른 부분을 해결할 수 없다는 데 있다. 교육이나 인식 개선 같은 방법도 있고, 정말로 창의력 없는 방법으로는 아시아 사람들이 좀더 안전하게 지낼 수 있도록 해 줄 수도 있다. 이렇게 하면 물론 아시아 인에 대한 증오 범죄는 줄어들 수도 있지만(이것도 확실하지 않다는 사실에 대해서 나중에 이야기하겠다), 흑인, 레즈비언, 백인 같은 사람들에 대한 증오 범죄는 어떻게 할 것인가. 교통 체증으로 인한 짜증 때문에 발생하는 우발적인 범죄는? 전쟁은 또 어떤가?

반면에 어떻게 해서든 분노를 해결할 수만 있다면 분노로 인해 표출되는 모든 현상들이 그만큼 줄어들 것이다. 물론 처음에는 이러한 노력의 효과가 각각의 증오 범죄에 대해서 그렇게 분명하게 드러나지 않을 것이다. 왜냐하면 효과가 간접적이기 때문이다. 그러나 오랜 시간이 지나고 나면 처음보다 훨씬 믿을 수 있는 방법이라는 사실이 드러난다. 애초에 증오가 없다면 아시아 인에 대한 증오 범죄가 있을 수 없기 때문이다. 너무나도 명백한 이 사실을 다시 한번 말하는 이유는 특정한 형태의 폭력과 마주치자마자(키오스크에서 내가 보인 반응을 떠올리면 된다) 우리의 시선은 온통 세부적인 것으로 끌려가 버리기 때문이다. 비상 상황에서는 모두들 공포에 차 있고 당황하기 때문에 문제를 제대로 해결할 수가 없다. 문제를 제대로 해결하려면 자제력도 있어야 하고, 또 한 발짝 떨어져서 인내심을 갖고 사태를 볼 수 있어야 한다. 그래야 가령 그룹 A 또는 B에 대한 증오가 문제가 아니라 증오 자체가 문제라는 사실을 직시할 수 있다.

연구실로 돌아오는 길에 버클리에서는 유명한 어떤 사람과 마주쳤다. 지나가는 사람들에게 자기 생각을 억지로 들려주는 사람인데, 그의 목소리는 완전히 내 귀에 익어 있다. 그리고 그 목소리는 내용을 듣기도 전에 사람을 움찔하게 만드는 목소리였다. 그의 문제가 무엇인지, 왜 그 문제를 굳이 캠퍼스로 가지고 와서 떠들어 대는지는 모르겠지만 그는 매우 화가 나 있고 독기 서린 장광설을 몇 시간씩 늘어놓곤 했다. 사람들은 모두 그를 "헤이트 맨(증오 인간)"이라고 불렀다. 그 순간 키오스크 앞의 학생들과 이 사람의 기묘한 연관을 알아챈 사람은 버클리 캠퍼스에서 나 하나뿐이 아닌가 하는 생각이 들었다.

과학과 행운

조금 전에 아시아 인을 향한 증오 범죄로부터 증오 범죄로, 그리고 증오 자체로 내려가는 과정을 살펴보았다. 이렇게 살펴 내려가는 일은 증오로 가득 찬 상황에서는 쉽지 않은 일이기는 하지만, 일단 이 과정을 거치고 나면 왜 이러한 범죄가 발생하는지에 대한 답이 나올 뿐만 아니라 문제 해결의 실마리를 찾을 수 있다. 일단 감정적인 원인까지 더듬어 내려가고 나면 모든 형태의 폭력에 두루 적용할 수 있는 현실적인 대책이 보이기 시작한다. 폭력의 밑바닥에 있는 원인이 증오라면 증오를 뭔가 다른 것으로 돌리는 방법을 찾아서 문제를 해결할 수 있다. 그리고 이 방법이 생각처럼 그렇게 불가능하지는 않다는 증거도 있다.

얼마 전 「비정상적 사회심리학 저널」에 놀라운 실험 결과가 실렸다. 연구자들은 같은 연령의 취학 아동들을 두 그룹으로 나누었다. 한 그룹은 상호 공격적으로, 나머지 그룹은 상호 협조적으로 행동하도록 했다. (미국에서는 대부분의 어린이들이 학교에 들어가기도 전부터 공격적이 되도록 "훈련" 받지만, 어린이들이 본능적으로 갖고 있는 성향인 나눔, 도움, 다른 사람에 대한 배려 등을 고무하는 훈련을 하면 이를 상당히 쉽게 극복할 수 있다.) 몇 주도 지나지 않아 이들은 상당히 다른 행동을 보이기 시작했다. 실험자들은 두 그룹의 아이들을 한 방에 모은 뒤 큰 실망감을 느끼도록 했다. 방법은 이렇다. 한가운데 영사기가 있고, 영화 필름 몇 통이 옆에 놓여 있는 방에 아이들을 둘러앉힌다. 아이들에게 사탕을 하나씩 주고는 아직 먹지 말라고 이른다. 불을 끄고 영화 한 편을 보여 주다가 갑자기 불을 켜고는 영사기를 끄고 사탕을 빼앗은 뒤 그룹별로 자기 교실로 돌려보낸다. 과학 실험은 고달프다. 이 실험은 중요한 의미를 갖는다. 상호 협조 훈련이 이런 상황에서도 효력을 발휘하는지를 볼 수 있기 때문이다. 각 교실에서 벌어지는 광경은 한쪽 방향으로만 볼 수 있는 유리를 통해 모두 촬영이 되었고, 그 결과는 시사하는 바가 컸다. 공격적이 되도록 훈련 받은 아이들의 방은 말할 것도 없이 엉망이었다. 실망감을 주체하지 못한 이 어린이들은 싸우거나 말다툼을 했으며, 다른 어떤 때보다도 큰 소동을 벌였다. 놀랄 일도 아니었다. 그러나 상호 협조적이 되도록 훈련 받은 다른 반 어린이들은 다른 어떤 때보다도 협조적이었다. 훈련의 결과 어린이들은 좌절감을 다스릴 수 있었을 뿐만 아니라 이를 잘 이용할 수도 있게 된 것이 분명했다. 달리 말해 이 어린이들은 좌절감으로 나빠진 기분을 건설적인 방향으로 이끌 수 있었다. 심리적 긴장은 그 자체로는 좋은 것도 나쁜 것도 아니다. 다만 원료라고 할 수 있는 긴장을 공격적인 방향으로 이끄는지 협조적인 방향으로 이끄는지에 따라 파괴적인 결과가 나오기도 하고 건설적인 결과가 나오기도 할 뿐이다. 평화는 결국 단순한 훈련의 문제이다.

영사기와 필름이 등장하는 것으로 눈치 챘겠지만, 조엘 데이비츠가 이 연구결과를 발표한 시기는 냉전이 극에 달했던 50여 년 전이다.[6] 당시 많은 정치평론가들은 1952년만 잘 넘기면 어찌되든 멸망은 피할 수 있을 것이라고 말했다. 그런 시기에는 훈련을 통해 인간의 공격적 성향이 발현되는 모습을 어떻게 바꿀 수 있는지가 매우 중요했을 것이다. 그러나 데이비츠의 연구는 주목을 끌지 못했다. 당시 "선천적 공격성" 이론이 득세하고 있었기 때문이다. 당시 인간의 공격성은 생물학적으로 프로그램된 것이므로 어쩔 도리가 없다는 생각(오늘날은 대부분 부정되고 있지만 아직도 언론과 대중은 무비판적으로 믿고 있는)을 대중에게 쏟아 부은 것은 로버트 아드리(1966년 『영역의 불가피성』 출간), 레이먼드 다트를 비롯한 몇몇 사람들이 쓴 사이비 과학적 저술이었다. 논란을 일으킨 이들의 "과학"이 전성기를 구가하던 시절은 과거가 되었고, 이제는 증오를 비롯한 부정적인 에너지를 다른 것으로 전환할 방법이 실제로 있으리라는 생각을 얼마든지 할 수 있게 되었다. 앞서 어린이들을 대상으로 한 실험이 시사하는 것처럼, 인간의 본성 속에는 폭력적 성향의 원인뿐만 아니라 치료책도 들어 있으리라는 생각 말이다.

1952년 이래 과학은 계속 발달했고, 우리는 상호 협력에 대해 좀더 많은 것을 알아냈다. 중재 훈련을 실시하는 학교가 계속 늘고 있지만 데이비츠의 연구결과 속에 숨어 있는 가능성이 다 실현되려면 아직 멀었다. 데이비츠의 연구결과 자체는 평화를 지향하는 심리학자들 사이에 널리 알려져 있지만 그 잠재력에 대한 체계적 연구는 아직 제대로 이루어지지 않고 있다. 앞서 말한 로버트 아드리 같은 사람들은 본능적 공격성이라는 "무모한(이 형용사는 철학자 메리 미질리에게서 빌려온 것이다)" 이론을 널리 퍼뜨렸다. 그런데 이런 부정론을 널리 퍼뜨리는 사람들처럼 긍정론을 널리 퍼뜨리는 사람들이 없으면 인간의 본성은 부정적이라는 생각이 일반 대중뿐만 아니라 과학계의 주류를 계속 지배할 것이다. 사람들은 인간의 어두운 면을 연구하고, 거기에 대해 이야기하며 탐구하기도 한다. 이제 반대쪽을 좀 세심히 들여다보아야 한다.

방지책 모색

나는 버클리에서 30여 년을 공부하고 가르쳤고, 따라서 버클리 학생들은 내게 항상 특별한 존재들이다. 그런데 앞서 말한 것처럼 아시아인에 대한 증오 범죄로부터 증오까지 단계를 밟아 내려가야 한다는 사실을 보여 주는 사람들은 버클리 학생들뿐만이 아니다. 자신이 속한 집단이나 속하기를 바라는 준거집단을 올바르게 대하는 방법은 감정을 배제하고 한 발자국 떨어져서 이들을 바라보는 것이다. 이 집단을 덜 사랑하기 위해서가 아니라 이들에 대한 사랑을 올바른 방향으로 이끌어 가려면 집단과 나 자신 사이에 공간이 있어야 한다는 뜻이다. 폭력 없는 삶을 살려면 우리는 모두 이렇게 해야 한다. 보스턴 남부처럼 안락한 백인 거주 지역에 사는 백인들도 마찬가지이다. 불의에 항거하는 사회활동가든, 단순히 차에서 내려 집에 갈 때까지 강도를 당하지 않기를 바라는 사람이든 지금 갖고 있는 사고방식을 바꿔야 한다. 먼저 어떠한 문제에 부딪혔을 때 치미는 화를 다스려야 한다. 문제를 해결하려는 열정을 꺾으라는 뜻이 아니라, 처음에는 공포 또는 반감의 형태를 띠는 이 소중한 느낌을 상황을 개선하려는 결심으로 전환시키라는 뜻이다. 문제의 근본 원인을 분명히 보면 볼수록 항구적이고도 현실적인 해결책을 더 잘 찾아낼 수 있다.

그런데 한 가지 중요한 것이 있다. 강도를 당할 때까지, 아니면 뒤틀린 행동을 하는 사람들이 사회에 피해를 끼칠 때까지 기다릴 까닭은 무엇인가? 지엽적인 것들보다는 문제의 근원을 파헤치는 것이 훨씬 더 효과적인 것과 마찬가지로, 폭력 사태가 날 때마다 한 번씩 분노하고 마는 것보다는 끊임없이 무슨 일이든 하는 것이 훨씬 더 도움이 된다. 방법은 무엇일까? 하나는 이미 나와 있다. 언론이 우리에게 쏟아 붓는 폭력 사태의 세부 사실에 현혹되지 않고 문제가 무엇인지를 생각하기 시작하는 순간 이미 첫 발자국을 떼어 놓은 것이다. 저마다 겪는 일로부터 받는 상처나 분노로부터 한 발자국씩 물러나 비인간성 자체에 대해 생각하기 시작하는 순간도 마찬가지이다.

1998년 여름, 남아프리카의 헌신적인 교육자이자 교장인 테오델린드 슈렉 수녀가 조카를 마중하러 차를 몰고 가던 중 강도로 추정되는 사람에게 살해당했다. 콰줄루나탈 주는 옛날부터 정치적 폭력에 시달려 왔지만 이 사건은 특히 충격적이었다. 벤 응구바네 주지사는 이렇게 말했다. "테오델린드 슈렉 수녀는 교육과 종교적 의미에 몸 바쳐 온 사람이었다."

이어서 주지사는 수녀를 죽인 이 살인사건이 왜 용납될 수 없는지에 대해 이야기했다. 그의 이야기는 우리 모두에게 시사하는 바가 매우 크다. "동기가 무엇이든 폭력은 폭력이다."[7]

이것을 보면 폭력의 문제를 해결하는 것에 대해 어떻게 생각해야 하는지가 분명해진다. 주지사의 생각에서 우리는 한 줄기 희망을 찾을 수 있다. 폭력은 폭력이기 때문에 어디서든 폭력을 줄이기 위해 노력한다면 모든 곳에서 폭력이 줄어드는 데 도움이 될 것이다.

응구바네 주지사의 통찰력은 과학적 연구를 통해 증명되었다. 1994년에 영국 심리학회에서 발표된 논문 중 텔레비전 뉴스의 부정적인 영향을 다룬 논문이 있었다. 1994년에는 나쁜 뉴스가 연이어 보도되는 장면을 본 사람들이 우울해진다는 사실을 사회과학자들이 이미 잘 알고 있을 때였다. 놀랍지만 생각해 보면 당연한 사실 하나는, 이런 뉴스를 보거나 뉴스와 마찬가지로 인간의 본성을 어둡게 그리는 이런저런 프로그램을 볼 때 생기는 공포와 우울함이 아주 광범위하게 영향을 미친다는 것이다. 간단히 말해 이렇게 되면 사람은 "모든 것"을 부정적인 시각으로 보기 시작한다. 우리가 접한 부정적인 환경(다른 연구에 따르면 부정적인 환경이 뉴스에서 나왔든 픽션에서 나왔든 별 차이가 없다)으로 인해 부정적인 사고의 틀이 만들어지는 경향이 있으며, 이러한 사고의 틀 속에서는 **부정적인 사건과 생각, 기억 등이 남고 긍정적인 것들은 걸러져 나가거나 무시된다**[8](강조는 저자).

이런 상황은 분명 악순환을 낳을 수 있고 실제로도 그러하다. 세상에는 나쁜 일들이 널려 있다. 그런데 나쁜 일을 가까이서 들여다보면 실제보다 비정상적으로 커 보이며, 따라서 세상이 모두 그렇다는 생각을 하게 된다. 그리고 부정적인 예측을 하면 삶은 반드시 부정적인 결과를 갖다 준다. 이것은 아주 간단하다. 부정적인 예측은 사람의 긍정적인 잠재력을 덮어서 보이지 않게 해 버린다. 이 잠재력이야말로 폭력 같은 문제를 피하고 해결하는 데 반드시 필요한 데도 말이다.

앞서 이야기한 영국 심리학회에서 발표된 논문은 나쁜 뉴스와 이른바 "중립적" 뉴스(실제로 좋은 뉴스가 아니라)의 효과를 비교하고 있다. 좋은 뉴스의 양이 샘플을 만들 정도만큼도 되지 못했는지도 모른다. 어쨌든 핵심은 이렇다. 뉴스 소비자의 마음속이 부정적인 생각으로 채워지는 것이 폭력에 대해 알아야 할 가장 중요한 사실이라는 것이다. 무수한 폭력 장면을 보고 우울한 뉴스를 접하는 것이 삶을 바라보는 사람들의 시각을 어떻게 바꾸는지, 이 때문에 우리가 어떤 감정적, 정신적 대가를 치르는지를 깨닫는다면 정책 수립을 비롯한 많은 부분에서 얼마나 큰 변화가 올지 생각해 보라.

그러나 현실적으로 볼 때 앞서 말한 연구 성과는 이를 뒤집어 보면 그 진가를 알 수 있다. 다시 말해 긍정적인 영상이나 이야기를 듣고 보게 되면 정확히 반대 효과가 나타난다는 뜻이다. 폭력 장면이 악영향을 미치는 것처럼 이런 장면들은 상황을 개선할 것이 분명하다. 그런데 어떤 이유에서든지 사람들은 긍정적인 측면을 모색해 보려는 노력을 하지 않는다. 예를 들어 최근 "감성적 소양(50여 년 전 데이비츠가 발표한 협동 훈련 같은 일을 가리키는 오늘날의 용어)"에 관한 기사가 난 적이 있다. 이 기사의 제목은 "오늘의 교훈: 어린이들의 폭력적 감정 줄이기"[9]였다. 그렇게 말할 수도 있겠다. 그러나 기사 제목을 뒤집어서 이렇게 써 보면 어떨까? "오늘의 교훈: 어린이들의 동정심 북돋우기." 오늘날 같은 분위기에서 신문 기사 제목으로는 적절하지 못하다. 그러나 사실 이렇게 쓰는 것이 옳다. 그래야 어린이들에게 동정심을 갖도록 훈련하면 어떤 일이 일어나는지를 더 정확히 설명할 수 있기 때문이다. 어린이들 마음속에 심어져 있는 협동의 성향은 동정심과 같은 긍정적 감정과 맞물리면, 과거에는 공격성을 발휘할 때 쓰였을 에너지를 좋은 방향으로 돌릴 수 있다. 이 단순한 결과에 대해 데이비츠와 실험에 참가한 사람들은 경탄했다. 이는 가비오타스 사람들이 황무지로 보이던 땅에 열대우림을 일궈냈을 때의 느낌과 비슷했을 것이다.

최근에 2차 세계대전 이후 독립한 나라들이 20세기 후반까지 겪고 있는 식민 통치의 잔재를 다룬 PBS의 다큐멘터리를 본 적이 있다. 이 다큐멘터리는 식민 통치 이후의 인도의 모습과 다른 나라들, 주로 아프리카의 여러 나라들의 모습을 아주 대조적으로 잘 보여 주었다. 제작자들은 인도가 어떻게 해서 여러 가지 문제에도 불구하고 지구상에서 가장 인구가 많은 민주 국가를 유지하는지를 잘 조명했다. 인도는 민주주의를 떠받치는 건실한 체제를 바탕으로 과거의 종주국과도 실속 있는 관계를 유지하고 있다. 인도와 대조되는 나라들로는 이름만 들어도 참상이 먼저 떠오르는 소말리아, 르완다, 라이베리아, 콩고, 가나, 알제리 등이 조명되었다. 다큐멘터리는 두 집단을 매우 잘 대조시키고 있었다. 그런데 한 가지 아쉬운 것은 차이가 생긴 이유를 다루지 않았다는 것이다. 마치 제작자들이 비폭력(몇 번의 실패는 있었지만 결국 인도를 독립으로 이끌고 간 방법)이 한 가지 결과를 낳고 폭력(몇몇 예외를 제외하고는 아프리카를 모두 지배한)이 다른 한 가지 결과를 낳았다는 사실을 감히 지적하지 못하기라도 하는 것 같았다. 내가 왜 감히 이러한 이야기를 하는지는 이 책 마지막 부분에서 밝히려 한다.

여기서는 우리가 올바른 방향으로 작지만 중요한 첫걸음을 내디뎠음을 강조하려 한다. 언론인 다니엘 쇼어가 최근에 쓴 것처럼 "텔레비전은 폭력을 찬양해서 폭력을 부추긴다.…… 그리고 큰 사회 문제들을 하잘것없는 것으로 만들어 버린다. 게다가 환상과 현실의 경계를 흐릿하게 해서 현실을 뭉개 버린다."[10] 텔레비전을 비롯한 미디어가 폭력을 찬양하고, 부추기고, 아무것도 아닌 것처럼 다룬다고 해서 우리도 그래야 할 필요는 없다. 이 책을 읽고 난 독자들은 폭력으로 가득 찬 영화나 뉴스를 접해도 과거와는 완전히 다른 자세로 이것들을 대할 수 있었으면 하는 것이 나의 소망이다. 범죄 관련 보도에서 쓸데없이 상세한 이야기, 예를 들어 총의 구경은 얼마이며, 부상 부위는 어디이고, 범행 동기는 무엇이냐는 등의 것들을 텔레비전이 쏟아 놓을 때 여러분의 마음 속에서 "이것이 폭력이다. 다른 것 다 제쳐놓고 무엇이 문제인지 찾아보자"는 소리가 울려 나왔으면 한다. 즉 이 목소리가 부정적인 영상이나 쓸데없는 세부 설명을 압도해야 한다는 얘기다.

일단 한 발자국을 떼어 놓으면 그 다음 걸음도 내디딜 수 있다. 어떠한 사건을 접할 때 그 속에 들어 있는 자그마한 희망의 불씨와 그 희망을 따라 나오는 몇몇 사례들을 꿰뚫어 볼 수 있는 단계로 가는 걸음 말이다.

힘은 힘이다

20세기를 마감하면서 「타임(Time)」지는 편집자들이 이 파란만장한 세기에 나름의 발자국을 남겼다고 판단한 인물 100명의 프로필을 실었다. 별로 공감이 가는 기사는 아니었다. 간디에 관한 부분은 놀라울 정도로 엉성했지만 그래도 넬슨 만델라에 대해서는 눈이 번쩍 뜨이는 얘기를 실어 놓았다.[11] 젊은 시절 넬슨 만델라는 다른 수감자들과 함께 배를 타고 악명 높은 로벤 섬 부두에 내렸다. 만델라는 이곳에서 여러 해를 보냈다. 간수들은 마치 소 떼를 다루듯 "이랴! 이랴!" 하고 외치며 수감자들을 감옥을 향해 몰아대는가 하면 다른 모욕적 언행도 서슴지 않았다. 그러나 만델라와 친구 한 사람은 간수들의 "죽고 싶냐"는 위협에도 천천히 걸어갔다. 감옥으로 들어서자 그곳의 우두머리인 게리케 소장은 한술 더 떠 만델라를 "보이(boy)"라고 불렀다. 만델라는 침착하게 이렇게 말해 소장을 경악시켰다. "이것 보쇼. 경고하는데, 당신을 최고위층에 고발해서 다 말하겠소. 내 얘기가 끝날 때쯤 당신 인생도 막 내릴 걸."[12] 「타임」지에 따르면 "믿을 수 없게도" 게리케는 꼬리를 내렸다.

그런데 이것이 그렇게 믿을 수 없는 일일까? 예상 밖의 저항에 부딪치면 협박자가 오히려 물러서는 것은 흔한 일이 아닌가? 우리는 모두 이러한 예를 보았다. 그리고 앞으로 다룰 몇 개의 장에서는 비슷한 예를 몇 개 더 소개한 뒤 이런 현상의 과학적 배경을 알아보려 한다.

「타임」 편집자들이 놓친 고리부터 얘기를 시작해 하자. 첫 번째 고리는 아까 말한 젊은 시절로부터 4반세기가 지나 강자의 입장, 즉 해방된 남아프리카공화국의 첫 번째 대통령이라는 입장에 선 만델라의 모습과 관계가 있다. 많은 사람들이 기억하고 있는 것처럼, 취임 연설 도중 만델라는 철천지원수라고나 할 수 있는 드 클레르크 전 수상을 향해 돌아서서 그의 손을 잡고는 이렇게 말했다. "당신의 손을 잡는 것이 자랑스럽습니다. 함께 앞으로 나아갑시다. 그리고 힘을 합쳐 아파르트헤이트(인종분리정책)를 끝냅시다."[13]

만델라에 관한 두 사건 사이의 고리는 무엇인가? 통상적인 시각에서 보면 아무 고리도 없다. 통상적인 시각으로는 모든 분쟁에는 "승자"와 "패자"가 있어야 한다. 만델라가 화해의 손을 뻗었을 때 드 클레르크는 승자였을까 패자였을까? 우스꽝스러운 질문이다. 만델라는 어떤가? 인간으로서 만델라는 드 클레르크를 싫어했을지도 모른다. 그러나 탁월한 인간성의 힘으로 만델라는 개인적 감정을 극복했다. 그리고 로벤 섬에서 수감자로서 보여 준 힘과 요하네스버그에서 대통령으로서 보여 준 힘을 연결하는 끈을 분명히 볼 수 있다. 이 놀라운 고리는 인간관계와 분쟁을 바라보는 보통의 시각으로는 찾아낼 수 없지만, 분쟁과 관계를 보는 새로운 시각을 갖춘 사람에게는 분명하게 보인다. 협박에 항거하는 힘과 용서하는 힘, 즉 아무리 정당한 분노라 하더라도 그 분노를 다스리는 인간성의 힘은 긴밀한 관계가 있다는 사실이 보인다는 뜻이다. 이러한 두 가지 품성은 공존할 뿐만 아니라 서로 같은 것임을 보여 주기도 한다. 힘은 힘인 것이다.

"힘"을 남을 압도하고 지배하는 능력으로만 생각하면 이 아름다운 고리를 놓칠 수밖에 없다. 만델라의 위대한 정신적 스승이었던 간디는 이런 일반적인 생각과는 반대로 자신의 실수를 사람들 앞에서 공공연히 고백했다. 그가 고백을 즐기는 것에 대해 동료들은 경악했다. 한 번은 간디의 여동생이 간디에게 매우 해로울 것 같은 고백이 나온 데 대해 걱정한다는 말을 듣고 간디는 이렇게 말했다. "실수를 고백하는 일은 결코 패배를 인정하는 것이 아니야. 고백 자체가 승리니까."[14]

진정한 힘은 다른 사람을 "압도하는" 것을 훨씬 뛰어넘는다는 사실은, 가끔 폭력적인 사람들이 개심하는 신기한 현상을 설명해 주기도 한다. 인종분리주의자인 조지 월러스는 앨라배마 주지사로 취임하자 공약을 지키기 위해 문자 그대로 "교문을 막고 서서" 흑인 학생들이 앨라배마 대학에 등교하는 것을 막았다. 1963년 6월에 있었던 이 사건과 함께 월러스는 인종분리주의를 고수하는 사람들의 전국적 상징으로 떠올랐다. 그러나 시간이 지나면서 무엇인가가 월러스의 마음을 덮고 있던 증오의 안개를 벗겨 냈고, 1995년 3월 11일 월러스는 셀마-몽고메리 민권 행진 기념식에 휠체어를 타고 나타나 흑인과 백인이 섞여 있던 당시의 행진 참가자들에게 과거 일에 대해 사과했다. 30년 전 월러스는 주 공권력을 투입하여 행진하는 사람들을 곤봉으로 때리고 소방 호스로 물벼락을 안겼던 사람이다. 사과는 용기가 필요하다. 그러나 30년 전 생각이 달랐을 때 그가 전국을 상대로 맞선 일에도 용기가 필요하기는 마찬가지였다. 「라이프」지의 표지를 장식할 정도로 인종분리주의의 상징이었던 월러스가 지금은 화해의 상징으로 변모했다. 간디가 "폭력적인 사람은 비폭력적인 사람이 될 희망이 있지만 겁쟁이는 그렇지도 못하다"고 자주 말한 것은 놀라운 일이 아니다. 간디의 말은 비폭력의 논리에 꼭 들어맞는다. 월러스의 예에서 본 것처럼 그의 두 가지 행동은 같은 용기와 힘에서 나온 것으로, 후자는 올바른 방법으로 발휘된 것뿐이다.

두 번째 고리를 보자. 우선 만델라의 삶에서 일어난 두 가지 사건,

그러니까 과감성과 관대함을 각각 대표하는 이 사건들을 만델라의 지도력과 연결해 본다. 그의 지도력이란 엄청난 긴장이 아직 해소되지 않은 데다 비참한 상태에서 방금 빠져나온 신생 공화국을 이끌어 가는 능력이었다. 이 힘은 억압에 항거하거나 관대하게 용서하는 용기보다 좀더 미묘하다. 대중 앞에서 적을 용서하는 사람은 훌륭한 지도자인가? 물론이다. 이런 사람은 질서를 향한 창의력을 갖춘 사람이다. 이 측면은 나중에 다루기로 하고, 먼저 제대로 이해받지 못한 비폭력 사례 또 하나를 함께 생각해 보자.

1991년 8월에 러시아에서는 스탈린주의로 돌아가려는 반혁명 쿠데타를 대중이 들고 일어나서 봉쇄한 사건이 일어났다. 그때 유명한 진보적 잡지는 여기에 대해 이렇게 썼다. "쿠데타는 실패했다. 공산체제는 무너졌다. **세계는 운이 좋았다**"[15](강조는 저자). 그러나 대중이 쿠데타를 저지할 수 있었던 것은 "운이 좋아서"가 아니었다. 용기 있는 비폭력 저항운동가들이 몇 달 전부터 체계적으로 비폭력적인 대응 전략을 꾸준히 연구해 온 결실이었다. 경험 많은 미국인 교관들의 워크숍도 도움이 되었다(내 친구 하나는 여름 내내 러시아 전국을 다니면서 평균 하루에 두 번씩 이런 워크숍을 주관했다). 이 모든 과정은 언론에 전혀 알려지지 않았다. 쿠데타가 일어나고 얼마 후 양심적 병역거부자였던 알렉산드르 프로노진은 이렇게 말했다. "8월에 쿠데타가 일어난 것은 놀랄 일이 아니다. 정말 놀라운 일은 쿠데타가 신속히 진압된 데다가, 그때 쓰인 '무기'가 비폭력적이고 대중에 기반을 둔 방어활동이었다는 사실이다."[16]

이 놀라운 형태의 방어에 대해서는 뒤에서(4장과 8장) 더 이야기할 텐데, 이 두 장에서는 "대중의 힘" 저항운동에 참여할 것으로 보이지 않는 대부분의 사람들에게 이런 방어가 어떤 의미를 가질 수 있는지를 다루고 있다. 먼저 지금은 수수께끼 같기도 하고 언론과 대중(그리고 거의 의심할 여지없이 당시 일부 정치 지도자)의 눈에 "행운"으로 비치기도 한 이 효과적인 저항운동이 수수께끼도 행운도 아님을 강조하고자 한다. 러시아 대중이 거둔 성공은 노력과 희생의 결실이었다. 이들의 활동은 일련의 규칙을 그대로 따라갔으며 결과를 완벽히 예측할 수 있었다. 이러한 규칙을 알기 위해 나처럼 비폭력 전문 간행물을 읽을 필요는 없다. 세상은 우연으로만 돌아가는 것이 아니라는 느낌을 갖고 있거나, 사람은 누구나 사랑과 증오에 반응을 보인다는 사실만 알면 내 이야기를 이해할 수 있다.

당시 구소련 미국학 및 캐나다학 연구소 부소장이면서 내 동료이자 친구인 세르게이 플레하노프는 쿠데타가 좌절되던 역사적인 날 마침 모스크바에 없었다. 1년 뒤 플레하노프는 텔레비전을 통해 그날의 사건을 시청한 느낌을 말해 주었다. 음산한 벽과 장갑차로 둘러싸인 크렘린의 모습과 흰 대리석과 유리로 지어져 비무장 민간인들이 지키던 의회의 선명한 대조를 통해 폭력으로 위협받는 민권의 모습이 생생히 다가오더라는 것이다. 세계 각국에서 모인 학자들에 둘러싸여 차분하고도 열정적인 음성으로 이 이야기를 하던 그의 모습이 지금도 떠오른다. "어떤 무기가 있었을까요?" 그는 물었다. 탱크와 장갑차에 대적할 어떤 무기가 있었을까? "아무것도 없었습니다. 민중이 가진 것이라곤 의지, 정의에 대한 확신, 그리고 목숨을 건 몇몇 사람들의 용기뿐이었죠." 자리를 함께한 학자들이 그의 말 속에 담긴 미묘한 아이러니를 놓치지 않았기를 바란다. 왜냐하면 "아무것도 없는 것"이야말로 성공적인 비폭력 운동의 열쇠이기 때문이다. 의지, 정의에 대한 확신(내가 하는 일이 옳다는 믿음), 기꺼이 희생하려는 자세는 불의한 권력에 대한 저항을 성공으로 이끄는 세 가지 요소이다. 이 사실을 간과한다면 1991년 8월에 왜 민중이 승리했는지를 이해할 수 없다.

도둑맞은 대답

옛날 철의 장막 안쪽에는 다양한 문화와 민족이 섞여 살던 유고슬라비아라는 나라가 있었다. 갈등도 있었지만 이들은 함께 일했고 학교도 같이 다녔다. 싸우기도 했지만 서로 결혼도 했다. 이러한 상태는 수백 년간 계속되었다. 그러다가 사회주의의 붕괴와 함께 중앙정부의 통제가 사라지자 세 개의 주요 문화 집단(이들은 인종 집단이 아니다)이 서로 쪼개졌다. 그 결과 2차 세계대전 이후 유럽에서, 아니 세계 어디서도 볼 수 없는 가공할 폭력 사태가 빚어졌다. 많은 사람들이 이런 의문을 가졌다. "왜 저럴까? 어떻게 사람을 가축 운반차로 끌고 다닐 수 있단 말인가?"

항상 그렇듯이 "답이 없다"고 말하는 사람들이 있었다. 어떤 사람들은 "역사" 때문이라고 말하기도 했다. 그러면 1389년에 벌어진 유명한 전투에 참가했던 사람들이 죽은 지 500년도 넘었는데 지금 복수를 해야 한단 말인가?

　이 모든 사태에서 사람들은 한 가지 평범한 사실을 놓치고 있다. 그것은 프로파간다의 독약 같은 힘이다. 유고슬라비아 북쪽에 있는 구공산권 국가인 헝가리나 루마니아에 사는 슬라브계 사람들은 국영 텔레비전이나 신문의 보도에 대해 항상 의혹의 시선을 갖고 있었다. 그런데 어떤 이유에서인지 유고슬라비아에 사는 슬라브계 사람들에게서는 이러한 의심을 찾아볼 수 없다. 유고슬라비아 사람들은 텔레비전이 보여 주는 것을 그대로 믿어 왔고 지금도 그렇다.[17]

　어떤 점에서 이것은 새로운 일이 아니다. 1898년 미국과 스페인을 분쟁으로 몰아넣은 "황색 언론(Yellow Paper)"에 대해 우리는 모두 알고 있다. 당시에는 신문밖에 없었지만 오늘날의 주역은 텔레비전이다(르완다에서는 라디오다). 그러나 당시와 지금의 차이는 단순히 기술적이거나 정치적인 것만은 아니다. 오늘날의 문제는 반세기 동안 축적된 소외와 폭력의 메시지가 바닥에 깔린 상태에서 끊임없이 쏟아지는 마음의 독약이다. 이로 인해 사람들은 모두 신경이 날카로워지고 의기소침해져 경계선마다 균열이 생긴다. 경계선은 인종 사이 또는 문화 집단 사이로부터 시작해서 복잡한 고속도로의 차 두 대 사이까지 어디든 존재할 수 있다. 앞서 인용한 영국 학자들의 연구결과는 이 점을 잘 보여 준다. 다니엘 쇼어의 지적도 마찬가지였다. 또한 캘리포니아의 산타로사에 사는 12세 어린이의 이야기에서도 잘 드러난다.

텔레비전에 폭력이 없다면 길거리에서 폭력을 휘두르는 사람도 줄어들 거예요. 또 총을 맞거나 살해되거나 납치되는 사람도 줄어들 거라고 생각해요.[18]

틀림없이 그럴 것이다. "폭력이 입력되면 폭력이 출력된다." 과학, 상식, 각 개인의 경험에 비추어볼 때 이는 분명하다. 그럼에도 어떤 사람들은 여기에 논쟁의 소지가 있다고 본다. 그렇지 않다. 폭력 장면을 많이 보여 주면 폭력 사건이 늘어날 것이다. 돈과 탐욕에 대한 장면을 많이 보여 주면 강도 사건이 늘어날 것이다. 또 다른 열두 살짜리의 현명한 이야기를 들어 보자. "사람들은 텔레비전에서 섹스 장면을 많이 보고는 섹스를 아무렇지도 않게 생각하게 되어 다른 사람들을 강간해요." 군대에서 병사들에게 전투 훈련을 시키기 위해 사용하는 비디오 게임을 자유로이 살 수 있게 됨에 따라 청소년들이 여기에 빠지게 되었다고 많은 전문가들이 지적한다. 이로 인해 결국 미국인에게 가장 아픈 기억 중 하나인 컬럼바인 사태[19]가 발생했다.

우리 자신에게 이런 일을 저지른다는 것은 너무도 어리석기 때문에 웬델 베리의 강경한 어조도 이해가 된다.

사람들은 항상 악마를 풀어 주고는 언제든 우리 마음대로 잡아들일 수 있다고 생각한다. 이런 생각은 어린아이 같은 것도 아니고 심지어 "인간으로서의 약점"도 아니다. 이것은 일종의 어리석음일 뿐이다. 그러나 아마도 인간은 어리석음을 악이라고 부를 수 있을 정도로 정신을 차리기 전에는 어리석음을 억누르고 자신을 구원할 수 없을 것이다.[20]

악이라고 부르는 것이 도움이 된다면 그렇게 해도 좋다. 그런데 한 가지 조심해야 한다. 어떤 '것'을 악이라고 부르는 것과 어떤 '사람'을 악이라고 부르는 것 사이에는 하늘과 땅 차이가 있다. 사물을 악이라고 부르면 지혜와 힘을 모아 여기에 대처할 수가 있다. 그러나 사람을 악이라고 부르면 악의 반감이 증폭되어 결국 증오로 이어지고, 문제의 근원이 계속 떠오르는 악순환이 되풀이될 뿐이다.

1998년, 만신창이가 된 유고슬라비아를 어찌어찌 꿰어 맞춰서 "평화"를 가져온 유럽 여러 나라들은 어찌된 영문인지 국민의 재교육에는 신경을 쓰지 않았다. 믿을 수 없는 일이지만 평화가 찾아오자마자 똑같은 증오를 부추기는 국영 텔레비전(특히 세르비아에서)에 대해 아무도 신경을 쓰지 않았다. 현장을 돌아본 내 동료 한 사람이 우울하게 이야기한 것처럼 "사람들은 여전히 민족주의, 프로파간다, 증오, 거짓, 편견으로 세뇌되고 있었다." 곧이어 코소보 전쟁이 일어났다.

누군가가 일부러 이런 식으로 증오를 퍼뜨리고 다니는 장면을 본다면 사람들은 너무도 역겨운 나머지 어떻게든 하지 않고는 못 견딜 것이다. 그러나 이를 그냥 "악"으로 매도하기는 쉽지 않다. 악이 있는 곳에는 항상 악을 행하는 사람이 있고, 그는 우리와는 다른 사람이다. 아주 "달라야 한다." 그러나 현실에서 악을 퍼뜨리는 미디어는 '우리의' 미디어이다. 이러한 미디어를 우리는 보호하고 지지한다. 말할 것도 없이 이는 상호적인 과정이다. 무슨 뜻인가 하면 미디어가 우리에게 폭력과 통속성을 보여 주고, 여기에 길든 우리는 이런 것들을 더 요구하고 미디어는 기꺼이 이러한 수요에 따른다. 진정한 의미의 악순환이다. 그런데 닭이 먼저일까 달걀이 먼저일까?

　전체적으로 볼 때 우리는 눈 먼 상태(베리가 "어리석음"이라고 부른)에서 폭력이나 통속성 같은 악마들을 풀어 주고 있다는 것이 내 생각이다. 별로 듣기 좋은 이야기는 아니지만 이러한 나의 시각이 현실적이라고 생각한다. 여기에 대해서는 2장에서 다룬다.

왜 사는가

미디어는 저 나름의 목적이 있다. 그런데 폭력적 사건의 의미를 파악하는 데 도움을 주는 것이 목적은 아닌 것 같고, 폭력 사태를 근절하기 위해 우리가 해야 할 일을 알려 주는 것도 역시 아니라고 생각한다. 그렇기 때문에 미디어는 어떤 폭력 사태에 대한 피상적인 대답이나마 궁해지면 그저 '답이 없다'고 말하는 것이다. 그러나 답은 있다. 그리고 그 답은 부분적으로나마 이미 드러났다. 그러니까 폭력적 분위기와 생명(우리 것이든 남의 것이든)은 필사적으로 지킬 만한 가치가 없다는 부정적 사고 등은 인간이 다 함께 만들어 낸 것이다. 게다가 동시에 사람들은 폭력이 흥미롭고 "짜릿하며" 나름의 의미가 있다고 생각하기 시작했다. 자살은 이러한 조건에 잘 들어맞는, 스스로를 향한 폭력 행위이다. 아니면 우리의 젊은이들이 너무 소외되어 있어서 스스로를 "남"으로 느끼는 것일까? 어느 쪽이든 10대의 자살이라는 현상 앞에서 우리는 한 발짝이 아니라 여러 발짝 물러나 큰 그림을 제대로 보아야 한다. 이를 가능한 한 간단히 설명해 보겠다.

삶에는 목적이 있다. 동물은 목적을 몰라도 살아가지만 사람은 그럴 수 없다. 인류의 역사를 통해 다양한 문명은 이런저런 것들에 정신이 팔려 삶의 목적 탐구를 잊어버리기도 했다. 이렇게 되면(이런 일은 주기적으로 일어난다고 생각한다) 그 문명권은 방향을 잃게 된다. 그 결과 삶의 목적이 사라지고(사라지는 것처럼 보이고), 문명권 속의 각 개인은 말로 설명할 수 없는 절망에 끊임없이 시달리면서 삶 자체를 포기하기 시작한다. 결국 10대들 사이에 자살이 유행처럼 번지고, 사람이 사는 것을 돕는 자들이 죽음을 돕고, 사형제도가 여기저기서 부활한다. 이 모든 증상은 교황이 "죽음 지향적"이라고 부른 문명에서 찾아볼수 있다. 문명 자체가 죽음 지향적인 것이 아니라 삶의 의미가 결여되어 있기 때문에 저절로 그렇게 된다는 얘기다. 삶의 목적을 찾을 수 없다면 목적의 빈 자리를 부정적인 것들이 채우게 된다. 왜냐하면 뭔가 "짜릿한" 것들은 이런 것들뿐이기 때문이다. 죽음과 폭력이 사람들을 유혹하기 시작한다. 그러나 고대 인도 경전이 말하는 것처럼 "삶의 어두운 측면에 이끌리는 사람은 암흑에 빠질 것이다."[21] 인간 본성의 어두운 측면을 가지고 놀면 인간은 영문도 모르는 채 폭력의 위기 속으로 끌려 들어갈 것이다.

오늘날 우리 눈앞에 펼쳐지는 폭력은 이번 장 첫머리 인용문 속의 구절인 "의미의 위기"와 긴밀하게 연결되어 있다. 긍정적 미래를 향한 사람들의 모임(Positive Futures Network)은 이러한 현상을 하나의 증상으로 규정한다. 나는 의미의 위기야말로 문제의 핵심이라고 주장한다. 삶이 우리를 어디로 이끌고 가는지 모른다면 열심히 살 필요를 느낄 수 있을까? 10대들은 매우 솔직하다. 어떤 10대 한 명은 클린턴 대통령이 10대들에 대한 흡연 위험 홍보 및 금연 권고 캠페인을 격려하는 이야기를 듣고 이렇게 말했다.

> 내가 보기에는 담배를 피우면서 왜 피우는지 모른다고 하는 청소년들은 무의식적으로 죽음을 선택하는 것 같다. 그렇기 때문에 이들에게 담배를 피우면 죽을 수도 있다고 끊임없이 떠들어 대는 것은 해결책이 아니다. 대통령이 문제를 진정으로 해결할 의지가 있다면 흡연 청소년들이 미래를 머릿속에 그릴 수 있도록 도와줄 방법을 찾아야 한다.[22]

보스턴 남부에서 10대가 자살을 하거나 캘리포니아 고속도로에서 살인을 할 때, 아버지가 가족을 공격할 때, 어떤 나라가 핵무기를 폭발시킬 때, 이러한 행동의 동기는 돈, 질투, 교통 혼잡 등이 아니다. 궁극적으로 이러한 행동의 배경에는 삶의 의미가 사라졌다는 사실이 자리 잡고 있다. 이런 사람들은 어떤 희망이나 목적이 있는 미래를 머릿속에 그려 볼 수가 없다는 얘기다. 돈을 비롯한 이런저런 요소들이 폭력을 부추길 수는 있지만 그렇다고 모든 사람이 폭력적이 되지는 않는다. 오직 의식적이든 아니든 삶의 목적을 잃어버린 사람, 엄밀히 말해서 삶의 무한한 가치, 그리고 그리스의 철학자가 "샘솟는 의미"[23] 라고 부른 가치를 잃어버린 사람만이 폭력 속으로 뛰어든다.

오늘날 미디어는 삶의 의미를 매우 심하게 흐려 놓고 있다. 그러므로 뒤집어 말하면 미디어가 치솟는 폭력의 물결을 차단할 수 있는 가장 효과적인 수단일 수도 있다. 물론 여러 가지 수단 중 하나에 불과하지만 말이다. 숀이라는 청년은 존스 홉킨스 대학에서 독일의 시인 릴케에 대한 논문을 쓰느라고 독일어와 씨름하고 있다. 얼마 전 나는 그를 도와준 적이 있는데 그때 버클리나 MIT 같은 학교에서 과학을 전공하는 숀의 친구들 이야기가 나왔다. "알 수가 없어요. 이 친구들은 아무런 의혹도 없이 이 세상에는 물리적 실체와 물리 법칙, 분자 같은 것들밖에는 없다고 믿는 것 같거든요. 애들은 마음이라는 단어는 들어 보지도 못했나 봐요."

이 이야기를 듣자 나도 우리 학교 뉴스레터에 난 기사를 며칠 전에 읽은 기억이 떠올랐다. 이 기사는 분자 유전학에서의 놀라운 발견을 다루고 있었다. 그쪽 교수들은 세포 안에서 유전자가 "켜지거나 꺼지는" 지점을 정확히 찾아내서 사진을 찍었다고 한다. 유전자가 켜지거나 꺼짐에 따라 DNA는 전령 RNA에 지시를 내려 신체 기관을 합성시킨다. 내가 잠시 의대를 다니던 그 옛날부터 오늘날까지 과학이 얼마나 눈부시게 발달했는지를 감탄하면서 읽다 보니 나의 인문학적 감각이 경보를 울리기 시작했다. 읽는 것을 멈춘 나는 뭔가를 세어 보았다. 약 600단어로 된 이 짧은 기사에서 '기계'라는 단어가 무려 13번이나 나왔다. 인문학자들은 이러한 것을 "서브텍스트(subtext)"라고 부른다. 위대한 인간의 업적에 대해 이야기하는 과정에서 이 기사의 필자는 다음과 같은 강력한 메시지를 바닥에 깔고 있었다. "인간은 기계다, 인간은 기계다, 인간은 기계다……."[24]

최근에 휴스턴 스미스는 이렇게 말했다. "우리가 누구인지를 알아내지 못하는 한 서양 문명 전체에 걸쳐 어떤 눈에 띄는 진보도 없을 것이다. 오늘날 우리는 우리가 누구인지에 대해 아무런 단서도 없다. 오늘날 서양 문명에서는 인간의 본질에 대해 어떤 일관된 견해도 찾아볼 수 없다."[25]

이 책에 등장하는 모든 논지의 배경에는 바로 "우리는 누구인가"라는 질문이 깔려 있다. 인간은 서로 분리된 물질적 존재인가? 그렇다면 경쟁과 갈등은 당연한 운명이다. 아니면 인간은 마하트마 간디가 말한 "마음 합치기"라는 개념을 통해 신체적·문화적 차이, 좋아하는 것과 싫어하는 것의 차이, 사상적 차이 등을 뛰어넘는 보이지 않는 끈으로 모두 서로 연결되어 있는가? 후자가 옳다면 삶에는 심오한 의미들이 많이 숨겨져 있을 것이다. 그리고 그렇다면 앞으로도 우리는 인간에 대해 많은 것을 배워야 할 것이다.

현대 과학의 어두운 측면은 과학 자체로부터 나오는 것도 아니고, 자연의 법칙에서 나오는 것은 더욱 아니다. 과학 연구의 결과를 가지고 우리 자신이 만들어 낸 인간의 이미지가 문제이다. 즉 인간은 무의미한 물질적 우주 속에 존재하는 생물학적 기계에 불과하다는 이미지가 문제이다. 이러한 견해 때문에 생명에는 목적이 없다는 식의 불안스러운 생각이 더욱 증폭된다. 과학은 탐구 대상을 물리적 세계, 그러니까 외부 세계로 한정시킬 자유가 있다. 그러나 그렇다고 해서 모든 것을 밝혀냈다고 주장할 권리는 없다.

그러므로 일부 과학자들이 "폭력의 생물학적 근거"를 들먹이는 것은 주제넘은 행동이다. 과학은 까마득히 먼 우주에서 일어나는 현상을 연구할 수 있을지는 몰라도 인간의 내면 세계를 잘 들여다보지는 못한다. 따라서 과학으로부터 삶에 대한 답을 얻으려던 사람들은 시간이 지나면서 과학에는 그런 차원이 존재하지 않는다는 것을 깨닫게 된다. 그래서 이들은 공허감을 느낀다. 인간의 의지, 고결함, 아름다움, 인생의 궁극적인 목표 등은 과학자들의 연구 대상이 되지 않는 범주에 속하며, 따라서 어떤 사람들은 아무 근거도 없이 이러한 범주가 존재하지 않는다고 믿는다.

과학 안에서 이렇게 환원주의를 지향하는 움직임을 과학의 문외한들은 과장된 모습으로 받아들이며, 미디어가 이를 증폭하면 상황은 더욱 심각해진다. 언론은 거의 하루에 유전자 하나 꼴로 새로운 "발견"을 보도하여 유물론적 결정론을 더욱 부추긴다. 즉 비만, 성적 취향, 지적 능력, 성적 매력, 땅콩 버터 선호 여부 등 별별 항목에 대해 유전자, 호르몬, 아니면 무엇이든 그 "원인"이라고 불리는 것들이 연일 쏟아져 나오고 있다. 책임감 있는 과학자라면 누구도 분노나 열망, 태도처럼 복잡 미묘한 현상들이 특정한 유전자 또는 호르몬 한 가지에 좌우된다고 주장하지는 않을 것이다. 이리하여 사람들은 인간에게는 의지가 없고 구원의 드라마도 없으며, 아무런 의미도 방향도 없이 살다가 도스토예프스키가 『악령』에서 말한 것처럼 절망 속에 죽어간다고 생각하기에 이른다.

인간 존재의 한 가지 기본적인 조건은 무한히 위대한 어떤 것 앞에서 항상 고개를 숙일 수 있어야 한다는 사실이다. 인간에게서 무한히 위대한 것을 빼앗

아 간다면 살아갈 수가 없고 결국 절망 속에서 죽을 것이다.[26]

자살의 길을 택한 6명의 보스턴 10대들이 바로 이러한 예이며, 오늘날 이러한 예는 무수히 등장하고 있다.

"결손" 가정의 아이들은 불안하고 자신감이 결여된 환경에서 성장하여 결국 '긍정적 미래를 향한 사람들의 모임'이 "물질적 소비에의 탐닉과 병행하는 의미의 위기와 공허감"이라고 규정한 상태에 쉽게 빠져든다. 이러한 상태는 우리 문명이 오늘날 처해 있는 상태이기도 하다. 이렇게 되면 아이들은 삶의 의미를 찾기 힘들어하고 의미가 있다고 믿지도 않게 되며, 수천 가지 다양한 방법으로 "절망 속에 죽기" 시작한다. 텔레비전을 한 번도 본 일이 없더라도 마찬가지이다.

오늘날 미디어가 만들어 내는 새로운 세상을 바라보면, 어린이를 돌보는 일에 대해 최근 어떤 사회사업 종사자가 한 말이 떠오른다. "우리가 얼마나 파괴적인 환경을 만들어 냈는지 우리 스스로도 전혀 모르고 있다. 오늘날의 상황은 통제 수단이 사실상 전혀 없는 가운데 엄청난 규모의 사회적 실험을 하고 있는 것과 같다."[27]

그러나 이 책은 문제뿐만 아니라 해결책도 다루고 있다. 내가 이미 한 이야기들과 앞으로 할 이야기들 중에는 도스토예프스키가 말한 "무한한 위대함"을 향해 나아가는 보통 사람들이 등장한다. '청소년들이 삶에 절망하지 않게 하려면 어떻게 하는가'라는 질문에 대해 우리는 하나가 아니라 두 개의 답에 도달했다. 비폭력적 문화를 창조하기 위해 사람들이 할 수 있는 일은 폭력을 줄이고 새로운 목적의 의미

를 찾아내는 것이다. 독자들도 이미 눈치 챘겠지만 이 두 가지 과제는
서로 긴밀히 연결되어 있다.

2장
어둠 속의 한 줄기 희망

파괴적인 에너지는 분명히 존재한다. 그러나 이는 일시적인 것으로, 영원한 힘인 창조적 에너지 앞에서는 항상 무기력하다. 파괴적 에너지가 우월하다면 모든 신성한 끈, 그러니까 부모와 자식, 형제자매, 스승과 제자, 지배자와 피지배자 사이의 끈은 영원히 끊어질 것이다.
— 마하트마 간디

대중이 폭력에 대해 눈살만 찌푸려 보여도 폭력은 완전히 힘을 잃을 것이다.
— 레프 N. 톨스토이

이 글을 쓰고 있는 이 순간에도 북아메리카와 유럽 등 여러 지역에서 모인 수많은 젊은이들이 중앙아메리카를 비롯한 세계 각지에서 위협받는 인권 운동가를 지켜 주고 있을 것이다. 이들이 하는 일은 미국 대중에게는 아직 잘 알려져 있지 않다. 왜냐하면 미디어가 완전한 침묵으로 이 아름다운 활동에 베일을 씌워 버렸기 때문이다. 그럼에도 이들은 활동하고 있다.

캐런 리드도 이들 중 한 사람이다. 1989년 캐런과 자원봉사자 네 명은 국제평화여단(Peace Brigades International, PBI)이라는 그룹과 함께 일하고 있다가 갑자기 엘살바도르 국민방위대에 체포되었다. 다섯 명 중 세 명은 스페인 국적을 갖고 있어 즉시 추방되었지만, 캐나다 인이 었던 캐런과 그의 친구인 콜롬비아 국적의 마르셀라 로드리게스는 위험 속에 그대로 남겨졌다. 다행히도 캐런은 즉시 캐나다 영사관에 연락을 했고, 마침 그곳을 방문 중이던 다른 평화단 봉사자에게도 사 태를 알릴 수 있었다. 그러자 좀 안심이 되었고 군인들도 처음에는 정 중했다. 그러나 팀원 중 누구도 과거에 체포된 적이 없었고(중앙아메리 카에 만연한 엄청난 폭력에도 불구하고 현재까지 외국인 자원봉사자가 살해된 적은 없다) 마르셀라는 옆방에서 군인들이 체포된 일행을 "성공회가 보낸 테러리스트"[1]라고 부르는 것을 들었다. 얼마 후 군인들은 캐런 과 마르셀라를 다른 사람들과 함께 눈을 가린 채 트럭에 태워 병영으 로 끌고 가 게릴라 단체인 FMLN과의 관계에 대해 5시간 동안 심문을 했다. 심문 도중 옆방에서는 고문하는 소리와 고문당하는 사람들이 울부짖는 소리가 들려왔다. 캐런은 평화단이 곧 전 세계의 네트워크 를 통해 이 사실을 신속히 알릴 것을 알았지만 시간이 없기도 했다. 밤이 되기 전에 병영에서 빠져나가지 못하면 무슨 일이 벌어질지 알 수 없었다.

실제로 PBI는 세계적인 네트워크를 가동했고, 얼마 지나지 않아 수 많은 사람들이 캐나다와 콜롬비아 대사관에 팩스, 전화, 이메일 등의 방법으로 캐런과 마르셀라를 즉각 석방할 것을 촉구하기 시작했다. 여기에 대해 콜롬비아 대사관은 아무 반응도 보이지 않았으나, 캐나 다는 캐런을 즉시 석방하지 않으면 엘살바도르와의 무역 관계가 악화될 수 있음을 암시하는 공식적인 압력을 넣기 시작했다. 무슨 얘기가 어떤 고위층에 전달되었는지는 모르지만 어쨌든 캐런은 몇 시간 후 병영을 가로질러 자신을 기다리고 있는 대사관 직원을 향해 걸어가고 있었다. 그러나 눈가리개가 풀어진 순간 캐런은 벽을 향해 돌아선 마르셀라의 모습을 힐끗 보았다. 그 모습은 "완벽한 비인간화"[2]바로 그것이었다. 해방의 기쁨과 함께 캐런은 무언가가 자신을 잡아끄는 것을 느꼈다. 공포에 떨면서도 캐런은 산살바도르에서부터 그녀를 구하기 위해 몇 시간을 달려온 대사관 직원에게 짤막한 변명을 하고는 돌아서서 병영으로 들어갔다. 무슨 일을 당할지는 몰랐지만 어떤 일이든 친구를 버리고 달아나는 것보다는 덜 하리라는 것은 알고 있었다.

병사들은 깜짝 놀랐다. 그리고 그에게 수갑을 다시 채웠다. 옆방에서는 한 병사가 마르셀라의 머리를 벽에 짓찧으며 멍청한 "백인년"이 도로 기어 들어왔다고 외쳤다. "이제 테러범이 어떤 꼴을 당하는지 보여 주지." 그러나 캐런의 행동은 병사들의 마음을 움직였다. 캐런은 이들에게 왜 돌아왔는지를 이야기했다. "친구와 떨어지는 게 어떤 건지 알잖아요." 이 말이 통했다. 얼마 후 병사들은 캐런과 마르셀라를 모두 놓아주었다. 두 사람은 손을 잡고 별빛 속을 걸어 나갔다.

설명이 필요 없는 이야기이기는 하지만 약간의 설명을 달아도 나쁠 것은 없을 듯하다. 캐런은 동정심도 없고 상당히 비인간화된 군인들의 마음을 바꿔 놓았다. 무엇이 바꿔 놓았을까? 우리도 배울 수 있을까? 이 이야기를 읽으면 마치 캐런의 연약함으로부터 어떤 힘이 솟

구쳐 나와 작은 기적을 만들어 낸 것처럼 보인다. 물론 캐런은 그 힘에 의존하려 한 것은 아닐 테지만 말이다. 지옥 같은 병영으로 돌아가면 병사들이 어떻게 나올지까지는 생각하지 않았다. 그저 친구를 버릴 수 없다는 생각을 했을 뿐이다.

주요 언론사는 이러한 이야기(그렇게 드문 것도 아니다)를 전혀 보도하지 않는다. 그리고 각국의 자원봉사자들이 중앙아메리카, 헤브론, 아이티, 스리랑카, 북아일랜드 등지에서 한 활동도 보도하지 않는다. 분쟁에 대해 사람들이 보이는 정형화된 반응이 있는데, 이것으로는 캐런 이야기 같은 사건을 설명할 길이 없다. 폭력에 대한 반대와 관련하여 차에 이런 스티커를 붙이고 다니는 사람들이 있다. "가리지 말고 선을 행하고 생각 없이 아름다운 일을 하라." 그러나 '가리지 않음'이나 '생각 없음'이 아닌 무엇인가가 있다. 이러한 사건의 밑바닥에는 우리가 아직 이해하지 못하는 논리가 깔려 있다는 얘기다.

조금씩 발전해 가는 평화 연구라는 영역에서 연구자들은 이런 사건에 작용하는 힘을 파악하기 시작했다. 20세기에 가장 위대한 평화 연구가 중 한 사람인 케네스 볼딩은 말년에 이러한 사건을 해석하는 데 매우 쓸모 있는 모델을 개발했다. 뛰어난 경제학자이자 시인이며 권위 있는 미국학술원 원장을 역임하면서 평화 연구에 이미 지대한 공헌을 한 볼딩은 생애 끝 무렵에 『힘의 세 가지 얼굴(The Three Faces of Power)』[3]이라는 책을 썼다. 볼딩에 따르면 당근만으로, 또는 채찍만으로는 사람을 움직일 수 없다. 어떤 일을 하려면 세 가지 방법으로 사람을 설득해야 한다는 얘기다. 이들은 '위협의 힘'(내가 원하는 대로 하지 않으면 네가 원치 않는 일을 하겠다), '교환의 힘'(내가 원하는 걸 주면 네가 원하는 걸 주지), '통합의 힘'(내가 옳다고 생각하는 일을 하려고 한다, 그러면 우리는 더 가까워질 것이다)이다.

이 세 가지 힘은 앞서 이야기한 캐런의 경우에서 저 나름의 역할을 하고 있다. 그리고 볼딩은 현실 생활에서는 대개 이 세 가지가 뒤섞인 형태로 작용한다고 한다. 엘살바도르 군인들이 '위협의 힘'에 의지했다는 것은 너무도 분명하다. 캐나다 정부도 일정한 위협을 가했지만 그보다는 원하는 것을 내놓지 않으면 무역상의 불이익이 발생하리라는 암시를 함으로써 '교환의 힘'에 더 의지하는 모습을 보여 주기도 했다(물론 경제적 교역뿐만 아니라 좀더 미묘한 요소인 국가 간의 존중이나 정통성 같은 것들도 관련되어 있었다). 그러나 캐런은 '통합의 힘'이라는 낯선 힘을 이용했다. 이 힘이 어떻게 작용하는지 설명해 보라고 하면 모두들 당황할 것이다. 그러나 이것은 당연하다. 볼딩은 이렇게 지적하고 있다. "위협의 힘은 정치학자들의 관심사이다. 경제학자들은 교환의 힘을 연구한다.…… (그러나) 통합의 힘에 대한 연구는 어떤 학문 분야에도 속하지 않는 것 같다."[4]

그러면 이 분야를 한번 만들어 보자. 이런 논리로 시작할 수 있을 것이다. 필요가 존재하는 곳에는 힘이 어떤 형태로든 존재한다. 다른 사람들이 그 필요를 충족시켜 주거나 이를 방해할 수 있기만 하면 말이다. 인간이라는 동물이 가장 크게 필요를 느끼는 것들은 다른 개체들과 함께하고 개체들에 의해 받아들여지며 공동체를 형성하고 친구를 만드는 일이다. 내 친구이자 동료인 생물학자 메리 클라크는 그의 책 『다시 본 인간의 본성(Human Nature-Revised)』에서 모든 인간은 의식주를 뛰어넘어 다음 세 가지를 추구한다고 지적했다. 첫째, 결합(다른 인간들에게 조건 없이 받아들여지는 것), 둘째, 자율(개인 행동의 자유), 셋째, 의미(삶의 목적). 결합을 맨 앞에 둔 것은 잘한 일이라고 생각한다. 『천국과 지옥의 결혼(The Marriage of Heaven and Hell)』에서 윌리엄 블레이크는 이것을 아름답게 표현했다. "새에게는 둥지, 거미에게는 거미집, 인간에게는 우정."[5] 인간은 모두 함께하길 원한다. 심지어 하등생물도 공동체를 만들려는 성향이 강한데, 생물학자들은 이를 잘 알고 있다. 사실 현대 과학자들이 이러한 성향을 발견하기 훨씬 전에도 성 아우구스티누스는 유명한 저서 『신의 도시(The City of God)』에서 이를 자신이 개발한 평화 이론의 기반으로 삼았다. 내가 아는 한 서양 문명에서는 최초로 평화라는 주제를 본격적으로 다룬 다음 글에서 성 아우구스티누스는 동물들조차도 일종의 가족과 공동체를 이룬다는 사실을 발견하고 이렇게 썼다.

인간은 더욱 그렇다. 인간 본성의 기본 법칙에 따라 인간은 공동체 관계로 끌려 들어간다고 말할 수 있으며, 이 공동체 속에서 다른 모든 사람들과 평화를 이룬다.[6]

이 본성의 법칙으로부터 캐런이 발휘한 것 같은 힘이 나온다. 이 힘으로 캐런은 군인들의 눈을 열어 마르셀라도 인간이라는 것을 보여 주었고, 동시에 증오로부터 벗어날 탈출구를 마련해 주었다. 바로 이 법칙 때문에 우리는 항상 화해의 이야기에 감동을 받는 것이며, 쓰디쓴 소외의 끝에 화해가 찾아오면 감동이 더 커지는 것이다. 셀마에서 몽고메리까지 시위행진을 벌이며 인권회복을 외친 지난날의 일을 재현하는 사람들 앞에 나타나 과거의 인종차별주의를 사과하는 조지 월러스의 모습이나, 그로부터 얼마 전 교황 요한 바오로 2세가 2년 전 자신을 암살하려 했던 마흐메트 알리 아카의 손을 잡은 모습(이 사진은 「타임」지의 표지를 장식했다)을 생각해 보라. 이러한 장면에 감동받지 않을 사람이 누가 있겠는가? 물론 호모 사피엔스는 서로를 증오하는 데 뛰어나기는 하지만 인간의 내면에는 아직도 공동체와의 통합을 지향하려는 욕구가 존재한다. 이러한 욕구를 억누를 수는 있지만 완전히 파괴할 수는 없다. 비폭력은 이러한 욕구에 초점을 맞추는 과학이다.

인간은 아리스토텔레스가 말한 것처럼 "사회적 동물"이므로 다른 인간과 함께하기를 갈구한다. 그렇기 때문에 아무리 혼자 있기를 좋아하는 사람이라도 독방에 가두는 것이 최악의 형벌이 된다. 또한 그렇기 때문에 갈등을 끝낼 방법을 상대방에게 제시할 용기를 발휘하는 사람은 아무도 예상하지 못한 힘을 얻게 되는 것이다.

폭력이란 무엇인가?

앞서 말한 "세 가지 얼굴"은 상반되는 두 힘으로 압축할 수 있다. 전통적인 방법에 따라 폭력과 비폭력으로 부를 수 있겠지만, 그러려면 의미가 분명치 않은 단어 몇 개를 동원해야 한다.

폭력을 뜻하는 영어 violence는 라틴어인 violare에서 왔다. 어원을 더듬어 보는 것은 쓸모가 있다. 왜냐하면 사물과 현상이 오늘날보다 더 직관적으로 이해되던 옛날을 들여다볼 수 있기 때문이다. 라틴어 violare는 '힘으로 강제하다'라는 뜻으로, 옛날에는 '상처를 입히다, 명예를 실추시키다, 격분시키다, 범하다' 등의 의미로 쓰였다.[7] 많은 주요 단어들과 마찬가지로 violence도 원래의 단어보다 더 확장되고 비유적인 의미를 갖게 되었다. 그래서 사람들은 "격렬한(violent) 폭풍"이나 "차가 푹 꺼진 곳을 지날 때 엄청난(violent) 충격을 느꼈다"라는 식의 표현을 쓴다. 그러나 이 책에서 다루려는 violence는 이러한 성질의 것들은 아니다. 육식 동물의 행동도 인간의 violence와는 다르다. 사자는 양을 가차 없이 공격하지만 이때 사자는 자연의 법칙을 따르고 있을 뿐이다. 본능에 따라 양을 죽이면서 사자는 양의 명예를 실추시키거나 양을 격분시키지 않는다. 그저 죽일 뿐이다. 이렇게 볼 수도 있다. 온몸이 찢겨 죽는 양과 죽이는 사자 사이에는 아무런 유대 관계도 없다. 동물도 다양한 감정을 갖고 있지만 현재까지 알려진 한 정의로운 분노는 없다.

이 책에서 이야기하는 violence는 인간에만 국한된 현상이다. 다른 사람을 해치거나 정교하게 연결되어 있는 생물계에 피해를 입히는 행동은 폭력적인 행동이다. 지상의 모든 것들이 서로 연결되어 있다는 생각을 최고 수준으로 끌어올려 이러한 연결에 손상을 입히는 것이 폭력이라고 정의한다면 프랑스의 레지스탕스 투사였던 자크 뤼세

랑의 말이 더욱 생생하게 다가온다. "신은 생명이다. 따라서 생명에 대한 폭력 행위는 신에게 반하는 행위이다."[8] 동물들은 서로 경쟁하고 서로 잡아먹지만 이러한 과정은 신비롭도록 균형 잡혀 있고 조화로우며 질서 정연해서 영원히 계속될 수 있다. 달리 말해 지속 가능하다는 얘기다. 그러나 인간은 다르다. 인간이 서로를 공격할 때는 뭔가가 크게 잘못되는 것이고, 그 결과 사회 전체가 파괴된다. 사물의 질서를 파괴한다는 의미에서 본다면 인간만이 폭력적일 수 있으며 동시에 비폭력적일 수 있다. 손상을 입히는 행위의 폭력이라는 개념 또한 두 가지 측면에서 선을 그어야 한다. 첫째, 인간의 경우에도 사고로 다른 사람 또는 사물에 손상을 입히는 것은 폭력이 아니다. 법률도 이를 인정하고 있다. 누군가가 다른 사람을 실수로 다치게 해도 두 사람은 계속 친구 관계를 유지할 수 있다. 이런 일은 항상 일어난다. 그러나 어떤 사람이 의도적으로 다른 사람을 상하게 하면 한 사람 또는 양쪽 모두 상해를 치유하기 위해 무슨 일인가를 해야 한다. 그리고 그 일은 비폭력 과정의 일부이다.

둘째, 폭력이 삶의 조직을 찢어 버린다는 것을 이해하면 진정한 폭력은 폭력 행위가 아니라 상해를 입히려는 의도에 이미 존재한다는 것을 알 수 있다. 폭력을 뜻하는 산스크리트 어인 himsa는 바로 이런 의미를 지니고 있다. 잠깐이나마 언어학적 측면을 짚어 보자. 매우 중요하기 때문이다. 이 himsa라는 단어[여기서 'm'은 프랑스 어 'dans'에서처럼 '비음(콧소리)'을 의미한다]는 han이라는 단어에서 왔는데, han의 뜻은 '때리다, 죽이다'이다. 그러나 himsa는 원래 단어인 han의 특별한 형태인 것으로 보인다. 이는 언어학자들이 희구형(希求形)이라고 부르는 형태로, 행위 자체가 아니라 그러한 행위를 하려는 소망이나 의도를 의미하며, 폭력과 관련해서는 당연히 상해의 의도를 뜻한다. 고대 인도인들은 마음을 매우 현실적인 것으로 받아들였다. "우리의 조상들은 이러한 가르침을 받았다. 살인을 하지 말라.…… 그러나 나는 이렇게 말한다. 형제에게 화를 내는 자는 책임을 져야 한다."[9] 현대인들은 적어도 마음이 현실임을 입으로는 인정한다. 예를 들면 유네스코 헌장에는 이런 말이 있다. "전쟁은 인간의 마음으로부터 시작된다." 따라서 이 영원한 진리를 어떻게 활용할지를 배워야 한다. 그래야 이 진리가 고매한 이상을 담은 글 속의 진부한 문구로 머물지 않고 현실 세계로 나올 수 있다.

그렇다면 모든 폭력은 마음으로부터 나온다. 마찬가지로 폭력 때문에 생긴 상처는 물리적이거나 신체적일 뿐만 아니라 심리적이고도 정신적이다. 이는 앞서 말한 라틴어 violare의 뜻, 그러니까 '범하다, 명예를 실추시키다'와 매우 가깝다. 이러한 사실은 좋기도 하고 나쁘기도 하다. 나쁜 것은 우리가 가만히 앉아서 남을 전혀 신체적으로 해치지 않으면서도 사악한 생각을 품어 폭력적이 될 수 있다는 사실이 불쾌하기 때문이다. 그러나 기분이 나쁘더라도 이것이 사실이라면 알고 있는 편이 낫다. 폭력을 해결하려는 오늘날의 노력은 거의 수포로 돌아간다. 이러한 활동의 대부분은 한쪽의 문제를 틀어막는 데는 성공하지만 다른 쪽에서 상황을 악화시키곤 한다. 폭력에 대응하는 오늘날의 방식 때문에 더 많은 사람이 감옥으로 가고 있다. (그런데도 범죄율은 거의 줄지 않고 있다.) 세계 평화를 위해 인류가 쓰고 있는 방법은 끝없이 전쟁을 벌이는 것이다. "마약과의 전쟁," "테러와의 전쟁" 등에는 막대한 비용이 들어갔지만 참담한 실패로 끝나고 말았다. 이제 드디어 문제의 맥박에 손가락을 갖다 댄 것은 매우 다행스러운 일이다. 그 맥이 뛰는 자리가 바로 우리의 손목이라고 하더라도 말이다.

최근에 우리는 모두 한 가지 사실을 더 알게 되었다. 폭력이 마음으로부터 비롯된다고 해서 모든 폭력이 우리의 의식적 의지로부터 나오지는 않는다는 사실이다. 제대로 의식하지도 못하는 상태에서 저지르는 폭력도 있다. 오늘날 폭력이라고 불러야 할 것들 중 상당 부분은 의식적인 적의에서 나오는 것이 아니라 남을 이용하려는 수동적 또는 거의 무의식적인 의도에서 비롯된다. 내가 입고 있는 멋진 셔츠는 위스콘신 주에 있는 작업 환경이 좋은 공장에서 만든 것인가, 아니면 태국의 노동자 착취 공장에서 만든 것인가? 저기 있는 노숙자는 내 회사가 번영하는 대가로 길거리로 내몰리지는 않았는가? 아니면 미국의 국방비 때문에? 지금 내 코앞에 있는 접시에 놓인 음식 재료를 얻기 위해 어디선가 열대우림이 파괴되는 것은 아닐까? 사회 시스템 안으로 녹아 들어간 착취는 "구조적 폭력"이라고 불리는데, 이 용어는 위대한 평화학자인 요한 갈퉁(Johan Galtung)이 만들어 냈다. 오늘날의 경제적 시스템 때문에 구조적 폭력은 세계적으로 만연해 있지만 이는 아마 인간이 복잡한 사회를 구성하자마자 생겨났을 것이다. 2천 수백 년 전, 부처는 비폭력적인 인간을 정의하면서 "Na hante, Na hanyate"라는 유명한 표현을 썼다. 이는 "그는 죽이지도 않고 죽이게 하지도 않는다"는 뜻이다. 현대적으로 말하면 생명을 해치는 어떤 시스템에도 의식적으로 협조하지 않는다는 이야기가 된다.

우리가 잘 인식하지 못하는 폭력의 경우조차도 의도가 있었는지 여부가 핵심이다. 라틴어에 이런 속담이 있다. "Quod ultimum est in executione, primum est in intentione." 이는 "결국 행동으로 표출되는 모든 것의 배후에는 의도가 있다"는 뜻이다. 구조적 폭력이 사회의 일부가 된 세계에서 자라는 어린이들은 오랜 시간이 걸려서야 이러한 폭력의 존재를 인식한다. 그리고 깨달음에 도달하기까지의 기간 동안 이들은 스스로도 알지 못하는 사이에 다른 사람의 희생으로 이익을 얻는다. 그렇다고 해서 이들을 폭력적이라고 할 사람은 아무도 없을 것이다. 이러한 사실을 알고 나서도 기꺼이 남을 희생시킨다면 이들은 어느 정도 폭력적이라고 부를 수 있다. 이러한 상황은 사람들이 폭력에 대한 교육에 저항감을 느끼는 이유 중 하나이다. 잘못된 시스템 안에서 인식하지 못하는 사이에 남을 해치는 일에 참여하는 것을 폭력이라고 부를 수는 없다. 그러니까 인식을 하지 못하도록 억압된 상태는 인식이 아직 깨어나지 않은 상태와는 다르다는 뜻이다. 방금 이야기한 것들은 갈퉁이 내린 폭력의 정의 속에 들어 있다. 즉 폭력은 인간의 욕구에 대한 모욕이며, 이 모욕은 피할 수 있다.[10] 이 정의는 방금 말한 "구조적 폭력," 그러니까 거의 모든 사회의 제도 속에 녹아 들어가 있는 폭력을 포함한다는 뜻이다. 갈퉁의 정의는 또한 구조적이든 아니면 어떤 형태든 폭력에 대해 매우 중요한 점을 시사하고 있다. "피할 수 있다"는 말은 이러한 모욕을 당하지 않고도 삶을 살아갈 수 있다는 뜻이며, 이상적인 사회에서는 모든 폭력을 피할 수 있다는 뜻이기도 하다. 오늘날뿐만 아니라 옛날부터 사람들은 비폭력이 지배하는 사회가 가능하다고 생각해 왔으며, 이 사람들도 폭력은 피할 수 있다고 믿어 왔다. 세상에서는 사고가 나기도 하고 어쩔 수 없이 갈등이 벌어지기도 하며 분쟁이 일어나기도 한다. 그러나 이 모든 것이 반드시 폭력으로 이어지는 것은 아니다. 갈등과 분쟁은 폭력 없이도 해결할 수 있다. 폭력은 불필요한 악이다.

여기서도 통합의 힘 모델이 도움이 된다. 실제로 폭력을 저지르는 사람, 그러니까 누군가를 해치려는 의도를 담고 있는 사람은 바로 그 의도 때문에 고통을 겪는다. 의도를 행동으로 옮긴 뒤의 결과로 인한 고통은 말할 것도 없다. 오늘날 외상 후 스트레스 장애(Post-Traumatic Stress Disorder, PTSD)는 낯익은 개념이다. 그런데 심리학자들은 가해로 인한 외상 스트레스(Perpetration-Induced Traumatic Stress, PITS)라는 새로운 개념을 연구하고 있다. 이 개념은 바로 가해자가 겪는 정신적 외상을 다루고 있다.[11] 폭력은 쌍방에게 모두 피해를 입힌다. 두 사람을 연결하는 관계의 그물이 끊어지면 양쪽 다 단절을 느낀다(사실 크게 보면 그물에 연결된 모든 사람들이 이를 느낀다). 그러므로 폭력은 입법부나 범죄학자들의 문제이기 이전에 심리학자들의 문제이며, 이를 성 아우구스티누스(아마 서양 세계에서 인간의 마음을 가장 잘 이해한 사람 중 하나일 것이다)는 다음과 같은 멋진 표현으로 설명했다. "내가 적에 대해서 품고 있는 적의는 적이 나를 해칠 수 있는 것만큼이나 나에게 피해를 줄 수 있음을 상상해 보라."[12]

오늘날 방금 말한 원칙은 증오, 남을 용서하지 못하는 마음 등이 건강에 어떤 피해를 끼치는지에 대한 광범위한 의학적 증거에서 가장 잘 드러난다.[13] 어떻게 정의하든 폭력은 이상적인 세상에서라면 인간이 절대 서로에게 저지르지 않을 행동이며, 이는 인간뿐만 아니라 생명을 담은 환경 일반에도 마찬가지이다. 그리고 폭력을 저지르면 피해자뿐만 아니라 스스로도 피해를 입는다는 사실을 어떻게든 알려 준다면 인간은 폭력을 당장 그만둘 것이다. 이 사실을 기억해 두는 것이 좋다. 왜냐하면 이것이야말로 폭력을 다루는 완전히 새로운 방법을 향한 열쇠이기 때문이다. 이는 또한 우리가 도달하려 하는 새로운 세계를 향한 열쇠이기도 하다.

세 개의 렌즈

몇 년 전 캘리포니아에 있는 월넛 크릭이라는 곳에서 골치 아픈 문제가 생겼다. 이 문제는 아직도 미국 여기저기서 불거지고 있다. 동성애자인 교사 한 명이 근본주의적 생각을 가진 부모들의 공격 대상이 된 것이다. 이들은 자기 자식들이 이처럼 "죄악에 가득 찬" 인간으로부터 배우는 것을 원하지 않았다. 그곳 사람들에게는 매우 안된 일이지만 교사의 권리를 지켜 주려는 측과 그를 쫓아내려는 측은 서로 의사소통을 하지 못했다. 그 이유는 양쪽이 완전히 다른 입장에서 그 교사와 이와 관련된 문제들을 들여다보았기 때문이다. 교사 편에 선 사람들은 이 문제를 인권의 시각에서 본 반면, 성난 부모들은 이를 아이들의 종교적 복지의 측면에서 해석했다. 달리 말하면 교사를 옹호하는 사람들은 정치적 모델을 사용한 반면, 반대쪽 사람들은 종교적 또는 도덕적 모델에 의지했다는 뜻이다. 이는 오늘날 매우 흔한 딜레마 중 하나이며 이로 인해 큰 혼란이 생기곤 한다.

오늘날 사람들이 폭력을 다루는 방법은 분명 매우 비현실적이다. 폭력이 계속 늘어나는 것만 봐도 알 수 있다. 그 가장 큰 이유는 폭력을 해결하기 위해 폭력과 똑같은 논리에 의존하기 때문이다. "마약과의 전쟁," "범죄와의 전쟁," "테러와의 전쟁" – 어떤 학자는 현대 의학을 가리켜 "세균과의 전쟁"이라고 부르기도 한다. 이러한 자세는 폭력이 삶에서 차지하는 비중을 점점 줄이려는 노력에 아무런 도움도 되지 않는다.

지금 필요한 것은 완전히 다른 접근 방법이고, 월넛 크릭의 예가 보여 주는 것처럼 완전히 새로운 판단 기준이다. 이러한 판단 기준, 또는 "렌즈"라고 부를 수 있는 것 세 가지를 간략히 설명해 보겠다(여기서 렌즈는 1990년 하워드 제어가 펴낸 중요한 책 『렌즈 바꾸기(Changing Lenses)』에서 따온 것이다). 이 세 가지는, 첫째, 현재 가장 널리 사용되는 렌즈, 둘째, 막 사용되기 시작한 한 단계 더 좋은 렌즈, 그리고 셋째, (내가 보기에는) 우리가 앞으로 사용해야 할 렌즈 등이다.

도덕적 모델

오늘날 사람들이 폭력을 바라보는 시각은 앞서 예로 든 월넛 크릭의 격분한 부모들이 갖고 있던 도덕적 모델과 흡사하다. 사람들은 폭력을 죄악(sin, 신의 법을 어기는 행위)이나 범죄(crime, 인류 사회의 법을 어기는 행위)로 생각하는 경향이 있다. 그러나 오늘날 "죄악," 심지어 "범죄"의 개념에 대해 널리 받아들여지는 정의조차 없는 실정이다. "도덕"이라고 말을 하지만 이 단어를 어떻게 정의할 것인가?

세계 여러 곳의 문화권에서 인간 관계는 점점 적나라한 경쟁 관계로 빠져들고 있는 듯하다. 사람 상호 간의 교류는 승리와 패배라는 기준틀로 판단되는 경향이 강해진다는 뜻이다. "합법"의 정의가 점점 변호사들 사이의 협상 결과로 되어 가는 오늘날 법률에 기반을 제공하는 자연법, 그러니까 모든 사람들이 동의하는 이 개념은 갈수록 약해지고 있다. 게다가 미디어는 이 달갑지 않은 상황에 악영향을 미친다. 미디어는 정치적 과정을 포함한 여러 가지 법적 과정을 당사자들 간의 힘겨루기라는 모습으로 그려 내며 부차적으로 이를 대중을 위한 엔터테인먼트로 생각한다. 최근 「샌프란시스코 크로니클(San Francisce Chronicle)」은 다음과 같은 제목의 머리기사를 내보냈다. "마피아 살인 용의자 재판, 뉴욕 시민들에게 볼거리 제공."[14]

죄악이나 범죄의 정의가 매우 모호해진 오늘날 폭력을 죄악이나 범죄로 보는 자세는 우리 사고에 극도로 부정적인 영향을 끼친다. 자크 엘륄(Jacques Ellul)이 현대 사회의 특징으로 꼽은 것을 생각해 보자. 현대는 바로 인간이 폭력을 새로운 방법으로 인식하기 시작한 때이다. 드디어 인간은 새로운 인식을 바탕으로 폭력을 "처치"하여 인류 문화를 크게 진보시킬 전례 없는 기회를 맞았다. 그런데 현실은 이와 거의 정반대이다. "폭력"은 우리가 "원하는 것"이 되었다. "새로 나온 액션 영화는 현대의 모든 미덕으로 무장하고 샌프란시스코 지역의 극장들을 점령하고 있다." 1997년 6월 6일자 「샌프란시스코 크로니클」에 실린 기사의 한 부분이다. 여기서 미덕이란 무엇인가? "폭력, 규모, 어리석음" 등이다. 이 기사가 농담조이기는 했지만 비디오 대여점이나 서점의 대중 소설 서가에 가 보라. 그러면 "폭력적인"이라는 말이 오늘날 "스릴 있는"이라는 뜻으로 쓰인다는 것을 알 수 있다. 옳고 그름에 대한 판단은 사라져 버렸다. "악"이라는 단어가 종교적인 의미로만 쓰이는 오늘날 폭력을 불필요한 악(당연히 사실이다)이라고 규정하는 것이 무슨 의미가 있는가?

도덕적 모델을 통해 폭력을 바라보면 폭력의 본질이 가려지기보다는 더욱 선명하게 드러난다. 여기서 문제는 더욱 심각해진다. 인간은 폭력에 대해 감정적으로 강하게 반발하기 때문에(그 자체는 좋은 일이다) 어떤 사람이나 집단을 "폭력적"이라고 낙인을 찍으면 사람들의 증오와 정당한 분노 등 격렬한 감정이 이들을 향하게 된다. 다음 단계는 이들에게 "불순한"이라거나 "죄 지은"이라는 극단적인 딱지를 붙이는 것이다. 여기까지 오면 사람들은 이 집단의 구성원들도 우리와 마찬가지로 인간이라는 사실을 잊어버린다. 이 과정을 '희생양 만들기'라고 하며, 폭력에 대한 사람들의 이러한 반응은 거의 반사작용 같은 것이지만 역설적이게도 이 반응 자체가 위험스러운 형태의 폭력이다.

유대인 대학살을 저지른 사람들이 지저분한 이미지를 유대인들에게 덧씌워 동정심이 일어나지 않게 한 것, 그리고 이들을 흉내내는 사람들이 계속 생겨난 것은 전혀 우연이 아니다.

내가 쓴 책『폭력 없는 미국(America Without Violence)』이 1982년 출판된 후 뉴욕에 있는 주요 라디오 방송국이 심야 인터뷰를 요청해 왔다. 이 라디오 방송을 하면서 나는 청취자들의 반응에 놀랐다. 전화 거는 사람마다 폭력(모든 폭력)을 자신이 점찍은 적의 탓으로 돌리고 있었다. "푸에르토리코 사람들이 문제라는 것 잘 아시잖아요," "25세 이하 흑인 청소년들에 대한 통계를 보신 적이 있나요?", "폭력은 모두 백인 남자들이 저지른다고요." 이 사람들은 아시아 인들을 대상으로 자행되는 증오 범죄에만 초점을 맞춘 버클리 대학 학생들과 같은 실수를 저지르고 있다. 여기서 한 가지 다른 점은 피해자가 아닌 가해자를 문제 집단으로 지목한다는 것이다. 그러니까 양쪽 다 폭력이 아니라 특정 집단이 문제라고 생각한다. 그때 이후 오늘날까지 이러한 생각을 바로잡으려는 노력은 전혀 이루어지지 않은 데다가(사람들은 모두 특정 집단에 속한 사람들이 이유에 관계없이 다른 집단보다 더 많은 폭력을 저지른다고 생각한다) 또 하나의 집단이 명단에 추가되는 비극적인 사태가 벌어졌다. "십대 애들이 문제라니까요." 인종 차별도 나쁜데 우리의 아이들을 희생양으로 삼는 지경까지 왔다면 폭력에 대한 우리의 자세는 이제 문명을 파괴할 지경에 이르렀다고 봐야 한다.

도덕적 모델의 실패는 5장에서 다룰 범죄와 형벌 분야에서 특히 두드러진다. 이제 나는 도덕적 모델을 완전히 포기할 것을 제안한다. 이 모든 폭력이 누구의 잘못인지를 알아낼 필요는 없다. 폭력을 멈출 방법만 찾아내면 된다.

의학적 모델

좀더 효과적인 모델은 의학적 모델이다. 이 접근 방법에서 폭력은 질병과 비슷하며, 따라서 평화는 일종의 건강 상태가 된다. 폭력을 죄악이나 범죄로 대하는 것보다는 이렇게 보는 편이 아마 더욱 정확할 것이다. 의학자들은 폭력에 관련된 자질구레한 일에 구애되지 않고 문제의 핵심을 바로 찌른다. 「의학 초록 소식(Medical Abstracts Newsletter)」지의 첫 호에는 다음과 같은 글이 실려 있다.

> 이것은 오늘날 미국인의 사망 원인 1위를 차지하고 있다. 에이즈나 암보다 더 많은 사람들이 이것으로 인해 죽는다. 그리고 치료될 기미조차 보이지 않는다. 이것은 폭력이다.……[15]

물론 폭력을 질병으로 보는 시각은 새로운 것이 아니다. 일찍이 성 아우구스티누스는 이러한 시각을 바탕으로 평화에 대해 "모든 부분의 질서 있는 관계로부터 나오는 조화"라는 유명한 정의를 내렸다. 여기서 아우구스티누스는 사람의 몸을 예로 들었다. 그러나 반핵 시위가 세상을 뒤덮던 시절에 평화 운동에 참여한 의사의 수가 과거 어느 때보다도 훨씬 많았다는 사실은 아직도 사람들의 기억 속에 남아 있다. 그중에서도 헬런 캘디컷은 유창한 언변과 따뜻한 마음씨로 유명했다. 사회적 책임을 다하는 의사들의 모임(Physicians for Social Responsibility)과 이와 비슷한 유럽의 단체들이 큰 성과를 거둘 수 있었던 이유는 대부분의 사람들에 대해 의사들이 권위를 갖기 때문도 아니었고, 한 사람 한 사람의 목숨을 살리는 의사의 역할이 수백만을 살리는 쪽으로 자연스럽게 연장되기 때문도 아니었다. 전쟁을 향해 가는 사회 시스템이 고장 났다는 것, 즉 병들었음을 사람들이 생생히 보았기 때문이다. 이렇게 되자 수백만의 사람들이 이러한 시스템에 반대하는 운동에 동참했고, 이들 중에는 전쟁이란 고도로 애국적인 행위이고 "방어"의 한 형태라고 아무 비판 없이 생각하던 사람들도 합류했다. 이 새로운 모델의 등장으로 전쟁 준비에 치열하게 반대하던 반전 운동가들은 효과를 보았다. 왜냐하면 이를 통해 더 많은 사람들이 실상을 제대로 파악할 수 있었기 때문이다. 그리고 이 모델은 정치가들도 사람이라는 사실을 다시 한번 일깨워 주었다. 합리적으로 설득하기만 하면 정치가들을 이해시킬 수 있다. 정치가들을 비난해 대기만 하면 마음속으로는 움츠러들면서 겉으로는 더욱 강경한 태도를 취하기 마련이다.[16]

1993년 어느 여름날, 로스앤젤레스에 있는 어떤 병원의 응급실에서 의학적 모델은 실제로 힘을 발휘했다. 자기 남편이 이 병원의 간호사와 관계를 갖고 있다고 생각한 어떤 여성이 총을 들고 병원에 뛰어들었다. 문제의 간호사를 찾은 여인은 그 간호사에게 총을 쏘았지만 죽이지는 못했다. 부상당한 간호사는 응급실로 도망쳤고, 여인은 총을 든 채 그 간호사를 쫓아갔다. 당시 응급실에는 조앤 블랙이라는 간호사가 당직 근무 중이었다. 부상당한 간호사가 응급실로 들어서기 직전 블랙은 총을 가진 사람이 병원에 있다는 사실을 연락 받았다. 곧이어 38구경 권총을 손에 쥔 여인이 응급실로 쫓아 들어왔다. 62세의 블랙은 경험 많은 의료 전문가의 본능에 따라 사태에 대처했다. "난 그 여인을 껴안고 이야기를 시작했죠. 살아서 뭐 하겠냐, 이 여자 때문에 가정이 깨졌다는 말을 되풀이하더군요. 그래서 난 '힘들죠? 안됐네요. 힘 안 든 사람이 어디 있어요.…… 해결할 방법이 틀림없이 있을 거예요'라고 말했어요." [17] (총격에 관한 뉴스는 1면을 차지했다. 그러나 블랙 간호사의 영웅적인 활동은 한참 뒤에나 나왔다. 어쩌겠는가?) 이렇게 말하면서 블랙은 여인이 자살하려고 총을 들어올릴 때마다 끌어내리기를 반복하며 결국 그 여인을 진정시켰다.

고전 애호가인 필자는 여기서 한 가지를 짚고 넘어가고 싶다. 블랙 간호사는 까마득한 옛날부터 격분한 사람들을 달래는 데 쓰여 온 패턴을 본능적으로 그대로 따랐다. 우선 이런 사람들을 꾸짖기보다는 이해하는 모습을 보인다("힘들죠? 안됐네요"). 이어서 엄청나게 화가 나면 우리 모두가 잊어버리는 사실 하나를 떠올려 준다. 즉 이들이 처한 상황은 누구나 다 겪는 것이라는 사실 말이다("힘 안 든 사람이 어디 있어요"). 햄릿의 삼촌은 이렇게 말한다. "네 아버지도 아버지를 잃었고 / 그 아버지도 아버지를 잃었다.……" 그리고 지금 겪고 있는 참을 수 없는 순간은 지나가게 마련이라는 사실을 알려 주고 이들을 결국 끔찍한 순간으로부터 끌어낸다("해결할 방법이 틀림없이 있을 거예요"). 이 간호사가 위기의 순간에 고대로부터 전해 내려오던 해결 방법을 단계별로 거의 완벽하게 따라갔다는 사실은 인간의 마음이 움직이는 방법에 어떤 보편성이 있음을 보여 준다.

조앤 블랙은 뛰어난 응급실 간호사였음이 틀림없다. 물론 이 극도로 긴박한 상황에서 그녀는 자신이 간호사라는 사실, 응급실 당직 근무 중이었다는 사실에 힘입어 문제를 해결했을 수도 있다. 그렇기 때문에 아주 다른 상황, 예를 들어 어두운 골목에서 총을 든 남자와 마주쳤을 때와는 다르게 반응했을 것이다. 응급실에서 문을 박차고 들어오는 사람은 그의 눈에는 범죄자가 아니라 환자로 보였다. 나중에 실제로 그는 이렇게 말했다. "아픈 사람이 들어오더군요. 돌봐 줘야만 했어요." 신문은 이 사실을 거의 완전히 놓쳤다. 잘못된 폭력 모델에 집착하고 있는 언론은 독자를 완전히 오도하는 방향으로 블랙의 발언을 보도했다. "평생 내가 한 일 중 가장 어리석은 짓이었을 거예요." 그러나 신문을 믿지 않는 한 이것은 신문의 문제지 우리의 문제가 아니다. 조앤 블랙은 영웅이었고, 폭력에 직면하여 보통 사람이 할 수 없는 일을 해냈다. 왜 그랬을까? 블랙이 문제의 여인을 범죄자가 아니라 환자, 어려움에 부딪힌 사람으로 보았기 때문이다.

5천 킬로미터 떨어진 어떤 병원의 응급실에서는 데보라 프로스로-스티스라는 의대생이 폭력에 대해 크게 깨닫고 있었다. 다행히도 그 의대생은 이 깨달음을 잊지 않고 있다가 훗날 하나의 제도로 정착시켰다. 어느 날 그는 칼을 맞아 상처를 입고 실려 온 젊은이에게 봉합 수술을 해 주었다. 퇴원을 시키려고 하는데 젊은이는 그에게 이렇게 말했다. "아직 주무시지 마세요. 저 찌른 놈이 한 시간 내에 여기 실려 올 거거든요." 반은 농담이었을 수도 있고 반은 젊은 남자의 객기였을 수도 있지만 10대 아들을 둔 어머니이자 의료인이었던 프로스로-스티스는 젊은이의 이야기를 곰곰이 생각해 보았다. 폭력의 원인에 대해서는 아무런 조치도 취하지 않다가 그저 희생자가 생기면 꿰매 주기나 하는 일이 얼마나 부질없고 우스운 일인지가 분명해졌다. 그리고 이 상황은 "1온스의 예방이 1파운드의 치료보다 낫다"는 의대에서의 가르침과도 완전히 반대되는 것이었다. 나중에 매사추세츠 주의 공중보건 책임자가 된 프로스로-스티스는 10대 폭력을 예방하기 위한 교육 및 명상 과정을 개설했다. 그가 사용한 교과 과정은 45개 주 325개 도시에서 채택되었다.

> 형벌제도의 임무는 폭력이 발생했을 때 책임 소재를 가려내고 이를 응징하는 것이다. 적절한 임무이기는 하나 이것으로 예방할 수는 없다. 그러므로 내가 쓴 책 『치명적 결과(Deadly Consequences)』에서 이야기한 것처럼 폭력을 보건 문제로 보는 것이 예방의 시발점이 된다.[18]

또 한 가지 흥미로운 사실은 미국 각지에 중계된 인터뷰에서 그가 제시한 구조적 폭력의 정의이다.

> 솔직히 말해서 폭력을 신체적 피해라는 좁은 범위로만 정의하면 우리 스스로 이해의 폭을 좁히는 것이 된다.…… 기회가 없는 상태, 제대로 기능하지 못하는 교육제도, 심지어 제대로 기능하지 못하는 가정, 이 모든 것들이 당하는

사람 입장에서는 심한 폭력이다.[19]

건강한 상태와 병든 상태는 각각 평화와 폭력에 대한 적절한 비유이다. 범죄와 처벌이라는 개념으로 폭력을 정의하는 것이 적절한 것처럼 느껴질 때도 있지만 실제로 건강과 질병이라는 위의 비유를 이용하는 것이 훨씬 더 유용하다. 폭력을 질병으로 보기 시작하면 누구 잘못인가를 가리는 것이 무의미해진다. 조지 버나드 쇼 같은 독설가가 아니라면 누군가가 병들었다는 사실을 비난할 수는 없다. 이 방식의 또 한 가지 좋은 점은 올바른 방향에 초점이 맞춰진다는 데 있다. 그것은 바로 예방이다. 프로스로-스티스가 방금 말한 폭력의 근본 원인, 사회와 가족제도에 뿌리박고 있는 이 원인을 제거하기 위해 뭔가 창의적인 일을 할 수 있다면 거리에 순찰 경관을 더 배치하거나 대문에 더욱 강력한 자물쇠를 다는 것보다 훨씬 더 큰 효과를 거둘 수 있다. 평화학자 존 버튼이 만든 단어로 일부 의료인들이 가끔 인용하는 표현을 이용하자면 "적극적 예방"이 가능해진다는 얘기다.

교육적 모델

의학적 모델도 유용하지만 그럼에도 또 하나의 모델을 제시하고자 한다. 폭력이 죄악이 아니라 질병 같은 것이라면 폭력은 일종의 무지와 더욱 비슷해진다. 현대 인도의 신비주의자인 스와미 람다스는 이 사실을 다음과 같이 멋지게 표현했다.

무지야말로 세상에서 벌어지는 모든 분쟁의 원인이다. 무지는 범죄가 아니다. 무지는 비난할 대상이 아니라 제거해야 할 대상이다. 그리고 사랑의 힘으로 인간은 무지를 제거할 수 있다.[20]

이 말은 폭력의 본질을 아주 잘 요약하고 있으며, 우리의 시선을 자연스럽게 "적극적 예방" 쪽으로 이끌어간다. 폭력을 일종의 무지로 보면 지혜와 사랑이 해결책이라는 사실을 금방 알 수 있다.

언젠가 샌프란시스코에서 기자들과 즉흥적으로 개최한 세미나가 치열한 논쟁의 자리로 변한 적이 있다. 나의 동료인 버클리 대학 교수 한 명이 "좋아요. 그럼 폭력이 뭐죠?"라고 묻기에 이렇게 대답했다. "상상력의 빈곤이죠." 그게 무슨 뜻인지 아직도 분명하지는 않지만 돌이켜 생각하면 나는 내 나름의 방식으로 스와미 람다스의 지혜를 끌어오려고 했던 것 같다. 나와 상대방이 몸도 각각 떨어져 있고 사는 방식도 다르지만 결국은 하나라는 사실을 깨달을 상상력이 없다면 나를 방해하는 사람에게 폭력을 행사하는 것을 막을 방법은 무엇인가?

우리가 하나라는 사실을 보지 못하는 데에 이미 일종의 폭력이 내재하고 있다고 말할 수 있다. 바로 진실에 대한 폭력이다. 스와미 람다스가 말한 것처럼 무지는 치료할 수 있다. 상상력의 빈곤도 해결할 수 있다. 이 두 가지의 과정에서 중요한 역할을 하는 것이 사랑이다.

그렇다면 비폭력이란 무엇인가?

어느 날 샌프란시스코의 외진 곳에 있는 레스토랑에서 나는 오랜 친구인 알랭 리샤르와 어떤 일에 대해 함께 개탄하고 있었다. 당시 리샤르는 비폭력 운동가로 몇 년간 왕성하게 활동한 뒤 고국인 프랑스로 돌아가려던 참이었다. 우리가 개탄한 대상은 비폭력이라는 단어가 쓸모없을 경우가 많다는 것, 그리고 이를 대체할 단어가 아직 나타나지 않았다는 사실이었다. 그런데 리샤르는 이미 그로부터 얼마 전에 아프리카 농촌 지역에서 워크숍을 진행하면서 훌륭한 해결책을 찾아냈다. 비폭력이라는 단어는 잊어버리라면서 리샤르는 이렇게 말했다. "먼저 사람들에게 이렇게 물어보았습니다. 여러분 – 대부분 농촌 여성들 – 중 폭력에 대해 마음의 힘 또는 도덕의 힘으로 대항해 본 적이 있는 분 계신가요?" 여기저기서 손이 올라갔다. 그중 한 여성이 이런 이야기를 했다. 그녀는 남편에게 걸핏하면 마구 얻어맞았다. 그런데 어느 날 마음속에서 무언가 울컥하고 치미는 것이 느껴졌고, 그녀는 남편의 눈을 똑바로 바라보며 이렇게 말했다. "차라리 날 죽이고 끝내지 그래?" 남편은 다시는 그녀를 때리지 않았다.

　지금까지 나온 폭력의 "부정적 측면"에 대한 모든 이야기는 이제부터 시작하려는 본 작업을 위한 좋은 준비 과정이었지만, 준비는 준비에 불과하다. 본격적인 일은 앞서 예로 든 여성의 남편을 철저히 바꿔 놓은 힘을 이해하는 일이다. 폭력은 파괴적인 힘이고 비폭력은 그 반대의 힘이다. 폭력이 해치려는 의도, 즉 마음의 상태인 것과 마찬가지로 비폭력도 마음의 상태가 드러난 것에 불과하다. 그리고 이러한 마음의 상태를 갖는 것을 배울 수 있다. 우리의 주요 관심사는 이 배우는 과정 속에 들어 있는 의미이다.

데이비츠 실험이 보여 준 바와 마찬가지로 사람들은 긍정적, 협조적, 심지어 자기희생적인 행동을 놀랍도록 쉽게 배운다. 비폭력주의자들은 이들이 이타적인 행동을 할 때 긍정적, 협조적, 자기희생적 행동 양식 위에 덮여 있던 공격적, 경쟁적, 타인희생적인 생각을 벗겨내는 과정을 경험한다고 주장한다. 그러니까 비폭력을 배울 수 있다는 말은 없던 것을 새로 학습한다는 뜻이 아니다. 비폭력은 원래 존재해 왔으며, 다만 인간을 사회적 동물로 만드는 여러 가지 조건 때문에 가려져 있었을 뿐이다. 그러나 이러한 조건은 부차적인 것이고, 따라서 쉽게 제거할 수 있다. 덮개를 열고 나면 원래 있던 것이 보이게 마련이다. 오늘날 문명의 가장 큰 문제는 그림자를 빛으로 착각하고 있다는 사실이다.

이번에도 어원을 좀 더듬어 보자.

비폭력(nonviolence. 가끔 non-violence로 표기하기도 함)이라는 단어가 등장한 것은 (폭력과는 달리!) 100년도 되지 않았다. 정확히 말해서 1923년부터 쓰이기 시작했다.[21] nonviolence는 산스크리트 어인 아힘사(ahimsa. "해치려는 의도"라는 뜻을 가진 himsa의 반대말)를 그대로 옮긴 것이지만 오해의 소지가 있다. 앞에서도 본 것처럼 ahimsa는 "해치려는 의도의 부재"라고 해석하는 것이 옳다. 그러나 'a'라는 부정 접두사(산스크리트 어에서 'a'라는 접두사는 그리스 어에서와 마찬가지로 기본적으로 부정에 쓰이며 영어에서도 같은 용법을 amoral 같은 단어에서 찾아볼 수 있다)를 좀 설명할 필요가 있다. 영어에서와는 달리 산스크리트 어에서는 ahimsa가 그 반대말인 himsa만큼이나 긴 역사를 갖고 있다. ahimsa는 간디가 "기본틀이 되는 책"으로 추앙한 『바가바드 기타(Bhagavad Gita)』(BC 200년에서 AD 200년 사이에 기술된 책)보다 더 오래된 문헌에 이미 등장한다. 그리고 영어와는 달리 산스크리트 어에는 부정 접두사를 붙여 어떤 것을 부정하는 것을 통해 긍정적인 개념들을 간접적으로 표현하는 추상명사가 많다. 예를 들어 "용기"라는 뜻의 abhaya는 "두려움이 없는"이라는 뜻이다. "친절"이라는 뜻의 akrodha는 "분노가 없음"이라는 의미이며, 부처가 쓴 avera는 "사랑"이라는 뜻으로, 직역하면 "증오가 아닌 것"이 된다.[22] 위대한 사상을 가진 고대 인도인들은 사랑, 용기, 동정심 같은 원초적인 감정들은 유한한 인간의 언어로는 제대로 표현할 수 없음을 알았기 때문에 이렇게 겉보기에는 우회적인 표현을 택한 것이다. 예를 들어 신(God)에 대해 어떤 생각을 하든 무슨 말을 하든 우리의 생각과 말은 신의 본질에 미치지 못한다. 영어에는 이러한 우회적 용법이 없으며(물론 무한하다는 뜻의 "infinite"는 인도인의 생각에 비견할 만하지만), 따라서 영어의 nonviolence는 산스크리트 어의 ahimsa가 품고 있는 의미를 제대로 전달하지 못한다.

영어 단어 nonviolence가 부정적으로 들리지 않는 것처럼 ahimsa도 부정적인 의미를 담고 있지 않다. ahimsa는 꼭 집어 말할 수 없는 뭔가 심오한 것을 가리킨다. 일종의 이중 부정어인 ahimsa는 워낙 근본적인 의미를 품고 있어서 빈약한 오늘날의 언어로는 제대로 그려 낼 수가 없다.

언어학 얘기를 이렇게 길게 한 데는 몇 가지 이유가 있다. 먼저, 현대 여러 언어에는 수천 년 전에 만들어진 단어인 ahimsa가 품고 있는 모든 것을 표현할 단어가 존재하지 않는다. 또한 폭력/비폭력의 정신적 차원에 우선순위를 부여하는 데에서 고대 인도인들은 우리보다 훨씬 더 뛰어났다. 마지막으로 ahimsa를 오해의 소지가 있는 nonviolence로 번역한 것으로도 알 수 있듯이 우리는 폭력의 본질에 대해 크게 오해하고 있다. 이러한 오해로 인해 우리는 엘륄이 이야기한 대로 이 시대의 과제를 해결하지 못하고 있다. 그 과제는 어떻게 부르든 비폭력이야말로 오늘날 인류가 직면한 대부분의 개인적, 사회적, 세계적 문제를 해결할 열쇠를 쥐고 있는 긍정적인 힘이라는 사실을 깨닫는 것이다.

간디는 남아프리카에서 살기 시작하면서부터 이 문제에 부딪혔다. 간디가 이끄는 새로운 방식의 골치 아픈 저항에 부딪히자 백인들 및 백인들에게서 교육 받은 인도인들은 뭔가 적어도 비슷하기라도 한 사례를 열심히 찾아보았다. 조세 거부 운동이나 영국에서 영국 국교에 반대하는 운동, 특히 당시로서는 놀라운 일이었던 여성 참정권 운동 등과 비슷하다고 백인들은 치부하려 했다.[23] 이런 운동에서도 소수자들이 폭력에 의지하지 않고 자신들의 권익을 위해 싸우고 있었다. 그러나 이들의 운동과 간디의 운동의 공통점은 거기까지였다. 외견상의 유사성으로 인해 "끔찍한 오해를 불러일으킬 가능성"이 있음을 간디는 우려했고, 아이러니컬하게도 이 운동의 열렬한 백인 지지자 중 하나가 "끔찍한 오해"에 빠져들었다는 사실이 공식 석상에서 밝혀지면서 간디는 그의 이야기를 반박할 수밖에 없는 입장이 되었다.[24] 의미심장한 한 해였던 1906년, 그러니까 인도인의 저항이 위세를 떨치기 시작하고 백인들이 이를 심각하게 받아들이게 되었을 무렵 윌리엄 호스켄스라는 백인 지지자는 유럽인 지배층들에게 인도인의 요구를 알리기 위한 만남을 주선했고, 이 자리에서 다음과 같은 이야기와 함께 간디를 소개했다.

> 트란스발 주의 인도인들은 권익을 찾기 위한 모든 노력이 허사가 되자 소극적 저항에 의존할 수밖에 없었다.…… 그들은 인원수도 적고 약하며 무기도 없다. 그러므로 이 사람들은 약자의 무기인 소극적 저항을 택한 것이다.[25]

오늘날의 비폭력 연구가라면 이 이야기를 읽고 멈칫할 것이다. 호스켄스의 말이 끝나자 간디는 자신이 준비해 온 멋진 연설 원고를 포기하고, 비록 선의에서 나온 것이지만 오해에 가득 찬 호스켄스의 말을 조목조목 반박하기 시작했다. 간디는 이 자리에서 인도인들의 요구가 여성 참정권 운동가들의 요구와는 다르다는 사실을 분명히 하려 했다. 물론 양쪽 모두 정당하고 어느 쪽도 폭력에 의존하지 않았음을 인정했지만 말이다. 간디는 이렇게 말했다.

"무엇보다도 먼저 참정권 운동가들은 폭력을 피하지 않았다. 그러나 이곳 사람들은 어떤 상황에서도 결코 폭력을 쓰지 않았다.…… 아무리 큰 고통을 겪어도 사티아그라하 운동에 참여하는 사람들은 폭력을 쓰지 않았으며, 폭력을 효과적으로 쓸 수 있는 위치에서도 그렇게 하지 않았다. 다시 한번 말하지만 인도인들은 아무 권리도 없고 힘도 없지만, 이들이 약해서 폭력을 쓰지 못했다는 이야기는 사티아그라하 운동에는 결코 해당되지 않는다."[26]

앞에서 본 것처럼 간디는 이미 자신의 운동에 이름을 붙여 두었다. 그러므로 '비폭력'이나 '소극적 저항' 등은 이 운동에 적절한 표현이 아니다. 간디가 즐겨 "영혼의 힘"이라고 불렀던 사티아그라하는 이중 부정으로 탄생한 단어가 아니다. 직역하면 이 단어는 "진리를 꽉 잡음"이라는 뜻이다. 이는 호스켄스가 생각한 것처럼 "약자의 무기"가 아니고 강자의 무기이다. 왜냐하면 사람의 수나 무기로부터는 나올 수 없는 일종의 힘이 존재하기 때문이다. 비폭력 운동가들은 이 힘이 더 강하다고 생각하며, 따라서 사티아그라하 운동가들은 자발적으로 폭력 대신 이 힘을 택한다. 나중에 인도에서는 사티아그라하에 참여한 사람의 수가 1만 3천 명이 아니라 거의 3억 명에 이르렀고, 여기에 맞선 영국 식민 통치자들의 수는 1만 5천 명에 불과했다. 인도인들은 자발적으로 사티아그라하를 택했다.

그러나 호스켄스가 실수를 저지른 지 거의 100년이 지난 오늘날까지도 우리는 같은 실수를 되풀이하고 있으며, 이제는 우리를 바로잡아 줄 간디도 존재하지 않는다. 최근 어떤 유명한 기자는 헤브론 지역에 사는 이스라엘 정착민들이 "간디의 전술, 즉 소극적 저항"을 하고 있다고 평했다.[27] 정착민의 4분의 1 정도는 중무장을 하고 있고, 광신적 유대주의자들이었는데도 말이다. 이 기자도, 그리고 대부분의 독자들도 비폭력과 소극적 저항은 비폭력과 폭력만큼이나 다를 수 있다는 사실을 몰랐다. 사티아그라하는 수동적인 개념이 아니며, 증오에 불타 총을 잡고 있으면서 그저 방아쇠에 손가락을 걸지 않았다고 해서 "간디적"이 되는 것은 아니다. 이런 오해의 예를 들자면 끝이 없다. 이런 오해가 피해를 일으키지만 않는다면 웃어넘길 수도 있을 것이다.

이런 오해는 규모가 커지면 더 뚜렷이 보인다. 평화가 단순히 전쟁이 없는 상태 이상의 어떤 것이라는 사실은 이제 상식이다(물론 평화의 정의는 아직도 사람마다 다르지만). 데이튼 합의에 따라 구유고슬라비아 지역에서 총성이 멎긴 했지만, 앞서 말한 대로 이 합의는 전쟁의 근본 원인, 즉 민족주의자 정치가들이 국영 텔레비전을 통해 부추긴 인종적 반목을 해결하지는 못했다. 이렇게 전쟁이 없는 상태에는 "부정적 평화"라는 적절한 이름이 붙어 있다. 여기에 관한 악명 높은 예는 미 해군 당국이 내놓은 평화의 정의로, 이는 반핵 시위자들의 비웃음을 샀다. 해군은 평화를 "적대감이 생기기 이전의 상태가 영구히 지속되는 것"으로 정의했다. 이것이 평화인가? (예수가 강복하는 자세로 손을 들고 "평화를 주노라"고 말하는 대신 "적대감이 생기기 이전의 상태가 영구히 지속됨을 주노라"고 말하는 장면을 상상해 보라.)

비폭력을 그저 폭력이 없는 상태라고 생각하는 것은 평화란 전쟁과 전쟁 사이의 휴식기에 불과하다고 주장하는 것만큼이나 해괴하다. 둘 다 마치 그림자를 연구해서 빛의 본질을 알아내려는 것과 같다. 이제 생각을 돌려 빛의 원천을 들여다보아야 한다.

1982년에 내가 『폭력 없는 미국』을 저술할 당시에는 자연이란 "이빨과 발톱에 피를 잔뜩 묻힌 존재"라는 생각이 널리 퍼져 있었다. 그때 나는 일부 동물 행동 연구가들이 그려낸 피투성이 싸움터로서의 자연은 잘못된 것임을 알리느라 힘겨운 싸움을 벌이고 있었다. 애슐리 몬태규나 메리 미질리 같은 일부 과학자들과 철학자들만이 미질리가 "허황한" 자연관이라고 부른 생각, 즉 자연은 싸움터이며 인간은 자연의 꼭두각시일 뿐이라는 시각을 고치려 애쓰고 있었을 뿐이었다. 그러나 변화가 시작되었다. 내 책이 나오고 나서 얼마 후 유네스코는 각국의 저명한 행동과학자들을 한자리에 모아 세미나를 열어 공격성이 내재해 있다는 이론에 대한 그들의 견해를 공식적으로 밝힐 수 있도록 했다. 1986년 이 세미나의 결과로 발표된 세비야 선언은 인간의 공격성처럼 복잡한 행동은 유전자에 프로그램된 바에 따른 것이며, 따라서 인간은 여기서 벗어날 수 없다는 대다수 사람들의 생각을 웃음거리로 만들었다.

그렇다고 해서 행동과학자들 대부분(일반 대중은 말할 것도 없고)이 앞서 말한 "허황한" 자연관을 쉽게 포기하리라고 생각하지는 않는다. 오늘날의 문화를 휘두르고 있는 냉소주의의 소용돌이 때문에 우리는 마른 땅에 발을 디디려 하다가도 금방 절망의 바다로 끌려 들어가곤 하지만 여기저기서 몇몇 과학자들이 이러한 상황을 바꿔 가고 있다.

1975년 어느 날, 그러니까 세비야 선언이 나오기 약 10년 전에 네덜란드의 영장류 연구가인 프란스 드 발은 아른헴 동물원에서 놀라운 사실을 발견했다. 이곳에 있는 영장류 동물들은 광범위한 타협의 행동 체계를 갖추고 있었는데, 당시까지 과학자들은 이러한 특성을 전혀 연구한 적이 없었다.

> 불은 나기도 하고 꺼지기도 한다. 일종의 사회적 화재라고 볼 수 있는 공격성을 연구하는 과학자들은 공격성의 불길을 끄는 수단을 철저히 외면해 왔다. 호르몬으로부터 대뇌의 활동, 문화적 영향에 이르기까지 동물과 인간이 보이는 적대적 행동의 원인에 대해서는 매우 많은 것이 알려져 있다. 그러나 동물이나 사람이 분쟁을 어떻게 피해 가는지, 불가피하게 분쟁이 발생하면 나중에 상호 간의 관계를 어떻게 복구하고 정상화하는지에 대해서는 아는 바가 거의 없다. 그 결과, 사람들은 평화보다는 폭력이 인간의 본질에 더 가깝다고 믿는 경향이 생겼다.[28]

이 이야기는 인간의 폭력에 대해 연구하는 사람이라면 누구에게나 귀에 익은 이야기이다. 이 글을 읽고 나니 이런 생각이 들었다. 500만 명의 청소년이 지역 사회 봉사를 자원한 것과, 두 명의 10대 소년이 끔찍한 살인 사건을 저지른 것 중 어느 쪽을 언론이 더 중요하게 다룰까?[29]

인간의 잠재력에 대해 어떤 모델을 택하든, 인간에 대해 어떤 정의를 내리든 우리의 생각은 그대로 실현되는 경우가 많다. 비폭력이 가능하다는 사실을 모르거나, 비폭력은 사회의 주변적 문제에 매달리는 골수 활동가의 영역이라고만 생각한다면 우리는 문화 속에 침투해 있는 폭력이 계속 증가하는 데 굴복하는 것이 되며, 따라서 대책 없이 이런 상태를 수용해야 한다. 반면 비폭력은 가능하며 "폭력이 아닌 어떤 것"에 그치는 것이 아니라 자연에 뿌리박은 힘이고, 역사상 비폭력의 예는 많다는 것을 안다면 우리의 문화는 제자리로 돌아가기 시작할 것이다.

비폭력이 가능하다는 말에는 두 가지 뜻이 있는데 둘 다 중요하다. 첫째, 비폭력은 인간에게 내재하며, 따라서 간디식으로 말하면 인간은 힘든 상황에서도 사티아그라하를 할 수 있다. 둘째, 인간이 비폭력적이 되면 비폭력이 "효과를 발휘한다." 효과를 발휘한다는 말이 왜 따옴표 안에 들어 있는지는 나중에 분명히 밝혀지겠지만 먼저 비폭력이 우리 주변의 사람들(아니면 우리에게 적대적인 사람들)에게 어떻게 도움을 주는지를 살펴보려 한다.

남아프리카에서 짓밟힌 권리를 회복하기 위해 인도인들이 벌인 사티아그라하 운동이 본격화될 무렵, 남아프리카 정부가 보낸 트란스발 주 행정 총책임자였던 얀 크리스티안 스머츠 장군(당시 간디 최대의 맞수)의 비서가 유명한 이야기를 남겼다. 결의에 차 있고 훈련이 잘된 활동가들이 벌이는 수준 높은 사티아그라하 운동은 어떤 느낌을 주는지를 어렴풋이나마 보여 주는 이야기이기도 하다.

나는 당신네 인도인들을 좋아하지도 않고 당신들을 돕는 데도 관심이 없다.

그러나 당신들이 일상의 자질구레한 일들을 도와주는데 어쩌겠는가? 우리가 어떻게 당신들을 해칠 수 있는가? 파업하는 영국인 노동자들처럼 당신들도 폭력을 썼으면 좋겠다는 생각을 할 때가 많다. 그러면 단번에 해결해 버릴 수가 있으니까. 그러니까 당신들은 적들조차도 해치지 않는다. 당신들은 오직 스스로 고통을 짊어짐으로써 승리를 얻으려 한다.…… 바로 이 때문에 우리가 속수무책인 것이다.[30]

미질리가 말한 것처럼 자연은 빨간색(폭력적 상태)이 되기 전 까마득한 옛날부터 녹색(평화로운 상태)이었다. 방금 인용한 이야기 속에 숨어 있는 의미를 읽어 낼 수 있다면(남아프리카의 사티아그라하로부터 20년 뒤에 벌어진 프랑스-벨기에 연합군의 라인란트 침공을 비롯한 몇몇 사건에서도 비슷한 일이 일어났다는 기록이 있다) 뭔가 거역할 수 없는 힘, 인간의 마음속에 깊이 자리 잡고 있어서 보통은 보이지 않는 어떤 힘을 감지할 수 있다. 이런 힘에 대한 간디의 설명은 내가 보기에는 비폭력에 대해 이제까지 나온 설명 중 가장 통찰력이 뛰어난 것이다.

이러한 경우에서 사티아그라하의 역할은 이성을 억누르는 것이 아니라 잠든 이성을 깨워 편견, 증오 같은 저급한 감정보다 우월한 위치에 올려 놓는 것이다. 달리 말하면 사티아그라하는 이성을 노예로 만드는 것이 아니라 자유로운 상태로 끌어올린다.[31]

교육적 모델에 대해 생각해 보라. 선생이라면 누구나 이것이야말로 우리가 꿈꾸는 교육이라고 말할 것이다. 학생이 몇몇 사실만을 배우거나 이 사실을 짜맞추는 방법만을 배우는 것이 아니라 새로운 깨달음에 도달하도록 하는 교육 말이다. 이러한 교육은 단순한 지식의 습득이 아니라 성장 경험이며, 이러한 학습 경험을 한 사람은 결코 과거의 습관으로 돌아가지 않는다.

내 친구 빌은 하루에 담배를 세 갑씩 피우던 사람이다. 빌은 머리로는 담배가 건강에 나쁘다는 것을 알고 있었지만 어찌 된 일인지 계속 피워 댔다. 몇 번 끊으려고 했지만 늘 실패로 돌아갔다. 어느 날 그는 공동 묘지를 돌아다니는 꿈을 꾸었다. 그러다가 어떤 묘비에 시선이 갔고, 비문을 읽어 보니 이렇게 써 있었다.

이곳에 빌이 잠들다.
죽음으로 결국 담배를 끊고.

빌은 다시는 담배를 피우지 않았다.

꿈은 무의식의 차원에 속한다. 비폭력의 성공 사례 중에는 이러한 무의식의 차원에서 이루어지는 것들이 있다. 앞서 예로 든 엘살바도르 군인들은 (간디가 말한 것처럼, 그리고 스머츠 장군의 비서가 실토한 것처럼) 캐런의 행동으로 인해 마르셀라를 단순히 의자에 묶여 있는 사물이나 희생물이 아니라 하나의 인간으로 볼 수 있게 되었다. 당시에 캐런은 마르셀라에 대해 지극한 관심을 보임과 동시에 마르셀라와 자신 사이의 관계가 군인들 상호 간의 동료애만큼이나 소중하다는 사실을 분명히 드러내 보여 이들의 마음을 움직였다. 캐런의 용기, 사랑, 그리고 군인들에게도 용기와 사랑 같은 감정이 있다는 믿음 등이 그녀가 병사들의 눈을 뜨게 한 기적의 바탕이었다.

이런 식의 인간성 회복이야말로 가장 높은 수준의 교육이며 비폭력 활동가들이 지향하는 바이기도 하다. 앞으로 나올 많은 예에서도 보겠지만 비폭력은 전인적 경험이며, 협박 속에서 경험한 것보다 훨씬 더 오래 마음에 남는다. 1918년 7월 1차 세계대전에 패한 독일군이 퇴각하는 것을 보며 프랑스 보병들은 이렇게 중얼거렸다. "독일군은 돌아올 것이다." 경험 많은 병사들의 시각은 옳았다. 1차 세계대전 종전을 축하하던 세계는 겨우 20년 후 평화조약을 휴지로 만들며 돌아온 독일군의 모습에 정신이 번쩍 들었다. 이들은 복수를 하러 왔던 것이다.

협박은 같은 정도의, 그리고 방향이 반대인 반응을 만들어 내게 되어 있다. 조지아 주 교도소의 사형수 감방에서 브랜든 애스터 존스는 과거에 이 감방에 들어 있던 죄수가 벽에 갈겨 쓴 글을 보았다. "내가 당한 대로 해 주리라. 신이여 도와주소서." 당시 38번 감방에서의 느낌을 존스는 이렇게 회상했다. "사회 전체에 관한 공포로 갑자기 온몸이 얼어붙는 듯했다."[32]

한나 아렌트가 말한 것처럼 "폭력 행위는 다른 모든 행위와 마찬가지로 세상을 바꾼다. 그런데 더욱 폭력적인 세상 쪽으로 바뀔 가능성이 가장 크다."[33]

반면에 진정한 비폭력은 부작용을 낳는 일이 거의 없다. 왜냐하면 진정한 비폭력이라면 협박에 의존하지 않기 때문이다. 진정한 비폭력은 설득에 의존하며, 이 경우의 설득은 의식 수준 이하의 깊은 곳에서 사람의 마음을 움직인다. 이에 관해 간디는 "이성을 자유로운 상태로 끌어올린다"고 했고 다른 곳에서는 "마음을 움직인다"고 했는데, 이들은 모두 처벌이나 소외 등의 위협으로 인간을 억지로 움직이는 것과는 본질적으로 다르다. 이 경우 상대방은 자발적으로 변한 것이기 때문에 우리에게 보복하려 하지 않는다. 사티아그라하를 제대로 행하면 한쪽만 바뀌는 것이 아니라 쌍방의 "관계"가 바뀐다. 우리와 대립하던 사람도 일단 우리의 입장을 "알고" 나면 정신적으로 우리와 더 가까워진다. 이것이 통합을 향하는 힘이며, 이는 결코 작은 힘이 아니다. 예를 들어 캐런의 용기는 콜롬비아 정부가 할 수 없었거나 아니면 하고 싶지 않던 일을 해냈다. 이것은 엄청난 힘이다. 캐런 리드나 간디 같은 사람, 아니면 모든 보통 사람의 내면에서 뭔가가 깨어나면 그로 인해 사람들이 바뀐다. 이런 힘은 지성으로 학습되는 것이 아니며(물론 나중에 지성을 이용해 그 과정을 이해하게 되겠지만) 가슴으로 알게 되는 것이다. 그리고 이 힘의 특징 중 하나는 마찬가지로 "가슴을 통해" 주변 사람들에게까지 전달된다는 것이다.

마틴 루터 킹은 흑인이든 백인이든, 경찰서 부서장이든 육체노동자든 주지사든 간에 각 사람에게는 아무리 약하더라도 그 사람을 다른 모든 인류와 하나로 묶어 주는 끈이 존재한다는 종교적인 주장으로 사람들을 설득하기 시작했다. 우리 모두를 궁극적으로 연결해 주는 신비로운 우주의 섭리 속에서 인간은 다른 인간에게 일어나는 어떤 일이 어떻게 보면 나에게도 똑같이 일어나는 일이라는 느낌을 갖게 되며, 따라서 누구든 다른 인간을 계속 멸시하거나 학대하면 결국은 미약하게나마 마음이 상하거나 부끄러움을 느끼게 된다. 그러므로 불의와 정면으로 마주쳤을 때 압제자의 폭력에 용서와 사랑으로 대응하면 압제자는 깊은 감동을 받게 되고, 심지어 잠시나마 인간으로 거듭나게 된다. 한편, 이러한 대립 과정을 지켜보는 사회에서는 동정과 정의감이 일어날 것이다.[34]

역사와 과학 다시 들여다보기

폭력을 줄이는 (언젠가는 없애 줄지도 모르는) 교육적 모델 속에 얼마나 깊은 의미가 함축되어 있는지가 이제 보이기 시작한다. 교육적 모델을 통해 비폭력이 근본적으로 일종의 "힘"이라는 사실을 가장 쉽게 이해할 수 있다. 간디는 사회 운동 초기부터 이와 비슷한 이야기를 했다.

힘에는 두 가지가 있다. 하나는 처벌의 공포로부터, 나머지 하나는 사랑이 담긴 행동으로부터 나온다. 사랑에 바탕을 둔 힘은 공포로부터 나온 힘보다 천 배나 더 강하고 오래 지속된다.[35]

간디는 이렇게도 이야기했다.

제재를 가하는 데는 두 가지 방법이 있다. 한 가지는 물리적인 힘이고, 또 하나는 영혼의 힘, 즉 사티아그라하이다. 물리적인 힘은 진실의 힘에 비하면 아무것도 아니다.[36]

오늘날 과학은 또 하나의 언어를 배워 가고 있다. "신 물리학(new physics)"은 도대체 감을 잡기도 어려운 새로운 발견을 이루어 가고 있으며, 이러한 발견 속에는 세상이란 어떤 것인지에 대해 과거 어느 때보다 더 깊은 의미가 숨어 있다고 많은 사람들이 믿기 시작했다. 또한 물리적 세계를 넘어서는 어떤 세계 속에도(물질 세계와 다른 세계 사이의 장벽을 무너뜨리는 것이 신 물리학의 주요 업적 중 하나이기도 하다) 깊은 의미가 숨어 있으며, 이는 매우 흥미롭고도 아직은 이해할 수 없는 것이라는 생각도 퍼져 가고 있다. 이 새로운 언어가 물리학자들의 머릿속에서 나와 일반 대중에게 조금씩 알려지기 시작하면서 비폭력의 본질과 효과를 설명할 수 있는 새롭고도 미래가 밝은 언어의 지평이 열렸다. 사실 비폭력의 본질과 효과에 대해서는 뉴턴적인 "하드" 언어로는 설명하기가 상당히 어려웠다.[37] 유명한 범죄학자인 해럴드 페핀스키는 이 새롭고 강력한 언어를 잘 이용한 사람 중 하나이다(페핀스키가 "감응성(responsiveness)"을 쓴 자리에 나는 "비폭력(nonviolence)"을 쓰려 한다).

폭력과 감응성은 개인 간의 차이에서 국가 간의 차원에 이르기까지 모든 수준에서 같은 원칙에 따라 작동한다. 인간 개개인은 폭력과 감응성의 주체인 동시에 객체이다. 폭력과 감응성의 상반된 흐름이 우리 모두의 마음속에 소용돌이치고 있으며, 이를 이용하면 어떤 수준에서든 사악함과 돌출 행동의 이유를 찾아볼 수 있다.[38]

이러한 힘을 무엇이라 부르든 우리 인간은 이 힘을 극도로 단순하지만 심오한 선택이라는 모습으로 체험하며, 이에 관해 페핀스키는 좀더 쉽게 이야기하고 있다. "우리는 매 순간 폭력을 택할 것인가 아니면 민주주의를 택할 것인가 하는 심오한 종교적 선택을 해야 한다."[39]

과학적이든 종교적이든 페핀스키의 통찰 속에는 뭔가 특이한 것이 보인다. 인간은 왜 보통 비폭력에 대해 그토록 무감각한 것일까? 비폭력이 삶의 순간마다 적용되는 현실이라면 왜 인간은 여기에 대해 좀더 자주 이야기하지 않을까? 그리고 다른 무엇보다도 역사와 과학에서 더욱 자주 등장했어야 옳지 않을까?

지구는 우리 은하의 일부이기 때문에 오히려 우리 은하를 보기가 쉽지 않다. 마찬가지로 인간은 일상의 현실이 아닌 것을 더 잘 보는 경향이 있는 것 같다.

호기심에 가득 찼던 고대 그리스 인들도 먼 곳에 있는 적들과 어떻게 전쟁을 치르고, 먼 곳에 있는 노예를 어떻게 관리하는지는 알았지만, 전쟁이나 노예제도 자체, 경제의 본질, 여성의 지위 자체 등은 다룬 적이 없었다. 그러므로 비폭력의 역사책은 이제 막 씌어지기 시작한 것에 불과하며, 따라서 보통의 행동과학자들이 아무런 언급을 하지 않은 것이다. 이것은 간디로서는 매우 절망적인 상황이었다. 1909년에 발간된 유명한 저서 『힌두 스와라지(Hind Swaraj)』에서 간디는 자신이 단지 대영 제국이라는 나라 하나와 맞서고 있는 것이 아님을 알고 있었다. 그의 적수는 하나의 거대한 패러다임이었고, 오늘날은 이 패러다임을 낡고 불충분한 것이라고 부를 수 있다. 이 낡은 패러다임 속에서 이른바 '역사'라고 우리가 알고 있는 것은 근본적으로 도움이 되지 않는 것이었다.

> 오늘날 지구상에 수많은 사람이 살아 있다는 사실만 봐도 인류 사회는 무력이 아니라 진실 또는 사랑의 힘으로 지탱되고 있음을 알 수 있다······ 매일 수백만 가정에서 일어나는 조그마한 다툼은 폭력까지 가기 전에 사라져 버린다. 수백 개의 나라들이 평화 속에서 살고 있다. 그런데 역사는 이러한 사실을 부각시키지 않는다. 역사는 중단 없이 작용하던 사랑 또는 영혼의 힘이 가끔씩 끊어졌을 때의 기록이다.······ 그렇다면 역사는 자연의 흐름이 차단된 사건의 기록이라고 보는 것이 옳다. 자연의 일부인 영혼의 힘은 역사책에는 나타나지 않는다.[40]

언론이 비폭력 관련 사건을 어떻게든 보도하게 해 보려고 노력한 사람이면 앞의 이야기가 마음에 와 닿을 것이다. 지역 사회에 봉사하려고 자발적으로 나섰지만 언론에는 보도되지 않은 무수한 청소년의 경우를 앞서 이야기했는데 이는 무수한 예 중 하나에 불과하다. 1960년대에 컬럼비아 대학에서 학생들이 하루 종일 시위를 한 일이 있었는데, 어떤 사건(외부인 또는 앞잡이가 개입한 것으로 보이는 소동) 때문에 시위가 딱 1분간 중단된 적이 있었다. 그날 저녁 딱 1분간 시위 소식을 방영했는데 어느 쪽을 방영했을까? 1909년부터 1969년에 이르는 동안 세상은 하나도 변하지 않았다. 오늘날까지도 언론은 이런 자세를 버리지 않고 있다. 물론 1999년 시애틀 사태에서는 약간의 변화를 보이기는 했지만 말이다. 이렇게 언론이 전혀 변화를 보이지 않는 동안 도대체 얼마나 많은 사람들이 죽었을까?

물론 언론은 가끔 고위층의 부패 관련 사건을 덮어 두기도 한다. 이것은 정치적인 왜곡이다. 그러나 이보다 더욱 깊은 곳에 숨어 있는 문화적 왜곡이라는 것이 있고, 이러한 피해는 장기적으로 볼 때 더욱 클 수도 있다. 이러한 왜곡으로 인해 언론은 비폭력 관련 사건을 일부러 다루지 않는다기보다는 아예 그러한 일이 존재한다는 사실 자체를 느끼지 못한다.

이 문화적 왜곡은 인간 지식의 모든 측면을 끌어안고 있는 패러다임인데, 불행히도 이 패러다임은 한쪽 팔만으로 이 모든 것을 끌어안고 있다. 몇 년 전 학장으로 있던 시절 어떤 대학원생으로부터 연락을 받은 적이 있다. 이 학생은 영장류의 공격성에 대해 연구할 단서를 찾고 있었다. 나는 과학자는 아니었지만 폭력과 비폭력 분야에 대해 관심을 갖고 있다는 사실은 학교 안에 널리 알려져 있던 터라 버클리 최고의 행동과학자 중 한 사람이 이 학생을 나에게 보냈던 것 같다. 그런데 이 학생과의 대화에는 어딘가 처음부터 좀 이상한 것이 있었다. 얼마 후 이유를 발견한 나는 매우 충격을 받았다. 그는 공격성이 원래부터 내재해 있다는 주장에 반론이 있을 수 있다는 사실조차 전혀 모르고 있었던 것이다. 그저 그는 스승들의 가르침을 따라 인간의 사촌인 영장류들이 공격성, 경쟁심, 승부를 위한 투쟁으로 가득 차 있다고 전제하고 있었다. 자연이 이런 식으로 생겼다면 벌써 옛날에 멸망했으리라는 간디의 이야기는 들어 보지도 못한 모양이었다. 이에 대한 프란스 드 발의 이야기를 들어 본다.

> 인간을 다루는 문헌을 몇 년 간 다룬 뒤 절망에 차서 이 글을 쓴다.…… 미취학 어린이에 관한 글 몇 편과 인류학 문헌 몇 건을 제외하고는 이 분야에 대한 자료가 없었다.…… 최근에 인간의 공격성 연구로 세계적으로 유명한 미국의 어떤 심리학자에게 화해에 대해 아는 것이 있느냐고 물어보았다. 그는 이 분야에 대해 아는 것이 없었을 뿐만 아니라, 그런 단어는 처음 들어 본다는 듯 나를 바라보았다.[4]

미래의 발자취

예수가 처형되고 나서 몇 년 뒤, 정확히 말해 서기 39년에 칼리굴라 황제는 예루살렘 대성전 안에 제우스의 모습으로 환생한 자신의 상을 세우겠다는 어처구니없는 생각을 떠올렸다. 자신을 과시하는 행동이면 어떤 것이든 악이라고 생각하지 않던 칼리굴라에게 그것은 멋진 생각이었겠지만 이 계획은 대실패로 돌아갔다. 당시 시리아 총독이던 페트로니우스는 이 정신 나간 명령을 수행하기 위해 예루살렘으로 출발했지만 수많은 유대인들도 신분과 성별을 가리지 않고 예루살렘으로 모여들기 시작했다. 남자, 여자, 심지어 어린이들까지 이 끔찍한 소식을 들은 유대인 중 갈릴리 호수 서쪽에 사는 사람들은 수많은 도시, 촌락, 농촌으로부터 속속 집결하기 시작했던 것이다. 그들의 손에는 무기가 들려 있지도 않았고, 몇몇 사람들은 제국에 대한 충성의 상징을 지니고 오기도 했다. 이들은 페트로니우스에게 유대인들의 신을 모독하는 행위는 결코 용납하지 않겠다는 단호한 의지를 전달했다. 물론 페트로니우스는 군대를 동원하겠다고 위협했지만 유대인들은 자신들의 종교에 그런 모욕이 가해지는 꼴을 보느니 차라리 죽겠다는 뜻을 분명히 밝혀 왔다.[42]

페트로니우스는 유대인에게 결코 우호적이지 않았지만 이 비무장 저항 앞에서는 어찌할 바를 몰랐다. 유대인들을 설득하는 데 실패한 총독은 그렇다고 이들을 대량학살하기도 싫었다(그러나 당시 로마의 총독들은 자신의 지역에서 격렬한 폭동이 일어날 경우 기꺼이 대량학살을 저지르기도 했다). 페트로니우스는 결국 한 걸음 물러나서 로마에 편지를 보내 황제의 우둔한 계획이 실패로 돌아간 것에 대해 변명했다. 역시 칼리굴라는 즉시 페트로니우스를 처형하라는 명령을 내렸다. 그러나 운명의 시계는 거꾸로 돌려졌다. 칼리굴라는 암살되었고 페트로니우스는 목숨을 건졌으며, 유대교도 대박해를 면했다.

유대인들의 이 사티아그라하는 페트로니우스에게는 아주 의외였겠지만 하루아침에 가능해지는 일도 아니었다. 분명히 당시 유대인들의 문화 속에는 수많은 사람을 비폭력 저항으로 이끄는 무엇인가가 있었다. 물론 "정상적인" 저항, 즉 폭력적인 저항을 주장하는 쪽이 나중에는 득세했고, 결국 참혹한 결과가 초래되었음은 잘 알려져 있지만 말이다. 예수는 물론 확고히 비폭력의 편에 섰고, 그 결과 그의 가르침이 모든 사회적 행동에 영향을 미치게 되었다. 어쨌든 존 크로산이라는 학자는 서기 4년부터 65년 사이에 이러한 형태의 궐기가 적어도 일곱 번 일어났음을 알아냈고, 여기에 대해 다음과 같이 썼다. "일곱 가지 모두 비폭력적이었으며, 모두 분명한 목적을 갖고 있었고, 네 개의 경우에서는 인명의 손실 없이 목표가 달성되었다."[43]

이것은 과거의 일이다. 그런데 우리가 주장하는 것처럼 비폭력이 인간의 규범이었다면 비폭력은 역사의 여기저기에 발자취를 남겨 놓았음이 틀림없다. 이제 폭력이 인간의 본성에 더 가깝다는 편견이 고쳐져 가는 오늘날 우리는 이러한 증거를 여기저기서 발견하고 있다. 성차별의 역사(성차별의 역사와 비폭력의 역사는 여러 면에서 상호연관되어 있지만)보다 더 많이 잊혀지고 간과된 비폭력의 역사는 이제 빛을 보기 시작했다. 이 중요한 작업을 수행하는 사람들은 비폭력 자체를 연구하는 역사학자들만은 아니다. 많은 학자들 가운데서도 피터 브록, 토머스 웨버, 스토턴 린드와 앨리스 린드의 공이 컸지만 주류 역사가들 중에서 존 크로산 같은 사람들도 빼놓을 수 없다. 크로산은 인간의 역사 속에서 조직화된 비폭력이 수행한 역할에 주목하고 있다. 이것은 매우 중요하다. 우리의 목표는 비폭력을 일부 전문가들의 특수한 영역에서 끌어내서 보편적인 지위로 끌어올림과 동시에 이것이 운동가들이나 경쟁에서 패한 사람들의 전유물이 아니라 모든 사람의 관심사여야 한다는 사실을 보여 주는 것이다. 비폭력은 우리의 소중한 유산이다. 비폭력은 모든 사람에게 열려 있으며, 특정한 형태의 범죄를 줄이거나 특정한 형태의 범죄 피해자를 보호하는 차원에서 한 걸음 더 나아가 폭력을 우리 생활에서 없애 버리려면 비폭력이야말로 우리가 활용할 수 있는 유일한 것이다.

사티아그라하를 좀더 작은 캐런 리드의 활동(관련된 사람의 수가 적어서 규모가 작다는 뜻이다) 옆에 놓고 보면 같은 힘이 이 두 가지를 모두 움직였음을 알 수 있고, 왜 많은 사람들이 서슴없이 이 힘을 사랑이라 불렀는지를 이해할 수 있다. 여기서 사랑이란 사람들이 보통 이야기하는 어떤 감정의 상태가 아니라 캐런이 그의 친구(그리고 그의 신념)를 위해 감행한 자기희생 같은 것을 의미한다. 그의 사랑은 너무나 강해서 생명의 위협도 극복했고, 유대인들도 그들의 종교, 그들의 문화에 대한 사랑에 이끌려 자신들의 생명을 로마 군단의 칼 앞에 서슴없이 내놓았던 것이다. 그리고 이 힘, '사랑'이라고 불러야 마땅한 이 힘은 항상 인간의식 속에 내재되어 있다. 특히 오늘날과 같은 시대에 여러 사건의 표면 밑에는 이 힘이 존재하고 있음을 알아보기가 매우 어렵다는 사실이 유감스럽다. 그러나 상황은 변하고 있다.

비폭력은 법칙이지 우연이 아니다. 사티아그라하는 맞기 아니면 틀리기가 아니다. 물론 페핀스키가 말한 것처럼 "삶의 힘(간디가 부른 바와 마찬가지로)" 같이 미묘한 대상을 다룰 때는 "기이함" 같은 요소가 나타난다는 것은 의심할 여지가 없다. 그러나 그렇다고 해서 이 힘에 대해서 더 알아볼 수 없다든가 이 힘을 더욱 체계적으로 활용할 수 없게 된 것은 아니다. 아무도 모를 이유로 컴퓨터가 고장 난다고 해도 이는 전자기력 따위는 없다거나 전자기력 따위를 활용할 수는 없을 것이라는 의미가 아닌 것과도 같다. 비폭력적인 방법으로 어떤 일에 개입했을 때 가시적인 결과가 어떻게 나올지 언제나 예측할 수는 없지만 자연의 힘을 개발하듯 비폭력의 힘도 개발해 낼 수 있다. 사실 비폭력도 자연의 힘이다. 다만 이 힘은 자연의 힘 중 가장 미묘하고 섬세한 인간 본성의 힘인 것뿐이다. 과학저술가 루이즈 영이 말한 것처럼 인간은 "복잡하고, 변덕스러우며 감동하기도 잘하는" 존재들이다. 그러나 인간의 행동을 지배하는 법칙이 없다는 뜻은 아니다. 또한 부정적인 힘만이 우리의 행동을 지배한다는 뜻도 아니다.

이스터 섬에서 우리가 얻은 교훈은 폭력은 더 큰 폭력을 낳는다는 사실이다. 사람들에게 잔혹행위의 사례를 보여 주거나 전통이 이러한 행위를 두둔하면 잔인한 짓을 하는 것은 점점 쉬워진다. 반면에 문명사회에서는 친절한 행동과 동정심 등을 사회가 고무한다. 인간의 본성은 복잡하고 유동적이며 감동받기 쉽다. 선한 일도 악한 일도 할 수 있는 인간의 마음은 살아가면서 이런저런 경험으로부터 영향을 받는다. 따라서 폭력을 교육하면 인간 본성 속에 숨어 있는 야수가 튀어나온다. "

그렇다면 비폭력을 가르치면 어떤가? 다음 장에서 이에 대해 살펴보자.

3장
정상 체험으로서의 비폭력적 순간

화를 참자니 돌아 버리겠고, 터뜨리자니 감옥에 가겠고.
- 프랭클린 스미스, 미국 10대 소년

내 영혼의 스승이 아직 인도의 닐기리 지방에서 살고 있을 때 스승에게는 자신과 매우 비슷한 친구가 하나 있었다. 동정심 많고 감수성이 예민하며, 자유와 평등에 대한 신념이 강한 사람이었다. 어느 날 두 친구는 시장을 걷다가 우리에 갇혀 있는 곰을 보았다. 우리가 너무 좁아서 곰은 거의 몸을 돌리지도 못했다. 나의 스승 스리 이스와란과 그의 친구에게는 곰이 눈으로 뭔가를 호소하는 것처럼 보였다. 두 사람은 아무 말도 없이 시장을 빠져나왔다. 그날 오후 이스와란이 친구를 다시 찾아갔더니, 그 친구는 분노에 떨고 있었다. "총을 들고 시장에 가야겠네. 곰을 풀어줘야지. 방해하는 사람은 다 쏴 버릴 거야."

"진정하게." 이스와란이 황급히 말렸다. "잠깐만 기다려 봐. 내가 무슨 수를 내보겠네."

먼저 이스와란은 곰의 주인을 찾아갔다. 알고 보니 마침 곰의 주인도 이스와란처럼 케랄라 주 출신이어서, 이 지역 방언으로 말을 시작해 곰 우리 이야기를 꺼내는 것은 어렵지 않았다. "그런데 말이요, 우리가 너무 좁아 곰이 불쌍하지 않소?"

"나는 좋아서 이러는 줄 압니까?" 주인이 말했다. "그러나 어쩌겠소. 우리를 새로 만들려면 한 달 번 것을 모두 쏟아 넣어도 모자랄 판인데."

"내가 큰 우리를 갖다 주면 그걸로 바꿔 놓겠소?"

"물론이오."

이어서 이스와란은 목수를 찾아갔다. 운 좋게도 목수 역시 케랄라 주 출신이었다. 이스와란은 자초지종을 설명하고 용건을 말했다. "원가를 한번 불러 보시오."

"나도 가족하고 먹고 살아야 되지만, 동향 사람 부탁이니……." 이어서 스승은 친구를 찾아갔다. "이런저런 가격에 우리를 하나 새로 만들어서 곰 주인에게 바꿔 놓으라고 해 보면 어떨까. 그 돈 낼 생각 있나?"

"물론이지. 그런데 주인이 동의하지 않을 걸."

"벌써 동의했네."

스리 이스와란은 불쌍한 곰을 보고 친구만큼이나 화가 났다. 그런 광경을 보고 분노를 느끼는 것도 중요하지만 적절한 대응 방법을 찾는 것 또한 그것 못지않게 중요하다. 한 사람은 해결책을 찾아냈고 즉시 실천에 옮긴 반면, 다른 한 사람은 우리에게 너무나 친숙한 딜레마에 빠져 씩씩거리기만 하고 있었다. 그 딜레마는 바로 이 장 맨 앞에서 인용한 프랭클린 스미스의 말처럼 "미친 사람으로 살든가 제정신 가진 사람으로 죽든가"이다. 그래서 스리 이스와란이 곰, 친구, 목수, 곰 주인, 말할 것도 없이 이스와란 자신이 모두 만족하는 해피엔딩을 연출할 동안 친구는 그저 씩씩거리고만 있었던 것이다.

보기에 따라 사소한 일일 수도 있다. 그러나 이것을 하나의 우화로 생각해 보자. 매년 닥치는 수많은 위기에 미국 정부는 어떻게 대처하는가? 그저 폭력으로 대처하거나 굴복하거나 이라크처럼 경제 제재를 가하거나 아니면 보스니아, 동티모르, 티베트 사태에서처럼 그저 아무것도 못하고 씩씩대기만 하고 있지 않은가?

이 이야기를 하다 보니 앞서 말한 데이비츠 실험에서 본 두 그룹의 학생들, 아니 두 가지의 교육이 생각난다. 비폭력적인 학생들이 분노를 느끼지 않은 것은 아니다. 반대로 오히려 그들은 분노(적어도 스리 이스와란이나 그의 친구가 느꼈던 분노)가 필요하다고 생각하고 있었다. 왜냐하면 무엇보다도 다른 사람의 고통에 마음 아파하는 능력은 이러한 고통에 대한 분노로 이어질 것이고, 이는 우리를 인간이도록 하는 요소 중 하나이기 때문이다. 또 한 가지 더욱 중요한 것은 이러한 분노가 상황을 개선하는 감정적인 힘의 역할을 한다는 점이다. 데이비츠 실험에 비추어 볼 때 스리 이스와란이 분노에도 '불구하고' 앞에서 말한 일을 했다고는 볼 수 없다. 오히려 그는 '분노를 갖고' 이런 일을 했다고 해야 옳다. 곰 소유자를 어떤 식으로든 해치고 싶은 분노에 몸을 맡기는 대신 이스와란은 곰과 곰 주인을 도울 수 있는 건설적인 방법을 모색했다. 이 과정에서 그는 자신도 모르게 분노라는 에너지를 건설적인 노력으로 탈바꿈시켰다. 감정은 힘이다. 그러나 그 자체만으로는 지혜가 될 수 없다. 이스와란의 지혜는 바로 건설적인 일을 할 것을 선택한 데 있었다. 이러한 선택을 통해 이스와란은 파괴적인 길을 차단하고 모두에게 좋은 길을 열었던 것이다.

이스와란이 보여 준 '평퐁 외교'는 생각해 보면 대단히 복잡한 일도 아니다. 그러나 문제는 사람이 화가 나면 이런 식으로 생각할 수 없다는 데 있다. 뭔가를 해야겠다(여기서는 곰을 구해야겠다)는 생각으로 마음이 가득 차면 뻔한 것도 눈에 보이지 않는다. 옛 속담대로 "분노는 마음의 등불을 꺼 버리는 바람"인 것이다. 오직 마음이 깨어 있을 때만 건설적인 방향으로 마음을 돌릴 수 있다. 아직도 이스와란이 한 일이 사소한 일이라고 생각한다면 똑같은 배경을 갖고 있지만 역사의 흐름을 바꾼 사건 하나를 살펴 보자.

이 사건은 1893년 5월 31일, 남아프리카에 도착한 지 1주일 된 간디가 피터마리츠버그를 지나던 중 열차에서 밀려 떨어진 운명의 날이다. 이것은 작은 일이 아니다. 간디 자신의 말로도 당시 그는 격분했다. 이러한 분노는 간디가 겪은 일(인간들이 수없이 서로 주고받는 비슷한 모욕과 함께)을 폭력으로부터 비폭력으로 전환하는 중요한 통로로 만들어 준다. 분을 삭이며 하룻밤을 지낸 간디는 자신이 겪은 모욕을 개인의 일로 받아들이지 않는 것에서 첫 번째 실마리를 찾았다. 오히려 간디는 자신에게 가해진 모욕으로부터 인간이 다른 인간에게 가하는 비인간성, 인종차별주의의 추악함 등을 보았던 것이다. 그러니까 "어떻게 나에게 이럴 수가 있나"라고 생각한 것이 아니라 "어떻게 인간이 서로에게 이럴 수가 있나"라고 생각했던 것이다. 두 번째 실마리는 인간 본성에 관한 간디의 믿음이었다. 이미 그때 간디는 사람들이 진실을 영원히 외면할 수 없다는 사실을 믿고 있었다. 다만 간디는 이러한 인간의 본성을 어떻게 깨워 일으킬지를 몰랐을 뿐이다. 그저 간디는 인간이 영원히 잠들어 있으려고 하지는 않는다는 사실을 알고 있었을 뿐이라는 얘기다. 바로 이 때문에 그는 인도로 돌아가 버리거나 철도회사를 고소하지 않고 제3의 길을 찾을 수 있었다.

유색인종 노동자를 가득 싣고 더반 항구에서 프리토리아 고산 지대 사이를 오가는 구형 중기 기관차가 피터마리츠버그 역에 정차해 있는 모습을 상상해 보라. 이 열차의 기관차에서 증기 배출구를 막아 놓은 채 석탄을 마구 때서 기관이 폭발하게 만들 수도 있고, 밸브를 열어서 뜨거운 수증기로 플랫폼에 있는 모든 사람들에게 화상을 입힐 수도 있다. 그러나 이 수증기는 열차를 운행하는 데 쓰는 편이 옳을 것이다. 더반 항에 도착하자마자 끊임없이 이어지는 모욕으로 인해 마음속에 축적된 분노의 힘으로 간디가 해낸 것이 바로 이와 같다. 간디는 '모욕을 감수'하려 하지도 않았고, 모욕을 준 당사자에게 분노를 터뜨리지도 않았다. 그 대신 간디는 현대 세계에서 가장 거대한 사회 변화의 실험이 될 일에 착수했다.

그로부터 몇 해 뒤 간디는 하루에 열다섯 시간씩 하루도 쉬지 않고 일했다. 이 정도면 중증의 일 중독자라도 놀랄 만하다. 비서가 두 명 있었지만, 이들로는 봇물처럼 쏟아져 나가고 들어오는 편지를 감당할 수 없었고, 매일 저녁마다 빠른 걸음으로 걷는 '산책'도 쫓아갈 수가 없었다. 인도의 구자라트 지역에서 순회 강연을 할 때는 간디가 하루에 마을 두세 군데를 돌아다녀서 일정을 짜는 사람들을 놀라게 했다. 그는 50년을 이런 속도로 일을 했는데, 휴식 기간이라고는 감옥에 갇혀 있을 때뿐이었다. 이러한 에너지가 그의 내부에 갇혀 있었거나 아니면 폭력이라는 형태로 분출되었다면 얼마나 큰 피해를 입혔을까? 사실 당시 무수한 인도인들이 제국주의의 발굽에 깔려 신음하며 분노를 삭이거나 폭발 직전까지 가 있었다.

정상(頂上) 체험

폭력으로부터 벗어난 사람은 일종의 특이한 기쁨을 맛보게 된다. 이를 위해 대가를 치러야 하고 가끔 값비싼 대가를 치르기도 하지만 공포와 분노, 굴복과 반격의 딜레마를 벗어나 제3의 창의적인 길을 찾는 순간 인간은 대단한 해방감을 맛본다. 불교에서는 이를 "중도"라고 부르지만 가장 적합한 표현은 아마 끔찍한 굴레에 묶여 있다가 풀려난 경험을 한 앤드루 영의 다음과 같은 말일 것이다. "막다른 골목으로부터 빠져나올 길을 찾은 것 같았다."

1964년 앨라배마 주의 버밍햄에서 있었던 시위 행진에서 이 '길'은 선명하게 모습을 드러낸다. 유권자의 권리를 주장하기 위해 시작된 이 행진 대열은 시청을 향해 가다가 길을 막고 있는 경찰과 소방대원들과 마주쳤다. 이러한 장애를 예측하지 못했기 때문에 어찌할 바를 모른 시위자들은 꿇어 앉아서 기도를 시작했다. 나중에 시위에 참여했던 한 사람은 당시 상황을 이렇게 이야기했다.

> 얼마 후 우리는 어떤 지도자의 말대로 "영혼이 도취된" 상태에 이르렀다.…… 경찰과 소방대원도 이것을 느끼기 시작했고 조금씩 영향을 받기 시작했다.…… 나도 나 자신에게 어떤 일이 일어나는지 몰랐다. 그리고 일어나서 경찰에게 이렇게 말했다. "우린 돌아서지 않는다. 잘못한 것도 없다. 원하는 것은 자유뿐이다. 이러고 있는 당신들의 기분은 어떤가?" 흑인들은 다시 행진을 시작했고 불 코너(악명 높은 인종차별주의 경찰서장)는 이렇게 외쳤다. "물 대포 쏴!" 소방대원들은 꿈쩍도 안 했다. 서장은 한 번 더 같은 명령을 내렸지만 여전히 아무도 움직이지 않았다. 어떤 사람들은 소방대원들이 울고 있는 것을 보았다고도 했다. 아무튼 흑인들은 저지선을 넘어갔다.'

흔히 정치적인 힘은 총구에서 나온다고 한다. 그러나 이 사건을 보면 총은 모두 경찰 손에 있었지만 힘은 모두 시위대에게 있었다.

'단합된 힘'이든 '사랑의 행위'든 뭐라고 부르든지 간에 앞 장에서 이야기한 응급실의 조앤 블랙이나 버밍햄의 시위자들은 행동의 내용은 달랐지만 한결같이 비폭력이 얼마나 강한 힘을 갖고 있으며, 이 힘이 얼마나 다양한 방법으로 모습을 드러내는지를 보여 주고 있다. 버밍햄 시위대는 폭력으로 저지선을 돌파하는 대신 그 반대의 방법으로 똑같은 힘을 보여 주었다. 이러한 힘은 어디서 나올까?

양쪽 다 힘의 원천은 강력한 공포 반응이다. 이 공포에 굴복했기 때문에 힘이 나오는 것이 아니라 공포를 추진력으로 삼았기 때문에 이런 결과를 얻을 수 있었다. 앞서 이야기한 스리 이스와란이 분노에 굴복하는 대신 분노를 창의적 행동으로 탈바꿈시킨 것과 같은 맥락이다. 시위대들은 시위를 포기하고 집으로 갔을 수도 있고, 경찰과 소방대원을 공격했을 수도 있다. 그러나 이들은 자동 인형처럼 그저 반응하고 싶지는 않았다. 이들은 이보다 한 단계 위에 있었던 것이다. 행진에 앞서 한 지도자가 시위 대원들에게 말했다. "우리는 자유를 얻을 것입니다. 그리고 이 과정에서 백인 형제들도 자유롭게 해 줄 것입니다." 화합의 비전이 그들을 한 차원 높은 곳으로 올려놓았고, 머리가 어질어질할 정도로 자유의 공기를 마신 이들은 앞을 향해 걸어갔다.

소방호스를 쥔 채 얼어붙은 소방대원들은 어떻게 된 것일까? 간디가 말한 것처럼 이들 마음속에 잠자고 있던 이성이 "자유를 향해 끌려 나온 것이다." 양쪽 다 감정이 격한 상태에서 한쪽이 분명하고도 용기 있는 행동을 통해 긍정적 결과를 끌어내면 이러한 대치 상황은 어떤 학자가 말한 것처럼 "비폭력의 순간"으로 변한다.[2] 비폭력 활동에 참가하고 있는 당사자의 시각에서는 이를 '정상 체험'이라고 부를 수 있다.

정상 체험은 감동을 일으키는 사건을 통해 우리가 그 감동의 깊은 근원으로 빨려 들어가는 것 같은 느낌을 말한다.

"프리덤 라이드(자유 행진)"에 참여했다가 인종차별주의적 폭도들에게 얻어맞은 한 사람은 이런 상황의 심리적 구조를 다음과 같이 설명하고 있다. "맞으면 아픔을 느낀다. 그러나 적개심이 생기지는 않는다.…… 뭔가 나 자신을 잃고 다른 사람이 처한 상황 속으로 빠져드는 느낌이 든다."[3]

이러한 현상은 초자연적인 것도 아니며, 이런 과정에서 어떤 고통도 겪지 않는다는 보장도 없다. 그러나 공기가 점점 희박해지는 데도 계속 위로 올라가는 등산가나 자신의 몸을 극한까지 밀고 가는 발레리나의 경우처럼 고통을 뛰어넘는 무엇인가가 분명히 있다. 1996년 올림픽에서 케리 스트러그는 발목을 삐었음에도 불구하고 한 번 더 점프를 했고, 전 세계는 완벽한 착지와 함께 고통으로 일그러지는 그의 얼굴을 보고 경악했다. 비폭력 활동에 참여하는 사람들도 마찬가지이다. 다른 사람은 보지 않으려고 하는 고통의 장면을 이 사람들은 드러내려 한다. 그러므로 이들에게 고통은 참아내야 할 어떤 것이 아니라 비폭력 활동의 중요한 부분이다.

오늘날의 세상에서는 굳이 찾지 않아도 고통스러운 일은 일어난다. 그런데 비폭력으로 가는 데 위험 부담이 있다(완전히 옳은 말이다)고 말할 때는 이 사실을 상기하는 것이 아주 중요하다. 세상을 바꾸려는 꿈조차 꾸지 않으면서 자기 일만 열심히 해도 봉변을 당할 수 있다. 그리고 이러한 고통에 대응하는 비폭력적 방법이 있다. 다음 이야기를 들어 보자.

1992년 어느 날 뉴욕에서 80세 된 여성이 강도를 당해 크게 다쳤다. 그러나 아일린 이건이라는 이 여성은 보통의 강도 피해자와는 달랐다. 그는 평생을 평화 운동에 몸바쳐 왔고, 마더 테레사와도 함께 일했기 때문에 보통 사람들과는 시각이 좀 달랐다. 글도 잘 썼기 때문에 그는 자신의 견해를 더 잘 표현할 수 있었다. 예를 들면 그는 강도를 당한 지 2년 후 「퍼레이드(Parade)」지와 "나는 공포 속에 살기를 거부한다"는 제목으로 인터뷰를 했다. 이건은 또한 내가 말하는 종류의 경험과 그러한 경험의 장기적인 결과에 대한 대변인 역할도 했다. '비폭력'이라는 단어를 쓰지 않으면서도(이 단어를 제대로 이해하는 사람이 거의 없는 상태에서 이는 얼마나 현명한가?) 그는 누구나 알아들을 수 있는 쉬운 말로 자신의 원칙을 잘 설명했다. 우선 그는 자신이 당한 강도 사건에서 가장 나쁜 결과는 자신의 뼈가 부러진 것이 아니라 강도짓을 한 사람의 마음이 "부러졌을" 수도 있다는 가정에서부터 출발했다. 텔레비전 폭력물의 효과처럼 현실적인 폭력의 효과도 그대로 두면 우리 마음속으로 스며들어와 모든 관계에 영향을 미친다. 이건은 이런 일이 일어나지 않도록 하는 데 무척 관심이 많았다. 복수심을 갖는 대신 이건은 강도와 친구가 되려 했으며, 수감 기간 동안 지속적으로 연락을 했다. 그리고 이런 행동이 강도 피해 직후 생길 수 있는 정신적 후유증을 피하는 데 얼마나 도움이 되었는지를 이야기했다. 강도 본인은 이런 너그러운 자세에 별 감동을 받지 않은 듯했지만 그렇다고 해서 이건이 이익을 얻지 않은 것은 아니었다. 이건의 이야기를 들어 보자.

사건에 대해서는 깨끗이 잊었어요. 옛날에는 누가 뒤에서 다가오면 무서웠지만 이제는 그렇지 않아요. 세상에는 그것 말고도 중요한 일들이 얼마든지

있으니까요.[4]

이건은 분노하지 않았을까? 물론 분노했다. 하지만 분노를 잘 다루었기 때문에 상처가 남지 않았다. 어떻게 그렇게 했을까? 블랙이라는 간호사를 기억하는가? "나는 병든 사람을 만났고 이 사람을 돌봐야 했다." 캐런 리드의 경우에서도 비슷한 것을 이미 보았고, 앞으로 다룰 진정한 비폭력의 사례에서도 계속 마주칠 것이다. 정상 체험을 가능하게 해 주는 것은 한 차원 높은 비전이다. 왜냐하면 비폭력적인 사람의 시각에서는 강도조차도 인간으로 보이기 때문이다. 강도가 스스로를 비인간화했다고 해서 비폭력적인 사람도 자신을 비인간화하지는 않는다.

이러한 시각에는 또 한 가지 측면이 있다. 2차 세계대전 중 유대인을 비롯한 난민들을 구출하느라 목숨을 건 사람들은 거의 한결같이 이렇게 느꼈다. "어떤 사람이 무엇인가를 해냈는지 해내지 못했는지는 중요하다. 왜냐하면 다른 사건들에 영향을 미칠 수 있기 때문이다."[5] 이건이 말한 것처럼 "어떤 사람이 폭력의 길을 걷기로 작정했지만 폭력의 대상으로부터 원하는 결과를 얻지 못하면 그 사람은 인생을 다르게 보기 시작한다." 친절은 친절을 낳는다. 사람의 기분은 다른 사람의 기분에 영향을 미친다. 광고 업체들은 이런 점을 항상 이용한다. 1992년 이래 이건은 강도에게서 별 연락을 받지 못했다. 문제가 될 것은 없다. 감동했겠지만 연락할 준비가 되지 않았으리라. 어느 쪽이든 이건은 자신의 태도로부터 이익을 얻었다.

버타는 이집트로 도망친 유대인 난민이다. 어느 날 알렉산드리아에 사는 친구가 버타에게 이런 말을 했다. "버타, 히틀러를 위해서 기도해야 돼." 놀란 버타의 얼굴을 바라보며 친구는 계속 말했다. "히틀러의 흉악한 계획이 성공하라고 기도하라는 게 아니라 하느님이 그의 마음을 바꾸시라고 기도하란 말이야." 결국 이런 기도를 할 수 있게 되자 버타는 다음과 같은 것을 깨달았다. "내 기도가 히틀러에게는 아무 영향도 미치지 못했겠지만, 나에게는 분명히 영향을 미쳤다.…… 독일인을 향한 모든 증오와 악감정이 갑자기 사라졌고, 나는 아무런 반감도 없이 독일인들과 만나고 이야기를 나눌 수 있게 되었다."[6]

조앤 블랙이나 캐런 리드의 경우와는 달리 버타 파스베크와 아일린 이건의 경우에는 폭력이 이미 발생한 다음이다. 버타와 아일린에게 중요한 것은 폭력을 예방하는 것이 아니라 폭력으로부터 받은 상처를 치유하는 것이다. 상처를 치유함과 동시에 더 이상 퍼지지 않게 하는 것이 중요하다. 그리고 이들은 버밍햄 시위자들 같은 집단이 아니라 개인이다. 이 같은 사례들은 정상 체험이 작동하는 방식이나 기본 원칙에 영향을 미치지 않는 우연한 일처럼 보일 수도 있다. 그렇든 그렇지 않든 목적은 고통을 뛰어넘는다. 한 차원 높은 목표가 있으면 신체적 고통은 인간적 깊이를 더해 줄 수 있다.

앞서 살펴본 바와 같이 개인이나 집단이나 마음이 움직이는 모습은 같다. 그러나 대규모 시위 행진이나 사업 같은 집단 차원보다는 개인 차원으로부터 시작하는 것이 중요하다. 물론 비폭력 하면 대규모 집단의 행동을 먼저 떠올리겠지만 말이다. 비폭력 운동에 참여하는 사람들은 주변사람들의 열의에 감염되어 행동에 뛰어들기도 하겠지만 비폭력이라는 힘의 진정한 원천은 여전히 각 사람 내부에 자리 잡고 있으며, 비폭력에 직접 참여하는 사람들이나 그들을 관찰하는 무리나 이 사실을 간과해서는 안 된다. 집단은 그 자체로는 아무런 감정도 없다. 오직 개인만이 감정을 갖는다. 나는 진정한 사티아그라하의 시발점은 1906년 9월 11일(우연의 일치치고는 놀랍다) 요하네스버그에 있는 유대인 극장에서 있었던 유명한 선서에 있다고 생각한다. 당시 행사장을 가득 메운 인도인들은 인간의 존엄성을 박탈하는 법에 따르지 않을 것을 맹세했다. 이러한 선서가 각계 각 개인에 대해 어떤 의미를 갖는지에 대해 간디가 행한 연설은 비폭력이라는 힘의 뿌리가 어디 있는지를 잘 보여 준다.

> 그럴 리는 없지만, 모든 사람이 뒷걸음질친다고 해도 나는 결코 내 선서를 깨지 않을 자신이 있다.[7]

당시에 간디는 청중들에게 저마다의 "마음을 들여다보라"고 하면서, 다른 사람이나 집단이 어느 방향으로 가든 비폭력을 실천하는 것이 오직 나 자신과 신 사이의 문제라는 생각이 들 때에만 선서를 하라고 말했다. 달리 말하면 선서는 집단적으로 이루어지지만 그렇다고 해서 그것이 집단행동은 아니라는 뜻이다. 다만 각 개인의 결단을 모아놓은 것일 뿐이라는 것이다. 바로 이러한 점이 비폭력 활동을 떠받치는 힘이다.

그로부터 80년 뒤 필리핀의 독재를 종식시킨 유명한 '피플파워'에 대해 하이메 신 추기경은 같은 방법으로 그 힘의 원천을 설명했다.

놀라운 일이었다. 200만 명의 사람이 저마다 똑같은 결정을 한 것이다. 각 사람은 마음속으로부터 "나는 이렇게 하겠다"라고 하고는 거리로 나섰다.[8]

폭력도 비폭력도 모두 미묘한 방식으로 태어나며, 오랜 시간이 걸려서야 외부적인 행동으로 나타나기 때문에 문화 전체의 특징이나 규범이 폭력을 일으키는 쪽으로 가고 있어도 우리가 그것을 감지하지 못하는 경우가 많은 것은 놀랄 일이 아니다. 오늘날의 문명 속에는 이러한 특징이나 규범이 상당히 많으며, 그중 하나는 저술가 루이스 메넌드가 지적한 것처럼 "이제 우리는 모든 인간의 만남이 집단 상호 간 이해의 상징적인 충돌이라는 사실을 알기 시작하고 있다." 그는 계속해서 이렇게 말한다. "폭력을 추상적으로 이야기할 수도 있겠지만 폭력은 성과 마찬가지로 결코 추상적인 형태로 나타나지 않는다. 집단이란 근본적으로 상상의 산물이다. 영혼을 가진 개인만이 현실이며 인간은 한 번에 한 사람씩만 구제되거나 아니면 그렇지 못하거나 할 뿐이다."[9]

인간을 개인으로 보는 대신 집단, 그러니까 기업, 국가, 인종, 심지어 양성 중 한 성으로 보려는 경향 속에는 인간을 비인간화시키는 요소가 내재해 있다. 비폭력 환경에서는 어떤 경우에도 이런 일이 일어나지 않는다. 어떻게 이것이 가능할까? "인간의 힘"을 모으려면 인간이 필요하기 때문이다. 인간의 힘이 집단의 형태로 나타날 때 숫자가 많으면 유리할 수 있지만 반드시 필수적인 것은 아니다. 간디는 이렇게 말했다. "사티아그라하에서 중요한 것은 결코 머릿수가 아니다. 숫자에 기대는 것은 겁쟁이들이나 하는 짓이다. 진정으로 용감한 사람은 혼자 싸우는 것을 영광스럽게 생각한다."[10]

비폭력적 품성의 함양 : 비폭력 지속시키기

캐런 리드 일행이 엘살바도르로 가기 몇 년 전, 캘리포니아 주의 마린 카운티에서 보건 교육을 담당하고 있던 수 세브린은 레이건 정부 시절 니카라과의 콘트라 지원 정책으로 말미암아 니카라과의 농민들이 고초를 겪는 것을 보고 분개한 나머지 일을 걷어치우고 아주 위험한 사업에 자원했다. 이 사업은 신앙심이라는 연대를 가진 미국인들이 자발적으로 그룹을 짜서 온두라스 국경지방에서 벌어지는 테러활동을 기록하는 것이었다. 이렇게 해서 그는 분노를 쓸모 있는 활동으로 탈바꿈시킬 수 있었으며, 비폭력 사업들이 대부분 그러하듯 이번 일도 예상보다 더 많은 수확을 그에게 가져다주었다. 이 일에 참여한 결과 수를 비롯한 미국인들은 '비폭력적으로 사이에 끼어들기의 힘', 오늘날에는 '보호를 위한 동행'이라고 불리는 기법을 직접 경험하게 되었다. 한때 포위되었던 할라파를 비롯하여 그들이 가는 곳에는 콘트라의 공격이 없었다.

미국으로 돌아오자 수를 비롯한 일행은 다시 니카라과로 가서 사람들을 지켜주는 수밖에 없다고 결론을 내렸다. 그들이 있어야만 보호받을 수 있는 사람들을 가능한 한 많은 지역에서 모으자는 취지였다. 그것은 두려움이 따르는 일이었고, 수는 안락하고 안전한 마린 카운티 집의 거실에 앉아 콘트라들이 정글 깊은 곳의 외딴 마을에서 저지른 일에 대한 기사를 읽고 공포에 사로잡혔다. 그러나 네덜란드 출신의 아동구조 전문가 코넬리아 크눗네루스가 말한 것처럼 "공포에 대한 가장 탁월한 처방은 행동이다."[11] 신기하게도 수 일행은 니카라과에 있으면서 공포 때문에 문제를 겪은 일이 한 번도 없었다.

> "그곳에 있는 동안 나는 전혀 공포를 느끼지 않았다. 주된 이유는(나는 내 발로 갔고 놀랍게도 다음과 같은 사실을 깨달았다) 위험 속에서도 내가 아주 침착해졌다는 사실이다. 그때는 내가 신의 손 안에 있는 느낌이었다고밖에 설명할 수가 없다. 단순히 내가 안전하고 다치지 않을 것이라는 느낌 정도가 아니라 내가 있을 곳에 있다는 느낌, 내가 해야 할 일을 하고 있다는 느낌이었다는 것이다. 이런 느낌은 아마 중독성인가 보다. 그래서 우리가 계속 니카라과를 반복해서 찾는 것인지도 모른다."[12]

이번 장 첫머리에서 분노를 전환시키는 것에 대해 이야기했다. 이제 비폭력적으로 대응하겠다고 결심하기만 하면 공포도 감정을 배제한 행동적 사랑의 원동력이 될 수 있다는 것을 보았다.

수 세브린의 이야기에서 여러 가지를 깨달을 수 있다. 수 세브린은 거의 무적이라고 할 만한 어떤 힘이 생겨나는 모습을 잘 설명하고 있다. 비폭력 활동가들은 가끔 이러한 힘으로 초인적인 용기를 얻어 위험과 맞서거나 이를 극복한다. 앞서 말한 버밍햄 시위대가 느낀 "영적인 도취"가 그 좋은 예이다. 수 세브린이 지적한 것처럼 단순히 "나는 강하다"라는 느낌이 아니다. 이 느낌은 좀더 미묘하면서도 더 현실적인 어떤 것이다. 우리에게 힘을 불어넣는 것은 우리가 지금 겪는 일이 '의미 있는 일'이라는 확신으로부터 나온다. 수 세브린의 말대로 "내가 해야 할 일"을 하고 있다는 느낌이라는 얘기다. 1996년에 헤브론에서 수 세브린과 비슷한 일을 했던 시카고 출신의 마지 아젤리안도 같은 이야기를 하고 있다. "헤브론에서 한 일은 내가 한 어떤 일보다도 정직한 일이었다."[13] 유엔 사무차장의 딸인 솔랑주 뮐러도 뉴욕에서 있던 모임에서 같은 이야기를 했다. "이런 일은 한번 시작하면 그만둘 수 없다."[14]

너무도 많은 사람들에게 삶이 무의미해진 오늘날, 비폭력적 투쟁에 "중독"된 사람들이 나타나는 것은 이해하기 힘든 일이 아니다. 조금만 과거로 돌아가서 나치의 박해로부터 목숨을 걸고 유대인을 구해 낸 사람들의 증언을 들어 보면 비폭력에 대해 좀더 많은 것을 이해할 수 있다.

덴마크 유대인들을 구해 낸 여러 성공 사례 중 한 가지에서 에게 교수 부부는 매우 중요한 역할을 했다. 에게 교수 부인은 이렇게 말한다.

"평생에 한 번 가치 있는 일을 할 수 있는 기회였기 때문에 우리는 기꺼이 유대인들을 도왔다.…… 덴마크 사람들은 도움을 받은 유대인들이 고마워하는 것만큼이나 그들에게 고마워해야 한다. 왜냐하면 그 유대인들이야말로 덴마크 사람들에게 뭔가 숭고하고 의미 있는 일을 할 수 있는 기회를 주었기 때문이다." [15]

공중그네 곡예사인 스피디 라킹은 좀더 직접적인 표현을 쓴다. "길거리로 뛰쳐나가 고맙다고 악이라도 쓰고 싶었다." [16] 가장 훌륭한 표현을 내놓은 사람은 스트란비가르라는 의사였다. "신기한 일이었다.…… 젊은 시절의 열렬한 사랑을 다시 겪는 듯했으니 말이다." [17]

놀라운 일이다. 앞에서도 본 것처럼 이렇게 벅찬 감동의 순간은 위기 앞에서 싸우거나 도망치거나 하려는 인간의 본능적 반응을 통제하려는 내면적 갈등으로부터 우러나온다. 이런 갈등을 통해 인간은 절정의 성취감을 맛보며, 이러한 느낌은 (우리와 적대관계에 있는) 상대방에게도 영향을 미친다. 그리고 이러한 느낌은 비폭력적인 행동을 하는 사람들, 즉 우리 자신에게도 항상 영향을 미친다. 다음 장에서 우리는 좀더 뚜렷한 의문에 초점을 맞출 것이다. 상대방이 이러한 것을 "깨달을" 가능성은 얼마나 되는가, 상대방은 이것을 어떻게 깨달을까? 다음 장으로 넘어가기 전에 이 장에서는 비폭력 운동가 자신의 내적 경험에 대해 좀더 살펴보고자 한다.

비폭력의 세계에서 사람들은 좀더 강렬한 경험을 한다. 즉 삶이 더욱 "현실적으로" 느껴진다는 얘기다. 이것은 마치 예이츠가 그려 낸

아일랜드 출신 전투기 조종사의 기이한 느낌과도 비슷하다. 이 조종사는 이 느낌 말고는 영국 편에 서서 싸우면서 자신의 목숨을 걸어야할 아무런 이유도 없었다.

> 법 때문에, 의무 때문에 싸우는 것이 아니다.
> 환호하는 군중도 없다.
> 기쁨을 향한 외로운 갈망,
> 이것이 나를 구름 속의 접전으로 이끈다.
> 이 순간의 삶과 죽음에 비하면
> 지나온 시간들
> 앞으로 올 시간들
> 모두 무의미할 뿐이다.[18]

비폭력 활동가가 느끼는 것은 물론 이 조종사가 느끼는 것과는 좀 다르기는 하다. 전쟁에서는 남을 죽이기 위해 목숨을 건다. 비폭력에서는 (필요할 경우) 목숨을 건다 하더라도 이는 아무도 죽임을 당하지 않도록 하기 위한 것이며, 궁극적으로는 다른 인간의 손에 어떤 인간이 다시는 죽음의 공포에 직면하지 않도록 하기 위한 것이기도 하다. 비폭력이야말로 심리학자 윌리엄 제임스가 찾고 있던 것이기도 하다. 그것은 "전쟁의 도덕적 버전"이라고 할 수 있다.

"비폭력의 황홀경" 속에서 잠시 번득이는 정신적 빛으로 인해 신다윈주의적 동물이라는 인간의 이미지가 던지는 그림자가 잠시 사라지기도 한다. 신다원적 세계관 속에서 인간은 위협의 힘밖에 모르는 상태에서 홀로 경쟁하며 살 뿐이다. 여기서 아주 중요한 의문이 나온다. 어떻게 이 빛을 계속 켜 둘 수 있을까? 비폭력에 "중독"될 수 있다면 여기서 "헤어나지 못하게" 하는 방법은 무엇인가?

정신의학자 스콧 펙은 이 과정을 아주 잘 설명해 주고 있다.

> 신비스러운 힘이 어디서 나오는지 나는 모른다. 한 가지 아는 것은 피곤해지면 "자아의 경계"가 느슨해진다는 사실이다. 또 한 가지 아는 것은 **과거에 나의 의도와 상관없이 일어났던 일들을 이제 내가 자발적으로 할 수 있게 되었다는 사실이다.** 그렇게 하려고만 하면 나의 적들이 모두 나의 친척이며, 우리 모두는 그저 거대한 질서 속에서 자신의 역할을 수행하고 있음을 볼 수 있게 된다.[19](강조는 저자)

살아가면서 누구나 한두 번쯤 비폭력의 황홀경을 한 순간이나마 맛본 적이 있으리라고 생각한다. 30년도 더 된 일이지만 버클리 대학에 있을 때의 어느 날 오후가 지금도 생생히 떠오른다. 그날 나를 포함한 여섯 명이 세 명씩 편을 갈라 농구를 하고 있었다. 갑자기(아마 우리 팀 중 한 명이 너무도 멋진 슛을 성공시킨 다음부터인 것 같기도 한데) 우리 편은 신들린 듯한 플레이를 하기 시작했다. 상대방은 우리를 전혀 막지 못했다. 거의 마술이었다. 패스마다 성공했고 슛마다 들어갔다. 마치 세 사람이 농구를 하는 것이 아니라 발레를 하는 것 같았다. 그러다가 어느 순간 갑자기 마법이 풀렸다. 우리 편은 그냥 보통 사람으로 돌아갔고, 아마 시합에서도 진 것 같다. 배우, 운동선수, 무용수, 심지어 교수도 절정감 속에서 갑자기 '불이 켜지는' 상태에 들어갈 수 있다. 보통 사람과 전문가의 차이라면, 직업적 배우나 운동선수는 훈련을 통해 자신이 필요할 때 이런 상태에 어떻게 들어갈 수 있는지를 터득했기 때문에 연기나 경기하는 순간에 필요할 때마다 이러한 상태를 만들어 낼 수 있다는 점이다. 여기에 특별히 신비로운 것은 없다. 물론 이러한 상태에 도달하기 위한 '학습' 과정이 단순히 의식 수준에서의 지식 습득 이상의 것이기는 하지만 말이다. 시위의 최전선에서 인간의 '자연스러운' 감정을 잘 통제하며 시위를 이끌어 가는 '사티아그라하 전문가'를 훈련하는 과정이나, 어두운 골목길에서 (강도의 습격을 받고도) 살아남으려는 사람을 훈련시키는 과정은 비슷하다. 스트레스 속에서도 침착하게 정신을 차리는 방법을 배우는 것이 바로 이 과정이며, 그렇게만 되면 마법을 부릴 수 있다.

조앤 블랙도, 버밍햄 시위자들도, 캐런 리드도, 수 세브린도, 아일린 이건도 모두 비폭력 운동가가 되려고 작정한 사람들은 아니었다. 조앤 블랙은 그날 응급실에서 근무하고 있었다. 간호사로서 받은 교육과 당시의 상황을 바탕으로 블랙은 화가 난 사람을 사람으로, 도움이 필요한 인간으로 볼 수 있었다. 캐런 리드와 수 세브린은 약간의 훈련만 받은 채 비폭력 활동 현장에 파견되었다. 버밍햄 시위자들은 기나긴 비폭력 시위를 진행 중이었고, 이 과정에서 어느 정도 훈련이 이루어졌을 것이며, 무엇보다도 (희귀한 일이지만) 탁월한 지도자가 이끌고 있었다.

자와할랄 네루도 마찬가지였다. 많은 인도인들이 그랬던 것처럼 나중에 독립 인디아(인도)의 총리가 된 네루도 간디의 비폭력 운동에 마음이 끌렸다. 하지만 네루는 단순히 간디의 생각에 동조한 데 그치지 않았다. 1928년 럭나우에서 있었던 평화시위 군중을 기마 경찰이 라티(끝에 금속을 단 대나무 막대기로 인도인과 영국인 경찰들이 당시 마음대로 휘두르던 진압봉이었다)로 진압하는 과정에서 네루는 비폭력의 본질을 깨달았다.

> 구타가 시작되었다. 기마 경찰도 도보 경찰도 라티와 긴 막대기로 우리를 마구 때렸다. 이들은 우리를 엄청나게 두들겨 댔으며, 그 전날 저녁까지 머릿속에 들어 있던 분명한 비전은 사라졌다. 내 머릿속에는 이 자리에서 꼼짝해서는 안 되며 물러서서도 안 된다는 생각뿐이었다. 구타가 하도 심해서 눈이 반쯤 먼 느낌이었으며, 가끔은 분노가 치솟아 반격하고 싶은 생각도 들었다. 기마 경찰을 말에서 끌어내리고 내가 그 말을 타는 것은 아주 쉬운 일이었지만 **결국 오랜 훈련과 자제력이 이겼다.** 그리고 얼굴을 가리기 위한 것 말고는 손 한 번 쳐들지 않았다.[20](강조는 저자)

훈련 I : 예비 훈련

오랜 훈련으로 함양된 자제력은 무엇인가? 간디의 지도력 중 가장 많은 오해를 받는 측면이 이것이다. 간디가 가까운 동료들에게 단순한 삶을 살며, 가난한 사람들과 같은 생활을 하며, 스스로 옷을 지어 입고, 심지어 이런저런 음식을 먹으라고까지 한 것은 어떤 도덕적 기준을 설정하기 위한 것이 아니었다. 사실 간디는 동료들을 "영신적으로 도취된 상태"가 되도록 훈련시키고 있었다는 얘기다. 간디는 진정한 비폭력이라는 것이 그저 당시의 상황이 적당하기만 하면 저절로 생겨나는 것이 아니라는 것을 알고 있었다. 유명한 불교 지도자 틱낫한 스님이 한 다음과 같은 이야기를 들었으면 간디는 박수를 보냈을 것이다.

> 위기가 올 때까지 아무 일도 하지 않으면 너무 늦다. 비폭력이 폭력보다 더 좋다는 사실을 안다 해도 존재 전체가 아닌 머리로만 알고 있으면 비폭력적으로 행동할 수 없다. 그 사람은 공포와 분노에 압도되고 말 것이다.……[21]

"우리의 적은 우리의 친척이다"라는 명제를 존재 전체로 이해할 수 있다면 주변 사람들에게 놀라운 영향을 미칠 수 있다. 1960년대 초에 나와 절친한 백인 친구인 데이비드 하초는 버지니아의 어떤 인종 분리 식당에서 몇 명의 인권운동가들 속에 앉아 있었다. 이들은 이틀 동안 거의 먹지도 못하고 있었으며, 점점 화를 내는 군중에게 끊임없이 시달리고 있었다. 시위자들도 식당 주인도 서로 물러서지 않았기 때문에 긴장은 더욱 고조되었다. 갑자기 누군가가 데이비드가 앉아 있던 의자를 잡아당기더니 그를 돌려세워 이렇게 으르렁거리듯 말했다. "1분을 준다. 여기서 나가라. 아니면 이걸 네 가슴에 꽂겠다." 퀘이커 교도로 태어나서 자란 데이비드는 가슴을 겨누고 있는 큰 칼을 잠시 바라보다가 천천히 고개를 들어 '이제까지 본 얼굴 중 가장 심한 증오로 일그러진' 얼굴을 마주보았다. 그에게 제일 먼저 떠오른 생각은 '흠, 어쨌든 1분은 있군'이었고, 다음 순간 데이비드는 남자를 향해 말하는 자신의 목소리를 들었다. "글쎄, 당신은 스스로 해야 한다고 느끼는 일을 하세요. 그게 무엇이든 나는 당신을 사랑하려 노력할 거요." 모두 얼어붙은 상태로 몇 초가 지났지만 그 사람은 아무 반응을 보이지 않았다. 그러더니 칼을 잡은 손이 떨리기 시작했고, 몇 초가 더 지나자 칼을 잡은 손이 쑥 내려갔다. 남자는 돌아서더니 뺨에 흐르는 눈물을 닦으며 식당을 나갔다.[22]

비폭력의 순간이 모두 이처럼 고통스러운 것은 아니다. 그러나 데이비드가 겪은 일은 삶을 다른 각도에서 본 것을 실천에 옮겨 비폭력에 바탕을 둔 사랑이, 틱낫한 스님이 말한 단순한 지적 확신을 넘어 깊이 뿌리를 내리고 '나의 존재 전체'를 차지하기 시작하면 얼마나 큰 변화를 일으킬 수 있는지를 보여 주는 예이다. 데이비드는 자기 부모와 마찬가지로 독실한 퀘이커 교도였다. 그의 가족은 평화에 대한 확신을 실천하는 것을 생활양식으로 삼았으며, 이에 따라 모든 사람의 마음속에 '신의 것'과 같은 부분이 들어 있다는 확신이 더욱 커져 갔다. 그리고 데이비드는 상당히 오랫동안 특별한 훈련을 받았는데, 이 훈련은 데이비드가 겪은 비상사태에서 창의적으로 반응할 수 있을 정도의 훈련이었다. 마치 경찰처럼, 심지어 군인처럼 데이비드는 신념과 신념의 실천을 통해 상대방이 화가 나 있다고 해서 나도 화를 낼 필요는 없다는 사실을 체득한 것이다.

이러한 특징이야말로 비폭력적인 반응을 이끌어 내고 궁극적으로 이런 반응이 어떤 사람의 성격의 일부가 되도록 하는 요소들인데, 다음과 같은 것으로 이루어져 있다. 생명이 서로 다 통해 있다는 깊은 믿음, 진정한 비폭력적 지도력을 만들어 내는 영감, 실제 상황에서의 실천, 그리고 마지막으로 간디의 특별한 유산인 '비폭력적 원칙에 따라 사는 삶.' 모든 것을 갖춘 사람은 아주 운이 좋은 사람이다(오늘날과 같은 세상에서 지도력은 정말 갖추기 힘들다). 그러나 이런 요소를 일부 결합하면 누구든 훌륭한 "사랑의 실천자"가 될 내적 능력을 더욱 심화시킬 수 있다는 것은 의심의 여지가 없다.

이러한 역량은 선천적인 것이므로 이러한 역량을 계발하기 시작하면서 우리가 무언가를 억압하는 것이 아닌가 하는 두려움은 가질 필요가 없다. 오히려 분노와 공포 사이에서 "길이 없는 곳에서 길을 찾아낸다"는 것은 우리 모두가 갖고 있지만 대부분은 인식하지 못하는 천부의 역량을 해방하는 것이다. 사람들은 대부분 이러한 역량을 계발조차 하려 하지 않는데, 그 이유는 단 하나다. 그런 게 있다는 사실을 모른다는 것이다. 그리고 그렇게 된 이유는 문화적으로 그렇게 조건지어지기 때문이다. 나는 사실 폭력이야말로 인위적으로 만들어진 것이라고 생각한다. 폭력이야말로 '기계적인 해결책'으로, 우리를 기만하여 성장할 수 있는 기회를 빼앗는다. 개인으로서 우리 마음의 중요한 부분을 훤히 알게 되어 이루어지는 개인적인 성장, 우리 사이를 갈라놓는 것에 대해 진정한 해결책을 찾아냄으로써 이루어지는 인간 집단으로서의 성장을 모두 막고 있다는 뜻이다. 비폭력적 반응은 우리 마음속에 있는 감정적인 힘을 정복하려는 내적인 싸움에서 비롯된다. 그리고 나는 이러한 싸움이 매우 의미심장하며, 사람을 비폭력적 정상 체험에 "중독시킨다"고 본다. 마음의 갈등은 기회이다. 왜냐하면 부정적인 감정은 사람을 탈바꿈시킬 수도 있는 기회가 되기 때문이다.

어떤 10대 흑인 소년이 머리에 총을 들이대는 강도에게 배낭을 빼앗기는 사고를 당하고 나서 한 이야기는 이를 잘 설명해 준다. 소년이 거의 반사적으로 보인 첫 번째 반응은 "나도 총을 갖고 있었으면 좋았을 텐데"였다. 그러나 곧이어 소년은 총을 가지고 있었다고 해도 그 상황에서 자신을 지키는 데 도움이 되지는 못했으리라는 데 생각이 미쳤다. 그 소년이 보여 준 진정으로 성숙한 생각은 이런 것이었다. "총을 가지고 있었으면 분노를 억누르는 대신 총을 잡았을 것이다."[23]

랜디 본드라는 사람은 이스라엘의 불도저가 팔레스타인 사람의 집과 과수원을 깔아뭉개는 것을 막기 위해 헤브론에 모인 소수의 미국 지원자들에 대해 이렇게 말했다. "우리는 몇 명 안 되는 보통 사람들로, 고통을 겪고 있는 사람들을 위해 뭔가 특별한 일을 하려고 모인 사람들이었다. 그러려면 우리를 더 키우고 우리의 역량을 늘려 이런 일을 할 수 있게 되어야 했다. 그것이 성장하는 유일한 길이다."[24]

삶 전체가 성장 아니던가?

아소카 왕은 기원전 269년부터 232년까지 북인도의 거의 대부분을 지배했는데, 그의 통치방식은 인류 역사상 유례를 찾을 수 없는 것이었다. 아소카 왕은 비폭력으로 나라를 다스렸다. 그의 칙령이 새겨진 돌들을 아직도 인도 여기저기서 볼 수 있는데, 이 칙령들을 보면 그의 통치 원칙이 공격성이 아니라 도덕적 질서, 이른바 담마(dhamma), 산스크리트 어로는 다르마(dharma)임을 알 수 있다. 다르마의 의미는 무엇보다도 영토확장을 위한 전쟁 포기, 모든 종교에 대한 관용, 약자 보호, 심지어 동물병원 등을 포용하고 있다. 말없는 돌들은 2,000년 이상의 세월을 뛰어넘어 오늘날까지도 그 의미가 생생히 살아 있는 자유의 비전을 큰 목소리로 제시하고 있다.[25] 다음은 칙령 40조의 내용이다.

> 다르마를 키우는 방법은 두 가지가 있다. 하나는 도덕적인 규범이고, 다른 하나는 명상이다. 둘 중 도덕적 규범이 하위의 것이며 명상이 상위의 것이다. 내가 선포한 도덕적 규범 중에는 일부 동물을 보호하는 규정도 있고, 그밖에 다른 규정들도 있다. 그러나 살아 있는 생명을 다치거나 죽이는 것을 삼가는 경우에도 사람은 명상을 통해서 가장 큰 다르마의 발전을 이룬다.[26]

'비폭력'이라는 단어보다 논쟁을 덜 일으키는 유일한 영어 단어는 '명상'일 것이다. 아소카 왕이 둘 사이에 깊은 연관을 지어 놓은 것은 우연이 아니다.

부처와 대략 동시대에 나온 것으로 추정되는 유명한 책인 『요가 수트라(Yoga Sutras)』는 명상을 아주 잘 정리해 놓고 있다. 명상에 관한 부분은 이렇게 시작한다. "명상은 마음속에 일어나는 생각의 파동을 차단하는 것이다."[27] "생각의 파동" 이른바 시타-브르티(citta-vrtti)라고 하는 이 물결은 저자인 파탄잘리에 의하면 단순한 언어적 사고가 아니라 느낌, 영상, 욕구 등 모든 정신적 활동을 다 포함한다. 예를 들어 분노나 공포의 파동일 수도 있는데, 이것만 봐도 명상과 비폭력의 깊은 관계를 알 수 있으며, 비폭력적인 통치를 수행하는 데 명상이 여러 가지 규범이나 심지어 도덕적 규범보다 더 뛰어나다고 아쇼카 왕이 생각한 이유도 이해가 된다.

마음을 다스린다—어려운 일이다. 마이스터 에크하르트는 이를 다음과 같이 아름답게 표현했다.

> '마음을 다스리려면' 대단한 노력이 필요하다.…… 그렇게 하려면 마음이 외부의 자극과 마음 자체에서 일어나는 생각, 그러니까 어떤 영상이나 저절로 떠오르는 느낌으로부터 보호받는 상태여야 한다.…… 마음이 복잡한 것을 쫓아 흩어지거나 고통에 처하지 말아야 한다.[28]

파탄잘리가 내린 요가(여기서는 명상)의 정의는 앞에서 말한 대로 그의 유명한 저서인 수트라, 곧 잠언집에 나온다. 이러한 잠언들은 과학적 설명서 같은 것으로 단순한 공식만 나와 있을 뿐이다. 따라서 역량

있는 전문가의 해설이 필요하다. 특히 오늘날과 같은 시대에 그의 잠언이 가리키는 바를 어떻게 실행하는지를 알려면 좀더 상세한 설명이 있어야 한다. 먼저 에크하르트가 지적한 대로 명상은 빠져들 수 있는 어떤 형태가 아니라 엄격한 훈련의 산물이다. 이렇게 "무척 어려운" 일을 하려면 반드시 도구가 필요하다. 나는 이를 위해 매일 정해진 시간에 뛰어난 스승에게 가르침을 받으며 명상을 했고, 끌어낼 수 있는 모든 의지력을 다 집중하여 미리 암기해 둔 문구에 매 순간을 집중했다. 그렇게 하면 이런 생각의 파동이 저절로 일어나는 것을 막을 수 있거나, 일어나더라도 주의를 기울이지 않을 수 있다.

이렇게 말하면 명상이 마치 힘겨운 운동처럼 들릴 것이고, 그러니까 명상을 한다고 해서 영웅이 되는 것도 아니라는 생각이 들겠지만 아마 이런 생각이 드는 이유는 우리가 마음의 힘에 대해 아는 것이 너무 없기 때문일 것이다. 신경과학자인 로버트 리빙스턴은 "우리가 아는 한, 의식, 인식, 판단력, 의지력의 작용 등 인지능력의 유용성은 한계를 모른다"[29]고 했다. 이 책에서 예로 든 사람들은 조앤 블랙이나 내 친구 데이비드 하초처럼 비상사태로 인해 마음을 깊이 집중해야만 하는 상태에 빠져든 사람들이었다. 여기서 내가 말하고자 하는 바는 비상사태 없이도 더욱 깊은 집중의 상태로 들어가는 것을 배우는 것이다. 간디는 유명한 현자가 이끄는 인도 남부의 영신적 공동체를 방문한 적이 있다. 간디가 떠나고 나자 지도자는 학생들에게 이렇게 말했다. "오늘 진정한 요기(yogi, 요가 수행자)가 우리를 찾는 축복을 누렸다." 학생들이 그걸 어떻게 아시느냐고 묻자 스승은 이렇게 대답했다.

그분을 보면 요가에 빠져 들어가 있음을 알 수 있다. 왜냐하면 무엇을 보든 주의를 모두 집중해서 보기 때문이다. 다른 것에는 곁눈질도 하지 않는다. 많은 스승들이 그분과 함께 왔지만 그들은 마치 눈이 10여 개나 되는 듯 이곳저곳을 두리번거렸다.[30]

겉으로 보기엔 대단하지도 않고 심지어 관계도 없어 보이는 이 능력을 간과해서는 안 된다. 한 가지에 집중하는 능력이야말로 비폭력에 이르는 마음의 열쇠이다. 집중의 힘, 그리고 성자가 아닌 사람들도 이렇게 집중할 수 있다는 사실을 보이기 위해, '정상 체험'에 대한 좀 더 친숙한 이야기를 살펴보자.

시합을 하지 않을 때는 평범해 보이는데도 불구하고 조 몬태너는 특별하다. 왜냐하면 위험이 닥쳤을 때 완전히…… 집중하기 때문이다. 그러나 그가 어떻게 이렇게 하는지는 알 수 없다.…… 가끔 긴박한 순간에 그의 눈에는 모든 것이 슬로 모션으로 비친다. 세상이 돌아가는 게 갑자기 느릿해지면서 사물이 갑자기 커지고 몬태너는 모든 것을 완전히 장악하게 된다. 바로 이런 상태에서 몬태너는 존 테일러에게 승리를 결정짓는 패스를 했다(1989년 시즌, 신시내티 벵골즈와의 경기에서). 몬태너는 마치 자기 팀이 이기고 있는 것처럼 그저 평범하게 쿼터백의 역할을 수행하고 있었고, 경기는 아직 두 쿼터가 남아 있었다. "마치 슬로 모션 같았다"고 몬태너도 인정한다. 갑자기 모든 것이 느려지더니 분명히 보이기 시작했다. 수비수 두 명이 로즈 크레이그를 수비하는 것과 테일러가 빈 공간으로 빠져나가는 것이 보였고, 몬태너는 테일러에게 공을 건넸다. 공이 그의 시야에서 사라졌고, 팬들의 환호성이 들리기 시작했으며, 그제야 세상이 정상 속도로 돌아왔다.[31]

이상하게 들리겠지만 이것이 인도의 현자들이 다라나(dharana), 즉 "완벽한 주의집중"이라고 부르는 마음의 상태에 대해 정확히 묘사한 (존 테일러와 팬들은 빼고) 것이다. 이들은 다라나가 완전한 성취를 향한 긴 여정을 이루는 세 단계, 즉 주의, 명상, 최고의 몰입 속으로 완전히 들어가는 것 중 첫 번째 단계라고 가르쳤다. 첫 번째 단계에서 사람의 주의력은 보통 외적인 것(앞의 예에서는 누가 빈 공간에 있는지를 보는 것)에 집중된다. 두 번째 단계인 명상 자체는 우리 마음속에서 일어나는 활동을 체계적으로 통제하는 단계이다(에크하르트가 이야기한 것처럼 두 가지를 통제해야 한다는 사실을 상기해 보라). 그리고 세 번째 단계인 사마디(samadhi)는, 글쎄, 설명하기가 어렵다.

조 몬태너는 천부적인 재능을 숲 속의 현자들이나 간디 같은 사람들과는 다른 방법으로 사용했지만 몬태너는 현자들과 마찬가지로 절정의 순간에 그가 마주친 스스로의 능력을 완전히 장악할 수 있었다. 명상 또는 주의력 집중에 관한 능력은 특별히 동양적인 것도 인도적인 것도 아니다. 그저 다른 문명권에서보다는 인도에서 좀더 체계적이고 지속적으로 개발되었을 뿐이며, 완벽한 집중에 대해서는 다른 곳에서도 많이 알려져 있다. 세계에서 가장 "집중적으로" 명상을 한 것으로 알려진 사람들, 예를 들어 에크하르트나 테레사 수녀 같은 사람은 모두 서양 사람들이다. 그리고 이러한 사실을 깨닫는 것이나 가끔씩 재발견하는 것도 반드시 종교적 맥락에서 이루어지는 것은 아니다. 여기에 대해서는 앞에서 본 바와 같다. 제임스가 자신의 저서 『심리학의 원리(Principles of Psychology)』에서 교육에 관해 보여 준 통찰력은 탁월하다.

> 흩어지는 주의력을 자신의 의지로 반복해서 잡아두는 능력은 판단력, 성격, 의지력의 원천이다. 이렇게 하지 못하면 인간은 자신의 주인이 될 수 없다. 이러한 능력을 개선해 주는 교육이야말로 진정으로 뛰어난 교육이다. 그러나 이러한 이상을 말하기는 쉬워도 실천하는 방향을 제시하기는 어렵다.[32]

고대 인도에서는 명상을 브라흐마비디아(brahmavidya)라고 부르기도 했는데, 이는 "최고의 교육"이라는 뜻이다. 제임스가 이러한 것을 의식하면서 앞의 인용한 글을 썼다고는 생각하지 않는다. 그러나 흩어지려는 주의력을 "몇 번이고 반복해서" 제자리로 데려온다는 설명은 명상의 정확한 정의와 일치하고 있다. 그리고 명상을 실천하기 위한 구체적인 방향 제시가 어려운 것도 사실이다. 그런데 동서양 할 것 없이 과거에는 그토록 소중하게 여겨지던 가치가 물질숭배에 가려 완전히 사라져 버리고 말았다.[33] 그러나 스와미 비베카난다의 예에서 알 수 있듯이 물질주의는 우리를 영원히 붙잡아 둘 수 없다. 1893년 스와미가 시카고에 '종교의 의회'를 세우고 인도의 고대 전통을 적극적으로 소개하기 시작한 이래 명상에 대한 지식과 관심은 폭발적으로 늘어났다(1893년은 흥미롭게도 간디가 남아프리카로 가 운명적 변신의 계기를 맞은 해이기도 하다).

오늘날 윌리엄 제임스가 널리 알려진 이유는 위와 같은 이야기를 했기 때문이라기보다는 이제는 고전이 된 에세이 『전쟁의 도덕적 대체물(The Moral Equivalent of War)』의 저자이기 때문이다. 그가 두 가지 이야기를 모두 했다는 사실은 우연이 아니다. 결국 "전쟁은 사람의 마음으로부터 생기는 것"이니까. 간디에게 그토록 깊은 영향을 준 인도의 경전인 『바가바드 기타』는 이런 생각을 뒷받침해 줄 뿐만 아니라 왜 훈련을 받지 않은 사람은 폭력을 휘두르는가, 그리고 여기에 어떻게 대처할 것인가를 가르쳐 준다. 이러한 가르침은 보통 사람을 상징하는 주인공 아르주나와 신을 상징하는 그의 마부 스리 크리슈나의 대화라는 형태로 나타난다. 크리슈나는 아르주나에게 훈련으로 치유되지 못할 마음의 문제는 없다고 한다. 그러니까 옛날의 가르침에 따라 "마음속의 물결 잠재우기"를 배우면 된다는 얘기다. 그러나 아르주나는 우리 귀에 너무나 익숙한 어법으로 이렇게 말한다. "하지만 크리슈나, 마음은 너무 쉽게 흔들리고 파도에 휘말리기도 하지. 차라리 바람을 잡으라고 하게." 크리슈나의 대답은 이러하다. "그렇습니다. 그러나 마음을 한 걸음 떨어져서 보고 계속 수련하면 결국 우리 통제하에 들어옵니다."[34]

마음속에서 일어나는 전쟁은 "내부의 싸움"이라고 할 만하다. 왜냐하면 이 싸움에서는 각 사람이 자신의 마음을 잠잠하게 하려고 애쓰며, 이 과정에서 다치는 사람은 아무도 없고, 오히려 반대로 타고난 그리고 강력한 비폭력 지향적 능력이 힘을 발휘하기 시작한다. 수련이 진척됨에 따라 이 힘은 더욱 강해진다. 내부의 싸움은 항상 외부의 싸움보다 인식하기가 어렵다. 오늘날 폭력을 줄이기 위한 행동교정은 호황을 누리는 산업으로 발전했다. 이 산업의 현장은 학교, 교도소, 직장, 기업 등이다. 적절한 시발점이라고 하겠다. 적극적으로 비폭력을 실행하는 일은 그 다음 단계로, 우리 모두에게 열려 있으며, 우리 모두에게 도움이 되고, 일상에서 사람들 사이의 상호관계에도 도움이 된다. 명상은 그 다음 단계이다. 비폭력을 감히 실행할 각오가 되어 있는 사람이라면 명상은 달라이 라마가 최근 "내적 무장해제"라고 부른 심도 있는 훈련이 되며, 이러한 과정을 통해 사람은 적대적 사고의 근원인 소외감, 그러니까 폭력이 시작되는 바로 그 지점에 개입할 수가 있게 된다. 어떤 길을 택하든, 즉 행동교정을 하든 아니면 직접적이고도 가장 어려운 방법인 명상을 택하든, 아니면 양쪽을 다 실행하든(나는 두 가지를 다 하는 쪽을 택한다) 마음은 미묘한 것이라서 바로잡으려는 힘에 저항하게 되어 있다. 이것이 마음의 본성이므로, 비폭력이나 명상을 실행하는 일은 아무에게나 쉽지는 않다. 그러나 『바가바드 기타』에 나온 것처럼 훈련을 통해서 가능하며, 수련이 진척됨에 따라 사람은 비폭력이 제2의 천성이 되는 성과를 올리게 된다. 이러한 성과는 양면성을 갖고 있다. 수련을 하면 마음이 평화로워지고, 마음이 평화로우면 사람은 자기 주변에 조화로운 힘을 투사하게 되어 있다. 다른 사람에 대한 영향은 나중에 또 다루겠지만, 이제까지 이야기한 도입부분도 상당히 벅찰 수 있으므로 다음 장으로 넘어가기 전에 요약을 해 둘까 한다.

이 장을 마치며

비폭력은 내적 투쟁으로부터 시작한다. 정확히 말하면 분노, 공포, 탐욕 같은 것이 우리를 좌지우지 못 하게 하는 투쟁이다. 이러한 투쟁은 수행하는 사람에게 큰 이익을 가져다주며, 현대 생활에서는 찾아보기 어려워진 신성한 목적의식도 가져다준다. 나치 점령 시절에 네덜란드에 살던 보스 부부는 다른 몇몇 가족들과 함께 유대인 아이들을 맡아 주었다. 이 일로 인해 그들은 물론 그들의 아이들까지 상당한 위험에 빠질 수 있었다. 결국 보스 부인의 어머니가 집을 찾아온 날 사실이 드러났고, 할머니는 물론 자신의 손자손녀를 위험에 빠뜨릴 수 있는 유대인 아이들이 있는 것을 보고 화가 났다. 보스 부인은 친정어머니에게 이렇게 설명했다.

> "우리 부부는 '내 부모는 마땅히 해야 할 일을 했다'는 생각을 갖게 해 주는 것이 더 중요하다고 봐요. 물론 그 일을 하다가 목숨을 잃는다고 해도 말이죠. 발각된다 해도 이렇게 하는 것이 아이들에 더 좋다고 생각해요. 결국 아이들은 부모가 당연히 해야 할 일을 했다고 느낄 테니까요. 우리 자신의 안전만 생각하는 것보다 더 낫다는 뜻이죠."[35]

할머니도 결국 동의했다.

보통 사람들이 하는 이런 수준의 영웅적인 행동은 앞에서 든 예처럼 심각한 위기가 아니라도 성취할 수 있다. 그리고 이는 명상이나 다른 종류의 수련 없이도 가능하다. 이런 이야기는 미국 전국의 학교와 지역 사회에서 진행되는 무수한 교정 사업에 참여한 과거 조직폭력배나 문제아들에게서 끊임없이 나오는 이야기이다. 이러한 교정 사업은 문제가 있는 아이들에게 대안을 마련해 주기 위해 자발적으로 나선 사람들이 운영하고 있다. 이러한 활동에 참여했던 문제아들은 스스로가 원래부터 중재 역할을 하는 재능이 있었음을 발견하기도 한다. 아무도 이러한 재능을 어떻게 활용할지 가르쳐주지 않았을 뿐이다. 그리고 누군가가 이를 가르쳐 주면 이들은 자신이 가치가 있다는 기쁨에 넘치며, 이러한 상태를 이들 중 하나는 이렇게 표현했다. "숨겨진 금광을 찾은 기분이었다."

가끔 공포나 분노 같은 느낌이 우리를 덮치는 것이 "자연스러운" 것처럼 이들을 정복하려는 우리의 마음도 자연스러운 것이다. 폭력의 딜레마는 10대 소년인 프랭클린 스미스의 마음속에서 느껴지는 것이든, 상황을 방치하거나 상대방을 해치는 것 외에는 선택의 여지가 없는 국가의 행동으로 나타나든 딜레마의 모습을 띠며, 이런 딜레마가 존재한다는 사실을 보면 싸울 것인가 도망칠 것인가의 "본능적" 반응이 자연이 마련해 놓은 유일한 반응이 아니라는 사실을 알 수 있다. "길이 없는 곳에 존재하는 길," 그리고 무엇보다도 이 길을 따라갔을 때 사람이 느끼는 깊은 감정적 성취감 같은 것들은 모두 본능적 반응이라기보다는 이쪽이 자연이 마련해 준 길(유일한 길은 아니라 할지라도)이라는 생각이 들게 한다.

그러나 비폭력을 이런저런 상황 속에서 겪는 정상 체험으로만 생각하면, 비폭력에 피상적으로밖에 다가가지 못한다. 이는 마치 배양 접시 속의 곰팡이가 박테리아의 증식을 억제한다는 사실을 발견하는 것과도 같다. 그렇다면 이 힘이 무엇인지를 알아내고 이를 유용한 형태로 바꾸려는 노력이 따라야 한다. 산이 높으면 골짜기가 깊게 마련이다. 비폭력의 경험을 가져다주는 순간들은 전혀 예상하지 못할 때 오기도 하며(아일린 이건이 강도에게 피습당한 경우), 위험을 예상하고 그 안으로 들어갈 때(버밍햄이나 라호르의 경우), 또는 많은 사람들을 모아 어떤 일을 추진할 때(다라사나 소금 행진의 경우) 오기도 한다. 그러나 이들은 모두 '순간'일 뿐이다. 우리가 원하는 것은 수천 년이라는 시간을 거쳐 위협이라는 힘이 사람들을 움직여 왔던 것처럼 비폭력의 통합적 힘이 이러한 순간들을 지속적이고도 반복적으로 만들도록 하는 것이다.

이 장에서 우리는 통합적인 반응에 적용할 수 있는 두 단계의 훈련에 관해 알아보았다. 첫 단계는 행동훈련(행동 수준에서 문화의 역할은 어떤 것인지를 들여다보기로 한다), 두 번째 단계는 행동의 모든 씨앗이 들어 있는 마음 자체에 대한 훈련이다.

아마 간디는 현대 세계에서 이러한 훈련을 가장 뚜렷하고도 체계적인 방법으로 생활의 일부로 만든 유일한 사람이었을 것이다. 또한 간디는 이러한 훈련을 가차 없는 과학적 실험을 통해 더욱 정교하게 만들어갔다. 간디의 철저함과 그 결과(긍정적이든 부정적이든), 간디가 이끈 위대한 운동들에 대해서는 많은 책들이 나와 있지만 간디가 겪은 내적 투쟁의 다양한 차원과 그 결과는 대부분 간과되어 왔다. 물론 이러한 결과를 글로 옮기는 것은 쉬운 일이 아니다. 1931년 9월 15일 원탁회의에 참석하던 날, 간디는 발언 요지 몇 가지 이외에는 아무것도 준비하지 않았다. 그날 아침 간디를 의회까지 차로 모시는 영광을 누린 로널드 던컨이 무슨 말씀을 하시겠느냐고 물었을 때 간디는 이렇게 대답했다. "어떻게 알겠소, 아직 도착도 안 했는데." 그의 즉흥 연설은 걸작이었던 것으로 알려져 있다. 하지만 당국은 당시 기록을 금지했었다.

이러한 간디의 능력을 무엇으로 설명할 수 있을까? 보통 사람 같으면 쓰러져 버렸을 엄청난 시련 앞에서도 태연한 자세로 70대에 이르기까지 거의의 행보를 계속하는 간디의 끝없는 에너지는 어디서 나오는가? 그리고 간디는 대체 어떻게 해서 개인적 욕망의 대부분, 그리고 불필요한 소유물을 버릴 수 있었을까? 그리고 어떻게 두려움도 버렸을까? 미스터리는 여기서 그치지 않는다. 내 친구의 아버지가 1940년대에 인도를 방문한 적이 있는데 누군가가 간디에게 중요한 메시지를 전해 달라고 부탁했다고 한다. 그래서 간디를 만나고 온 친구 아버지에게 나는 인간으로서 간디에게 받은 가장 큰 인상이 무엇이냐고 물었다. 친구의 아버지는 서슴없이 "건강"이라고 대답했다. 그렇게 건강이 샘솟는 사람을 본 적이 없다는 대답이었다. 그런데 의학적인 측면에서 볼 때 당시 간디의 혈압은 위험 수준까지 올라가 있었다.

간디는 "단순함과 욕심 줄이기"라는 방법, 그러니까 현대적 소비경제에 대한 쇼크 요법을 통해 산업사회의 생활양식에 저항한 것으로 널리 알려져 있지만, 동시에 그는 이러한 경제방식, 소비문화, 외적인 성취 추구, 정보 등을 지향하는 문화를 창출해 낸 모든 것에 대해 깊은 저항을 끊임없이 실천한 사람이기도 하다. 간디는 명상이라는 단어 자체(심지어 인도에서도 명상은 별로 알려지지 않아서 이 말을 하기만 하면 무수한 오해가 쏟아져 나왔다)를 거의 쓰지 않았지만 명상과 동반관계에 있는 기도나 만트라(신의 이름)의 암송 같은 기술을 열정적으로 실행하고 다른 사람들에게도 권했는데, 이러한 기법은 간디의 초기 가르침에서부터 일관성 있게 강조되고 있다. 그러나 간디가 명상에 대해 한 마디도 하지 않았다 할지라도 우리는 간디가 명상을 실천했다고 가정할 수밖에 없다. 왜냐하면 간디의 삶이나 업적을 보면 완벽한 마음의 평화가 깃든 사람이 아니면 도저히 할 수 없는 일들을 했기 때문이다. 그의 삶 자체가 하나의 메시지이고 그 메시지의 내용은 이렇다. "의욕적인 활동가였지만 내 활동에서 가장 중요한 터전은 나 자신의 마음이었다." 분명히 간디는 세대를 거듭하면서 인류가 차츰 잊어 온 내적 투쟁으로 복귀하는 사람들의 집단에 속한다. 간디는 스스로 분노를 탈바꿈시키는 과정이 자신에게 어떤 영향을 끼쳤는지 증언하고 있다. 이 증언이야말로 비폭력의 원천을 다룬 이번 장을 마감하는 데 좋은 글이라고 할 수 있다. 지금 인용하는 이 이야기는 아마도 간디의 삶에서 가장 중요한 비밀이 아닐까?

예를 들어 나는 분노할 능력이 없는 것이 아니라 거의 대부분의 경우 내 감정을 다스려 낸다. 결과가 어떻든 내 마음속에서는 항상 비폭력의 원칙을 지키려는 의식적인 싸움이 끊임없이 일어나고 있다. 이러한 싸움은 사람을 더욱 강하게 만든다. 비폭력의 원칙을 지키면 지킬수록 삶의 기쁨, 그러니까 우주의 구조 속에 자리 잡은 근본적인 기쁨이 느껴진다. 그리고 이를 통해 내 힘으로는 설명조차 할 수 없는 자연의 미스터리 속에 숨어 있는 의미와 평화를 알게 된다.[36]

4장
비폭력의 효과

잊지 말아야 한다. 폭력은 효과가 있다. 큰 폭력일수록 효과가 좋다. 대규모의 폭력 사태 없이 혁명이 시작된 일은 일찍이 없었다.
　―탐 메츠거, 백인 아리안 저항군

사람들은 그저 일주일 정도 비폭력을 시험해 보다가 이것이 '효과'가 없으면 수백 년간 효과가 없었던 폭력으로 돌아간다.
　―시어도어 로작

비폭력은 오늘날의 삶에서 찾아보기 힘든 깊은 목적의식을 가져다줄 수도 있다. 비폭력은 또한 "싸울 것이냐 도망칠 것이냐" 같은 전형적 반응으로부터 벗어나는 건전한 방법이 될 수도 있다. 그러나 비폭력이 효과가 없다면 차라리 지금 당장 도망치는 것이 더 나을지도 모른다. 하지만 시어도어 로작은 비폭력이 효과가 있는지 없는지(아니면 그 무엇이든 효과가 있는지 없는지)를 판단하는 것은 보기보다 단순하지 않다는 사실을 깨닫게 해 준다.

　이 장의 목적은 두 가지다. 먼저 가장 중요한 목적은 어떤 것이 "효과가 있다"라는 말의 진정한 의미가 무엇인지를 이해하는 것이다. 달리 말하면 행동과 그 결과를 단순한 시각이 아닌 현실적 시각으로 본다는 이야기다. 두 번째 역시 거의 첫 번째 목적만큼이나 중요한데, 이는 비폭력적 활동의 다양한 형태에 대한 우리의 시야를 넓히는 일이다. 이제까지 제시한 여러 사례를 통해서도 알 수 있지만 비폭력은 단순한 저항의 형태 이상의 어떤 것이라는 사실은 갈수록 분명해질 것이다. 이 두 가지를 제대로 이해하고 나면 우리는 간디가 한때 비폭력의 "공허한" 개념이라고 불렀던 것을 뛰어넘어 좀더 현실적으로 "인간이 지닌 힘 중 가장 위대한 힘"을 깨닫게 될 것이다.[1]

하지만 먼저 냉소주의자들에게 던지고 싶은 질문이 있다. '폭력'은 얼마나 효과가 있는가?

사회학자인 로버트 슈미트와 존 로렌스는 1970년대에 출간한 저서 『미국의 단일 신화(The American Monomyth)』에서 폭력에 대한 미국인의 사고를 분석했다.[2] 이들은 대중적인 오락과 광고를 분석하여 이들이 "폭력에 대한 단일 신화"라고 부른 것과 일치하는 대상을 찾아보았으며, 결국 당시의 대중문화가 떠받드는 영웅을 상징화한 대상 하나를 발견했다. 그 대상은 슈퍼맨이다. 이들의 연구결과에 따르면 슈퍼맨 이야기는 폭력이 효과가 있다는 생각, 즉 폭력이 어떻게 법률과 질서를 보존하며 무고한 시민을 보호하는지에 대해 균등하게 퍼져 있는 세 가지 믿음을 발견했다.

1. 폭력은 오용되는 일이 없다. 슈퍼맨은 선하고 부패시킬 수 없으며 모든 것

을 알고 있고 항상 정의의 편에 선다.

2. 폭력은 사랑을 다치게 하지 않는다. 슈퍼맨이 하늘에서 내려와 도망치는 악당들을 가득 채운 차 앞에 서면 악당들은 얼이 빠져서 굴러 떨어지거나 하기는 하지만 다치지는 않는다. 악당 중 한 명 정도가 이마에 가벼운 부상을 입을 수는 있지만 고통이나 부상은 없으며, 말할 것도 없이 "부수적 피해"도 없다. 차들이 보도 위에서 쫓고 쫓기는 상황에서조차 옆에 서 있는 사람이 우연히 다치는 일도 없다.

3. 슈퍼맨은 천하무적이다(가끔 크립토나이트 때문에 어지러움을 겪는 때를 빼고는). 따라서 악당들이 보복을 하려고 해도 그렇게 할 수 없다. 그리고 악당들은 보복을 하고 싶어 하지도 않는다. 그리고 슈퍼맨은 항상 악당들을 굴복시키며, 이들을 감옥으로 보내는 것이 해피엔딩이다. 감옥으로 간 악당들에게 어떤 일이 벌어지는지, 그러니까 예를 들어 교도소에서 더 폭력적인 기술을 배워 갖고 나와서는 사회에 대해 보복을 한다거나 하는 이야기는 결코 다루지 않는다.

대단하다. 믿을 수 없는 일이지만 당시 미국인의 폭력에 대한 사고를 형성한 이야기는 이런 것들이었고, 오늘날까지도 이런 이야기들은 다른 버전으로 계속되고 있다. 아직도 우리는 신무기 하나만 더 있으면, 단속 장비 하나만 더 있으면, 교도소 하나만 더 있으면 경찰이 범죄를 제압하고 질서를 회복하리라고 믿고 있다. 그러나 이러한 생각은 슈퍼맨 같은 만화만큼이나 비현실적이다.

현실 세계에서 폭력은 적어도 가끔은 코앞의 목표를 달성하기도 한다. 여기에 대해서는 의심의 여지가 없다. 최근 캘리포니아 주의 산타 로사에서는 어떤 사람이 동네 이 집 저 집을 돌아다니며 노인들을 공포에 떨게 만들다가 어떤 집에 들어갔다. 집주인은 총을 꺼내 간단히 악당을 제압했고, 악당은 지금 감옥에 들어가 있다. 또 다른 예를 하나 들어 보자. 1991년 2월, 이른바 "국제사회"가 이라크를 폭격하자 결국 독재자 사담 후세인은 쿠웨이트에 주둔하고 있던 이라크 군대를 철수시켰고, 석유 공급은 재개되었다. 폭력은 어떤 일을 "이룰 수" 있다. 사실이긴 하지만 이것이 전부인가?

언론은 사건의 한쪽 측면만을 되풀이해서 보도하기 때문에 폭력의 "이벤트 콘"이 넓어짐에 따라 파생되는 여러 결과(일부는 장기적으로 다른 결과보다 더 중요해지는)를 전혀 인식하지 못했다. 총을 가지러 달려가려 하는 집주인의 대부분은 폭력에 더욱 전문적인 침입자들에게 압도당하거나 죽기도 한다. 이것은 마치 말다툼 끝에 총이나 칼을 꺼내든 사람이 결국 "피해자에 의해 촉발된 살인"의 피해자가 되는 것과도 같다. 가정에서 도둑맞는 총기의 수와 총기를 친구에게 휘두르는 어린이들의 수에 대해서 우리는 거의 생각하지 않는다. 그리고 무엇보다도 폭력적인 행동이 "효과가 있을 때"(다시 한번 강조하지만 오직 일부만이 효과가 있다)마다 어디선가 문제가 일어나고 있다는 사실을 사람들은 깨닫지 못하고 있다.

잘 들여다보면 우리는 문제가 발생할 때마다 이를 눈치 챌 수 있다. '안전하게' 감옥에 갇혀 있는 범죄자는 다음에는 더 잘 무장하고 더 큰 범죄를 저지를 계획을 세우고 있지 않을까? 집주인이 총으로 침입자를 제압한 극적인 사건이 신문에 보도되면 다른 사람들도 너도나도 총을 사지 않을까? 결국 총기 사건 다섯 건 중 네 건은 가족을 해치는 결과로 나타나는데 말이다.[3] 총기를 집 안에 두는 것 때문에 발생하는 우발적 사건사고를 비롯한 여러 사건을 모두 합치면 총으로 침입자를 물리치는 경우의 40배에 달한다. 마지막으로, 폭력적인 해결책은 (가끔 만족스러운 결과가 나오기도 하지만) 사회 전체의 폭력 수준을 밀어 올리고 있지는 않은가? 사람들은 보통 이런 질문을 던지지도 않지만 이런 질문이야말로 우리가 어디를 향해 가는지를 잘 보여준다. '안전인가 죽음인가? 혼돈인가 질서 있는 공동체인가?'를 결정한다는 뜻이다.

걸프전쟁 당시 투하된 폭탄의 양은 2차 세계대전 때 투하된 전체 폭탄의 양보다도 많았다. 이 엄청난 방법은 "효과가 있었다." 사담 후세인은 쿠웨이트에 남아 있던 이라크 병력을 모두 철수시켰다. 그러나 이러한 결과를 얻기 위해 어떤 일이 벌어졌는가? 약 10만 명의 사람이 죽었다. 수만 톤의 연료가 소비되거나 아니면 걸프 연안으로 흘러 들어가 전례 없는 환경 재앙을 일으켰다. 전쟁으로 인해 이라크만 770억 달러를 썼던 것으로 추정된다.[4]

정작 더 끔찍한 일은 이것이다. 폭격 기간 중과 그 후까지 20만 명이상의 이라크 어린이들이 목숨을 잃었으며, 폭격 이후 8개월 동안 이라크의 영아 사망률은 300퍼센트가 늘었다. 전쟁 이후까지도 독재자의 숨통을 죄기 위해 경제 제재가 계속되자 어린이들은 계속 죽어 갔다. 경제 제재의 이유는 폭격으로 인해 후세인 대통령이 마음을 바꾸기는커녕 더욱 강경해졌기 때문이다. 폭력으로 독재자의 의지를 꺾기 위해 미국은 사상 유례없는 인간성의 위기를 초래했다. 어떤 이들은 2차 세계대전 이래 인류에 대해 가장 심각한 범죄라고 말하기도 했다. 이러한 결과를 간과할 수는 없다. 우리의 운명과 연결되어 있기 때문이다.

무슨 명분으로 미국은 몇 년씩이나 되는 기간 동안 이라크 사람들과 어린이들에게 이렇게 끔찍한 고통을 안겨 주었는가? 독재자란 원래 국민의 복지 따위는 아랑곳하지 않는 법이다. 그러면 그 국민을 괴롭혀서 얻는 것이 무엇인가? 많은 사람들이 지적한 바지만 경제 제재로 인해 이라크 사람들은 워낙 약해져서 독재자에게 저항하려고 해도 그럴 기력이 남아 있지 않았다. 미국이 후세인의 일을 대신해 준 셈이다.

폭력의 역학을 알기만 했다면 우리는 이러한 결과를 예견할 수도 있었다. 그리고 나서 강력한 제재가 폭격과 본질적으로는 같고 양만 다를 뿐이라는 사실도 깨달았을 것이다. 그리고 우리가 원해서가 아니라 같은 종류의 힘을 썼기 때문에 궁극적으로 후세인을 도와준 꼴이 되었다는 사실도 깨달았을 것이다. 후세인은 폭력에 의지했고 미국은 대안을 찾지 못했다.

부시 대통령은 '사막의 폭풍' 작전을 시작하면서 "쿠웨이트의 해방은 시작되었다"고 말했다. 아마 부시는 히틀러의 군대로부터 유럽을 '해방'시킨 것을 사람들이 떠올리기를 바랐을 것이다. (당시 부시 행정부의 자세는 이라크가 마치 과거의 나치처럼 세계를 정복하려는 야욕이 있고 그럴 능력도 있다는 식이었다.) 그러나 역사의 선례를 이용하려면 좀더 조심스러워야 했다. 1943년 1월 카사블랑카에 모인 연합국 지도자들이 지시한 대규모 공습은 독일 동부를 파괴하고 독일 국민의 사기를 저하시키기 위한 거대한 실험계획의 일부였다. 이렇게 사기가 저하되면 무장저항을 할 능력도 손상될 것이라고 판단했기 때문이다. 살아남은 독일 사람들이 항복을 했기 때문에 폭격은 원하던 효과를 냈다고 확신할 수 있다. 그러나 위대한 평화주의자인 베라 브리튼의 다음과 같은 지적을 돌이켜 볼 필요가 있다.

> 이제까지의 "실험" 결과를 비추어 볼 때, 대규모 폭격은 봉기를 일으키지도 않으며 사기를 꺾지도 않는다. 폭격을 당한 사람들은 그저 놀라고 지치고 무감각해지며, 그저 먹을거리와 잘 곳을 찾는 코앞의 과제에 매달린다. 그러나 충격에서 회복되어 가면서 이들 중 다수는 복수를 간절히 원하게 될 것임은 의심의 여지가 없다. 물론 한동안은 복수심이 공포에 짓눌려 있겠지만 말이다.[5]

2차 세계대전을 비롯한 여러 전쟁이 끝난 뒤 이루어진 연구들을 검토해 보면 베라 브리튼의 예측이 상당히 정확했음을 알 수 있다.[6] 특별히 흥미로운 사례는 1930년에 영국군이 인도의 북서쪽 변경지방의 민간인을 대상으로 폭격했을 때이다. 여기에 대해서는 나중에 자세히 다루기로 한다. "파탄 지역에 500톤의 폭탄이 떨어졌지만 그들의 사기에는 전혀 영향을 미치지 못했다. 레드 셔츠를 입은 사람들의 수는 수백 명에서 8만여 명으로 늘었다."[7]

그러므로 이라크에 대한 대규모 폭격의 바람직하지 못한 결과는 우연한 것도 아니고 예측할 수 없었던 것도 아니다. 그 결과는 매우 보편적이고 예측 가능한 법칙의 결과일 뿐이다. 원칙적으로 폭격은 좋은 결과만 가져오지 않는다. 원칙적으로 폭력 자체는 그저 좋기만 한 결과를 낳지 않는다. 물론 가해자 측에서는 좋다고 생각하는 몇 가지 결과가 나올 수 있기는 하다. 폭력은 본질적으로 파괴적인 힘이며 이것은 부정할 수 없다. 2000년 5월에 뉴스위크는 기밀로 분류되던 북대서양조약기구(NATO) 보고서를 보도한 적이 있다. 보고서는 다음과 같은 사실을 분명히 하고 있다. 1999년에 나토군은 세르비아군을 무력화시키지는 않고(과거에 120대가 파괴되었다고 주장하던 세르비아군 탱크는 고작 14대가 부서졌을 뿐이다) 발전소, 교량 등 사회 기반 시설에 폭격을 가하여 민간인들을 공포의 도가니로 몰아넣었다.

페핀스키 교수가 말한 것처럼 인간은 "폭력과 그에 대한 반응이라는 소용돌이"에 휘말려 있으며, 인간은 항상 그리고 매순간 "폭력과 민주주의 사이의 선택이라는 심오한 행동"을 통해 주변에 영향을 미친다. 걸프 지역에 대해 폭력을 선택한 결과 일어난 소용돌이는 여러 가지가 있었다. 이라크 국민의 절망, 특히 이라크 청년층의 미국에 대한 "깊은 증오," 북쪽의 쿠르드 인과 남쪽의 시아파 회교도들을 대상으로 저질러진 간헐적 폭력 등이 그것이다. 그리고 우리는 항상 전 세계를 염두에 두어야 한다. 걸프 전쟁이 끝나고 얼마 후 세르비아 인들과 크로아티아 인들은 주변 지역의 이슬람교도들에게 무자비한 폭력을 행사했다. 우연이었을까? UN의 기치 아래 미국과 유럽 여러 나라들이 이라크 사람들에게 자행한 잔혹 행위에서 영향을 받았을까? 무자비한 폭격, 쿠웨이트로부터 탈출하는 이라크 병사들에 대한 대량학살, 참호 속의 적을 잔인하게 생매장한 것(어린이들의 끝없는 희생은 말할 것도 없고) 등은 이슬람교도들을 인간으로 취급하지 않은 사례들이다. 걸프 전쟁 몇 년 후 이슬람 원리주의자들이 세계무역센터를 폭파한 것이 우연이었을까?

걸프 전쟁으로 인해 잠깐만 생각해 보면 알 수 있는, 극단적으로 나쁜 결과가 발생했다. 매번 폭력을 써서 문제를 해결할 때마다 이것을 지켜보는 사람들은 폭력이 문제 해결의 수단이라는 생각을 갖게 된다. 이라크 전쟁의 경우 CNN을 시청하는 미국 일반 대중이 전쟁에 대한 무감각 상태에 빠졌음을 부인하기 어렵다. 이들에게는 전쟁이 그저 비디오 게임으로 변해 버렸던 것이다. 앞에서 보았듯이 폭력의 세계에서는 폭력을 '하찮은 것'으로 만드는 것처럼 위험한 일은 없다. 즉 폭력에 대해 사람들이 둔감해지는 것이 가장 무섭다는 뜻이다. 그렇기 때문에 항상 사람들의 양심을 일깨워 고통을 가하는 자들이 마치 자신들이 그 고통을 직접 겪는 것처럼 느끼도록 만들어 주는 것이 비폭력이 해야 할 과제이다. 그런데 이 과제는 점점 수행하기 어려워지고 있다. 걸프 전쟁 이후 미군은 병사들을 훈련시키는 데 비디오 게임을 점점 더 많이 쓰고 있다. 그들의 주장에 따르면(그들은 당연히 이렇게 확신하고 있겠지만), 비디오 게임으로 훈련을 시키는 이유가 게임이 실전만큼이나 현실적이기 때문이라고 한다. 그러나 내가 보기에는 의식적이든 무의식적이든 군부는 '실전이 비디오 게임만큼만 현실적으로 보이게 만들려고' 하고 있다. 비디오 게임만큼 현실적이라는 얘기는 완전히 비현실적이라는 얘기다. 군부는 병사들에게 그저 무기를 사용하는 방법만 가르치는 것이 아니다. 오히려 이것은 쉬운 부분이다. 항상 훈련 과정에서 어려운 점은 병사들이 살아 있는 목표를 향해 무기를 사용하는 순간에 자신이 무슨 일을 하고 있는지 느끼지 못하게 만들어 주는 것이다. 앙리 누웬은 이렇게 썼다.

> 비행기를 타고 가다가 베트남전에 참전한 군인을 만난 적이 있다. 그는 텔레비전에서 사람을 죽이는 장면을 너무 많이 봐서 정작 자신이 죽인 사람이 다음 영화에 출연하기 위해 벌떡 일어나지 못한다는 사실을 믿을 수 없었다고 한다.[8]

전쟁의 비현실성이 워낙 선명하기 때문에 시몬 베유가 말한 것처럼 이렇게 결론을 내리는 것이 옳을 것이다. "전쟁은 비현실성 그 자체이다."

여기서는 언론의 기능에 대해 길게 이야기하지 않으려 한다. 어차피 데이브 그로스먼 중령의 책이 이와 관련된 상황을 생생한 모습으로 대중에게 보여 주었기 때문이다.[9] 여기서 강조하고자 하는 바는 우리의 마음이 전쟁을 향해서 가면 결국 생명을 죽이는 준비를 하는 것이며, 이것은 우리 모두에게 피해를 입힌다는 것이다. 이것이야말로 전쟁이라고 하는 시스템에서 가장 심각한 숨겨진 비용이며, 사실 어느 정도 모든 폭력에 다 적용되는 이야기이기도 하다. 앞서 나는 물리학의 개념인 "이벤트 콘"을 이용해서 편리하게 설명한 적이 있다. 물리학자들은 이 개념을 이용하여 다음과 같은 사실을 설명한다. 아주 작은 사건, 그러니까 붕괴하는 입자에서 나온 감마선은 시간상으로나 공간상으로 멀리 떨어져 있어서 관계가 없는 것으로 보이는 사건에 변화를 가져와 결국 미래에 영향을 미친다. 폭력의 이벤트 콘을 보면 물리학의 이벤트 콘보다는 경계가 뚜렷하지 않음을 알 수 있다. 그러나 폭력은 여전히 "나비효과"를 통해 여러 가지 무질서를 연속적으로 만들어 낸다. 이렇게 보면 폭력이란 건설적이 아니고 파괴적인 힘이라는 통념은 더욱 설득력 있게 들리기 시작한다.

고전이 된 책 『인간, 국가, 전쟁(Man, the State and War)』에서 케네스 월츠는 전쟁과 폭력이 아무리 한심하다고 하더라도 가끔 "질서"를 보전하기도 함을 보여 주려 했다. 독자 여러분도 가능하다고 생각할 것이다. 그런데 아이러니하게도 월츠는 필리핀의 마지막 모로 반란에 대한 무자비한 진압을 예로 들었다(이 사건이 내 시선을 끈 이유는 내 할아버지가 1901년에 유명한 필리핀 반군 지도자 에밀리오 아기날도를 생포한 부대에서 근무했기 때문이다). 월츠 교수는 이렇게 말한다. 전쟁 자체는 추악했지만 이 전쟁으로 인해 필리핀에서 "안정된 정권"이 들어설 길이 열렸다는 것이다. 그런데 이 정권의 지도자가 누구인가? 페르디난드 마르코스였다![10] "안정된" 마르코스 정권은 1986년 2월 볼썽사납게 무너졌고, 마르코스의 뒤를 이은 통치자들은 그로부터 10년간 모로

족 문제와 씨름해야 했다. 이 장 맨 앞에서 인용한 로작 교수의 용어를 빌리자면 전쟁은 "효과가 있었지만 동시에 효과가 없었다." 장기적으로 보아 효과가 없었다는 뜻이다. 간디는 자주 이렇게 말했다. "폭력적인 혁명은 폭력적인 정권을 낳는다." 물론 가끔 그렇지 않을 수도 있다. 간디는 하나의 원칙을 말한 것뿐이다. 그렇게 불행한 사건이 가져올 결과를 똑똑히 볼 수 있을 때까지는 시간이 걸리지만 간디가 말한 것 같은 관계는 분명히 존재한다. 그리고 문제는 전쟁에만 있는 것이 아니다. 다시 한번 말하지만 문제는 폭력의 본질 속에 있다. 예를 들어 대부분의 미국인들은 사형제도가 살인을 줄인다고 믿는다. 그러나 사형제도의 실질적인 영향에 대한 몇몇 믿을 만한 연구결과 중 하나를 보면 사형제도의 도입으로 인해 살인이 약 2퍼센트 정도 "증가"한 것으로 나와 있다. 국가는 살인자의 목숨을 빼앗아 앞으로 살인자가 될지도 모르는 사람들에게 "메시지"를 보낸다. 그러나 현실적으로 정부는 하나가 아니라 서로 상충하는 두 개의 메시지를 보내고 있다. 의식적 차원에서 이 메시지는 주로 응징, 그러니까 경고에 관한 것이지만 좀더 깊은 차원에서 보면 불행히도 사형은 인간의 생명은 빼앗을 수 있다는 것, 그리고 폭력적인 사람을 사회가 복구시키는 것은 불가능하다는 메시지를 보내고 있다. 이 연구의 제목은 "억제 또는 잔혹 행위"이다.[11] 그리고 이 경우에도 무의식 차원의 메시지가 좀더 효과가 있음이 분명하다.

단순히 '좀더' 정도가 아닌지도 모른다. 헬렌 프리진 수녀가 지적한 것처럼 "텍사스 주는 미국 전역에서 사형 집행건수가 가장 많은 주지만, 텍사스의 살인율은 여전히 미국 최고 수준에 머물고 있다."[12]

사형제도가 없는 뉴욕 주는 1992년 사형제도를 폐지하고 넉 달 만에 범죄율이 급격히 감소했다. 이는 주로 다른 분야, 특히 범죄예방 같은 분야의 활동이 늘어났기 때문이다. 뉴욕 주 정부는 사형 집행 한 건당 들어가는 230만 달러 정도의 비용을 이용해 이런 다른 분야들을 활성화시킬 수 있었다.

가까이 들여다볼수록 안전을 확보하기 위해 폭력에 의존하는 것의 문제점이 드러난다. 폭력은 미끄러운 길과 마찬가지이며, 원하는 결과만큼이나 부작용도 많다. 폭력이 효과가 있다는 것은 사실에 기반을 둔 것이 아니며, 우리가 이러한 사실을 자세히 들여다보지 않는 이유는 간단하다. 사실을 파헤쳐 보니 폭력이 우리를 보호해 주는 것은 아닌데, 그렇다고 무엇이 우리를 보호해 주는지도 모른다는 사실이 짐스러워지기 때문이다. 그래서 이러한 사실은 잊혀진다. 앞서 이야기한 10대, 그러니까 강도에게 배낭을 털린 10대의 이야기를 인용해 보자. "다시는 이런 일을 당하지 않겠다. 다음에 강도를 만나면 쏴 버리겠다." 그러다가 조금 정신을 차린 뒤 소년은 이렇게 말했다. "그날 무기를 갖고 있지 않은 것이 다행이었다. 그 녀석을 죽여 버렸을지도 모르니까."[13] 정말 그랬을까? 장전된 총이 머리를 겨누고 있는데도? 강도를 쏘려고 했다면 캘리포니아 주 소노마 카운티의 어떤 여성 같은 꼴이 되었을지도 모른다. 그녀는 자신을 보호하기 위해 총을 가지고 다녔지만 총을 꺼내려다가 강도가 먼저 총을 쏘는 바람에 죽었다. 그렇다면 이 소년도 "희생자가 유발한 살인"의 희생자가 되지 않았을까?

그리고 심지어 "효과가 있다"

나하고 똑같은 일을 하는 사람들은 비폭력은 효과가 없다고 자신 있게 말하는 모습을 보면서 좌절하다가, 절망하다가, 재미있다고 생각하는 단계를 거쳐 간다. 예를 들어 이런 식이다. 비폭력 자원봉사자가 옛 유고슬라비아에 가서 서로 적대하는 세력 사이의 싸움을 멈추게 하기 위해 두 세력 사이에 가서 선다면 이들은 모두 순교자가 될 것이라고 어떤 사람이 말했다. 또 한 사람은 "다들 기관총탄에 벌집이 될 것"이라고 앞사람과 마찬가지로 확신에 차서 말했다. 그러나 1993년 봄 워싱턴에 있는 미국 평화연구소에서 열린 회의에서 이들이 이런 이야기를 할 때까지 비폭력적 끼어들기의 전 과정에서 발생한 희생자는 사망자 한 명에 부상자 세 명뿐이었다. 일찍이 20세기 초에 시작된 이 활동에 이미 수만 명의 자원봉사자가 관여했는데도 말이다. 아이티에서는 70명의 자원봉사자가 10여 개월 동안 민병대에게 위협받는 사람들과 동행해 주었지만 단 한 사람의 희생자도 발생하지 않았다. 이 글을 쓰는 순간까지 지난 15년간 캐런 리드나 수 세브린 같은 사람들이 중앙아메리카에서 위험도가 매우 높고 가끔 정권에 맞서기도 하는 봉사활동을 15년이나 펼쳐 왔지만 아무도 죽은 사람은 없었고 납치된 사람도 없었다.[14] (그러나 같은 기간 동안 중무장한 군인과 게릴라들은 얼마나 많이 죽었을까?) 자유를 향한 인도 사람들의 투쟁에 대해 몇 년 전 어떤 지방 대학에서 강연할 기회가 있었는데, 그때 어떤 학생이 이렇게 물었다. "수만 명이나 되는 사망자는 어쩌고요?" 무슨 뜻이냐고 했더니 그는 어디선가 본 잔혹한 대학살 장면을 이야기하기 시작했다. 알고 보니 그가 본 것은 상상 속의 일이었다. 간디가 인도에서 이끈 32년간에 걸친 치열한 비폭력 저항운동인 사티아그라하가 진행되는 동안 사티아그라하 참가자가 살해되는 일은 거의 없었다. 예외라면, 1919년 푼잡 주의 잘리안왈라 바그의 대학살과 1930년대의 페샤와르 학살사건(아마 이 학생은 페샤와르 사건에 대해서는 모르고 있었을 것이다) 등 두 가지뿐이다. 인도 남부 전역에 걸친 10년 동안의 불복종 운동에서 죽은 사람의 수는 워츠에서 3일간 계속된 폭동 중에 희생된 사람들 수보다 적다. 그리고 불복종 운동 당시 죽은 사람들 중에도 평화운동 중에 죽은 사람은 한 명도 없다.[15] 이제 사실을 제대로 알아야 할 때이다.

자제력의 최고 상태에서 이루어지는 '사랑의 행동'은 효과가 있으며, 이 효과는 사랑의 행동을 하는 사람의 마음속에서 발생하는 심리적 효과보다도 크다. 일반적으로 사랑의 행동이 발휘하는 효과는 세 가지 차원에서 찾아볼 수 있다.

1. 사랑의 행동은 사람들의 행동을 우리가 원하는 방향으로 바꿔 놓을 수 있으며, 이런 일은 자주 일어난다.
2. 통념과는 달리 사랑의 행동을 하다가 살해당하는 경우는 폭력을 사용하다가 살해되는 경우보다 훨씬 적었다. "희생자가 유발한 살인" 같은 것도 없다. 달리 말해 비폭력은 위험할 수도 있지만 그래도 폭력보다는 훨씬 덜 위험하다.

3. 사랑의 행동은 훨씬 더 깊은 수준에서 작용하며, 이 수준은 바로 폭력이 효과를 발휘하지 못하는 수준이기도 하다. 매번 누군가가 진정한 비폭력을 실천하려 하면 상황은 개선되고 전체 시스템이 좀더 평화적이고 안정적인 상태로 옮겨간다. 이는 사랑의 행동을 하는 주체가 눈앞의 목표를 달성했는지 안 했는지 하고는 상관이 없다.

이번 장에서는 정치와 역사의 "현실 세계" 안에서 비폭력이 보여주는 모습을 그려내고 동시에 방금 이야기한 세 가지 주장에 대해서도 살펴보기로 한다. 그러면 사례들을 살펴보자.

실제 사례들

마음에 좀 걸리기는 하지만 매우 극적인 사건 하나로 이야기를 시작할까 한다. 마음에 걸리는 이유는 극적인 사건을 이야기하면 듣는 사람이 거기에 정신이 쏠려 몇 년에 걸친 그 사건의 준비 기간을 놓치기 쉽기 때문이다. 바로 이 준비 기간이야말로 비폭력의 순간이 현실로 나타나는 기반인데도 말이다. 젊었을 때 발레로 이름을 날렸던 내 친구 하나가 한 번은 마고트 폰테인의 이야기를 해 주었다. 폰테인이 이렇게 말했다고 한다. "제가 '힘 안 들이고' 우아한 동작을 만들어 내며, 아름다운 몸짓이 '저절로' 나온다고 생각하시죠. 그러나 그런 움직임을 만들어 내기 위해 몇 시간이고 계속되는 고문 같은 연습에 대해 생각하는 사람은 별로 없더군요." 몇 년에 걸친 고된 훈련을 가볍게 보아서는 안 되겠지만 일단 1930년 5월 21일 인도에서 일어난 투쟁을 살펴보자.

당시 2천여 명의 비무장 지원자들이 구자라트 주에 있는 다라사나 소금공장을 향해 행진해 갔으며, 경비원들은 계속 걸어오는 사람들의 무리를 하루 종일 잔인하게 때려눕혔다. 리처드 아텐보로 감독이 영화 〈간디(Gandhi)〉에서 생생히 묘사한 것처럼 이 사건은 소금 사티아그라하의 절정을 이루는 사건이었으며, 독립투쟁 자체였다고 보아도 무방하다. 25명씩 그룹을 이루는 비무장 지원자들이 몽둥이 세례 속에서 팔을 들어 머리를 가리려고 하지도 않은 채 줄지어 끝없이 걸어오는 모습을 본 미국의 웹 밀러 기자는 이렇게 타전했다. "22개국에서 18년이나 취재를 했지만 보기에 이토록 고통스러운 장면은 처음이었다." 이들은 한낮의 가장 더울 때 잠깐 쉰 것을 빼고는 하루 종일 몽둥이찜질 속으로 스스로 걸어 들어갔으며 상처에 대한 치료라고는 그저 엉성한 응급구조팀이 붕대를 감아 주거나 부러진 뼈에 부목을 대 주는 정도였다.

소금공장에 대한 '비폭력 습격'뿐만 아니라 소금 사티아그라하 운동 전체는 기술적으로 볼 때 완전한 실패였다. 정부가 기존의 소금 관련 법령에 대해 약간 양보한 것을 빼고는 달라진 것이 없어 보였다. 그러나 우리는 이제 안다. 이 비폭력 유혈사태로 인해 인도의 독립은 불가피한 사실이 되었다는 사실을. 왜냐하면 이 사건은 사티아그라하 참여자들의 본질을 보여 주고 또 동시에 인도를 짓누르고 있던 영국 정부의 압제적 통치 체계의 본질이 어떠한 것인지도 보여 주었기 때문이다. 그로부터 16년 뒤 당시 행진에 참가했다가 죽은 두 사람과 입원한 사람 320명의 고통은 결실을 맺어 자유가 찾아왔다.[16]

궁극적으로 가장 큰 효과를 거둔 운동이 당장에는 전혀 효과가 없었다는 아이러니를 간디는 눈치 챘지만 그렇다고 당황하지 않았다. 상황은 『바가바드 기타』에서 직접 가져온 간디의 성공 공식에 딱 들어맞았다. 정의로운 명분을 위해 정당한 방법을 사용하고 결과는 신의 손에 맡기는 것이다. 인도의 다른 격언에서는 이렇게 말한다. "어떤 일에 좋은 에너지를 불어넣으면 어디선가 좋은 결과가 나온다."

비폭력 운동에 종사하는 사람은 방금 예로 든 것보다 크기는 작지만 비슷한 현상을 겪는다. 1998년 3월 코소보에서 전면전이 발발하기 전, 내가 나와 함께 일하는 그룹에서는 6명의 옵서버(observer)를 이 지역으로 보내 알바니아계 학생들의 용기를 북돋워 주고 이들에게 비폭력 훈련을 시키기로 했다. 이 학생들은 이미 세르비아 정권의 학대에 시달리고 있었다. 마침 나는 옵서버들이 프리슈티나에 도착한 다음 날 덴버에서 돌아오는 길이었고, 공항에서 우연히 나처럼 샌프란시스코로 가는 비행기를 기다리던 우리 그룹 이사회의 의장과 마주쳤다. 스티브 의장은 근심 가득한 얼굴로 나를 맞았다. "뉴스 들었어요, 데이비드(옵서버 단장)가 체포되었어요. 다들 감옥에 있다는군요." 스티브와 나는 노트북 컴퓨터를 켜 놓고 세세한 상황까지 파악했다. 우리의 시도는 실패로 돌아간 것이다. 하찮은 절차상의 문제 때문에 옵서버들은 모두 체포되어 세르비아 감옥에서 10일간 복역한 뒤 추방한다는 판결을 받았다. 당시 스티브와 나는 미국 측 참사관이 심리 과정에 참여한 것을 알지 못했고, 상황은 우리 의도와 관계없이 전개되었다. 몇 시간도 되지 않아서 머리를 모두 박박 깎인 미국인 6명의 사진이 뉴스에 뜨기 시작했다. 샌프란시스코에 도착했을 때쯤에는 언론이 깊은 관심을 갖기 시작한 다음이었다. 옵서버들은 다음 날 아침에 풀려났고, 얼마 후 워싱턴에 돌아와 기자회견을 열고 상원의원들을 만나기도 했다. 그 다음 날이 되니 카메라 기자들이 조그만 우리 사무실을 찾아오기 시작했고, 코소보는 세계적 뉴스가 되었다. 상황은 예상을 크게 벗어나지 않고 전개되었다. "국제사회"(나는 항상 이 단어를 따옴표 안에 넣는데 그 이유는 별로 사회랄 것도 없기 때문이다)는 슬로보단 밀로셰비치 대통령을 전혀 응징하지 못했고, 코소보 사람들을 운명의 손에 맡겨 놓았다가 결국 폭격에 의지하기 시작했다(이로 인해 사태는 더욱 나빠졌다). 그러나 현실적이고 겸손하게 생각해 보자. 우리 그룹은 코소보 사람들에게는 알려지지 않은, 1만 6천 킬로미터나 떨어진 곳에 있는 집단이었지만 세계인의 이목을 이 끔찍한 곳으로 집중시키는 데 성공했기 때문이다.

가끔 이런 생각이 든다. 우리가 비폭력을 쉽게 이해하지 못하는 이유는 비폭력이 본질적으로 "꽉 찬" 것이고, 따라서 거대하므로 우리 자신이 마치 걸리버의 몸을 기어오르는 개미 같은 느낌이 들기 때문이다. 그 누구도, 심지어 간디조차도, 비폭력의 본질을 전체적으로 단숨에 파악하지는 못했다. 마치 힌두교에서 널리 행해지는 숭배의식인 아라티(arati)에서처럼 여러 각도에서 들여다보아야 한다. 아라티를 할 때 사람들은 불을 붙인 장뇌나 기름 램프를 오른손에 들고 숭배의 대상이 되는 신상의 머리와 목둘레에 원을 그리며 천천히 돌린다. 이 행동은 신에게 빛으로 된 화환을 걸어 주는 것과도 같다. 이 일을 사원 내의 성전에서 하든, 아니면 전기가 들어가지 않는 집의 기도실에서 하든, 램프를 돌리는 데 따라 옮겨가는 신상의 그림자는 매우 독특한 영상의 움직임을 만들어 낸다. 신이 살아 움직이는 것이다.

평화에 대해 같은 일을 하려면 우리도 경외심을 가지고 평화의 주위를 돌며 평화의 움직임을 모든 각도에서 보아야 한다. 이런 이유 때문에 나는 감히 나의 조그만 경험 몇 가지를 다라사나 소금공장에서 있었던 "진실과 함께한 실험"과 함께 다룬 것이다. 소금공장이든 내가 든 예든 (물론 규모는 엄청나게 다르지만) 비폭력 활동을 할 때는 깊은 곳에 있는 어떤 힘이 나오며, 결국 이 힘이 참여자들의 노력을 좋은 (그러나 항상 예측 가능하지는 않은) 결론으로 이끌어간다. 지금부터 몇 가지 비폭력 사례(큰 것 세 가지와 작은 것 몇 가지)를 들어 보려 한다. 이들은 서로 판이하게 다르고, 가능성의 원이 있다면 그 원주 상에 상당히 일정한 간격으로 배열되어 있다. 약간의 상상력만 발휘하면 평화가 이 원의 중심에 살아 있음을 볼 수 있을 것이다.

히틀러의 실수 : 로젠슈트라세 감옥에서의 시위

"비폭력도 나치에게는 효과가 없었을 것이다." 흔히들 이런 반론을 제기하곤 한다. 이 반론은 심각하게 다루어야 하는데, 왜냐하면 이런 말을 하는 사람들은 비폭력이 나치에게는 먹혀들지 않았을 것이므로

(너무 약해서 나치 같은 막강한 힘에 대항하지 못할 테니까) 이에 대비해서 폭력적인 수단도 확보해 두어야 한다는 것이기 때문이다. 그러나 이렇게 하면 비폭력은 효력을 발휘하지 못한다. 폭력과 결합된 비폭력, 폭력을 예비로 확보해 둔 비폭력은 전혀 비폭력이 아니다. 그러므로 위에서 말한 반론이 (그것이 옳다면) 심각한 문제가 되는 것이다.

이러한 반론에는 몇 가지 문제가 있다. 첫째, 해 보지도 않고 효과가 있는지 없는지 어떻게 아는가? 극소수의 예를 제외하면(그중 한 가지를 지금부터 들여다보겠지만) 사람들이 나치즘에 대항해서 쓴 무기라고는 우선 수동성이 있는데, 왜 그런 자세를 취했는지 모르지만 실패로 돌아갔다. 또 하나는 폭력인데, 곧 이야기하겠지만 이는 불완전한 성공을 일궈 냈을 뿐이다. 비폭력이 나치에게는 효과가 없었을 것이라는 생각은 순전히 추측에 따른 것이다. 게다가 더 나쁜 것은 이 반론이 틀렸다는 사실이다.

1943년 2월 말경의 어느 흐린 주말, 베를린 경찰과 게슈타포는 아직까지 자유로운 몸이었던 상당수의 유대인(대부분 남자)들을 체포했다. 이들이 그때까지 끌려가지 않았던 이유는 유대인이 아닌 여인과 결혼한 이른바 "아리안 족의 남편"이었기 때문이다.

쉽게 상상할 수 있는 일이지만 이 기습적인 체포 과정에서 사람들은 별로 저항하지 않았다. 체포된 사람들은 별 소란을 일으키지 않고 게슈타포 본부가 있는 건물에서 몇 블록 떨어진 로젠슈트라세 거리에 최근 수용소로 개조된 곳으로 실려 갔다. 그로부터 바로 2주 전에 뮌헨에서는 학생들이 주도한 "백장미(White Rose)" 계획이 누군가의 밀고에 의해 알려졌고, 여기 참여한 젊은이들은 거의 모두 사형에 처해졌다. 그러나 베를린에는 "유대인 라디오"라고 불리던 유대인들의 비공식적 전화 네트워크가 아직도 남아 있었다. 이 연락망을 통해 몇 시간도 되지 않아 체포된 사람들의 아내들, 그리고 몇몇 사람들의 경우에는 어머니들이 체포 사실을 알게 되었다. 그러자 나치 지배기간 중 어느 곳에서도 일어날 수 없었던 일이 일어났다. 그 다음 날 아침 베를린 전역에서 "마치 어떤 부름에 응답하듯, 미리 약속이라도 한 듯" 아내들과 어머니들은 로젠슈트라세의 수용소로 모여들어 가족을 내놓으라고 요구하기 시작했다.[17] 하루 종일 그들은 해산하라는 명령을 거부했다. 이들의 숫자가 6천 명이 넘어가자 수용소 안에 있던 사람들도 용기를 내서 창살로 막힌 창문을 두들기며 석방을 요구했다. 당국으로서는 매우 당혹스러운 상황이었다. 앞에서 말한 것처럼 게슈타포 본부는 몇 블록 떨어진 곳에 있었다. 세상에 오직 협박만 존재했다면 기관총 한두 자루쯤으로 말썽꾼들을 싹 쓸어버릴 수 있었을 것이다.

여성들의 시위가 효과가 있었기 때문에 이 사건은 오랫동안 "나치한테는 먹혀들지 않을 것"이라는 주장에 대한 반박 근거로 쓰였다. 시위로 인해 나치 당국은 해결할 수 없는 딜레마에 빠졌고, 그로부터 며칠 뒤 시위하는 여인들이 아닌 게슈타포가 굴복했다. 일요일이 되자 남자들이 풀려났다. 일부는 강제수용소로 옮겨진 다음이었다. 나치는 이들에게 강제수용소에서 본 것을 아무에게도 말하지 말라고 다짐한 뒤 서둘러 기차에 태워 베를린으로 보냈다. 워낙 서둘렀기 때문에 몇 사람은 자기 옷도 채 가져오지 못했다.

최근까지 나는 이 사건을 알고 있는 다른 모든 사람들, 그리고 심지어 대부분의 독일 사람들처럼 "아리안 족과 관계가 있는" 남자들이 나중에 두세 명씩 다시 체포되었을 것이고, 아무도 이들을 구해 주지 못했을 것이라고 생각했다. 따라서 여성들의 시위는 극적인 효과는 거두었지만 지속적인 성공은 거두지 못했으리라고 생각했다. 달리 말해 그것은 효과는 있었지만 지속적 효과는 없었다는 얘기다. 그리고 나치 체제 전체에 걸쳐서도 지속적인 효과를 거두지 못했다고 우리는 생각해 왔다.

1996년에 "마음의 저항"이라는 안성맞춤의 제목이 붙은 세부 연구 결과가 발표되었다. 여기 보면 베를린뿐만 아니라 파리, 기타 여러 유럽 도시에서 현지 게슈타포 본부가 베를린 총본부의 지시를 초조하게 기다리면서 이들 "아리안 관계자"들을 어떻게 다루었는지가 나와 있다. 이 책은 나치 논리의 광기에 대해 놀랍도록 상세히 파헤치고 있으며, 폭력의 모순도 낱낱이 지적하고 있다. 예를 들어 히틀러 자신도 어떤 결정을 내리는 것을 거부했다는 것이다. 그토록 자랑스럽게 여기던 "열광적인 신념"으로 무장하고 "독일 국민을 구원"했다고 떠들어 대던 히틀러도 완전히 마비가 되었다는 얘기다. 비폭력이 히틀러의 손발을 묶었다. 그러나 가장 놀라운 일은 로젠슈트라세 수용소에서 죽음의 문턱까지 끌려갔다가 아내나 어머니에 의해 구출된 사람들은 대부분 전쟁이 끝날 때까지 살아남았다는 것이다. 파리를 비롯하여 나치 지배하에 있던 많은 도시에서도 같은 일이 일어났다. 달리 말해 수만 명의 사람들이 아무 훈련도 받지 않은 여성들의 즉흥적 시위로 목숨을 건졌다는 얘기다. 이 여성들은 10년 이상 현대 사회에서 그 유례를 찾아볼 수 없는 권위주의적 독재정권에서 살던 사람들이었다. 나치에 대해 비폭력 저항을 시도한 사람은 거의 없었지만 일단 시도한 사람들은 하고 나니 대성공을 거두었다.[18]

이러한 시위 성공사례로부터 약간은 당혹스러운 의문이 생긴다. 이들은 왜 멈추었을까? 그렇게 성공을 거두었는데 나치의 철권에는 흠집도 나지 않았을까? 연구보고서가 지적한 바와 마찬가지로 아마 다음과 같은 이유에서 이 성공사례가 완전히 무시되었을 것이다. 즉, 시위 한 건이 성공하면 다른 곳에서 연속 시위가 일어났을 것이다. 그리고 이 시위가 나치 독재의 초기부터 시작되었다고 상상해 보라.

나치 당국이 이 사건이 널리 알려지는 것을 두려워해서 묻어 버렸다고 결론을 내리기보다는 좀더 현실적인 시각, 그러니까 윤리적 비열함보다는 문화적 무지로 인해 이 사건이 잊혀졌다고 보는 편이 옳을 것이다. 사람은 자신의 패러다임에서 벗어나는 일을 보지 못한다. 심지어 그 일이 자기 눈앞에서 펼쳐져도 말이다.

로젠슈트라세의 임시 수용소 앞에서 벌어진 시위는 그 자체만으로는 나치라는 거대한 괴물을 멈추지 못했다. 그런 기대를 할 수도 없다. 시위에 참여한 사람들 중 자기들이 발휘하고 있는 힘이 어떤 것인지를 알고 있는 사람들은 거의 없었을 것이고, 어떻게 이러한 힘을 활용하는지에 대해서는 더 몰랐을 것이다. 그러나 로젠슈트라세의 시위자들은 비폭력에서 한 가지 불변의 원칙을 확인해 주었다. 용기 있는 자기희생을 통해 시위자들은 임시 수용소에 갇혀 있던 남편들과 아들들의 인간성을 잠시나마 회복시켜 주었다. 그 많은 여성들을 대낮에 학살하는 것도 사실상 불가능했겠지만 시위자들은 독재자들의 감겨 있던 인간성의 눈을 잠시나마 뜨게 해 주었다.

그러나 이들은 말할 것도 없이 이러한 저항에 훈련된 사람들이 아니었다. 1940년대의 베를린에서 비폭력 훈련이 가능했을까? 당시 인도에서 어떤 일이 벌어지고 있는지를 아는 사람은 거의 없었을 것이고, 인도인들이 채택한 방식을 나치 치하에서 적용해 보겠다는 꿈을 꾸는 사람들은 더더욱 없었을 것이다. 그저 총통이 잠시 자리를 함께할 영광을 베풀어 준 인도의 독립운동가 수바스 찬드라 보세 정도를 아는 사람이 소수 있었을 것이다. 보세는 간디와는 정반대되는 노선을 택한 사람으로, 영국과 싸우기 위해 독일과 일본 편에 섰다. 그러므로 지도자도 없었고 어떻게 시위를 이끌고 나아가야 할지도 몰랐던 이 여성들은 자기들이 발견한 사실을 십분 활용할 능력이 없었다. 그러므로 이들이 저절로 시작한 시위는 "효과가 있었다." 다시 말해 당장의 목표를 달성했다. 그러나 이것으로 나치체제가 바뀐다거나 하는 큰 성과를 얻은 것은 아니다. 왜냐하면 최후의 용기를 내서 시위를 하기는 했지만 이를 하나의 운동, 그러니까 참여자들의 내면에 지속적인 변화를 일으키거나 아니면 외적 변화를 일으키는 일 같은 것은 생각하지 못했기 때문이다. 이런 이유 때문에 눈에 띌 만한 효과를 지속적으로 발휘할 수 없었던 것이리라. 그러나 지금부터 들려주려고 하는 예는 경우가 다르다.

아우슈비츠의 성인, 콜베 신부

1941년 여름의 어느 날, 아우슈비츠에서 14동에 수용되어 있던 폴란드 사람 하나가 탈출했다. 이런 일이 벌어지면 나치는 흔히 그 건물 사람들 전체, 그러니까 안 그래도 겨우 목숨을 부지하고 있는 사람들 수백 명을 일으켜 세워 도망자가 잡힐 때까지 차려 자세로 세워 놓는다. 잡히지 않으면 열 명을 지목해서 "벙커"라고 불리는 지하감옥에 집어넣고는 물도 음식도 주지 않아 서서히 굶어 죽게 만든다. 그곳에서 겪을 수 있는 가장 끔찍한 일이 바로 이것이었다. 간수들도 수감자들도 모두 수용소 근처의 늪지대를 뒤지고 다니는 군인들과 개들이 내는 소리 하나하나에 귀를 쫑긋 세웠다. 몇 시간이 지났다. 게슈타포 지휘관인 프리취는 마치 악마의 시계추처럼 수감자들 앞을 왔다 갔다 하고 있었다. 그날의 식사인 멀건 죽이 나왔지만 프리취는 굶주린 사람들이 보는 앞에서 죽을 하수구에 쏟아 버리라고 명령했다. 결국 저녁때가 되자 게슈타포는 수색을 포기했다. 그러자 나치는 한 사람이 도망친 대가로 목숨을 바칠 수감자 열 명을 추려 냈다. "폴란드 만세!" 그중 한 사람이 외쳤다. 가족이 있는 어떤 사람은 쓰러져 울며 부르짖었다. "불쌍한 내 아내, 불쌍한 내 자식들, 안녕, 잘살아라!"[19]

그러자 이곳에서도 유례없는 일이 일어났다. 수감자 하나가 조용히 대열에서 빠져 나오더니 지휘관 앞으로 걸어가기 시작했다. 어떤 이유에서인지 게슈타포 대원 누구도 그를 향해 방아쇠를 당기지 않았다. 프리취는 본능적으로 권총을 뽑아 들며 소리 질렀다. "이 폴란드 돼지는 누구야?" 그 사람은 니에포칼라노프의 콜베 신부였다. 지난 10년 동안 막시밀리안 마리 콜베 신부는 아우슈비츠 전체 내에서 살아 있는 인내심과 인간 존엄의 상징으로 알려져 있었다. 그런 콜베 신부가 이제 지휘관 앞에 다가가 유창한 독일어로 조용히 말했다. "부탁이 있소." 충격에서 벗어난 프리취는 말했다. "그래, 원하는 게 뭔가?" 신부는 차분하게 말했다. "이 사람들 중 한 사람 대신 내가 죽게 해 주시오." 나치의 해괴한 체제 속에서 가톨릭 신부는 거의 유대인만큼이나 천한 취급을 받았다. 프리취는 콜베 신부의 이런 행동 속에 숨어 있는 힘을 전혀 모른 채 비웃으며 신부의 요청을 받아들였다. 콜베 신부 덕분에 쓰러져 울부짖던 프란치섹 가요프니첵 상사는 목숨을 건질 수 있었다. 8일간 끔찍한 고통을 겪은 뒤 콜베 신부는 나치가 시행한 휘발유 주사 방식으로 사망했다. (콜베 신부의 살신성인으로 살아난 상사는 최근 고향인 브르제그에서 93세의 나이로 사망했으며, 교황이 콜베 신부를 순교자의 반열에 올릴 때 증언을 하기도 했다.)

희생을 결정했던 순간을 콜베 신부의 영신적 삶의 정점이라고 불러도 좋을 것이다. 그러면 그가 즉석에서 결정을 내린 마지막 희생으로 어떤 좋은 결과가 나왔을까? 당시 옆에 있던 게오르그 비엘레츠키의 증언을 들어 보자.

이 일은 수용소 전체에 큰 충격을 주었다. 그날 밤 우리들 중 한 사람이 희망의 깃발을 높이 쳐들었음을 알았기 때문이다. 우리가 모르는 어떤 사람, 우리와 다를 것이 없는 어떤 사람 하나가 자기와는 관계도 없는 어떤 사람 하나를 위해 희생을 감수했던 것이다. 그래서 우리는 인간성이 진흙탕에 떨어져 짓밟혔다는 말이 틀렸음을 확신하게 되었다. 수만 명의 사람들이 정의로운 세상은 계속 존재하며, 우리를 괴롭히는 자들은 이런 세상을 파괴할 수 없다는 확신을 얻었다. 콜베 신부가 우리 중 한 사람 아니면 그 사람의 가족을 위해 죽었다고 이야기하는 것은 매우 단순한 시각이다. 콜베 신부의 죽음은 수만 명을 구원했다고 하는 편이 옳다.[20]

여기서 "수만 명의 구원"은 은유적으로 쓰인 말이 아니다. 보통 사람들에게 기분이 좋아졌다 나빠졌다 하는 것은 생사의 문제가 아니지만 아우슈비츠에 수용된 사람들에게는 그대로 삶과 죽음의 갈림길이 된다. 의사라면 다 아는 얘기지만 사람이 큰 병에 걸리면 살려는 의지의 유무가 생과 사를 결정한다. 살려는 의지를 잃은 사람은 곧 눈에 띄게 쇠약해지며 곧 2주 안에 죽는다.[21] 그렇기 때문에 콜베 신부가 목숨을 구해 준 사람뿐만 아니라 인간이 만든 지옥에서 어차피 죽을 수밖에 없었던 수만 명의 사람들이 삶의 용기를 얻었고, 어떤 경우에는 오래 살아서 해방을 맞기도 했다.

그러므로 비폭력은 나치에게도 효과가 있었다. 물론 비폭력은 콜베 신부를 살리지는 못했지만(신부가 의도한 것도 아니었다) 어떤 한 사람의 목숨을 살렸고(신부의 의도대로), 이뿐만 아니라 나치가 강제한 비인간화라는 악몽 속에 희망이라는 요소를 불어넣었던 것이다.

이 일을 해낸 사람은 어떤 전도 수단도 갖지 못한 개인이었지만, 어떤 면에서 보면 자유를 잃지 않은 6천 명의 여성들이 벌인 로젠슈트라세의 시위보다 더 큰 효과를 냈다. 비폭력적 행동에 힘을 실어 주는 것은 희생의 정도이지 희생에 참가한 사람의 숫자가 아니다. 콜베 신부가 저항한 대상이 어떤 것인가를 생각해 보자. 히틀러는 자신의 야심을 이렇게 말하곤 했다. "양심이 없고 교만하고 무자비하며 잔혹한 젊은이들을 길러 내는 것"이라는 그의 목적은 아우슈비츠의 간수 같은 사람들을 만들어 내는 데 성공했다. 그들 중 상당수는 어린 시절부터 체계적인 비인간화 훈련을 받은 사람들이기도 했다. 콜베 신부는 젊은 시절부터 스스로를 체계적으로 훈련해 왔다. 아우슈비츠에서는 그렇게 학대를 받았어도 결코 증오에 굴복한 일이 없었다. 콜베 신부는 모든 사람의 내면에는 동정심에 가득 찬 진실이 있다고 굳게 믿었고, 콜베 신부의 경우에는 이것이 그리스도의 어머니인 성모마리아였으며, 심지어 나치들도 스스로는 깨닫지 못하고 있지만 이러한 진실을 품고 있다고 굳게 믿었다. 그러므로 그는 문자 그대로 나치의 '맞수'였다. 다시 말해 그의 인간성은 간디의 표현대로 나치의 비인간성에 "수학적인 비례"를 보이고 있었다는 얘기다.

어디를 들여다봐야 할지 일단 알기만 하면 비폭력적 행동의 결과를 결정짓는 힘을 알아보기는 어려운 일이 아니다. 아마도 이 알아보는 과정을 과학적으로 밝힐 수 있다면 상황을 정확히 파악하고 심지어 비폭력적 활동의 결과까지도 예측할 수 있을 것이다. 한 가지 분명한 사실은 비폭력이 나치에게 "효과가 있었다"는 것이다.

비폭력은 인간성을 말살하려는 힘의 강도에 비례해서 효과를 발휘했다. 폭력을 휘두르는 자들만큼이나 우리가 훈련되어 있기만 하다

면 비폭력은 항상 압제자들에 대해 힘을 발휘할 것이다.[22]

이 장 맨 앞에서 인용한 시어도어 로작이 사람들은 비폭력이 "효과가 없다"고 말한다는 이야기를 하면서 효과 부분을 따옴표 안에 넣은 이유를 이제 분명히 알 수 있다. 어떤 행동이 효과가 있다 또는 없다고 말할 때는 의미를 분명히 하는 것이 아주 중요하다. 효과가 있다는 말이 단순히 우리가 원하는 일이 가시적으로, 즉시 이루어졌다는 뜻인가? 그렇다면 비폭력은 가끔 "효과가 없다." 예를 들어 비폭력은 콜베 신부의 목숨을 구하지 못했다. 아니면 비폭력이 실행하는 사람도 예견하지 못한 긍정적이고 장기적인 효과를 전체 시스템에 대해 발휘했다는 뜻인가? 그렇다면 답은 아주 달라진다. 그런 의미에서 비폭력의 효과를 한 마디로 요약하면 이번 장 주제 전체를 이해하는 데 큰 도움이 될 것이다.

비폭력은 가끔 "효과"가 있으며 궁극적으로 항상 효과가 있다.
반면 폭력은 가끔 "효과"가 있고 궁극적으로 전혀 효과가 없다.

가끔 "비폭력은 나치한테 통하지 않았을 것"이라는 주장으로부터 파생된 "비폭력은 나치에게는 효과가 없었다"고 주장하는 사람들이 있다. 이런 이야기를 하는 사람들은 수용소에서 죽어 간 수백만 명이 "비폭력적"이었다고 가정하고 있다. 그러나 앞서 본 것처럼 수동성과 비폭력성을 분명히 구분하는 일은 아주 중요하다. 다른 사람 대신 죽겠다고 나서서 나치들을 모두 어안이 벙벙하게 만든 콜베 신부는

"수동적"이었을까? 이 장에서 이야기한, 그리고 별로 알려지지 않은 두 가지 일을 제외하면 적극적 비폭력은 나치에 대항하여 시도된 적이 거의 없으며, 사실 서양에서는 시도된 적이 별로 없다. 뮌헨에서 "백장미" 계획으로 나치에 항거한 학생들은 "수동적 저항"을 촉구하는 전단을 뿌리기는 했지만 수동적 저항이 무엇인지 스스로 잘 알지도 못했다. 게다가 수동적 저항과 능동적 비폭력 사이의 미묘하고도 중요한 차이에 대해서는 더욱 알지 못했다. 그러므로 사람들이 나치에 대해 행한 것은 수동성이었을 뿐이다. 심한 말처럼 들릴지 모르겠지만 폭력 앞에서 두려움 때문에 수동적이 되면 그 사람은 폭력에 굴복하고, 폭력의 논리를 따르는 것이 된다. 이 말은 물론 폭력의 덫에 걸린 사람을 비난하기 위해 하는 말이 아니다. 대안을 모르는 상태에서 어떤 사람이 수동적이었다고 말하는 것은 그 사람이 도덕적으로 그렇다고 말하는 것이 전혀 아니다. 비극에 빠져든 사람을 비난하자는 얘기가 아니라는 뜻이다. 다만 비폭력과 수동성 중에 선택할 수 있다는 사실을 이해시켜 사람들이 다시는 그러한 덫에 걸리지 않게 하자는 것뿐이다.

1943년 2월 27일, 베를린에 살던 "아리안 관련" 유대인들이 치인 덫은 20년간 거의 아무런 저항을 받지 않고 시행되어 온 악의 결과이다. 이 덫을 잠시나마 벌려 희생자들이 빠져나올 수 있게 해 준 힘은 악의 힘만큼이나 강했다. 시위에 참여한 여성들, 그러니까 지도자도 없고, 조직화되어 있지도 않고, 아무런 훈련도 받지 않았고, 아마도 자신들이 하는 일에 '비폭력 운동'이라는 이름이 붙어 있다는 사실조차 몰랐을 이들에게 게슈타포와 맞설 힘을 불어넣어 준 것은 무엇인가? 남편과 자식에 대한 사랑이었다. 아마 남편과 아내, 어머니와 아들 사이의 강한 유대, 다시 말해 "핵가족"을 한데 묶어 주는 사랑의 힘이라고 해도 될 것이다. 핵가족의 힘은 마치 원자 핵 속의 입자들을 하나로 묶어 주는 "핵력" 같은 것으로, 입자들이 서로 떨어지는 순간에만 강력한 힘을 발휘한다.

이러한 사례들을 보면 비폭력의 연구 과정에서 자주 잊혀지는 중요한 요소 하나가 떠오른다. 이 요소를 잊어버리는 사람들은 비폭력이 막강한 적 앞에서는 "효과가 없었을 것"이라고 주장한다. 아마 이로 인해 나치즘이 그렇게 오랫동안 아무 저항도 받지 않고 위세를 떨쳤을 것이다.

폭력이 스스로 성장해 나가는 과정을 추적해 보는 것은 의미 있는 일이다. 시간을 가로축에, 폭력의 강도를 세로축에 두면 긴장이 고조됨에 따라 곡선의 기울기가 매우 급해지는 것을 알 수 있다. 여기서 강도란 무기의 수로 측정되는 것이 아니라 비인간화의 정도, 즉 적대감의 유일하고도 가장 중요한 척도인 비인간화의 척도에 의해 측정된다. 반드시 명심해야 할 일 한 가지는 비폭력도 폭력처럼 정도의 차이가 있다는 점이다. 폭력의 경우 시간이 감에 따라 점점 더 많은 에너지가 폭력적 활동에 투입된다. 따라서 갈등을 처리하지 않고 그냥 두면 이에 대응하는 데 필요한 비폭력의 강도도 역시 "강화"되어야 한다. 오래 기다릴수록 비폭력적인 노력도 커져야 한다는 뜻이다.

현실적인 목적에 따라 갈등의 확산을 세 단계로 나눌 수 있다.

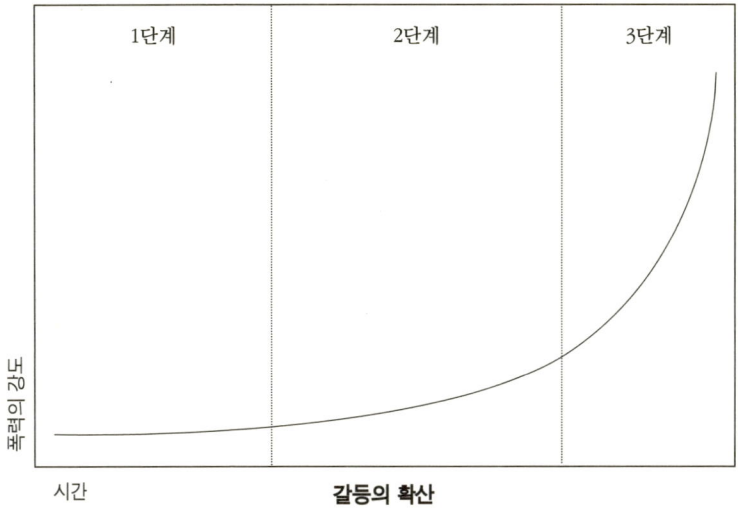

<table>
<tr><td>1단계</td><td>2단계</td><td>3단계</td></tr>
</table>

폭력의 강도

시간 　　　　　　　　　　**갈등의 확산**

　1단계, 그러니까 곡선의 "기슭"에 해당하는 부분에서는 갈등을 효과적으로 해결할 수 있다. 물론 논쟁의 골이 깊어 가고 있을 수도 있지만 당사자들은 직접 대화 또는 중재자를 통해 해결을 모색할 수 있고, 따라서 서로 불만을 털어놓고 협상할 수 있다. 주고받기(give and take)가 여전히 가능하다는 뜻이다. 그러나 그런 일이 불가능해지는 시점이 온다. 분노가 쌓여 감에 따라 "듣기"가 점점 힘들어지기 때문이다. 그러면 한 차원 높은 힘이 필요해진다. 간디는 자신의 경험에 비추어 이 두 가지의 심리적 경계를 잘 설명하고 있다.

　　근본적으로 중요한 것들은 이성만으로는 얻을 수 없고, 고통이라는 대가를 지불하고 사야 한다.…… 정말 중요한 일을 이루고 싶으면 이성만을 만족시

킬 것이 아니라 가슴도 움직여야 한다.[23]

　우리는 이제 경계를 넘어 2단계, 그러니까 사티아그라하의 영역으로 넘어왔다. 여기서는 간디가 남아프리카에서 발견한 "고통의 법칙"이 적용된다. 왜냐하면 이성보다 더 깊은 수준에서 상대방에게 손을 뻗어야 하기 때문이다. 한쪽은 "상처를 받을 때 주는 일"을 해야 하며, 이어서 이러한 상처, 아니면 적어도 상처를 받을 위험을 피하지 말고 자발적으로 무릅쓰는 모습을 보임으로써 상대방을 일깨워야 한다. 로젠슈트라세의 임시 수용소 앞에서 시위를 하던 여성들은 두려움을 극복하고 위험을 무릅쓰는 일이 가끔은 대단히 효과적일 수 있음을 보여 주었다.

　콜베 신부도 같은 법칙을 극단적인 수준까지 밀고 갔다. 당시 비인간화의 강도는 너무나 강했고, 권력관계는 너무나 불평등했으며, 활동할 수 있는 시간은 너무나 짧았기 때문에 콜베 신부는 비폭력의 효과를 얻기 위해 목숨을 내놓을 수밖에 없었다. 신부는 곡선의 기울기가 가장 급한 3단계, 그러니까 최후의 희생밖에는 선택지가 없는 상황에서 비폭력의 선택지를 어떻게 선택할 것인지를 잘 보여 주고 있다. 간디도 말한 것처럼 이러한 상황에서 힘은 사티아그라하 참여자의 '기꺼이 죽을 각오'로부터 나온다. 실제로 참여자가 죽을지 아닐지는 여러 가지 외부적 조건에 좌우되지만 어쨌든 죽을 각오는 진심이며 허풍이 결코 아니다. 간디가 죽음 문턱까지 가도록 단식을 한 것은 작전이 아니었다. 간디는 자신의 목숨까지 내놓는 궁극적인 포기가 가능했고, 그의 맞수들은 여기에 따라 반응할 수밖에 없었다(간디의 경우 맞수들은 항상 굴복했지만 가끔 위험한 상황까지 밀고 가기도 했다).

이 그래프를 이용해서 "나치에게는 안 될 것"이라는 식의 반박을 잠재울 수 있으리라고 본다. 왜냐하면 이러한 반론을 제기하는 사람들은 거의 예외 없이 극단적인 상황을 생각하기 때문이다. 이를테면 어떤 나라 전체가 수십 년간에 걸쳐 아무런 방해도 받지 않고 비인간화를 진행시켜 온 상황, 그러니까 매우 늦은 단계에서 비폭력을 갑자기 활용해야 하는 상황을 상상하기 때문이다. 이른바 "국제사회"는 유고슬라비아 사태 앞에서 아무것도 하지 못했다. 왜냐하면 밀로셰비치가 관용언론을 이용해서 세르비아 민족주의자들을 증오의 광기로 몰아넣는 동안 수수방관하고 있었기 때문이다. 독일에서의 비폭력은 1918년이나 1920년에는 더 손쉽게 효과를 냈을지도 모른다(실제로 카프 반란(Kapp Putsch) 때는 그랬다). 아니면 1932년에도 여전히 효과적이었을 것이다. 그럼에도 불구하고 비폭력은 늦게 시작해도 효과가 있다는 사실을 로젠슈트라세의 여성들과 콜베 신부는 우리에게 보여 주고 있다. 나치에 대해 비폭력을 활용했으면 어떤 효과가 있었을까 하는 의문에 대한 답은 언제 그리고 누가 이 비폭력을 사용했는가를 상정하느냐에 따라 달라진다. 비폭력이 효과가 없었으리라는 강력한 주장에도 불구하고 비폭력은 효과를 발휘했을 것이고 실제로 그랬다.

몇 년 전 널리 알려진 활동가이자 학자인 데이비드 델린저(자신의 자서전 제목을 "예일에서 감옥으로"라고 지음)는 오늘날 우리가 비폭력을 이해하는 수준이 마르코니와 에디슨의 시대에 전기를 이해하는 수준이었다고 비유했다. 매우 적절한 비유라고 생각된다. 마르코니와 에디슨은 자신들이 자연의 힘을 다루고 있다는 사실, 그리고 이 힘이 엄청난 잠재력을 가지고 있음은 알았지만 그 정도가 전부였다. 조금씩 이들은 전기의 신비로운 본질에도 불구하고 이 힘을 조금씩 이해하기 시작했고(오늘날까지도 전기가 무엇인지 정확히 아는 사람은 없다), 오늘날 사람들은 전기를 안전하게 사용할 줄 안다. 여기서 비폭력에 대해 하려는 이야기가 바로 이것이다.

예를 들어 로젠슈트라세의 시위자들과 버밍햄에서 행진한 사람들을 비교해 보자. 이를 통해 비폭력적 반응을 촉발하는 것이 무엇인지를 좀더 잘 알 수 있다. 로젠슈트라세의 여성들은 한 가지 강력한 힘을 가지고 있었다. 이 힘은 앞에서 말한 "핵력"으로, 사랑하는 사람들이 극도의 위협을 받음으로써 촉발된 것이었다. 버밍햄 시위자들에게는 이러한 힘이 없었지만 그 대신 비폭력적인 힘을 강화시켜 줄 요소가 몇 가지 있었다. 먼저, 이들은 능동적으로 시위에 참여했다. 이들은 스스로 판단해서 시위에 참가한 것이지 어떤 갑작스러운 사건 때문에 행동에 나서게 된 것이 아니라는 뜻이다. 또한 이들에게는 뛰어난 지도자들이 있었다. 그리고 중요한 것은 이들이 어느 정도 준비를 했다는 사실이다. 게다가 이들은 믿음의 공동체였으며, 지도자 덕분에 인도의 독립투쟁으로부터 여러 가지 아이디어와 지혜를 얻어올 수 있었다. 버밍햄 시위자들이 인도의 독립투사들과 상당한 접촉을 하고 있었음을 지금은 모두가 알고 있다.[24] 쉽게 상상할 수 있는 일이지만 로젠슈트라세의 여성들은 엄청난 위기 속으로 던져졌기 때문에 강력한 힘을 낼 수 있었고, 버밍햄 시위자들에게는 이러한 힘이 없었지만 앞서 말한 여러 요소로 인해 예기치 않게 사정은 비폭력 허용기회를 잘 살려 냈던 것이다. 버밍햄 사람들은 훈련도 받았고 뛰어난 지도자도 있었기 때문에 베를린 여성들이 할 수 없었던 중요한 한 가지를 할 수 있었다. 이는 바로 '사후관리'였다. 사후관리야말로 미래의 대규모적이고 체계적인 비폭력 활동에서 가장 중요한 차이점이 될 것이다. 다른 비폭력의 에피소드들과 마찬가지로 버밍햄 행진도 성공을 거두었다. 그러나 다른 사례들과는 달리 버밍햄의 행진은 성공을 거둔 더 큰 운동의 일부였고, 사상의 사악함이라는 측면에서 나치즘과 비견될 만한 힘에 대해 성공을 거두었다.

위로부터의 비폭력 : 성스러운 실험

로젠슈트라세, 버밍햄, 다라사나 등에서 일어난 일들은 비슷한 구조로 되어 있으며, 이들은 우리들 대부분이 '비폭력'이라는 개념과 연관지어 생각하는 종류의 사례들이었다. 억압적 권력에 대항하는 대중의 저항운동이었다는 뜻이다. 그러나 비폭력이라는 단어와 친숙한 것 같아도 우리 마음속에는 아직도 많은 오해가 자리잡고 있어서, 초보적인 비폭력이라 할지라도 결의에 차고 강력한 반대세력에 대해 놀랍도록 효과적으로 작용할 수 있다는 사실을 이해하는 데 방해가 된다. 이러한 세력은 수십 년간 아무런 방해도 받지 않고 대중을 학대하고 비인간화시켜 온 정권을 말한다.

이제 좀더 시각을 넓혀 낯선 영역까지 나가 보겠다. 전기가 벼락의 형태로만 존재하는 것이 아니듯, 중력이 사과에만 작용하는 것이 아니듯, 비폭력은 억압받는 자의 무기로만 쓰이는 것은 아니다. 우리는 보통 강한 자는 비폭력이 필요 없고 약한 자는 비폭력 이외에는 기댈 데가 없다고 생각하기 때문에 그저 강자와 약자 사이의 관계 이외의 다른 곳에서 비폭력을 찾아보려고 하지도 않는 경향이 있다. 이제 이 강자와 약자의 관계에 대한 우리의 가정이 틀리지 않았나 생각해 볼 때가 되었다.

비폭력은 물론 "밑으로부터" 올라올 수도 있지만 권력자가 스스로 비폭력의 길을 걸을 수도 있다. 영국 식민통치 시절의 미국에서 가장 좋은 예를 볼 수 있다. 미국 독립혁명이 일어나기 거의 100년 전, 그러니까 1681년 3월에 찰스 2세는 윌리엄 펜을 오늘날 그의 이름을 따라 펜실베이니아라고 이름 붙인 드넓은 땅의 총독으로 임명했다. 펜은 두 가지 임무를 띠고 미국 땅에 도착했다. 우선 왕으로부터 식민지의 통치를 위임받았을 뿐만 아니라 영신적 지도자이자 자신의 스승인 조지 폭스의 가르침도 마음에 품고 왔다. 조지 폭스는 영국 역사상 가장 위대한 반체제 인사였을 뿐만 아니라 서양에서 가장 효과적으로 급진적 비폭력을 펼친 사람이기도 하고, 퀘이커파의 창시자이기도 하다. 펜은 이렇게 모순된 임무를 부여 받은 기회를 이용하여 오늘날 역사책에 "성스러운 실험"이라고 기록된 일을 수행했다. 그것은 70년 동안 비폭력적 원칙에 따라 식민지를 통치하는 일이었다.

영국을 떠나기도 전에 펜은 오늘날 유명해진 편지를 자신의 새로운 '신민'이 될 델라웨어 인디언들에게 보냈다. 그의 이야기는 그 당시(슬프게도 우리가 사는 이 시대까지)를 훨씬 앞서 나가는 생각을 담고 있었다.

유럽 사람들이 이제까지 여러분에게 너무도 많이 저질러 온 불친절하고 비열한 행동에 나는 가슴이 많이 아픕니다.…… 그러나…… 나는 여러분을 마음 깊이 사랑하고 존경하며, 선하고 정의로우면서도 평화로운 방법으로 여러분의 사랑과 우정을 얻기를 바랍니다.[25]

펜은 이런 약속을 아주 잘 지켜 갔다. 원주민과 유럽인 사이의 불평등이 더욱 심해져 갔으므로 펜은 모든 방법을 동원해서 원주민들이 착취당하는 것을 막으려 했다. 그 결과 "70년에 걸쳐 거의 완벽한 평화가 두 집단 사이에 유지된 유례없는 태평성대가 이어졌다."[26] 물론 오늘날 우리의 시각에서 보면 펜은 애당초 원주민들을 다스리라는 명령을 사양했어야 했다. 300년이 지난 후에 이렇게 말하기는 쉽고, 아마 수백 년이 지난 지금이라면 완벽한 비폭력도 가능할 것이다. 그러나 삶은 그렇게 한순간에 완벽해지지 않는다. 식민지 초기의 비폭력적 정책으로 원주민들과 유럽의 정복자들은 낙원에 버금가는 평화를 누렸다. 그러나 다른 지역에서는 혈투가 벌어졌으며, 그 여파를 미국은 아직도 극복하지 못하고 있다.

'성스러운 실험'에서 비폭력(말할 필요도 없이 그 당시에는 알려지지 않왔던 개념)은 기성의 권위에 반발하지 않는 것이 아니었다. 비폭력 자체가 기성의 권위였던 것이다. 그리고 펜의 비폭력 체제는 오늘날의 무수한 비폭력 에피소드처럼 저절로 생기거나, 우연히 생기거나, 아니면 임시방편으로 만들어 낸 것이 아니었다. 이 시스템은 퀘이커교 신학과 사회교육의 창시자인 조지 폭스의 마음으로부터 "흘러 내려온" 것이었다. 미국에서는 수많은 유토피아적 실험이 이루어졌지만 유토피아적 제도 실험이 이루어진 적은 별로 없으며, 특히 전국 차원에서 국가를 통치하는 데 필요한 유토피아적 모델이 제시된 적은 더욱 드물었다.

식민지는 영국과의 갈등을 비롯하여 무수한 문제를 겪었지만 그럼에도 초기 퀘이커의 이념에 따라 구축된 비폭력의 신념은 비폭력이 국방으로부터 범죄자의 처벌에 이르기까지 모든 분야에 효과가 있음을 보여 주었다. 또한 비폭력 원칙에 입각한 제도는 튼튼하다는 것도 보여 주었다. 펜의 실험은 비폭력의 비전이 쇠퇴하고 퀘이커 당이 선거에서 패배하는 날까지 계속되었다. 이 제도는 주변 세계 또는 영국 정부의 권력으로도 무너뜨리지 못했는데, 이 두 힘은 바로 억압적이고 낡은 원칙에 기반을 두고 있었다. 이러한 원칙의 지붕 아래서 70년에 걸쳐 유럽 여러 지역에서 온 이민자들과 다양한 종교적 배경을 가진 사람들이 1683년에 펜이 제정한 "위대한 법률" 아래에서 상당히 조화를 이루며 살았다. 이 법은 여러 가지 면에서 1991년의 형법안보다 훨씬 인도적이었다. 위대한 법률 아래에서 사형에 해당하는 범죄는 반역과 살인 두 가지로 줄어들었으며, 그 당시 기준으로 볼 때 엄청난 진보였다. 그런데 오늘날 미국은 퇴보하고 있다.[27] 위대한 법률은 1682년 12월 10일에 전쟁마저도 포기했다(진주만 공격일 대신 이날을 기념일로 하는 것이 어떤가?). 퀘이커 정권은 내외적인 안정을 가져왔다. 주변 지역들이 오늘날까지도 계속되는 황인종과 백인종의 갈등으로 홍역을 치르는 동안 펜실베이니아는 폭풍으로부터 안전한 평화의 섬으로 남아 있었다. 이렇게 해서 여러 가지 문제점에도 불구하고 70년에 걸친 퀘이커 정권은 "미국 전역에 걸쳐 지침이 되는 원칙의 초석을 놓았다."[28] 미국 전국은 성스러운 실험의 신세를 지고 있다. 이 실험은 오늘날 비폭력이라고 불리는 개념의 이상과 원칙과 잘 일치하며, 이 실험을 수행한 사람들은 이러한 원칙을 사회정책, 형법, 종교적 관용, 심지어 국방에서까지 실천했다.

나중에 간디가 말한 것처럼 "억압적인 정권에 대한 민중봉기를 유도하는 데 그치고 더 이상 진보하지 않는 비폭력은 비폭력이라 불릴 가치도 없다."[29] 간디의 지도 하에 비폭력 운동은 영국 압제에 대한 항거보다 몇 걸음 더 나아갔으며, 권력 관계라는 차원에서 세 방향으로 뻗어나갔다. 인도의 사티아그라하 참여자들은 식민 정권에 저항함과 동시에 간디의 강력한 주장에 따라 힌두교도와 마찬가지로 영국의 압제에 신음하고 있던 이슬람교도에게까지 비폭력적인 자세를 보였다. 이러한 자세는 고대 힌두 사회 체계인 카스트 제도에 따라 천민 계층에 속하는 사람들에게도 적용되었다. 영국에 대한 저항운동이 밑에서부터 올라온 비폭력이라면, 이슬람교도 형제들에게 뻗친 비폭력은 수평적인 것이었으며, 과거에는 불가촉천민으로 여겨지던 사람들을 어루만지는 손길은 아래를 향하는 것이었다. 간디는 이 천민들에게 "신의 아이들"이라는 뜻의 '하리잔'이라는 이름을 붙여 주었다. 초기부터 간디는 압제자들에 대한 비폭력 항거보다도 방금 말한 수평적인 관계와 아래로의 관계가 더욱 중요하다고 느꼈다. 이슬람교도 형제들과, 인도인들 자신들이 만들어 낸 사회적 하층민과 관계를 올바르게 설정하는 것이 영국의 압제로부터 벗어나기 위한 필수 전제조건임을 알았던 것이다. 비폭력은 삶 전체를 지배하는 원칙이지 특정한 관계 하나만을 지배하는 원칙이 아니라는 뜻이다.

간디는 공직을 갖고 싶은 마음을 단 한 번도 비친 적이 없었다. 그러나 인도에는 오래전부터 위협의 힘이 아닌 조화의 힘으로 신하들을 다스리는 이상적인 지도자의 전통이 있다. 그리고 이런 이상은 앞서 언급한 바 있는 아쇼카 왕 시대에 적어도 한 번은 상당히 진실에 가깝게 실현된 적이 있다. H. G. 웰스는 아쇼카 왕을 역사상 가장 위대한 군주라고 부르기도 했거니와, 이 왕은 인도 중북부에서 불교의 가르침에 따라 나라를 다스린 왕이었다. 아쇼카 왕은 이미 아버지가 상당히 영토를 확장해 놓은 상태에서 아마 기원전 262년에 왕위에 오른 것으로 보인다. 왕위에 오른 지 8년 뒤에 아쇼카는 전쟁에서 승리를 거두지만 기뻐하기는커녕 죽음과 고통의 참상으로 인해 전쟁의 끔찍함을 절감했다고 기록하고 있다. 이러한 비전으로 인해 승리는 개인적인 위기로 이어졌고, 이에 따라 왕은 자신을 극복하는 길을 모색하기 시작했고 그 결과 역사가 바뀌었다. 아쇼카 왕에 대한 기록을 직접 살펴보자.

신의 총애를 받는 왕 프리야다르시(아쇼카)가 즉위한 지 8년 만에 칼링가를 정복했다. 15만 명이 포로로 잡혔고 10만 명 이상이 살해되었으며, 더 많은 사람들이 죽었다. 칼링가를 정복한 직후 신의 총애를 받는 왕은 정의의 길을 걷기 시작했으며(불교를 신봉하기 시작했다는 뜻임), 정의를 사랑하고 정의에 따라 통치했다. 아직 정복되지 않은 나라가 정복된 후 사람들이 살해당하거나 죽고, 포로로 잡히기도 한다. 신의 총애를 받는 왕은 이를 매우 불쌍히 여기고 슬퍼했다.…… 오늘날은 칼링가에서 살해당하거나, 죽거나, 포로로 잡힌 사람들의 1/100 또는 1/1,000만큼만 살해당하거나 포로로 잡혀도 신의 총애를 받는 왕은 큰 슬픔에 잠긴다. 누가 왕에게 잘못을 저질러도 왕은 용서할 수 있는 데까지 용서한다. 신의 총애를 받는 왕은 숲 속에 사는 종족들까지도 설득하여 이들을 개심시키려 한다. 그러나 신의 총애를 받는 왕은 동정심만 많은 것이 아니다. 왕은 강력하며 사람들에게 죽기 싫으면 회개하라고 가르친다. 왜냐하면 신의 총애를 받는 왕은 안전, 자제, 정의, 행복이 모든 백성과 함께하기를 바라기 때문이다. 신의 총애를 받는 왕은 정의의 승리야말로 가장 큰 승리라고 믿고 있다.[30]

기원전 273년에 즉위한 아쇼카 왕은 기원전 232년에 자연사할 때까지 왕위에 있으면서, 유명한 그의 할아버지 찬드라굽타 마우리아 왕이 넘겨준 방대한 영토를 더욱 확장했다. 위의 칙령에서 알 수 있듯이 왕은 영토 수호의 임무를 포기하려는 생각이 조금도 없었다. 오히려 영토를 확장했지만 왕은 결코 폭력을 정복의 수단으로 삼으려 하지 않았다. 왕은 권력자가 실용주의적이면서도 동시에 동정심을 가질 수 있음을 보여 주었다. 그리고 아쇼카 왕은 동정심이 힘으로부터 나온다는 것뿐 아니라 힘이 될 수도 있다는 것을 보여 주었다. 윌리엄 펜은 유명한 에세이를 통해 "영구 평화"에 대한 유럽인들의 생각에 기여했지만 아쇼카 왕의 영향은 이보다 훨씬 컸다. 왜냐하면 불교를 동남아 거의 전체에 퍼트린 사람이 바로 아쇼카 왕이었기 때문이다.

아쇼카 왕과 윌리엄 펜의 실험을 올더스 헉슬리의 소설 『섬(Island)』에 나오는 유토피아적 체제가 걸었던 운명과 비교해 보면 흥미로운 점들을 찾아볼 수 있다. 이 작품은 1960년대에 많은 사람들을 매료시킨 작품이기도 하다. 헉슬리가 그려 낸 신비주의적이고도 도피주의적인 자유로운 삶의 모습은 그 시대의 갈증을 반영하지만 헉슬리는 이 작품에서 무의식중에 한 가지 세계관을 영속화시킨다. 그런데 공교롭게도 이 세계관은 이 작품 속의 인물들이 벗어나려고 하는 세계관이다. 이 소설은 이웃 나라가 평화로운 낙원인 이 섬을 집어삼키려는 대목에서 끝난다. 매우 현실적이다. 섬사람들은 평화주의자들이라 방어수단도 없다. 그러나 없는 것이 아니다. 앞에서 본 바와 마찬가지로 아쇼카 왕이나 윌리엄 펜이나 외부의 압력에 대한 저항 수단이 없는 것이 아니었다. 왕도 펜도 무기가 없던 시기의 도쿠가와 가문이나 오늘날의 코스타리카 같은 모습이 아니었다. 코스타리카는 군대를 보유하고 있지 않은 12개국 중 하나이며, 다른 나라와 군사동맹도 체결하지 않은 극소수 국가 중 하나이기도 하다. 그리고 왕도 펜도 이런저런 용도로 폭력의 사용을 포기한 몇몇 소국과도 달랐다.

사실 또 다른 방법으로 헉슬리가 상상한 섬의 종말이 현실적인가

검증해 볼 수 있다. 이 책의 맨 앞에서 언급한 가비오타스 사람들이 어느 날 새벽 일하러 나갈 준비를 하고 있을 때 콜롬비아 무장행동군의 병사들이 들이닥쳤다. 무장세력은 가비오타스 사람들에게 무장투쟁의 필요성을 역설하며 이렇게 주장했다. "콜롬비아에 중립지대는 없어요. 우리 편이 되거나 적이 되거나 할 수 있을 뿐이오." 그러나 가비오타스 사람들은 이렇게 대답했다. "우리들은 사람과 함께하지 정치와 함께하지 않소." 게릴라들은 평화롭게 마을을 떠났다. 이들은 가비오타스 사람들을 해치지 말라는 명령을 이미 받고 있었다. 왜냐하면 가비오타스 사람들의 실험이 너무 소중했기 때문이다.[31]

방금 본 가비오타스 사람들의 예처럼 작은 규모의 사건에서는 비폭력이 힘을 발휘하며 따라서 헉슬리의 상상력도 여기까지는 미치지 못했음을 알 수 있다. 헉슬리의 소설은 물론 비폭력이 "효과가 없다"는 사실을 알려 준다. 다만 소설 속에서만 말이다. 그러나 이 소설 속에서 섬사람들이 아무런 방어능력도 갖지 못한 것처럼 그려진 것은 과학적 추론에 따른 것도 아니고 역사적 사실에 근거한 것도 아니다. 비폭력을 이용해 우리는 선을 보호할 수 있을 뿐만 아니라 독재자의 계획을 좌절시킬 수도 있다.

프라하의 봄

1968년 늦봄, 구소련 정부는 구체코슬로바키아에서 새로운 종류의 공산주의를 태동시키려는 알렉산드르 둡체크 서기장의 "위험한" 자유화 운동을 우려하기 시작했다. "인간의 얼굴을 한 사회주의"라는 이들의 주장에 대한 소련의 응답은 바르샤바 조약군을 대규모로 밀어 넣는 것이었다. 소련 군사전문가들은 나흘이면 체코슬로바키아를 굴복시킬 수 있다고 생각했고, 군사적 기준에서 볼 때 이들의 판단은 맞았다. 그러나 현실 세계가 군사적 기준에만 맞추어 돌아가는 것은 아니다. 군사적 자위수단이 없던 체코슬로바키아 사람들은 본질적으로 비폭력적인 민간 저항운동을 시작했다. 이들은 소련군을 몰아내지는 못했지만 통행금지령을 거부할 수 있었고, 실제로 거부했으며, 통금시간에 길거리를 산책하거나 병사의 총구에 꽃을 꽂아 주기도 했고, 병사들과 치열한 논쟁을 벌이기도 했다. 도로 표지판을 엉뚱한 방향으로 돌려놓고 무장병력이 시골로 행진해 나가는 장면을 구경하기도 했다. 한 번은 어떤 폴란드 부대 전원이 길을 빙빙 돌다가 결국 폴란드 국경까지 되돌아간 적도 있다고 한다. (내 친구가 마침 그때 프라하 서점에 있었는데, 러시아군 탱크가 서점 밖에 멈춰 섰다. 병사 하나가 내리더니 서점으로 들어와 얌전하게 줄을 서서 기다린 뒤 자기 차례가 오자 시내 지도를 하나 달라고 하더니 예의 바르게 체코슬로바키아 돈으로 지불했다고 한다.) 신문사와 방송국이 폐쇄되자 체코 사람들은 지하신문을 펴내기 시작했고, 체코 경찰은 지하신문을 순찰차에 실어 배달하기도 했다. 체코 사람들은 영토를 지키지는 못했지만 무기가 아닌 체코 특유의 유머, 용기, 단결력으로 자신들의 제도를 지켜 나갔다.

당시 이들은 아프가니스탄이나 체첸에서 물러난 사기가 떨어진 러시아군을 상대하고 있었던 것이 아니다. 이들은 대규모 반혁명 활동을 분쇄하라는 상부의 지시를 받고 있는 50만 명의 병력을 상대하고 있었다. 그러나 1968년 8월 20일부터 1969년 4월 17일까지 8개월 동안 소련군은 아무 훈련도 받지 못한 체코 민간인들에게 이리저리 끌려 다녔다. 체코 사람들은 인간으로서는 소련군과 형제처럼 지내면서도 침입자로서의 소련군에게는 결연히 비협조적인 태도를 취했기 때문이다. 10년 후에 어떤 KGB 요원이 하버드의 비폭력연구소에서 일하는 진 샤프와 술 몇 잔을 나누고는 이렇게 털어놓았다. "작전은 완전 실패였소."

나중에 소련 정권이 내부에서부터 붕괴되고, 이로부터 대부분의 공산정권이 함께 무너졌을 때 신바람이 난 서양 전문가들은 "역사의 종말"이라는 말을 썼다. 그러면 이 끝나 버린 역사에서 배울 점은 무엇인가? 소련이 저절로 무너지는 모습을 보면(로젠슈트라세의 시위와 별반 다를 것이 없다), 정신이 번쩍 들면서 이런 생각이 들기도 한다. 잃어버린 역사의 기간 동안 우리는 공산주의의 위협에 완전히 다른 방법으로 대처할 수 있지 않았을까? 다시 말해 인명을 희생시키지 않고도, 세계의 절반으로부터 발전을 향한 희망을 담보로 잡지 않고도, 핵전쟁의 공포 때문에 전 세계 사람들이 겪은 심리적인 상처 같은 대가를 치르지 않고도 대처할 수 있지 않았을까? "프라하의 봄(Prague Spring)"은 압제적 제도의 근본적 약점을 보여 주었으며, 이러한 약점을 이용할 방법도 제시해 주었다. 이는 유럽에서 가장 널리 알려진 자발적 비폭력의 사례지만, 다른 지역의 사례와 마찬가지로 일부 전문가들 이외의 사람들에게는 거의 알려져 있지 않다.

소련 병력은 체코슬로바키아를 완전 재장악하기까지 8개월이 걸렸고, 그동안 체코 민간인들과의 접촉으로 "오염된" 병력을 계속 전원 교체해야 했다. 소련 당국이 민간 지도자들을 억지로 협박하여 합의를 얻은 다음에도 저항은 산발적으로 계속되었다. 결국 소련 당국은 벽지에서 징집되어 슬라브 어를 전혀 할 줄 모르는 신병들을 투입했다. 이렇게 막강한 군대에 맞서 무기를 들고 8개월간 싸웠다면 이들의 저항은 전설로 남았을 것이다. 즉 체코는 2천여 년이 지나도록 세계가 기억하는 테르모필레(Thermopylae)에 버금가는 곳이 되었으리라는 얘기다. 그러나 1968년 당시에는 체코 사람들이 벌인 비폭력 저항에 이름조차 붙어 있지 않았으며, 따라서 남겨진 것은 프라하의 봄의 아이러니뿐이다. 아무 훈련도 받지 않은 사람들이 8개월이나 되는 기간 동안 피 한 방울 흘리지 않고 성공적인 저항운동을 전개했는데도 전 세계가 체코에서 벌어지고 있던 일에 대해 아무것도 몰랐다는 사실이 아이러니가 아니고 무엇인가?

그러나 이제 이러한 저항에는 이름이 붙여졌으며, 이는 주로 진 샤프의 개척자적 노력 덕분이다.[32] 체코 사람들이 한 일은 오늘날 민간기반방어(Civilian-Based Defense, CBD)로 알려져 있다. CBD는 전쟁의 대안으로 떠오른 두 가지 형태의 비폭력 운동 중 하나이며, 나중에 8장에서 이 두 가지를 모두 상세히 다룬다. 지금은 우선 CBD의 두 가지 원칙만을 언급하려 한다. 이 원칙에 따라 결의에 차고 어느 정도 조직된 사람들(그러니까 예를 들어 프라하 사람들)은 외부의 침략이나 내부의 쿠데타(예를 들어 1920년 바이마르 공화국을 전복하려던 친파시스트들의 카프 반란)를 견뎌 낼 수 있다. 또한 노르웨이 교사들은 파업을 통해 노르웨이 교육제도의 나치화를 저지했다. 한 가지 원칙은 이것이다. 굴복하지 않는 국민은 다스릴 수 없다. 죽일 수는 있어도 지배할 수는 없다는 얘기다. 또 한 가지 원칙은 이렇다. 어떤 국민이 어떤 사람들의 집단과 그들의 사상을 분명히 구분할 수 있다면, 다시 말해 죄를 지은 사람들과 죄 사이에 뚜렷한 경계선을 그을 수 있다면, 죄에는 결연히 저항하면서도 죄인들의 인간성을 끝없이 포용할 수 있다면, 이 사람들은 거의 저항할 수 없는 힘을 갖는 것이다. 프라하의 저항은 "효과가 있었는가?" 없었다. 왜냐하면 체코의 자유화 과정을 지켜내지 못했기 때문이다. 그러나 반면 나는 이들의 저항이 매우 큰 "효과가 있었다"고 말하고 싶다. 왜냐하면 체코 사람들은 이를 통해 여덟 달이라는 신나는 시간을 벌었기 때문이다. 물론 이 운동은 이러한 사회적 활동에 대해 아무런 훈련도 받지 않고 지도자도 없던 보통 사람들이 자발적으로 참여한 운동이었지만 말이다. 이들을 붙잡고 당신이 하는 일이 무엇이냐고 물어보면 이름을 댈 수 있는 사람은 없었을 것이고, 자기들이 하는 운동을 어떻게 탄력적이고 적절히 다른 곳에 적용할 수 있겠느냐고 물으면 대답할 수 있는 사람은 더더욱 없었을 것이다. 체코 사람들이 평화가 올 때까지 계속 버티겠다는 결의만 있었다면, 자기들이 하는 일이 무엇인지 그 진가를 알기만 했다면 이 운동은 성공을 거두었을 것이라는 확신이 들 정도로 이 운동은 "효과가 있었다."

프라하의 봄은 효과가 있었는가? 죽은 내 친구인 페트라 켈리의 증언을 들어 보자.

프라하 시민들이 비폭력적인 방법으로 소련 점령군에게 저항하고 있던 1968
년 여름, 할머니와 나는 웬체슬라우스 광장 근처에 있는 호텔에 연금되어 있
었다. 둡체크와 그의 측근들이 체포된 다음에도 프라하 시민들은 결연히 저
항을 계속했다. 결국 소련군은 지배권을 회복했고, 프라하의 봄이 가져온 개
혁을 21년이나 연기시켰다. 그러나 체코슬로바키아 사람들은 희생과 고통을
통해…… 결국 "벨벳 혁명"을 성공시켰다. 이 사건은 비폭력적 사회저항의
힘을 잘 보여 준다.[33]

이 힘은 달리 말하면 상황을 개선하는 힘이며, 예기치 않던 문제 또
는 당면과제를 해결하는 힘이기도 하다. 프라하의 봄은 오래가지 않
았다. 그러나 압도적인 힘으로 프라하 사람들을 제압했다고 스스로
생각한 거대 제국도 오래가지 못했다.

꽃을 들었다고?

나치의 유대인 대학살 당시 유대인들을 구해 준 사람들의 이야기가
최근 끊임없이 밝혀지고 있다. 이는 다행히도 구조의 주역들 몇몇이
아직 살아 있기 때문이다. 지금은 세상을 떠난 오스카 쉰들러는 소설
과 스티븐 스필버그가 영화화한 그의 "리스트"로 세계적으로 유명해
졌지만 비폭력을 전문으로 연구하는 사람들 사이에서 가장 널리 알

려진 이야기를 꼽는다면 마르세유에서 그리 멀지 않은 오트-르와르 지방에 있는 르 샹봉-쉬르-리뇽(Le Chambon-sur-Lignon) 마을에서 벌어진 사건을 들 수 있다. 마르세유 근처라면 간단히 말해 비시 정부의 턱밑에 있었다는 얘기다. 이곳은 또한 여러 세기 전 소수자였던 개신교도들이 박해를 꿋꿋이 버텨 낸 위그노의 땅이기도 하다. 점령군이 르 샹봉까지 들어오자 앙드레 트로메 목사와 그의 아내 마그다는 교구민들을 독려하여 지하 탈출로를 만들고 이를 통해 사람들을 피신시키거나 아니면 국외로 탈출하는 것을 도와주었다. 이 모든 일이 비시 정권의 턱밑, 그리고 인근에 주둔하던 친위대의 타타르 사단 바로 곁에서 전쟁이 끝날 때까지 계속되었다. 앞에서 든 여러 가지 예에서 비폭력은 심한 적대감을 가진 상대에게도 효과가 있으며, 위에서부터 아래로 내려갈 수도 있고, 국가 전체에도 대항할 수 있다는 사실을 보았다. 비폭력은 이렇게 다양한 모습과 적용 가능성을 갖고 있으므로 르 샹봉에서의 일도 이렇게 일관성 있는 다양함의 일부로 이해할 수 있다.

르 샹봉 사람들의 저항은 "아마추어"적인 것도 아니고 지도자도 있는 몇몇 사례 중 하나이다. 트로메 목사는 일찍부터 비폭력에 대한 확신을 갖고 있었고, 화해연대(Fellowship of Reconciliation, FOR)를 통해 간디에 대해서도 알고 있었다. 이 단체는 1차 세계대전이 터진 직후 쾰른 역에서 만난 독일인 한 명과 영국인 퀘이커 교도 한 명에 의해 시작되었다. 이 자리에서 두 사람은 독일과 영국 사이의 적대감이 두 개인 사이의 관계나 그들의 평화를 향한 공통의 염원에 끼어들지 못하게 하자고 맹세했다. 화해연대(FOR)는 오늘날 존재하는 비폭력 그룹 중 가장 역사가 길며, 비폭력의 원칙에 관해서는 가장 뛰어난 조직 중 하나이다. 덴마크 지하운동가들이 덴마크에 거주하던 유대인 전원을 구출한 것을 제외하면 르 샹봉의 사례는 유럽에서 이루어진 유대인 구조 활동 중 가장 규모가 컸으며, 윤리학자 필립 핼리가 자신의 책 『무고한 사람들의 피를 흘리지 않기 위해(Lest Innocent Blood Be Shed)』에서 이 운동을 소개한 이후 일반 대중에게 비교적 널리 알려진 사건이기도 하다. 한 가지 흥미로운 사실은 이런 대규모 구조 활동이 어떻게 나치의 눈을 피해 갔는가 하는 점이다.

이 의문에 대한 흥미로운 답은 나치가 이 사실을 알고 있었다는 것이다. 1940년부터 1944년까지 이어진 구조 활동이 끝나고 나서도 많은 세월이 흐른 뒤 핼리는 당시 그 지역의 친위대 지휘관인 슈멜링 소령이 이 구조 활동을 처음부터 끝까지 알고 있었다는 사실을 발견했다. 슈멜링은 마을 사람들의 용기에 감복한 나머지 친위대의 원칙을 어기고 이들을 보호해 주었던 것이다. "나는 독실한 가톨릭 신자고 이런 상황을 잘 이해합니다."[34] 20년 후 슈멜링은 트로메 목사 부부에게 이렇게 말했다. 당시 르 샹봉 사람들은 슈멜링이 목숨을 걸고 자신들을 지켜 주었다는 사실을 전혀 몰랐다. 핼리의 연구가 아니었다면 우리도 몰랐을 것이다. 그러니 이와 비슷한 이야기들이 얼마나 많이 역사 속에 묻혀 버렸을지를 상상해 보라.

르 샹봉은 단기적으로나 장기적으로 모두 효과를 거둔 비폭력의 사례이다. 먼저 5,000명을 구출했다(따라서 "나치에 대해 효과가 있었다").

또한 이 사례는 칠흑 같은 어둠 속에서 지속적으로 빛을 던져 주었다. 르 샹봉 사람들의 진실함에 감탄한 슈멜링은 어떤 르 샹봉 사람들이 재판을 받게 되었을 때 증언대에 서서 친위대 지휘관인 메츠거 대령에게 이렇게 설명했다. "이런 식의 저항은 폭력과는 관계가 없습니다. 그리고 우리가 폭력으로 파괴할 수 있는 어떤 것과도 관계가 없습니다."[35]

샹봉 사람들은 스스로 걸머진 책임을 포기하느니 죽음의 위험을 겪겠다는 각오로 3년 동안 매일 구출 작업을 벌였다. 트로메 목사의 지도 하에 이들은 시련의 용광로 속을 오랜 시간에 걸쳐 지나갔다. 그 결과 샹봉 사람들은 우리가 비폭력 활동 또는 평화운동이라고 알고 있는 대부분의 사례에서 관련자들이 도달한 차원인, 저항의 차원을 뛰어넘었다. 물론 이곳에서도 상징적 저항이라는 형태로 일이 시작되었지만 이들은 여기서 멈추지 않았다. "결국 샹봉 사람에게 남은 한 가지 활동은 무고한 인명을 구출하는 일이었다"[36](강조는 저자). 이 점은 매우 중요한데도 자주 잘못 이해되기 때문에 반드시 강조해야 한다. 즉 비폭력에서는 상징으로 의사전달을 하지 않는다. 리처드 아텐보로 감독의 〈간디〉가 세계의 이목을 끌자 이에 놀란 어떤 기자가 이렇게 말했다. "이 영화는 꽃을 들고 고요히 앉아 있는 어떤 사람의 미스터리에 관한 이야기이다." 나는 이 영화의 모든 장면을 보았고, 관련된 스틸 사진도 다 보았다고 생각하는데, 그중 어디에도 간디가 꽃을 들고 있는 장면은 없었다. 단지 지팡이나 물레, 마이크 등을 잡고 있었을 뿐이지 꽃을 들고 있었던 적은 없다는 이야기이다. 간디는 도구를 이용했지 상징을 이용하지 않았다.

어떤 사람들이 리본을 달고 있거나 아니면 피켓을 들고 A 지점에서 B 지점으로 행진했다는 것만으로 이들의 행동을 비폭력이라고 할 수는 없다는 점을 유의해야 한다. 그것만으로는 부족하다. 따라서 이들의 활동이 "효과가 없다"(말할 것도 없이 효과가 있는 경우에도)고 하더라도 비폭력 자체가 실패했다고 말할 수는 없다. 내면적 갈등이나 희생이 먼저 있고 외부적 행동이 따라주기 전까지는 아무런 비폭력 활동도 이루어지지 않은 것이 된다. 이때 내면적 갈등이나 외부적 행동은 모두 현실적인 것이어야 한다. 어떤 요청이나 상징이 아니라 실질적인 행동이어야 한다는 얘기다. 물론 상징성도 함께 갖출 수는 있지만 무엇보다 먼저 현실적이어야 한다.

간디가 남아프리카와 인도에서 주도한 행진은 어떤가? 우선 간디가 벌인 유명한 행진 몇 가지를 좀더 상세히 들여다보자. 첫 번째 것은 오늘날 "위대한 행진(Great March)"으로 알려진 유명한 행진으로, 1913년 11월 6일 남아프리카에서 시작되었다. 당시 간디는 파업 중인 수천 명의 광산 노동자와 그들의 가족을 이끌고 있었다. 이는 무엇보다도 광부로부터 사티아그라하 활동가로 변신한 사람들이 시작한 불복종 운동으로, 이들은 나탈 주에서 트란스발 주로 들어갔다. 달리 말해 이는 불법행위였다. 트란스발에 거주하지 않는 인도인은 트란스발에 들어가서는 안 되었기 때문이다. 이들의 행진은 단지 이들의 의지를 보이기 위해 A 지점에서 B 지점으로 이동한 것이 아니다. 광부들은 사택에서 살고 있었다. 그런데 직장을 잃자 집도 없어졌고, 따라서 할 수 있는 일이라고는 간디가 아슈람(Ashram)을 차려 이들을 수용하려 했던 트란스발로 갈 수밖에 없었다. 그러므로 그들의 행진은 단순한 상징이 아니었다. 이들은 발로 의사표시를 하려 했던 것도 아니다. 단지 그곳으로 갈 수밖에 없었기 때문에 그렇게 한 것이었고, 그것이 불법행위가 되어 버린 것뿐이었다.

이제 1930년의 소금 사티아그라하를 촉발한 가장 유명한 행진을 들여다보자. 당시에 간디와 78명의 아슈람 지원자들은 정부의 소금 독점 정책에 대항하여 바다에서 직접 "불법적인" 소금을 얻으려는 목적으로 300킬로미터 이상을 행진하여 단디라는 해변마을로 갔다. 행진 과정에서 약 7만 명의 사람들이 이 "순례"에 합류했다. 영화 〈간디〉의 장면을 기억할 것이다. 이 장면에서는 현실 속의 사람들이 현실의 바다로 가서 현실에 존재하는 소금을 얻는다. 이 천일염은 영국 정부가 계급 착취를 목적으로 인도인들에게 절대 제조를 허용하지 않던 것이고, 이곳에서도 간디와 그의 추종자들은 부당한 법률을 깨뜨리고 있다. 소금처럼 기본적인 필수품이 또 어디 있는가? 수억의 인도인들이 현실이라고 믿고 있던 해괴한 소금독점법이 사실은 환상임을 간디가 일깨워 준 사건이기도 하다. 물론 간디는 기차를 타고 갈 수도 있었을 것이다. 그러나 그랬다면 어떻게 수만 명이 그에게 합류했겠는가? 연극이라 불러도 좋다. 상징은 결코 아니었다.[37]

2장에서 인용한 힘에 대한 간디의 정의를 단어 하나하나에 유의하면서 다시 한번 들여다보자.

힘에는 두 가지가 있다. 하나는 징벌에 대한 '두려움'으로부터 나오는 것이고, 나머지 하나는 사랑의 '행동'으로부터 나온다.[38](' ' 표시는 저자)

여기서 '두려움'과 '행동'의 차이를 강조하려 한다. 이는 폭력보다 비폭력이 더욱 현실적임을 다시 한번 지적하기 위해서이다. 상징은 운동 초기에는 어느 정도 역할을 한다. 상징은 사람들이 한데 모여 일어서고 단결하도록 용기를 불어넣기도 한다. 그러나 일단 사람들이 한자리에 모이면 무엇을 할 것인가? 이들이 그저 깃발이나 흔들며 A 지점에서 B 지점으로 행진해 가기만 한다면 이들은 결국 비폭력의 가장 깊은 현실과 기본 정신과 반대되는 행동을 하게 된다. 이 단계까지 오면 상징은 비폭력 운동이 물리치려는 바로 그 대상을 영속화한다고까지도 말할 수 있다. 이들이 물리치려는 것은 오직 위협만이 진정한 힘이며, 비폭력도 간디가 말한 것처럼 상대방을 깨우침으로 이끄는 것이 아니라 그저 상대방에게 공포감을 심어 주기 위한 것이라는 믿음이다. 아마 이런 모순 때문에 현실에서 많은 상징이 부작용을 낳는지도 모른다. 예를 들어 톈안먼(天安門) 시위 당시 학생들을 위시한 참가자들이 내놓은 상징인 "자유의 여신"은 당국을 무력화시키기는 커녕 격분시켰다.

반면 위협의 힘은 처벌로부터 나오는 것이 아니라 간디가 본능적으로 잘 선택한 단어가 보여 주듯 "처벌의 공포"로부터 나온다. 두려움이 없으면 힘도 없다. 또 한 가지, 잘 생각해 보면 오늘날의 "……(으)면 어땠을까"라는 공포의 시나리오, 예를 들어 "히틀러가 핵폭탄을 가졌다면 어땠을까” 같은 것은 대단히 위협적으로 들리지 않는다. 물론 히틀러가 핵폭탄을 한두 군데쯤 떨어뜨렸으면 어땠을지를 생각해 볼 수 있다. 그러나 우리가 이렇게 반응했다면 어땠을까? “할 테면 해 봐라. 우리는 굴복하지 않는다.” 그렇다면 히틀러는 방사능으로 오염된 폐허를 지배하고 싶었을까? 위협이 효과가 있는 것은 사람들이 위협을 가하는 자가 의도하는 대로 따라주기 때문이다. 그렇게 하지 않으면 위협은 효과가 없다.[39] 독재자들은 실제로 피해를 가할 수 있는 능력보다는 그러한 피해를 입힐 수 있다고 공포감을 심어 줌으로써 사람들을 지배한다. 다시 말하지만 아무도 두려움이 없는 사람들을 막지 못한다. 바로 이 때문에 간디는 사티아그라하가 “이성을 해방한다”고 했고, 처벌은 이를 두려워하는 사람들에게만 효과가 있는 것이다. 노벨상을 받은 생물학자인 앨버트 센트-기오르기는 간디의 역사적 중요성을 요약하면서 이러한 사실을 잘 설명하고 있다(다른 사람들처럼 이 사람도 ‘힘’이라는 단어를 ‘위협의 힘’이라는 뜻으로 쓰고 있다).

양차대전 사이, 그러니까 식민주의의 전성기에는 힘이 최고였다. 힘은 공포를 불러일으켰고, 약자가 강자에게 굴복하는 것은 당연했다. 그런데 간디가 나타나서 거의 혼자 힘으로 지구상에서 가장 강력한 군사력을 가진 나라를 인도에서 쫓아내 버렸다. 간디는 세상의 모든 사람들에게 힘보다 더 위에 있는 것이 있으며, 심지어 생명보다 더 위에 있는 것이 있음을 가르쳤다. 간디는 힘이 공포를 일으키는 힘을 상실했음을 증명했다.[40]

폭력은 사람을 해칠 수는 있지만 생각을 바꾸지는 못하며, 심지어 행동도 바꾸지 못한다. 오직 폭력에 대한 공포만이 그렇게 할 수 있다. 비폭력도 사람의 감정에 호소하기는 마찬가지지만, 비폭력을 성공적으로 활용해 본 사람이라면 비폭력이 작용하는 본질은 폭력보다 훨씬 현실적임을 알고 있다.

워싱턴에 본부를 둔 합의점 찾기 운동(Search for Common Ground)은 내가 아는 한 세계에서 가장 성공적으로 갈등을 해소하는 기관이다. 처음에 이 조직은 서로 완전히 반대되는 생각을 가진 집단, 이를테면 "낙태 반대"와 "낙태 찬성"처럼 도저히 합의점을 찾을 수 없어 보이는 이들 사이에 공통분모가 있다는 사실을 깨닫게 해 주는 일부터 시작했다. 이 기관의 대표자인 존 마크스는 내게 이런 말을 한 적이 있다. "대화가 중요하기는 하지만, 대화는 반드시 현실적인 결과를 이끌어 내야 한다."

어떤 여름 캠프에서 갈등을 해결하기 위한 방법을 이것저것 시도해 보던 유명한 심리학자 팀은 "공동의 문제를 공동으로 풀어 가기"야말로 가장 이상적인 해법임을 발견했다. 갈등하는 두 집단을 한자리에 모아 트럭을 수리하게 하거나 우물에서 물을 푸게 하는 것 등이 그 방법이다. 함께 영화를 보거나 아이스크림을 먹거나 하는 것은 효과가 없었다.[41] 실제로 지구상에서 가장 치열한 갈등은 상징을 둘러싼 것들이며, 상징을 둘러싼 비현실적 갈등이 구체적인 현실과 마주 대했을 때 이상적인 해결책이 나오곤 했다.

비폭력에 본질적인 힘이 숨어 있지 않다면 피켓을 들거나 머리띠를 매거나 동상을 세우는 것이 가장 효과적인 방법일 것이다. 그러나 한편 비폭력에 아무런 현실적 힘이 없다면 비폭력에 관한 책을 쓸 이유도 없을 것이다.

사회적 기후 변화

주장하는 바가 추악하기는 하지만, 백인 우월주의자 톰 메츠거는 이번 장 맨 앞에 인용한 인용문에서 논란의 여지가 없는 사실을 이야기하고 있다. 즉 폭력에도 등급이 있다는 것이다. 메츠거가 말한 대로 "거대한" 폭력이 있으며, 실제로 이러한 폭력은 "효과가 있다." 1995년 4월 15일 오클라호마 시에서 정부 건물을 무너뜨린 폭탄은 일인 반정부 시위보다 훨씬 큰 영향력을 미쳤다. 이와 마찬가지로 비폭력에도 등급이 있다. 어떤 상황에서든 어느 정도의 사랑을 쏟아 붓든 효과가 있겠지만 실제로 "효과가 있으려면," 그러니까 그 자리에서 특정한 효과를 내려면 그 상황에서 상대편이 내놓는 증오보다 충분히 더 많은 사랑을 쏟아 부어야 한다. 아우슈비츠에서 나치가 드러낸 증오는 극단적이었다. 따라서 콜베 신부가 한 것 같은 최상의 희생을 통해 엄청난 힘을 발휘해야만 이를 감당할 수 있었다는 얘기다.

1942년에 벌어진 마지막 인도 독립운동에 관해 간디는 이렇게 말한 적이 있다. "운동이 성공한 정도는 그들이 활용한 비폭력의 순수한 정도와 수학적으로 비례했다." 나는 간디가 문자의 의미 그대로 이 말을 했다고 생각하며, 이 수학적 비례성은 그때도 그랬지만 앞으로도 그대로 진리로 남을 것이다. 여기서 사랑과 증오로 불리는 힘을 어떻게 측정하는지 안다면 인도에게 정치적 독립을 가져다 준 긴 과정이 결코 우연이나 놀라운 일이 아님을 알 수 있다. 1955년 12월 1일 몽고메리에서 버스를 타고 가던 로자 루이즈 매콜리 파크스가 자리 양보를 거부한 것을 보면 인종들 간의 관계에 관한 왜곡된 사고가 얼마나 사회에 깊이 파고들었는지, 그리고 얼마나 미국인들 마음속에 깊이 새겨져 거의 제2의 천성이 되었는지 알 수가 있다. 그 후로부터 몇 년에 걸쳐 이 비인간적인 사건은 널리 알려졌다. 그리고 결국 이러한 비인간화를 만든 제도가 해체되었다.

기후를 예측한다는 것은 거의 불가능하다. 그러나 몇 가지 분명히 예측 가능한 것들이 있다. 대기 중에 계속 염화불화탄소(CFC)를 방출하면, 열대우림을 계속 벌목하고 사용 가능한 화석연료를 계속 태우면, 지구의 온도는 계속 올라갈 것이라는 사실이다. 지구온난화는 과거에는 겪어 보지 못했던 인공적 현상이다. 지구온난화로 인해 그 자체로는 지극히 정상인 소규모의 기상변화가 끔찍하게 파괴적인 폭풍으로 발전할 수 있다. 이런 일이 언제 어디서 일어날지는 예측할 수가 없지만, 지구온난화가 지속되면 이러한 현상은 일어날 것이고, 그것도 더욱 자주 일어날 것이라는 것쯤은 짐작할 수 있다. 지구온난화는 다른 사건들도 일으킬 것이다. 이렇게 인간으로 인해 생긴 변화 때문에 일어날 일에 대해 한 가지는 분명히 예측할 수 있다. 즉 인간이 피해를 입으리라는 사실이다.

폭력에 관해서도 같은 이야기를 할 수 있다. 누가 어떤 고등학교에 어떤 무기를 가지고 들어갈지는 예측할 수 없지만 몇 세대에 걸쳐 젊은이들이 폭력적인 텔레비전물이나 영화를 보고 비인간적인 비디오 게임을 하면 폭력 피해자가 점점 늘어나리라는 사실이다. 1993년에 미국 심리학협회의 폭력 및 청소년 위원회는 다음과 같은 평가를 한 적이 있는데, 이들의 평가는 그로부터 몇 년간에 걸쳐 미 보건부 장관, 미 의학협회를 비롯한 미국의 거의 모든 권위 있는 보건관련 단체의 지지를 받았다. "텔레비전 폭력물에 대한 노출이 많아질수록 사람들이 폭력적인 태도와 행동을 더 잘 허용하게 된다는 데 대해서는 의심할 여지가 없다."[42] 물이 끓을 때 어느 물분자가 기화할지를 예측할 수는 없다. 그리고 그럴 필요도 없다. 끓는 것을 멈추려면 불을 끄면 된다.

미디어는 폭력을 유도할 뿐만 아니라 우리가 예측할 수 없는 쪽으로 우리의 시선을 돌려 문제 해결 능력을 빼앗아가 버린다. 자유롭고도 책임감 있는 사람으로 행동하려면 우선 예측 가능한 기본적인 사실에 대해 주의력의 90퍼센트를 쏟아 부어야 할 것이다. 예측 가능한 사실이란 폭력은 폭력을 낳고, 비폭력은 비폭력을 낳는다는 사실이다.

비폭력은 과학이지만 물론 역학이나 전기공학처럼 완벽한 예측을 할 수는 없다. 예를 들어 사티아그라하는 간디가 말한 것처럼 "살아 있는 힘"이었지 물리적인 힘이 아니었기 때문이다. 페핀스키가 말한 "폭력과 이에 대한 반항의 물결"을 생각하면 개개의 폭력적 행동을 이해할 수는 있지만 이를 정확히 예측할 수는 없다. 그러니까 다음과 같은 일을 가능하게 할 공식을 내놓지는 못한다는 뜻이다. "일주일에 폭력적인 프로그램을 30시간만 줄이면 매년 살인사건을 3,000건씩 줄일 수 있다." 어떤 개인이나 군중이 특정한 상황에서 어떤 반응을 보일지를 정확히 예측하려면 아마 카오스 이론이라도 동원해야 할 것이다. 어떤 때는 사람들에게 잘해 주어도 이 사람들이 우리에게 화를 내는 경우가 있다. 인생이란 그런 것이다.

그러나 폭력과 비폭력에는 한 가지 단순하고 매우 예측 가능한 것이 있으며, 아마 이 점이 우리가 알아야 할 가장 기본적인 점일 것이다. 어디선가 어떤 식으로든 폭력은 항상 사람을 해치며, 어디선가 어떤 식으로든 비폭력은 항상 사람을 치유한다는 것이다. 앞서 제시한 공식을 조금 바꿔 제시하면 바로 이렇다. '폭력은 가끔 효과가 있지만 궁극적으로는 결코 효과가 없고, 비폭력은 가끔 효과가 있고 궁극적으로 효과가 없을 때가 없다.' 이렇게 해서 비폭력은 어디선가 인간의 삶을 조금씩 개선해 가고 있는 것이다.

그러므로 비폭력은 마치 기후처럼 이해하기 어려우면서도 예측이 가능하다. 간디가 "비폭력은 결코 헛된 일이 아니다. 그것은 다음 세대들에게 계승되어지는 것이다"[43]라고 말했을 때 나는 그 말을 두 가지 뜻으로 받아들였다. 즉 우리가 알고 있는 비폭력의 영향력은 그 범위가 훨씬 덜 제약을 받고, 또한 훨씬 덜 독단적이라는 것이다. 나와 함께 평화를 연구하는 고든 펠먼 교수는 『하이 눈(High Noon)』(헉슬리의 『섬』보다 훨씬 더 영향력 있는 픽션)에서 비폭력이 어떻게 그려졌는지를 정확히 설명하고 있다. 이 기념비적인 영화에서 여주인공은 살인의 가책에 대해 이야기하지만, 그녀가 그려 내는 비폭력은 "미숙하고, 단순하며, 허약한 방법으로, 어떤 계획도, 상상력도 실질적인 힘도 없는 것"으로 평가된다." 비폭력이 단순한 외침이 아니라 실질적으로 강력한 힘이라는 사실, 그리고 집단수용소에서든 대통령 집무실에서든 누구나 다른 사람에게 행할 수 있는 것이라는 사실을 이해하면 비폭력이 "무기력하다"는 생각에서 벗어나 "효과를 발휘할" 잠재력이 있는 전술임을 깨닫게 될 것이다.

한 걸음 더 나아가 매우 과감한 제안을 하고자 한다. 이 제안의 내용에 대해서는 나중에 좀더 상세히 이야기할 것이다. 일단 제안의 내용을 보면 다음과 같다. 비폭력이 어떻게 작동하는지에 대해 충분히 알고, 이를 활용할 적절한 방법만 찾아낸다면 비폭력은 전쟁의 고통까지 낡은 것으로 만들어 버릴 수 있다.

사실 오늘날은 비폭력의 가능성을 선택하기 시작하는 단계에 불과하다. 비폭력이 실제로 활용되는 다양한 힘을 발휘하는 분야에 대해 이제까지 살펴보았지만 정작 "천하무적의 무기"인 비폭력의 작동방식에 대해서는 하나밖에 보지 못했다. 사실 이러한 작동방식에는 두 가지가 있다. 비폭력이 단순히 '……이 아닌 어떤 것'이 아니라 현실적 힘이라는 사실을 깨닫는 순간 비폭력의 발현 방식은 현실적이든 상징적이든 저항 모드가 아님이 분명해진다. 영국인이 주관하는 법정에서 재판을 받을 때 판사가 직업을 묻자 간디는 스스로를 "직업적 저항운동가"라고 부른 적이 있다. 그러나 법정 밖에서 간디는 자신이 평생을 바친 일에 대해 좀 다른 얘기를 했다. "내 평생 사명은 건설적인 일을 하는 것이다."[45] 비폭력은 불의에 대항하는 투쟁수단(펜과 아쇼카 왕이 보여 준 것처럼)일 뿐만 아니라 그보다 앞서 애당초 집을 올바르게 짓기 시작하는 힘이다. 저항운동을 하지 않는 대부분의 사람들에게 이는 어떤 의미를 갖는가? 이는 비폭력을 선반에서 꺼내 완전히 새로운 도구로 이용해서 우리와 우리의 아이들이 살아갈 미래를 설계하는 데 쓸 수 있다는 것을 의미한다. 이 놀라운 측면에 대해서 이제부터 살펴보기로 한다.

5장
지옥에서 빠져나오기

대지를 파괴하여 얻는 허망한 영광보다는 대지를 개선하는 데 헌신하는 사람의 마음
이 훨씬 더 큰 기쁨을 얻는다.
- 조지 워싱턴

동정심을 발휘하여 정의를 사랑하는 사람이 부끄럽게 느끼게 하라.
- 시리아의 성 이삭

무바라크 아와드는 내가 비폭력 강의 때 가능하면 자주 초청하던 연
사였다. 키가 크고 정중하며 진지한 데다 청중에 대한 흡인력도 있는
무바라크는 비폭력의 신념이 강했고, 아랍 어의 영향을 받은 영어로
이야기했기 때문에 특히 팔레스타인에서 벌어진 비폭력 운동이던 인
티파다(intifada, 문자 그대로 해석하면 흔들기라는 뜻)에 대해서 이야기할
때면 특히 무게감이 더해졌다. 무바라크는 팔레스타인 비폭력 연구
센터(Palestinian Center for the Study of Nonviolence)를 창립한 사람이며, 내
가 보기에는 이 센터가 인티파다와 밀접한 관계가 있다. 이스라엘 정
부도 분명히 그렇게 생각했을 것이다. 1990년에 무바라크는 팔레스타

인에서 추방된 뒤 처음으로 미국을 찾았고, 따라서 그때의 방문이 가장 극적이었다. 순교자의 후광 속에 서 있던 무바라크는 생생한 현장의 모습을 우리에게 들려줄 수 있었다. 우리 학생들은 미디어가 그려내는 인티파다의 이미지, 즉 폭력적이고 심지어 "테러리스트" 적인 반란이라는 식의 이미지를 비판 없이 받아들이지 않을 정도로는 교육이 되어 있었다. 그래도 나와 학생들은 무장한 이스라엘 군인들과 대치하는 "현장" 의 모습이 어땠는지에 대해서는 몰랐다. 심리학자로 교육받은 무바라크는 이런 상황을 알려 주는 데 매우 적임자였다.

인티파다는 1987년에 시작되었다. 당시 팔레스타인 사람들은 고향에서 쫓겨난 사람들이 테러를 저지르거나 게릴라전을 전개하는 것만으로는 목표를 달성할 수가 없으며, 이들 쫓겨난 사람들이 아니라 이스라엘 점령 하에 실제로 팔레스타인에 살고 있던 사람들이 뭔가 해야 한다는 사실을 분명히 깨달았다. 이들은 간디가 제창한 기법인 보이콧, 점포폐쇄 등의 방법(대부분 무바라크를 통해 진 샤프에게서 배운 방법)으로 저항을 시작했고, 그들 나름대로 개발한 투석이라는 방법도 사용했다. 이로 인해 팔레스타인 청소년들은 매우 어려운 입장에 빠졌다. 많은 어른들이 체포되었기 때문에 10대 소년들이 이들 대신 구타, 투옥, 살해 등의 위험과 대치해야 했다. 사실 미국에서는 어른조차도 이런 위험과 맞설 필요가 없다. 우리 학생들은 이 부분에서 매우 깊은 인상을 받았다. 그러나 무바라크를 위시해 우리 모두가 놀란 일은 인티파다가 시작되자 이스라엘 전역의 젊은이들이 마약을 중단했다는 사실이었다. 그 전까지 심각한 문제였던 마약과 알코올 남용이 사실상 사라졌다. 무바라크의 이야기를 계속 들어 보자. 가자 지구와 이스라엘 본토에도 이들과 똑같이 가난한 팔레스타인계 젊은이들이 살고 있었지만 이들은 인티파다에 참여할 방법이 없었다. 당연한 일이지만, 따라서 이들에게는 아무런 긍정적인 변화가 없었다. 인티파다가 없는 곳에서는 마약과 알코올이 여전히 활개 쳤다.

여기쯤 와서 독자는 의아해할 것이다. 무슨 이야기를 하려는 것인가? 비폭력 혁명이야말로 마약 문제를 해결할 길이라는 이야기를 하려는 것인가?

물론 아니다. 내가 하려는 이야기는 더욱 대담한 것이다. 내가 아는 한 우리는 비폭력적 혁명을 통해 '모든' 문제를 제거할 수 있다. 마약뿐만이 아니다. 범죄뿐만이 아니다. 그저 모든 것, 죽음과 세금을 빼고는 모든 것을 해결할 수 있다는 얘기다. 무슨 근거로 이런 대담한 주장을 하는가? 라말라와 베이트 사후르의 거리에서부터 해답을 찾을 수 있는 길을 더듬어 보자.

의미에 빠져 들다

무바라크가 이 모든 이야기를 해 준 직후 우연히 미국 신문은 미국의 약물남용 실태에 대한 놀라운 기사를 실었다. 각각 별도로 연구를 진행하고 있던 세 학자가 마약 상용자에 대한 통념을 깨는 사실을 발견했는데, 미국에서 "전형적인" 마약 상용자는 빈민가에서 가난에 시달리는 흑인 남성이 아니었다. 세 과학자는 모두 통념과는 완전히 다른 연구결과를 내놓았다.

조직에서 남보다 앞서가고 좀더 용감하면 더 마약에 취약하다.…… 이들은
더욱 활동적인 생활양식을 보이며, 정치적 운동에도 더욱 열심히 참여하며,
정보의 사용량도 많다.[1]

간단히 말해 이들은 미국 사회에서 "첨단"을 걷고 있는 사람들로
서 신분상승의 사다리를 가장 빨리 올라가는 사람들이다.

세 과학자 중 누구도 왜 보통 사람들보다 능력 있는 사람들이 더 마
약에 쉽게 빠져드는지는 설명하지 못했다. 한 사람은 "뭔가 숨겨진
요소"가 있을 것이라고 했고, 또 한 사람은 "기본 성격에 문제가 있을
수도 있다"고 진단했는데 그 문제가 무엇인지는 설명하지 못했다. 세
번째 학자는 적어도 뭔가 설명을 내놓았는데, 그 설명에 따르면 이 사
람들은 "강한 자극을 추구하는 사람들"이라는 것이다. 그래서 이 학
자는 마약 중독자들에게 강한 자극을 얻는 활동을 처방했다. 예를 들
어 스카이 다이빙, 번지점프, 디스코 댄싱 등이다. 이러한 자극 덕분
에 이들은 마약을 멀리할 수 있게 되었고, 이 방법은 분명히 "Just say
no"라는 범퍼 스티커보다 효과가 있었다. 여기서 자연스럽게 다음과
같은 의문이 나온다. 무엇 때문에 재능 있고 활력이 넘치는 젊은 사람
들이 이런 자극을 통해서만 행복감을 얻을 수 있게 되었을까?

내가 보기에는 이 사람들이 정말 더 강한 자극을 찾고 있는 것 같지
는 않다. 이들은 단지 그들이 자극을 찾고 있다고 "생각"할 뿐이며,

이렇게 된 이유는 미디어가 우리 모두를 세뇌했기 때문이다. 이들이 진정으로 찾고 있는 것은 인생의 의미이다.

교육제도연구프로그램(Cooperative Institutional Research Program)은 최근 미국의 총명한 젊은이들에 대한 연구결과를 발표했다. 이 결과에 따르면 미국의 젊은이들은 전례 없이 돈, 권력, 지위에 관심이 많으며, 압도적으로 물질주의적이다. 과거에 비해 관심이 가장 크게 줄어든 분야는 박애주의적 활동이나 사회적인 관심이다.[2]

이는 목적이 없는 사람들의 모습을 잘 보여 주고 있다.

미국과 팔레스타인의 젊은이들은 서로 다른 방법으로 마약의 손아귀에서 빠져나왔다. 하나는 강한 자극을 찾는 방법이고, 다른 하나는 비폭력적인 혁명을 통해서 이러한 일을 이루어 냈다. 그런데 이들이 당초에 마약에 빠져든 이유는 비슷하다. 두 나라의 환경이 판이하게 달랐음에도 불구하고 양쪽 다 삶에 대한 희망이 없다는 사실에 굴복했던 것이다. 팔레스타인 젊은이들의 경우 성장의 기회는 압도적인 힘을 가지고 자신들을 멸시하는 억압자들의 손에 의해 봉쇄되어 있었다. 미국 젊은이들은 일시적이고도 외부적인 만족에 매달려 있었고, 이들은 경험을 통해 이러한 만족이 얼마나 허망한지 알고 있었다. 이들은 부유했지만 매우 빈곤했다. 이들은 테레사 수녀가 말한 대로 "영신적으로 가장 빈곤한 사람들"이었다. 왜냐하면 미국의 젊은이들은 봉사와 의미로 채워진 삶을 향해 가는 길을 알지 못했기 때문이다.

팔레스타인 청년도 미국의 청년도 모두 삶의 의미를 찾아 헤매고 있었으며, 이는 번지점프를 한다고 해서 찾을 수 있는 성질의 것이 아니다. 얼마 지나지 않아 이런 젊은이들은 번지점프의 스릴도, 헤비메탈 음악에 맞추어 몸을 흔들어 대는 디스코에도 싫증이 나서 마약으로 돌아가리라고 보는 편이 옳을 것이다. 물질과 감각적 쾌락의 추구는 문제의 일부이지 해결책이 아니다. 그리고 이 문제는 미국의 일부 젊은이들이 직면한 문제보다 더 큰 문제이다. 다시 말해 모두의 문제라는 뜻이다. 미국인들이 모두 번지점프에 매달린다면 범죄, 노숙자, 절망 등의 문제가 해결될까? 로작의 표현을 빌리자면, 강한 자극은 일부 사람들에게 "효과가 있을지"도 모르지만 궁극적으로는 효과가 없다. 이 점이 인티파다와 미국 젊은이들 사이의 다른 점이다. 인티파다는 팔레스타인 젊은이들에게 단순히 할 일을 준 것이 아니라 뭔가 '의미 있는' 일을 준 것이다. 물론 번지점프도 인티파다도 위험과 흥분을 수반한다(전투도 마찬가지이다). 그러나 비폭력적 저항에 따라오는 위험은 절대적인 목표를 위한 것이다. 반면 번지점프를 비롯한 미국 젊은이들의 자극의 경우 위험 또는 위험이 가져다주는 스릴이 목표이다. 그러나 이것만으로는 불충분하다. 여기서 '평화의 책임'의 일원으로 니카라과에 갔던 수 세브린의 이야기를 다시 떠올리지 않을 수 없다.

당시 나는 하느님의 손 안에 있다는 느낌이 들었다는 말밖에는 달리 표현할 방법이 없다. 안전하거나 다치지 않으리라는 느낌이라기보다는 내가 있을 곳에 있고 할 일을 한다는 느낌이었다. 이러한 느낌은 중독성이 있다. 그래서 계속 그곳으로 가게 되나 보다.

여기서 수 세브린은 중독성이라는 표현을 썼지만, 의미 있는 일이 갖는 힘은 이런 것이다. 워낙 강력해서 약물에 대한 의존성도 뛰어넘을 수 있는 힘 말이다. 샌프란시스코에서 발행되는 젊은이들의 신문인 「젊은이의 전망(Youth Outlook)」은 최근 샌프란시스코의 젊은이 하나가 자신은 왜 헤로인 중독자가 되었는가에 대한 충격적인 인터뷰 기사 "나는 영혼의 영원한 평화를 얻고 싶었다"를 실었다.[3]

그는 평화를 찾고 있었다. 평화를 찾지 않는 사람이 어디 있는가? 그는 평화를 마약 속에서 찾았다. 왜냐하면 이 사람은 우리가 필요로 하는 것이 외부로부터 온다고 세뇌당했기 때문이다(오늘날 그렇게 세뇌당하지 않은 사람이 어디 있는가?). 평화는 주사기로 주입하는 것이고, 안전이나 건강은 돈 주고 사는 것이다. 그러나 어떤 사람은 우리가 찾는 것이 밖에 있지 않다는 사실, 그저 심각한 마약중독으로부터 우리를 끌어내 줄 것이 마음속의 평화라는 사실을 알고 있다. 이러한 평화는 삶에 대해 분명한 목표를 찾아야 얻을 수 있다.

나의 터무니없어 보이는 주장이 이제 조금씩 이해되기 시작했는가?

형사제도

몇 년에 걸쳐 나는 수백 명의 젊은이들이 인티파다 운동과 근본정신이 비슷한 사업에 뛰어드는 모습을 보아 왔다. 물론 인티파다만큼 위험하지는 않았지만 말이다. 이들을 가까이서 본 것은 내게는 큰 특권이었다. 나토군이 옛 유고슬라비아를 폭격하기 몇 달 전 나는 코소보에 사는 알바니아계 소수민족이 겪는 고통에 관해 버클리에서 열린 토의의 사회를 맡은 적이 있다. 당시 세르비아 감옥에서 이틀을 보내고 돌아온 (앞서 이야기한 바 있는) 젊은이 두 사람이 토론자로 참석했다. 두 사람은 나직하지만 열정에 찬 목소리로 말했다. 이들은 아무리 작은 일이라 할지라도 다른 사람의 고통을 덜어 주기 위해 뭔가 할 수 있는 일이 있다는 사실로부터 자신이 매우 안전하다는 느낌을 받았다고 말했다. 이들은 분노가 섞이지 않은 상태에서 담담하게 말했다(물론 청중석에 있던 일부 세르비아 민족주의자들은 분노를 터뜨리기도 했지만). 이들은 사랑을 담아 이야기했다. 내 학생들 모두(사실 인류 전체)가 이렇게 고요한 성취감을 맛보면 얼마나 좋을까 하고 생각했다.

그렇다고 내가 "젊은이들에게 평화를 위해 일할 기회를 주어라. 이렇게 하면 마약에 손을 대지 않을 것이다"라는 말을 하려는 것은 아니다. 내가 말하고 싶은 사실은 이 젊은이들이 무언가, 그러니까 어떤 원칙을 만났다는 사실이다. 이 원칙은 개인 차원에서든 집단 차원에서든 누구나 자기 나름대로 적용할 수 있는 원칙이다. 이러한 생각을 좀더 잘 설명하기 위해 하나의 사회로서, 아니면 하나의 문명권으로서 미국이 직면해 있는 가장 큰 문제로 시선을 돌려 보겠다.

　오늘날 미국에서 교정시설에 수감되어 있는 청소년의 절반 정도가 마약 관련 범죄를 저지른 사람들이다. 마약을 하느라고 미국인이 쓰는 돈은 엄청나다. 당국자들은 1995년에 이 규모가 573억 달러로 줄어들었다며 순진하게도 기뻐했다.⁴ 한편 미국은 "향정신성 의약품과의 전쟁" 비용으로 179억 달러를 지불했다. 그리고 우리는 이 전쟁에서 지고 있다. 이 점에서는 마약과의 전쟁을 연구하는 모든 전문가들이 동의하고 있다. 이러한 상황에서 미국이나 팔레스타인 청년들이 "자발적으로 마약을 포기"한 사례가 갖는 의미를 살펴보지 않을 수 없다. 이러한 사례를 보면 마약에 대한 전쟁도 범죄에 대한 전쟁도 아닌(이상하게 들리겠지만) 어떤 형태로든 전쟁이 아닌 완전히 새로운 접근방법이 가능하리라는 생각이 든다.

　마약 남용은 앞에서 본 것처럼 폭력과 마찬가지로 여러 가지 측면에서 생각해 볼 수 있다. 서양 여러 나라들은 이 방법이 옳든 아니든 마약을 범죄로 규정했다. 다른 시각도 얼마든지 있을 수 있지만 어쨌든 지금은 폭력이라 해 두고, 이 기회를 이용하여 폭력이라는 문제 전체를 다시 한번 살펴보자. 마약과의 전쟁(대부분의 경우 결국 마약에 빠진 희생자를 박해하는 전쟁이지만)은 범죄 전체와의 전쟁이라는 큰 전쟁의 일부이며 우리는 이 큰 전쟁에서도 참패하고 있다. 1996년에 형사정책위원회(National Criminal Justice Commission)는 다음과 같이 보고한 적이 있다. "1980년 이래 수감자 수는 세 배로 늘어났으며, 법을 집행하는 데 드는 비용은 네 배로 늘어났다. 그러나 범죄율은 거의 변하지 않았으며, 다른 어떤 때보다 사람들의 공포감은 더 늘어났다."[5] 그러면 1996년 이후는 어떠했는가? 상황은 계속 나빠지고 있다. 범죄학자 리처드 퀴니는 중요한 자신의 책 『평화를 지향하는 범죄학(Criminology as Peacemaking)』의 서문에서 이렇게 쓰고 있다.

> 근본적인 문제부터 다시 생각해 보자. 범죄에 대해 무수히 연구도 했고 별별 공공정책을 다 썼지만, 미국은 범죄 문제를 이해하거나 해결하는 근처에도 가지 못하고 있다. 범죄에 강력히 대응하면 할수록 미국은 범죄 문제의 이해 혹은 감소로부터 점점 더 멀어진다.[6]

루스 모리스가 기념비적인 책 『형벌의 폐기(Penal Abolition)』에서 이야기한 것처럼, 범죄와의 전쟁 말고도 미국의 행형제도는 한 마디로 말해 "비용이 많이 들고 불공평한 데다가 부도덕적인 실패 사례"일 뿐이다.[7]

범죄와 폭력은 늘어나는데 이를 줄이려는 국가는 이를 저지할 능력이 없는 상황으로 인해 미국은 시련에 처했다. 1967년 4월, 베트남 전쟁이 한창일 때 마틴 루터 킹은 유명한 뉴욕의 리버사이드 교회 연설에서 다음과 같은 예언자적 이야기를 한 적 있다. "어떤 나라든 중대한 도덕적 위기에 처하면 이러한 시기가 온다. 인류 역사의 중요한 순간에 우리는 어떤 선택을 해야 하며, 이를 피하고 넘어갈 수는 없다."[8] 미국은 피하는 쪽을 택했으며, 전쟁을 명예로운 방법으로 끝내지도 못했지만, 그렇다고 해서 구제불능의 상태로까지 빠진 것 같지는 않다. 오히려, 이런 문제가 터질 때마다 흔히 있는 일이지만, 미국은 다른 위기를 만들어 냈거나 아니면 겉모습만 다른 같은 위기를 자초했다.

> 오늘날은 캘리포니아 역사의 분수령이 될 만한 시기다. 이러한 시기에 우리는 좀더 건강한 사회로 나아가는 길을 택할 수도 있고, 인간 창고라는 실패한 시스템을 유지하기 위해 자금을 마지막 한 푼까지 쏟아 넣는 길을 택할 수도 있다.[9]

샌프란시스코의 청소년 및 형사제도센터의 전 소장인 빈센트 시랄디가 한 이 말에 공감한 사람 중에는 램지 클라크 전 법무장관이 있다. 1998년에 기금 모금을 위해 보낸 편지에서 클라크는 미국이 "경악할 만한 도덕적 위기"에 직면해 있다고 지적했다. 당시(지금은 상황이 더 나쁘지만) 미국에서는 1,366명이 사형집행을 대기 중이었고, 매주 새로운 사형수가 생겨나고 있었다. 세계에서 미국과 비슷한 정도로 사형집행을 하는 나라는 남아프리카, 중국, 이란 등 세 나라뿐이었다.

클라크가 이 말을 하고 나서 얼마 후 남아프리카가 명단에서 빠졌다. 넬슨 만델라가 이끄는 새로운 정권은 아파르트헤이트에 반대함과 동시에 사형제도와 인종차별주의를 모두 포기했다. 이렇게 되면 중국과 미국만이 남는다. 게다가 미국에는 사형뿐만 아니라 범죄에 의한 살인도 있다(매년 미국에서 총기로 사망하는 사람의 수는 어떤 선진국과 비교해도 수십 배에 이른다). 최근 몇 년 사이에 국제사법재판소는 미국에 대해 사형 판결을 연기할 것을 요청했으나 소용이 없었다. 세계에서 가장 오래된 민주제도를 자랑하는 나라가 전 세계를 폭력적 형벌제도로 뒷걸음질치게 만든다는 사실은 받아들이기 힘들다.

그러나 범죄는 위험뿐만 아니라 "기회"도 품고 있는 위기이다. 무수한 문제들 속에 숨어 있는 이 "기회"를 제대로 보려면 우선 모든 것을 다른 각도에서 관찰해야 한다.

죄와 재활

다음은 1992년 내 컴퓨터로 흘러 들어온 긍정적 변화 보도기사의 일부이다.

주제: 라틴아메리카
제목: 환경, 밀렵꾼들이 자연보호구역 감시원들이 되다
인터프레스 서비스(IPS)
로베르토 에르쉐르 기자

부에노스아이레스, 11월(IPS): 한때 멸종 위기 동물을 쫓던 밀렵꾼들이 아르헨티나 자연보호구역의 감시원들로 변신하여 그들이 사냥하던 동물들을 보호하고 있다.
이렇게 놀라운 변화가 일어난 장소는 아르헨티나의 수도인 부에노스아이레스로부터 북쪽으로 700킬로미터쯤 떨어진 코리엔테스 주의 이베라 자연보호구역이다.

1987년, 페드로 페레아 무뇨스는 이베라 자연보호구역의 책임자가 되었다. 무뇨스는 "밍고" 카브레라와 라몬 카르도소라는 두 명의 밀렵꾼을 만났다. 두 사람은 아주 어렸을 때부터 자연보호구역에서 살아왔다.

이들의 삶은 힘들었다. 카브레라와 카르도소는 자연보호구역 안쪽 깊숙한 곳에 있는 늪에서 고기를 잡거나 사냥을 해서 연명했다. 가끔 이들은 자연보호구역 남쪽 끝에 있는 펠레그리니라는 조그만 시장까지 나가서 사슴이나 악어 가죽을 팔았다.

이들에 대해 적대적 태도를 취하는 대신 무뇨스는 이 두 사람에게 이베라 자연보호구역을 다른 어떤 사람들보다도 더 잘 알고 있다는 사실과, 사냥이 이들의 유일한 생계수단이라는 사실에 착안했다.

무뇨스는 IPS와 인터뷰에서 이렇게 대답했다. "내가 이들에게 취직을 하겠느냐고 하자 두 사람은 믿을 수 없다는 듯 나를 바라보았다. 오늘날 이들은 이베라 자연보호구역 안에서 가장 정직하고 열심히 일하는 감시원이 되었다."

그리고 "자연을 이해하려면 먼저 마음이 평화로워야 한다. 이들은 마음의 평화를 갖고 태어났다. 이들이 사냥꾼이 된 것은 단지 먹고 살기 위해서였을 뿐이었고, 이제 두 사람은 더할 나위 없이 뛰어난 안내원과 감시원의 역할을 수행하고 있다. 자연보호구역에 들어오는 사람들의 눈빛만 봐도 이들은 밀렵꾼이 누구인지 알아낸다"고 무뇨스는 말했다.

청정한 이베리아의 습지에서는 남미의 다른 지역에서는 이미 사라진 희귀종인 습지사슴 500여 마리가 살고 있다. 덩치 큰 포유류인 이 동물의 발굽은 특이하게도 발가락들과 막으로 연결되어 있다.

이베라 자연보호구역 안에는 또한 "아구아라 구아수"라는 이름의 멸종위기에 처한 작은 늑대들이 살고 있다. 그리고 이 독특하고도 취약한 생태계 안에는 다양한 설치류, 도마뱀, 악어 등과 다양한 색의 새들이 살고 있다. 카브레라와 카르도소는 자연보호구역 안에 근무하는 여섯 명의 감시원들 중 한 명일 뿐이지만 수많은 과학자들, 사진가들, 생태보호운동가들이 가장 선호하는 안내원들이기도 하다.

카브레라는 이렇게 말했다. "이제 이 자연보호구역이 얼마나 중요한가를 깨닫고 나서 돌이켜보니 우리도 모르는 사이에 자연보호구역 근무를 준비하고 있었던 게 아닌가 하는 생각이 든다."

이 사건은 우리의 의표를 멋지게 찌른 사건이다. 카브레라와 카르도소는 "범죄인"이었고, 무뇨스는 이들을 당연히 범죄인으로 다룰 수 있었다. 그러나 그렇게 했다면 무뇨스는 아주 좋은 기회를 놓쳤을 것이다. 그래서 그는 두 사람을 문제의 "근원"으로 보지 않고 이들을 "해결책"으로 탈바꿈시켰다. 그리고 이 두 사람은 문제를 해결했다. 그러고도 성과가 두 가지 더 있었다. 첫째, 무뇨스의 현명한 선택으로 인해 갈등으로 치달을 뻔했던 상황이 모든 사람이 승자가 되는 "윈-윈(win-win)" 상황이 되었다. 무뇨스는 임무를 수행했고, 카브레라와 카르도소는 범죄인으로부터 관리관, 도우미로 탈바꿈했다. 모든 사람이 승자가 되었으며, 동물들까지 승자가 되었다.

둘째, 카브레라와 카르도소는 뭔가 심오하고도 영구적인 이익을 얻었다. 그 이익은 이제 비폭력적 활동의 징표로 우리가 이해하기 시작하고 있는 것, 다시 말해 삶의 의미이다. "아마 우리는 자연보호 구역에서 일할 것을 오래 준비해 왔는지도 모른다."

범죄와 "범죄자들"에 대해 이렇게 혁명적인 생각을 하는 사람은 페드로 무뇨스만이 아니다. 비슷한 시기에 미국 교사 두 사람이 각각 따로 비슷한 생각을 했다. 수감되어 있는 청소년 수감자들에게 고도 지체부자유자들을 맡기는 방법을 택한 것이다. 샤론 로버츠가 이 두 교사 중 한 사람이다. 스스로의 표현대로 그는 로스앤젤레스 교육 당국에 "로스앤젤레스에서 가장 위험한 젊은이들에게 가장 취약한 젊은이들을 맡기는 것"을 허락해 달라고 요청했다.[10] 극과 극의 만남은 대성공을 거두었다. 여기서도 수감자와 지체부자유자 모두가 "승자"가 되었다. 열여섯 살 된 알프레드는 크립스라는 조직의 일원으로 "길거리에서 나쁜 짓 하는 것이 습관이 되어 있던" 젊은이였는데, 총격 사건에 연관되어 수감되어 보석 중이었다. "이제 옛 친구들이 와서 또 한 탕 하자고 하면…… 나는 다른 할 일이 있다고 그들에게 말해요." 다른 일을 예를 들어 스타라는 지체부자유자 소녀를 학교에 데려다 주면 이를 알프레드의 학교 성적과 봉사 점수에 반영해 주는 것이다. "이를 통해 나도 뭔가를 할 수 있다는 사실을 알았어요. 이런 느낌은 처음이었어요. 내가 스스로 생각한 것보다 남들에게 더 친절할 수 있다는 사실을 깨달았습니다."[11]

이것으로 이제 알프레드의 마음속에는 남을 도울 수 있다는 사실이 "뭔가를 하는" 데 유일하게 중요한 요소라는 사실이 다가왔음을 알 수 있다. 그러니까 "무엇인가를 한다"는 것은 남을 해쳐서 자신만을 돕는 것이라는 생각의 틀로부터 빠져나왔다는 뜻이다. 이제 너와 나 모두 그리고 사회 전체가 승자가 된 것이다. 그대로 뒀으면 거의 예외 없이 더한 짓이라도 했을 젊은이들이 단순한 방법 하나로 출구 없는 악순환으로부터 빠져나올 길을 찾았다. 그 방법은 스스로의 마음속에서 선함을 찾아내는 것이었다.

고대 로마에 이런 속담이 있었다. "최선의 사람들이 저지르는 부패가 최악이다." 이 속담을 이렇게 뒤집을 수 있다. "최악의 사람들을 구제하는 것이 최선이다." 이 속담은 역설적이 아니다. 앞에서 본 바와 마찬가지로 사회적으로 가장 많은 것을 성취하는 사람들이 마약에 빠지는 성향이 있으며, 가장 유능한 사람들이 현대적 삶에서 가장 큰 좌절을 겪는 것도 드문 일이 아니다. 그들은 현대적 의미에서의 성취가 얼마나 공허한가를 깊이 느끼고 있고, 또 동시에 자신이 가진 큰 능력을 비건설적인 목적으로 쓰고 있다. 따라서 최악의 말썽꾸러기가 창조적 잠재력을 가장 많이 가지고 있다는 주장은 논리적일 수밖에 없다. 그런 잠재력의 존재를 알고 이를 끄집어 내려는 용기를 갖기만 하면 된다. 아주 간단하다.

"또래에 의한 중재"가 요즘 미국 전역의 많은 학교에서 인기를 끌고 있다. 교사들과 교육 행정 담당자들은 이 방법이 싸움에 "찬물을 끼얹는" 경우가 많은 데다가, 이 방법을 쓸 때마다 특별한 패턴이 나오고 있어 매우 반가워하고 있다. 그 패턴은 최고의 말썽꾸러기들이 최고의 중재자가 된다는 것이다. 사실을 알고 보면 이처럼 자연스러운 일도 없다.

"회개한" 말썽꾸러기 하나가 내 친구에게 이런 말을 했다고 한다. "문 앞에서 나 자신을 접고 들어가요." 나를 위해 들어가는 것이 아니므로 내 느낌은 옆으로 치워 두어야 한다는 뜻이다. 그리고 덧붙이기를 "더욱 중요한 것은 중재자가 될 능력이 항상 내 안에 있었는데, 아무도 이것을 일깨워 주지 않아 써먹을 기회가 없었다는 사실이에요." 이 젊은이가 대단히 특별한 것은 아니다. 모든 사람들이 이러한 능력을 갖고 있지만 사용법을 터득하는 사람이 극히 적을 뿐이다. "우리는 모두 숨겨진 금광맥과도 같은 존재들이다."

그의 이야기를 요약하면 세 문장으로 압축된 분쟁해결의 교과서가 나온다.

(1) "나 자신을 접는다," 즉 우리 자신의 감정보다 한 차원 높은 곳에서 내려다보아야 한다. 크든 작든 일종의 영신적인 희생이 평화라는 열매를 맺을 수 있는 행동의 기반이 된다.

(2) 이렇게 되기 위해 필요한 것은 약간의 훈련뿐인데, 불행히도 이러한 훈련을 받을 기회를 얻는 사람은 매우 적다.

(3) 이러한 훈련을 받고 나면 사람들은 저마다의 마음속에 "금광"이 숨어 있음을 깨닫는다. 이러한 내면적인 금광을 찾지 못하면 사회에 대해 큰 문제를 일으키게 된다. 그러나 찾아내기만 하면

그 사람은 가장 창의력이 뛰어난 평화의 중재자가 될 수 있다. 그 사람이 아르헨티나 자연보호구역의 밀렵자든 아니면 로스앤젤레스 뒷골목의 청소년 범죄자든 사회가 일단 이들을 수렁에서 건져 내면 최악의 사고뭉치들이 사랑으로 가득 찬 사회를 이루는 데 가장 큰 기여를 하는 경우는 아주 많다.

앞서 이야기한 아르헨티나 자연보호구역의 기사를 쓴 기자는 카브레라와 카르도소가 "놀라운 변신"을 했다고 썼지만 지금 살펴보면 인티파다의 젊은이들이 마약을 끊은 것이나, "가장 위험한" 로스앤젤레스의 젊은이들이 지체부자유자들을 도우면서 보람을 느낀 것이나, 두 밀렵자의 개심이나 크게 다를 것이 없고, 어느 한쪽이 더 "놀랍다"고 말할 수 있는 것도 아니다. 이 모든 경우에서 "최악의" 말썽꾸러기들은 내면에 숨겨진 능력을 찾아냈다. 이 사람들을 보통의 범죄자 다루듯이 했으면 앞서 우리가 살펴본 모든 이익은 사라져 버렸을 것이다.

뱀처럼 영악하다

"숨겨진 금광"을 찾을 가능성이 있다고 해서 범죄자들을 모두 지체부자유자 돕기, 멸종 위기 생물의 보호, 중재 같은 일을 당장 맡겨야 한다는 뜻은 아니다. 이상을 갖는 것은 좋지만 어리석어서는 안 된다. "말썽꾸러기" 중 이런 일을 해낼 수 있는 사람들도 많지만 그렇지 않은 사람들도 있다. 작가 노먼 메일러는 비싼 대가를 치르고 이 사실을 깨달았다. 이해할 수 있는 일이지만 1981년 메일러는 사회가 범죄를 부추기는 분위기를 조성해 놓고는 잘못을 저지른 사람들에게 "범죄자"라는 딱지를 붙이는 사회의 위선에 대해 혐오감을 느끼기 시작했다. 메일러는 특히 강력한 범죄의 장본인이자 그 스스로 작가이기도 한 잭 헨리 애벗이라는 사람과 서신을 교환하고 있었다. 개인 차원의 항의의 의미에서 메일러는 자신의 영향력을 이용하여 자신이 보호한다는 조건 아래 애벗을 보석시켰다. 그러나 풀려난 지 6주 후 애벗은 그리니치 빌리지의 웨이터인 스물한 살 된 리처드 에이던을 죽였다. 또한 메일러는 열여덟 살 난 자신의 딸을 애벗과 단 둘이 둔 적도 많다는 것을 깨닫고 경악했다. 애벗은 재수감된 지 얼마 후 목을 매 자살했다.[12]

메일러는 순진했을지도 모르지만 이런 순진함에 빠진 사람은 메일러만이 아니다. 많은 사람들이 뭔가가 크게 잘못되었다고 느끼고 여기에 짜증스럽게 반응할 때 이런 일이 생긴다. 이런 상황에서 사람들은 잘못을 해결하기보다는 방향을 바꾸어 놓는다. 예를 들어 애벗에게 붙은 "가해자" 딱지를 떼 주려는 열망으로 인해 메일러는 이를 "피해자"로 바꾸어 놓았다. 그러니까 애벗은 사회 때문에 나쁜 사람이 되었고 따라서 그가 나쁜 것은 그의 잘못이 아니며, 그는 무죄이고 이에 따라 그는 "선한 사람"이 된다. 그러나 이렇게 딱지를 바꿔 단다고 해서 진실에 더 가까워지지는 않는다. 정말로 필요한 일은 딱지를 제거하는 것이다. 그래야만 인간은 서로를 인간으로 바라볼 수 있다.

사람과 사람 사이에 딱지가 가로 놓이면 폭력이 시작되는 것이다. 딱지를 제거하는 것이 인간성 회복의 첫걸음이다. 형사제도의 측면에서 인간성의 회복이란 사람들을 현실적인 시각에서 바라보고 이 사람들이 애당초 왜 법률을 위반하게 되었는지 살펴보는 일이다. 그러고 나면 이들을 어떻게 다루어야 할지에 대해서 알 수 있고, 한 걸음 더 나아가 다른 사람들이 같은 길을 걷는 것을 어떻게 방지할 수 있는지도 알 수 있게 된다.

메일러의 첫 번째 반응은 아주 옳은 것이었다. 루스 모리스가 말한 것처럼 "이른바 위험하다는 소수(감옥 속에 있는 사람들)는 밖에 있는 99퍼센트의 사람들을 오늘날의 비용이 많이 들고도 정의롭지 못하고 부도덕하기까지 한 제도 속에 묶어 두려는 사람들에게 이용당하고 있기" 때문이다.[13] 같은 논리로 권력자들은 소수의 급진적인 사람들을 범죄자로 규정하여 정의로운 투쟁을 부당하다고 몰아세우기도 한다. 예를 들어 할머니까지 포함된 알바니아계 소수민족들을 세르비아 정부는 모두 "테러리스트"로 낙인찍었다. 악과 타협하지 않는다고 해서 악을 행한 사람 개개인에 대해 반감을 가져서는 안 되며, 이런 사람들을 악인으로 낙인찍어서도 안 된다. 메일러는 이렇게 잘 알려진 비폭력의 원칙을 실행했을 뿐이다. 이들을 범죄자로 낙인찍는 것이 별일 아닌지도 모른다. 어쨌든 "범죄자"는 하나의 단어에 불과하니까 말이다. 그러나 이 단어 속에는 비인간화가 담겨 있으며, 사법제도에서 범죄란 루스 모리스가 그토록 정확히 지적한 것처럼 전체 제도 자체를 의미한다. 간디도 이 단어를 완전히 없애 버리자고 주장한다.

범죄자라는 단어를 우리 생활에서 없애 버려야 한다. 그렇지 못하다면 우리 모두가 범죄자이다.[14]

간디는 "인간은 절대적인 진리를 알 능력이 없으므로 따라서 애당초 다른 사람을 벌할 자격이 없다"고 믿었다.[15] 이런 생각이 너무 급진적으로 보인다면 똑같이 믿을 만한 다른 전문가의 이야기를 들어 보자. 아널드 트레배처 박사는 범죄학을 전공한 교수이자 워싱턴의 마약정책재단의 책임자이기도 하다. 전문가의 경험에 입각하여 교수는 이렇게 말한다. "영국과 네덜란드의 경우에서 우리는 마약을 사용하는 것은 미워할 수 있어도 마약 사용자는 미워해서는 안 된다는 사실을 배웠다."[16] 그러나 이들을 미워하지 않으려면 먼저 그들을 범죄자로 낙인찍는 짓부터 그만둬야 한다. 트레배처 박사는 사티아그라하 혹은 그리스도교의 가장 중요한 원칙에 온몸으로 공감하고 있었다. 성 아우구스티누스는 일찍이 1,500년 전에 그리스도인이란 이런 사람이라고 정의한 바 있다. "우리 그리스도인은 죄는 미워하지만 사람은 미워하지 않는다."

오늘날 이 오래된 가르침은 징벌로서가 아니라 재활로서의 형사제도에 새로운 기반을 마련해 준다. 해럴드 페핀스키의 이야기를 들어 보자.

사회를 좀더 안전하고 안정적으로 만들기 위해서 수천 년에 걸쳐 세계 여러 문화권의 사람들이 노력을 기울인 결과를 수십 년간에 걸쳐 연구해 보니 이들은 모두 두 가지 사회통제 시스템 중 하나를 선택했다는 것을 알 수 있었다. 하나는 "평화 이루기(peacemaking)"였다. 나머지 하나에 내가 붙인 이름은 "싸움 이루기(warmaking)"다. 정부가 국내 사회의 불안을 통제하기 위해 동원하는 수단을 이야기하면서 루스 모리스는 "싸움 이루기"를 "징벌적 형사제도"라고 불렀다.…… 사회적 문제가 생겼을 때 평화를 추구하기보다는 싸움을 거는 쪽을 택하면 다음과 같은 생각을 하는 것과 마찬가지가 된다. 첫 번째로 해야 할 일은 지금의 불안정과 위험을 불러온 자들을 가려내 이들의 잘못을 판단하는 것이다. 이들은 우리의 적이니까 말이다. 다음으로 해야 할 일은 이들을 격리하고 굴복시켜 결국 적의 투쟁의지를 꺾는 것이다. 이어서 적을 심판하고 처벌하는 과정이 따라온다(즉 적을 감옥에 가두어 힘을 빼앗는 것이다).

사회적 무질서의 문제를 "평화 이루기"의 방법으로 해결하기로 결정하고 나서 남을 비난하면 이로 인해 사회적인 무질서를 해결하는 일이 방해를 받고, 상대방 집단의 구성원들이 사회에서 안전하게 다른 구성원들과 지낼 능력을 회복하는 일이 어려워진다. 동시에 공격당할 위협을 느끼지 않고 상대방 집단의 구성원들에게 등을 돌리는 일도 어려워진다. 싸움 만들기에서 가장 어려운 일은 가장 강하고 가장 사악한 싸움꾼이 되는 일이지만, 평화 이루기에서 가장 중요한 과제는 '상대방의 구성원, 특히 가장 약한 구성원들부터 상호신뢰, 안정으로 이루어진 사회적 그물에 짜 넣는 것이다.'[17](' '표시는 저자)

이 "새로운" 사고방식(뒤에서 보겠지만 이러한 생각은 일부 사회에서 광범위하게 실현되고 있었다)은 단순한 느낌이 아니라 실용적인 원칙을 담고 있다. 제러미 벤담은 이렇게 말한 적이 있다. 징벌하는 법은 공포, 모방, 보복 등을 통해 인간을 잔혹하게 만드는 경향이 있는 반면, 부드러움에 기반을 둔 법은 국가의 통치방식과 정부의 이념을 인간적인 것으로 만들어 준다. 오늘날 범죄에 대해 "부드러운" 태도를 취한다는 공격을 받는다면 선거에 지기 안성맞춤이지만, 일부 조직들은 바로 이 부드러움의 힘을 이용해서 감옥이라는 암울한 환경 내부와 주변을 상당히 개선해 나가고 있다.

해결책 찾기

내 학생의 친구 중에 몸집이 자그마하고 귀여운 여성이 있었는데, 어느 날 이 여성이 샌 퀜틴 감옥의 창문도 없는 콘크리트 방에서 10여 명의 죄수들과 함께 둘러앉아 워크숍을 진행하고 있었다. 그때 갑자기 불이 나갔다. 어둠 속에서 이 여성은 남자들이 서로 속삭이며 자신의 주위를 움직이는 소리를 들었다. 심장이 쿵쾅거리는 것이 느껴졌다. 무한히 길게 느껴지는 시간이 지난 다음 불이 다시 들어왔다. 남자들은 팔을 서로 엮은 채 바깥쪽을 향해 그 여성을 둘러싸고 원을 그리고 서서 그를 보호하고 있었다.

미국에서 가장 성공적이었던 재활적 형사제도는 1975년에 뉴욕에 있는 그린헤이븐 주립교도소에서 시작되었다. 중요한 사실은 이 일을 시작한 사람들이 학자나 사회사업 전문가들이 아니라 수감자들이었다는 사실이다. 스스로를 "싱크 탱크(Think Tank)"라고 부른 이 사람들은 가까운 곳에 사는 퀘이커교 신자들의 도움을 받아 비폭력적인 교도소 생활이라는 대안을 모색하기 시작했다. 한 지역에서 시작된 협력 프로젝트는 곧 미국의 15개 주와 캐나다로 퍼져나가 이제는 "폭력 대안 사업(Alternatives to Violence Project, AVP)"으로 불리게 되었다. 그러자 비슷한 활동이 여기저기서 시작되었고, 방금 이야기한 젊은 여성도 이러한 활동을 하고 있었다. AVP란 무엇인가? 기본적으로 AVP는 인간성 회복의 환경을 만들어 주면서 수감자들이 폭력의 덫에서 빠져 나오도록 도와주는 일련의 워크숍이다. 사업의 기본 개념은 단순하며, 시간이 지나면서 익숙해지도록 되어 있다.

> 사회학습 이론가들은 공격성과 폭력이 학습된 행동임을 보여 주었다. 그러므로 이런 행동은 (생물학적, 유전적 한계는 있겠지만) 역할모델 등 사회학습의 여러 원칙 등을 이용하여 교정할 수 있다.…… 여러 연구결과에 따르면 폭력적인 행동과는 어울리지 않는 긍정적 반응(예를 들어 미소 짓기, 근육 이완시키기, 개방적이고 분명하며 직접적인 의사소통, 귀 기울여 듣기, 신뢰구축 등)을 이용하면 처벌, 모욕, 죄책감 느끼게 하기 같은 부정적인 방법을 썼을 때보다 공격성이나 폭력의 사례가 발생할 확률이 줄어든다는 사실을 알 수 있었다.[18]

여기서 물론 "생물학적, 유전적 한계(간디는 인간이 아닌 다른 종에 속했던가?)"에 의문이 생길 수 있지만, 그럼에도 AVP의 기본전제는 환영하고 칭송할 만하다. 매번 워크숍을 시작할 때마다 설명되는 이 전제는 간단히 말해서 이렇다. "인간은 서로 폭력적이 되도록 만들어지지 않았으며 인간의 폭력은 심지어 감옥 속에서도 피할 수 없는 것이 아니다." 그러므로 비폭력적인 기법을 가르치는 것은 "공격적인 사람들에게 많은 도움이 될 수 있다." 예를 들어 이들에게(아니면 우리들 중 누구에게든) 대항할 기법을 가르치면 어떤 상황에 대해 폭력으로 반응하는 일이 줄어든다(윈스턴 처칠이 말한 것처럼 "전쟁보다는 언쟁이 낫다"). 사우스 다코타 대학의 라일라 러커 교수는 이렇게 말한다. "이렇게 해서 나도 가치 있는 인간이라는 생각이 들면 내가 다른 사람과 연결되어 있다는 느낌이 생기게 된다."[19]

이 전제는 비폭력적 세계관의 기반을 이룬다. 여기서 중요한 것은 그저 공격성이 강한 사람들을 "정상으로" 돌려놓는 데 그치는 것이 아니라 오늘날 일상화되어 버린 정신적인 고립감을 극복하도록 도와주는 것이다. 공격적인 사람들이 이러한 적극성을 사회적 역량을 배양하는 데 쏟아 붓고, 자신의 에너지를 "제압하기" 대신 더불어 살기 쪽으로 방향을 돌리면 이들은 우리처럼 "비공격적"인 사람들조차 본받아야 할 정도로 성장한다.

러커 교수의 이야기를 계속 들어본다. "'교정' 기관을 '치유' 기관으로 탈바꿈시키는 일은 생각만 해도 짜릿한 기분이 든다."[20] 솔직히 말해 나는 이 말에 동의한다. AVP 같은 사업 이야기를 들으면 몸이 떨릴 만큼 기쁘다는 사실도 인정한다. 예를 들어 사법제도 전체를 사람을 벌하고 가두는 시스템으로부터 인간성을 회복시키고 사회적인 치유를 하는 기관으로 탈바꿈시켰다고 생각해 보라. 실제로 이런 일은 자주 일어난다. 가장 좋은 방법은 개혁을 향한 결의에 찬 사람들이 기존의 관행을 자신들이 고안해 낸 혁신과 접목하는 것으로, 여기서는 이 책의 에필로그에서 다루고 있다.

사법제도 전체를 AVP 같은 치유의 시스템으로 바꿀 수 있다면 엄청난 도움이 될 것이다. 왜냐하면 AVP 같은 사업은 올바른 원칙에 기반하고 있기 때문이다. "범죄자"로 낙인찍히는 사람들은 사실 다른 사람들과 똑같은 인간적 잠재력을 가진 사람들로, 단지 소외되어 있을 뿐이다. 범죄가 소외라면(소외도 일종의 폭력이다) 범죄는 처벌(이것도 또 하나의 폭력이다)로는 치유될 수 없다. 그러므로 진정한 치료약은 폭력이 아닌 것, 그리고 더 이상 소외시키지 않는 것으로부터 나와야 한다. 표현력이 뛰어난 어떤 교정운동가의 말대로 범죄자들에게 "여기서 나가!"라고 말할 것이 아니라 "이리로 들어와!"라고 하는 것이 치유와 인간성 회복을 지향하는 형사제도이다. 사법제도 전체를 처벌로부터 치유로 바꿨을 때의 이익이란 상상할 수조차 없을 정도다.

그러나 여기서 멈춘다면 아무 효과도 없을 것이다. 누군가가 교도소에 들어가기까지 이미 얼마나 많은 피해가 발생했는지 생각해 보라. 샌프란시스코 지역사회협의회를 창립한 레이 숀홀츠는 이렇게 말한 적이 있다. "미국의 사법제도는 온통 사후약방문뿐이다. 마치 미국의 의료사업이 그런 것처럼." 심지어 처벌 대신 치유를 지향하는 프로그램조차도 사후약방문뿐이다. 인도에는 이런 이야기가 전해져 내려온다. 어떤 시골 사람이 마을 근처의 수풀로 나무를 하러 갔다가 성자를 만난다. 성자는 이 사람에게 숲 속으로 더 깊이 들어가면 백단나무가 많이 있다고 알려준다. 나무꾼은 그곳까지 찾아가 향기를 흠뻑 들이마셨을 뿐만 아니라 장작까지도 해 온다. 그런데 감사 인사를 하러 성자를 찾아가니 성자는 또 이렇게 말한다. "거기서 멈추지 마시오. 계속 가면 구리광산을 찾을 것이오." 나무꾼은 기쁨에 넘쳤다—그러나 나는 인도 사람이 아니기 때문에 길고도 재미있는 이 이야기를 간단히 마치려고 한다—성자는 나무꾼에게 이렇게 말한다. "거기서 멈추지 마시오." 계속 가면 나무꾼은 은광, 금광, 다이아몬드광산을 만날 터였다.

무수한 개혁 사업들이 사후약방문적인 것을 생각해 보면 성자가 이렇게 말하는 소리가 들리는 것 같다. "여기서 멈추지 말라. 숲으로 더 깊이 들어가라. 인과관계의 사슬을 더듬어 올라가 보라. 가치체계의 뿌리까지 더듬어 올라가 범죄, 폭력, 소외 등을 애당초 방지할 수 있는 변화를 일으킬 방법을 찾아보라." 카브레라나 카르도소 같은 사람들, 고등학교의 문제아였다가 최고의 중재자로 탈바꿈한 청소년들, AVP를 비롯한 다양한 사업을 통해 혜택을 받은 젊은 범죄자들의 "회개"가 의미하는 것은 소외의 상처를 치유하는 것에서 멈추지 않고 소외를 일으키는 조건을 바꾸는 데까지 나아간다. 이렇게 해서 이런 사람들(이들뿐만 아니라 우리 모두까지)은 성취감을 느끼는 삶을 살 수 있는 것이다. 이것이야말로 범죄행동의 원인이 되는 소외를 완전히 없애 버리는 유일한 길이다.

이것 이외의 다른 방법이란 어느 정도의 위선이 들어 있지 않을까? 결국 "범죄자"란 무엇인가? 20세기의 가장 비극적인 전쟁 중 하나의 전쟁에서 우리가 알아낸 것을 살펴보자. "우리는 왜 서로 죽일까?" "……이곳(발칸 지역) 사람들은 텔레비전에서 보고 들어 왔던 것을 항상 믿어 왔고 지금도 믿고 있다." 솔직히 말해 "범죄자"들은 텔레비전에서 보고 들은 것을 그대로 믿는 사람들이다. 인간은 서로 고립되어 있고 인생은 전쟁이며, 행복은 밖에서 찾아야 하고, 인간은 모두 제한된 자원을 둘러싸고 끝없이 경쟁할 수밖에 없는 존재들이라고 믿는 사람들 말이다.

이것은 물론 직설적으로 증오를 부추기는 벨그라드 국영 텔레비전보다는 좀더 무의식에 호소하는 식의 메시지이다. 그리고 이러한 식의 텔레비전 메시지는 5년 정도가 아니라 적어도 40년간 인간을 세뇌시켜 왔다. 40년이 넘도록 하루 종일 모든 텔레비전과 라디오에서 이런 종류의 메시지(기본 철학이 폭력인 메시지)가 흘러나오는 문화에서, 이러한 메시지에 세뇌되어 불법행위를 한 사람을 처벌하는 것은 위선이다. 그리고 이러한 사람들을 가두어 두면 안전하리라는 생각은 미친 생각이다. "내가 당한 대로 갚아 주리라"라는 재앙의 예고는 우리 곁을 떠나지 않을 것이다. 우리가 소외의 망령은 방치하면서, "범죄자"들을 감옥에 가두어 그저 눈에 보이지 않게 하는 방법에 매달린다면 말이다. 진정한 안전은 완전히 다른 얼굴을 하고 있다.

> 응징에 기초한 사법제도, 그러니까 위계제도, 제복을 입은 법관들, 무장한 경찰과 경비가 삼엄한 감옥으로 이루어진 시스템은 우리가 잃어버린 좀더 심오

한 안전에 대한 콘크리트 대체물일 뿐이다. 더욱 비극적인 것은 이러한 임시 변통이 우리 내면의 갈증을 조금이나마 해소해 준 결과 우리는 무슨 일이 일어나든 사랑과 도움을 확신할 수 있는 아름다운 공동체 속에서 느끼는 진정한 안전을 추구하지 못하고 있다. 현재 시스템으로는 아무리 많은 사람을 가두어도 계속 범죄자가 나타날 것이다.…… 그러나 우리는 사랑과 도움으로 둘러싸인 모습의 공동체를 창조할 수 있다.[21]

문화적인 것이 정치적인 것이다

그러면 숲 속의 현자가 말한 것처럼 더욱 깊이 들어가 보자. 범죄의 문제를 해결하기 위해 비폭력을 쓸 수 있지만, 감방 문이 닫히기 전에 일을 해결해야 한다. 여기서 더 깊이 들어간다는 것은 인과관계의 계단을 세 개 더 올라간다는 뜻이며, 각 단계에서 어떻게 할지를 생각해 본다는 뜻이다.

1단계: 체포된 사람들, 특히 젊은 사람들에 대해서는 인간성 회복에 초점을 맞춘다. AVP와 샤론 로버츠는 이 분야의 선구자들로, 전체 제도를 어떻게 해야 하는지를 보여 주고 있다. 이것은 대단히 급진적인 주장도 아니다. 대중에게 새로운 것이기는 하지만('인간성 회복을 지향하는 사법제도'라는 용어를 신문에서 처음 본 것이 1998년 6월이었으니까), 사회과학자들에게는 터무니없거나 완전히 새로운 생각이 아니다. 루스 모리스를 마지막으로 인용하자면 이렇다. "대학 교육 프로그램이 간수, 교도행정관, 변호사 및 경찰관 들에게 현재의 징벌적이고 파괴적인 사법제도를 훈련하는 장으로 쓰인다면 결국 이들은 응징에 입각한 체제가 긍정적인 사회적 목표를 결코 달성하지 못한다는 무수한 연구 성과를 접할 수 없게 된다."[22] 이제까지의 방법으로 실패한 대상들에게는 인간성 회복을 지향하는 사법제도가 첫 번째 단계이다.

2단계: 범죄행위, 특히 청소년 범죄를 막을 수 있는 프로그램에 더 많은 지원이 제공되어야 한다. 미국의 거의 모든 도시에서는 경찰과 자원봉사 단체들이 젊은이들에게 떼지어 몰려다니는 대신 뭔가 의미 있는 일을 하게 해 주려고 애쓰고 있다. 그래서 농구 경기도 주선하고, 젊은이들이 시간을 보낼 수 있는 장소를 마련해 주고, 무엇보다 그들과 함께 시간을 보내 준다. 미국 사회의 가장 큰 상처 중 하나는 세대 간의 갈등이다. 이것은 아마 양성 간의 대화부족이 문화에 대해 가져오는 파괴적인 효과에 필적할 것이다. "빅 브러더(Big Brother)"나 "빅 시스터(Big Sister)" 프로그램은 이러한 문제를 일부 해소할 수는 있지만, 이것도 가족을 대체하지는 못한다. 가족을 대체할 수 있는 것은 아무것도 없다. 사랑으로 뭉친 가족은 가장 진정한 의미에서 범죄를 예방해 준다. 창문에 쇠창살을 치고 금속 탐지기를 설치하는 것은 가장 추악한 의미의 방지책이며, 이들은 "효과"가 있겠지만 궁극적으로는 효과가 없다.

그런데 교도소 운영예산이 교육예산을 갉아먹고 있다는 것은 이제 누구나 다 아는 사실이다. 교육이 가족에 이어 범죄를 방지하는 두 번째로 강력한 수단이라는 사실이 무수히 증명되었는데도 이런 일이 벌어진 것은 이해할 수 없다. 1990년대에 들어서서 미 전국에 걸쳐 초

중등교육과 고등교육 예산은 약 8퍼센트가 늘어난 반면 청소년 및 성인의 교정을 위한 예산은 18퍼센트가 증가했으며, 그때부터 교육을 위한 지출은 거의 항상 축소되어 온 반면 교도소의 벽은 계속 높아지고 있다.

19세에 은행경비원을 살해해서 1962년부터 루이지애나 주립교도소에서 복역 중인 윌버트 리도라는 사람이 있다. 리도는 교도소라는 제도가 폭력을 줄여 준다고 믿을 이유가 없는 사람이며, 아주 솔직하게 이렇게 말한다. "강력한 범죄대책이란 솔직히 말해 '허풍'일 뿐이다. 사람들은 범죄를 해결하려고 하지 않는다. 그저 안심하고 싶을 뿐이다."[23] 그의 말도 일리가 있다. 앙골라 주립교도소에 수감된 장기수 중 80퍼센트 정도가 리도 같은 고등학교 중퇴자들이다. 그는 또 이렇게 말한다. "이미 피해가 발생한 다음에 피해를 가한 사람들을 심하게 다루는 대신 사회가 사람들을 개선하는 노력을 보여 주었으면 좋겠다. 범죄는 사회문제이며, 교육이 유일하고 실제적인 대안이다.…… 돈을 거기에 써라." 오늘날의 그리스 속담이 이것을 잘 요약해 준다.

"학교 하나가 문을 열면 감옥 하나가 문을 닫는다."
Όταυ αυίγει μια σχολή, κλείυει μια ψυλαχή.

어떤 옥외 광고판에는 이렇게 써 있었다. "학교를 열고 교도소를 닫자." 교육은 인간성 회복에서 중요한 역할을 한다. 몇몇 과감한 실험에서 이 사실이 입증되었다. 매사추세츠 주에서는 이런저런 범죄로 "보통의" 선고, 그러니까 처벌을 몇 번 받은 여성이 이번에는 문학 수업에 참가하라는 "선고"를 받았다. 여기에 대해 그 여성은 이렇게 말했다. "누군가 나에게 기회를 준 것은 이번이 처음이었다."[24]

형사제도를 통째로 교육제도로 전환해야 할까? 학교에서 교도소로 넘어간 예산을 도로 끌어와야 할까? 상황은 오히려 더 나빠질 수도 있다. 그러나 우리는 오히려 더 많은 일을 해야 한다.

3단계: 인내심을 갖고, 그러나 단호하게 물질 문명이 만든 폭력의 문화를 하나하나 분해하여 평화의 문화로 조금씩 대체해 나가야 한다. 이 새로운 문화는 마틴 루터 킹이 뉴욕에서 전쟁 반대 선언을 한지 2주 뒤에 행한 유명한 설교에서 지적한 "가치의 혁명"에 기반을 두어야 한다.[25]

물론 교육이 폭력에 대한 대안이긴 하지만 교육이 그저 젊은이들을 학교에 붙잡아 두는 일이라는 생각은 옳지 않다. 오늘날 미 전역에서 매일 10만 명 정도의 학생이 총을 갖고 등교하는 현실에서 어떻게 학교에 붙잡아 두는 것만이 교육일 수 있겠는가?[26] 쇼핑센터가 고등학교보다 많은 미국에서 교도소에 들어갈 예산을 학교로 도로 끌어온다고 해도, 그것만으로 문제를 해결할 수는 없다. 왜냐하면 아이들은 널찍하고 청소가 잘 되고 냉방장치가 돌아가는 학교에서 그저 직업을 얻을 방법만 배울 것이기 때문이다. 교육의 가장 큰 적은 자금 부족이 아니다. 물론 자금 부족이 문제이기는 하지만 말이다. 진정한 문제는 목표의 부재이다. 자금이 없는 것은 오늘날 팽배한 물질주의 문명의 한 증상일 뿐이다. 문화가 이러하기 때문에 사람들은 학교보다 감옥을 짓는 것이 더 안전하다고 생각하며, 이러한 문화로 인해 학교가 너무도 불안한 곳이 되었기 때문에 학생들이 총을 가지고 다녀야겠다는 생각이 들 지경이 된 것이다.

교육은 충분한 자금으로도 제대로 해결할 수 없는 양면 공격에 시달려 왔다. 첫째, 우리의 아이들은 점점 더 교사가 다룰 수 없는 상태가 되어 학교에 온다. 간단히 말해 미디어가 면허도 없이 교육을 실시하는 것이다. 둘째, 일반 대중과 교육자들 자신이 교육의 목적을 상실했다. 이들은 이제 교육의 의미는 한 가지뿐이라고 생각한다. 그것은 직업을 갖기에 적합한 상태를 만들어 주는 것이다. 최근에 나의 동료가 말한 것처럼 대학은 "스스로 기업으로 탈바꿈했다." 최근 캘리포니아 주 교육감에 출마한 사람이 "시각예술 및 공연예술 과목을 유치원 때부터 교과 과정에 포함시켜야 한다"고 주장했다. 그 사람에게 표를 던져야겠다고 결심한 순간 그 사람은 이렇게 덧붙였다. "이것은 중요하다.…… 왜냐하면 신경제가 원하고 있기 때문이다." 목적의식, 아름다움, 의미 때문이 아니고? 맙소사.

그러므로 앞서 말한 리도처럼 교육이 범죄를 막는 처방이라고 주장하는 사람들도 직업교육만을 위해 학교에 보내는 것은 교육이 아니라는 사실을 명심해야 한다. 사실 교육에 대한 이러한 시각 자체가 문제가 된다. 미국의 마약 상용자가 누구인지에 대한 조사를 통해 알게 된 것처럼 미국 문화는 특정한 생활방식을 "성공"의 징표로 받아들이고 있지만 사실 이러한 생활은 좌절과 공허감에서 인간을 구해 낸다는 측면에서 볼 때는 철저히 실패한 삶이다. 인간이 실제로 필요로 하는 것은 완전히 다르다.

보고, 듣고, 만지고, 맛보고, 냄새 맡을 수 있는 대상으로만 이루어진 세상에 사는 사람은 결코 행복할 수 없다. 뉴기니의 원주민이든 월스트리트의 갑부든 간에 인간은 본능적으로 삶이라는 것에 더욱 높은 목적이 있다는 느낌을 갖는다.[27]

최근에 미국의 고위 당국자도 이와 같은 의견을 털어놓았다.

몇 년 전에 매사추세츠 주 보건 · 교육 · 복지부는 과학자들과 통계학자들이 심장병의 위험 요인을 다시 한번 들여다본 연구결과를 출판했으며, 연구결과 치명적인 심장마비를 예측할 수 있는 가장 중요한 인자는 당초 예측되었던 직업에 대한 불만이라기보다는 삶의 의미 또는 목표 상실이라는 사실을 알 수 있었다.[28]

이 책의 첫머리에서 나는 보스턴 남부의 10대 젊은이들이 자살한 원인이 의미와 목적 상실이었다고 지적했다. 이런 현상은 10대들에게만 국한되지 않는다. 아파르트헤이트가 마침내 끝나자 남아프리카에서는 인종차별제도에 의지해 살던 많은 백인들이 땅바닥이 꺼지는 것과 같은 공허감을 맛보았다. 두어 번쯤은 백인 가족 전체가 "앞이 막혔다.…… 이제 백인들에게 미래는 없다"는 느낌 때문에 자살을 감행하기도 했다.[29] 1999년 샌디에이고에서 "천국의 문"이라는 종교집단이 집단 자살을 감행하자 한 당국자는 이 사람들이 "소비를 목적으로 하는 전형적인 생활양식을 갖고 있었음"을 지적했다.[30] 오늘날 인간은 모두 삶에서 소비적인 목표를 추구한다. 인간은 서로 분리되어 있는 물리적 객체이며, 소비를 지향하고 있고, 경쟁할 수밖에 없다는 문화가 팽배한 사회에서 삶의 목적을 찾는 일은 어렵다.

한때 에이즈 보균자 판정을 받은 사람들에게 명상을 가르치는 작업에 참가한 적이 있다. 예상한 대로 우리 팀은 명상이 이 환자들을 최악의 공포로부터, 그리고 이미 약해진 면역체계를 이 공포가 갉아먹는 것으로부터 어느 정도 보호해 줄 수 있다는 사실을 알았다. 정말 놀라운 사실은 다음과 같이 말한 사람들이 많았다는 것이다. "명상 프로그램에서 얻은 것을 모두 잃는 대신 건강을 다시 찾을 수 있다면, 차라리 건강을 다시 찾지 않는 편을 택하겠다."

그러므로 사람들이 자기 자신과 남들에게 피해를 가하기 '전'에 범죄 문제를 해결하는 접근방법은 악의 구렁텅이에 빠진 사람들뿐만 아니라 사회 전체에 대해서도 치유의 힘을 발휘한다. 교도소에서 이와 비슷한 프로그램을 많이 시행한다. 학교도 재건해서 학생들에게 '어떻게' 살 것인지를 가르쳐야 한다('왜' 살아야 하는가를 가르쳐야 함은 물론이다). 그러나 이뿐만 아니라 "의미를 향한 인간의 추구"를 좌절시키는 것이 아니라 북돋워 주는 문화를 개발하는 것도 중요하다.

방금 말한 의미의 추구는 빅터 프랭클이라는 신경외과 의사가 한 이야기이다. 고향인 오스트리아의 빈에서 병원을 운영하던 빅터는 아우슈비츠의 생지옥에서 2년 반을 보내고 빠져나와 베스트셀러인 『인간의 의미를 찾아서(Man's Search for Meaning)』를 썼다. 이 책은 끔찍하면서도 그에게는 결과적으로 성취감을 가져다준 수용소의 경험을 바탕으로 저술한 것이다. 폭력의 와중에서 빅터는 인간 존재의 가장 심오한 의문을 제기한다. 삶의 의미는 무엇인가? 무엇 때문에 우리는 지구에 왔는가?

이러한 의문을 제기하는 것 자체가 벌써 약간의 치유효과를 갖지만, 빅터는 여기서 한 걸음 더 나아갔다. 빅터는 진정한 의미는 만들어 내는 것이 아니라 '찾아내는 것'임을 알았다. "내가 보기에 인간 존재의 의미는 우리 스스로 발명해 내는 것이 아니라 찾아내는 것이다."[31] 그러므로 의미가 있다는 '느낌'만 가져도 치유효과가 있으며, (이런 느낌을 번지점프나 아파르트헤이트에서 얻는다 하더라도) 우리 자신을 뛰어넘는 더욱 고매한 목적과 이런저런 방법으로 연결된다면 진정한 의미를 찾을 수 있다. 91살 된 레오나 할머니는 여가시간마다 뛰어난 바느질 솜씨로 다른 사람들을 도와주며 사는데, 이를 잘 드러내 주는 말을 하고 있다. "다른 사람을 도와줄 수 없다면 삶의 의미란 무엇인가?"[32]

빅터의 생각(그가 주장한 "정신치료의 제3학파"는 이런 생각에 기반을 두고 있다)은 인간은 뭔가 의미 있는 것을 만들어 내지는 못한다는 것이다. 의미 있는 활동을 우리는 이미 '갖고 있다'. 그것이 무엇인지 찾아내기만 하면 된다. 사실 이 책에서 내가 한 이야기는 모두 이러한 모색 과정에 불을 밝히기 위한 것이다. 왜냐하면 오늘날 나는 역사적 위기의 순간을 살고 있는 우리에게 의미 있는 것이 무엇인지 찾아낼 수 있다고 생각하기 때문이다. 우리에게 주어진 과제는 서로 사랑하는 사회를 만드는 일이고, 이러한 과제를 이해하고 수행하는 방법은 비폭력이다. 누구에게라도 이를 실천할 방법은 있다. 이 과제는 우리의 삶에 개인 차원에서, 또는 집단 차원에서 의미를 부여할 과제이다. 내가 아는 한 아인슈타인이 70세에 쓴 편지가 이런 과제를 가장 아름답게 표현하고 있다. 편지 속의 이 짧은 단락이 그렇게 유명한 것은 놀랄 일이 아니다.

> 인간은 시간과 공간에 의해 정의된 '우주'라고 불리는 전체의 일부이다. 인간은 자신의 생각과 느낌이 주변으로부터 분리된 것으로 경험하는데, 이는 마치 눈의 착각과도 같은 의식의 착각이다. 이러한 착각은 일종의 감옥이며, 이 때문에 인간은 자신의 개인적인 판단과 주변에 있는 극소수의 사람에 대한 애착 속에 갇혀 산다. 그러므로 사랑의 대상을 넓혀 생명을 가진 모든 것, 아름다운 자연 전체를 끌어안아 우리 스스로를 감옥에서 해방하는 것이 가장 중요한 과제이다.[33]

아인슈타인이 말하는 이 과제는 우리 시대에만 국한되지 않는다. 이 과제는 시대를 초월하는 것이며 인간 조건의 일부이기도 하다. 그러나 탐욕과 소외의 힘이 "전체로서의 자연"과 사랑으로 뭉친 공동체를 갈가리 찢고 있는 오늘날 이 과제는 시급히 수행해야 한다. 범죄의 문제를 보면, 범죄를 저지른 사람들은 사회로부터 격리되어 인간 창고에 갇혀 버린다. 비인간적인 사형처럼 인간을 공동체로부터 영원히 분리해 버리는 형벌은 말할 필요도 없다. 그러면서도 인간은 인간의 악의, 인간의 공포와 분노 등의 인간 하나하나를 남으로부터 갈라놓는 마음의 감옥 속에서 살고 있다는 사실은 잊어버린다. 다른 사람들을 콘크리트와 철로 된 감옥에서 풀어주면 우리도 우리 자신의 '착각의 감옥'에서 빠져나갈 수 있을 것이다.

1997년 말쯤 노벨평화상 수상자 중 생존해 있는 사람들이 모여서 새천년에 인간의 의식을 바꾸기 위한 공동의 호소문을 채택한 적이 있다. 이들은 호소문의 제목을 "세계의 어린이들을 위한 평화와 비폭력 문화를 지향하는 국제적인 노력의 10년"이라고 붙였다. 인간은 이제 비폭력이 창조적인 질서의 원칙을 품은 창조적인 힘이라는 사실을 조금씩 깨닫기 시작했다. 비폭력만이 과정 자체에 평화의 에너지가 숨어 있는 분쟁 중재 방식이다. 비폭력만이 인간의 모습을 더 높은 곳으로 끌어올린다. 비폭력만이 사회제도를 장기적으로, 그리고 심도 있게 바꾼다. 궁극적으로 전 세계를 사랑이 넘치는 공동체로 채우는 것이다. 이제 비폭력의 가장 중요한 특징 하나를 덧붙일 수 있을 것이다. 비폭력은 인간에게 차원 높은 목표를 준다. 이런 목표는 텔레비전을 끄는 사소한 일에서부터 전쟁을 없애는 일까지 여러 가지가 있을 것이다.

문화를 통째로 재건할 정도로 대규모적인 비폭력 혁명이 일어난 사례는 아직 없다. 비폭력 운동 중 가장 규모가 크고 순수했던 인도의 독립 투쟁조차 막판에 가서는 걷잡을 수 없이 되어 버렸다. 그러나 인도의 예는 이런 일을 어떻게 이룰 것인지에 대해 여러 가지 길잡이를 마련해 준다. 인티파다에 참여한 젊은이들이 마약을 끊은 것은 부분적으로는 인티파다의 본질 때문이었다. 이스라엘 당국이 걸핏하면 휴교시켰기 때문에 팔레스타인 교사들은 집 지하실이나 가게 뒷방에서 비밀 교실을 운영할 수밖에 없었다. 팔레스타인과 이슬라엘 사이의 상업적 관계가 단절되었기 때문에(보이콧 때문이기도 하고 이스라엘의 보복 조치 때문이기도 했다) 사람들은 나름의 방법을 찾아 우유 배달도 하고, 자동차도 수리하고, 환자와 부상자를 병원으로 실어 나르기도 했다. 한 가지 놀라운 일은 어떤 변화 한 가지가 팔레스타인 사람들의 삶 속으로 깊이 파고들었다는 것이다. 부모가 투옥되는 바람에 뒤에 남겨진 아이들이 늘어 가자 "모든 여성이 모든 어린이의 어머니가 되었다"고 무바라크는 말했다. 그 짧은 기간 동안, 그러니까 비폭력이 힘을 발휘할 동안 팔레스타인 사람들은 외부의 적에게 대항하는 것보다 훨씬 더 많은 일을 스스로 하고 있음을 깨달았다. 그들은 사회를 개조하고 있었던 것이다. 그리고 이 사람들은 옛날부터 전해 내려오던 전통인 대가족제도를 부활시켰다. 짧은 시간 동안 이 비폭력 투쟁에서 사랑으로 넘치는 공동체가 부산물로 탄생했다. 그러나 이는 단순한 부산물이 아니다. 항상 그렇듯이 이는 사람들이 비폭력적인 길을 택한 직접적인 결과이다. 3장에서 우리는 이러한 선택을 한 개인의 정신 건강이 어떻게 개선되었는지를 보았다. 이제 여기서는 비폭력을 선택했다는 사실이 사회 전반의 건강에 어떤 영향을 미쳤는지를 보고 있다.

그렇다면 왜 비폭력 운동은 고통, 저항이나 소요의 형태로 나타날까? 비폭력 운동 속에 창조적 질서의 씨앗이 숨어 있다면 왜 사람들은 비폭력 운동을 일종의 혁명으로 받아들일까? 그리고 왜 조지 폭스에서부터 베리건 형제에 이르기까지 비폭력 운동을 하는 사람들은 법을 어기기도 하고 소란을 피우기도 하는 것일까? 비폭력 운동에서 사람들이 보는 것은 저항과 소요뿐만은 아니라는 사실에 대해 이제부터 살펴본다. 이렇게 보이는 이유는 비폭력 활동가들이 일종의 무질서가 당연시되는 사회에서 질서를 지키려 하기 때문이다. 이러한 제도적 무질서의 예로는 인도에서 영국이 소금과 면화를 전매한 것, 몽고메리에서 흑인과 백인을 각각 다른 버스를 이용하게 한 것 등이 있다. 1980년 3월 27일 엘살바도르에서 암살되기 전 로메로 대주교는 강론 중에 이렇게 말했다.

> 사람들이 나를 반대파라고 부르지만 나는 반대를 하는 것이 아니다. 나는 그저 긍정을 하고 싶다. 사람이 자신의 확신에 대해 '예'라고 말하면 그것은 대립하는 것이 아니다.…… 물론 생각이 다른 사람들도 있을 수 있고, 따라서 대립이 생겨난다.[34]

마부가 길을 모르는 상태에서 마차가 절벽 쪽으로 달려가면 타고 있는 사람들을 살리기 위해 마차를 쓰러뜨려야 하는 경우도 생기는 법이다.

정신적으로 가장 가난한 사람들

"돌을 던지는 아이들"(인티파다의 청소년들을 자주 이렇게 불렀지만 이는 상당히 부적절한 이름이다)은 우리 자신이 직면한 딜레마를 일깨워 준다. 마약으로부터 범죄에 이르기까지의 단계를 좇아가 보면 결국 산업사회에서의 목적의식 상실이라는 지점에 도착하게 된다. 이 과정에서 한 걸음 내디딜 때마다 문제의 원인을 향해 다가가는 것이 된다. 동시에 한 발자국 내디딜 때마다 분명한 답이 나온다. 이 답은 공격성이 있는 사람과 사회 사이의 소외를 치유하는 문제로부터 공동체 안에 존재하고 있는 소외의 원인을 치유하는 문제, 그리고 왜곡된 가치체계를 바로잡으려는 창의적 노력의 문제 등 많은 문제에 대한 답을 내놓는다. 방금 말한 왜곡으로 인해 세계가 이런저런 무질서, 특히 범죄로 넘치게 된 것이 아니던가?

마더 테레사는 이 문제에 대해 빛을 비춰 주고 있다.

> 서양 사람들은 영혼이 가난한 사람들 중에서도 가장 가난한 사람들이다.…… 배고픈 사람들에게 밥 한 공기를 주거나 잠자리가 없는 사람에게 잠자리를 마련해 주는 일은 쉽다. 그러나 영혼의 빈곤 때문에 느끼는 마음의 분노, 고통, 고독감 등을 해결하려면 아주 긴 시간이 필요하다.[5]

영혼의 빈곤을 극복하는 것은 물론 심오한 개인적 문제지만 다른 사람들, 궁극적으로 다른 모든 사람들과 사랑으로 뭉친 공동체를 건설하는 문제이기도 하다. 21세기에 접어들었어도 삶의 목적에 관한 논의와 노력은 개인 차원에 머물고 있지만 여기에 멈출 수 없다. 이제 폭력이 지어 놓은 집을 모두 허물고 그 반대의 힘을 이용해서 새 집을 지어야 할 때다.

벅찬 과제다. 그러나 완전히 바닥에서 시작해야 하는 것도 아니다. 수많은 운동을 이끈 간디는 이 부분에서도 놀라운 사회적 프로그램을 고안해 냈다. 그리고 이는 거의 성공을 거두었다.

6장
건설적 프로그램

정치적 식민화를 탈피하려면 문화적 식민화부터 벗어나야 한다.
- 데이비드 코렌

1940년 어느 날, 어떤 젊은 인도 사람이 간디에게 물었다. "영국으로부터 해방되려면 어떻게 해야 할까요?" 이에 간디는 밝은 목소리로 대답했다. "물레 잣기를 대대적으로 보급하면 되지."[1]

이 젊은이는 간디가 진정으로 비폭력을 원했다는 사실을 믿지 않는 급진주의자 중 하나였을 것이라고 추측한다. 젊은이는 그저 간디가 진정한 혁명을 시작할 순간을 기다리고 있다고 생각했고, 아마 그렇게 믿고 싶었을 것이다. 그러나 비폭력은 이미 진정한 혁명이었다. 그런데 물레바퀴를 가지고 어떻게 혁명을 이룰 수 있는지 묻고 싶을 것이다. 물레바퀴, 그리고 물레바퀴가 상징하는 모든 것을 가지고 혁명은 가능하다. 이 청년과 대화할 때쯤 간디는 이미 50여 년 동안 비폭력 운동을 경험했고, 따라서 재치 있는 대답을 하는 데는 전혀 관심이 없었다. 따라서 그의 말을 액면 그대로 받아들이면 된다. 간디는 보잘것없는 물레바퀴에서 어떻게 그렇게 엄청난 힘이 나온다고 말했을까?

비폭력에는 두 개의 얼굴이 있다. 하나는 선과 협력하는 것이고, 하나는 악과 협력하지 않는 것이다. 이 두 개의 얼굴, 사티아그라하라는 칼의 양날이라고 불러도 좋을 이 개념은 간디가 '건설적 프로그램 (Constructive Programme)'이라고 부른 개념으로 알려져 있다. 이 프로그램에서 사람들은 새로운 것을 창조하고 공동체 내부의 잘못을 고치지만, 내가 '차단 프로그램(obstructive program)'이라고 이름을 붙인 개념에서는 다른 사람들이 나를 약하게 하거나 착취하려는 시도를 거부하는 데 초점을 둔다. 어느 쪽을 언제 할 것인가는 주로 타이밍의 문제지만 비폭력에 대해 생각이라도 하는 사람은 대부분 1940년에 간디에게 질문을 던진 청년과 비슷하다. 이들은 '차단'의 측면만 생각한다. 다른 사람도 아닌 케네스 볼딩도 비폭력은 공격에는 좋지만 방어에는 부적합하다고 이야기했다. 8장에서 보겠지만 이는 잘못된 생각이다. 활동가들, 일부 학자들, 일부 비전문가들 사이에 퍼져 있는 이 오해는 평화와 비폭력이 발전하는 데 커다란 장애물이 되었다. 역설적이게도 건설적인 측면은 사람들이 점차 익숙해져 가고 있는 대립 및 차단의 차원보다 훨씬 더 중요하다.

그리스의 델로스 섬에 있는 고대 유적지 발굴 작업에 참여하던 중 어떤 프랑스 인 남작 부부를 만난 적이 있다. 물론 우리 부부는 이들의 초대에 기꺼이 응했다. 부인은 요리 솜씨가 뛰어났고, 즐거운 대화를 나누다가 남작이 무심코 말했다. "나는 인종 상호 간에 불평등이 존재한다고 굳게 믿습니다." 이런 상황에서는 내가 항상 난리를 피운다는 것을 알고 있기 때문에 아내는 얼굴이 하얘졌다. 평소 같으면 그랬겠지만 이번에는 이런저런 이유 때문에 참았다. 우선 프랑스 어로 대화를 하고 있었기 때문에 반박이 느려질 수밖에 없었고, 또한 초대받고 가서 그 집 여주인의 맛있는 요리를 즐기는 중이었기 때문이기도 했지만, 아마도 그때 이미 1년 정도의 명상 경력을 갖고 있었던 것이 가장 중요한 이유였을 것이다. 그래서 일단 말을 아꼈다. 화제가 바뀌면서 대화가 계속 흘러가다가 남작은 다시 이렇게 말했다. "잘 아시겠지만 세상에서 사랑(자비)처럼 중요한 것은 없습니다." 나는 조용히 이렇게 말했다. "사랑할 능력이 인종마다 다르다고 생각하십니까?" 남작은 경악했다.

아마 그날 저녁 나는 인종차별을 줄이는 데 평생 비폭력 운동을 통한 것보다 더 큰 기여를 했으리라고 생각한다. 그렇다고 해서 내가 다른 때보다 덜 분노한 것은 아니다. 나도 모르게 내 분노는 좀더 건설적인 배출구를 찾고 있었고, 남작의 이야기는 평소보다 더 생생하게 마음에 와 닿았지만 당시 내가 처한 상황 때문에 분노를 쏟아낼 수 없을 뿐이었다. 이 경험을 통해 나는 승화된 분노가 나타내는 효과를 깨달았으며, 몇 년 뒤에 이는 '건설적 프로그램'이라는 형태로 나타났다.

이제 곧 살펴보겠지만 '건설적 프로그램'의 씨앗은 간디가 공인으로서 생활을 시작할 때쯤, 그러니까 피터마리츠버그 사건이 있은 지 1년쯤 흘러 충격이 어느 정도 가신 다음에 이미 뿌려졌다. 1920년대에 간디가 인도로 돌아온 얼마 뒤 이 씨앗은 '건설적 프로그램'이라는 형태로 성장했다. 이 프로그램은 인도를 바닥부터 재건하는 사업 16가지로 구성되어 있다. 이 프로그램은 진행될수록 더욱 정교해지고 통합적인 것이 되었을 뿐만 아니라 간디 생각의 중심에 자리 잡게 되었다. 1940년이 되자 이 프로그램은 간디의 가장 큰 희망이 되었다. 간디는 비폭력이 저항과 소요에서 큰 힘을 갖기는 하지만 비폭력의 진정한 힘은 창조와 재건에 있음을 완전히 확신하게 되었다. 불의에 저항하는 것만으로는 사회를 건설할 수 없다는 뜻이다. 간디는 이러한 사실을 1940년에 그에게 질문을 던진 젊은이뿐만 아니라 우리 모두가 이해하기를 원했다.

오늘날 사회적 변화의 성공사례를 만들어 낸 주체들은 대개 앞선 장에서 살펴본 바 있는 재건 프로젝트를 향해 실질적이고도 적극적으로 발걸음을 내딛는 집단들임을 알 수 있다. 이는 아마 환경보호기금(Environmental Defense Fund)의 "안전한 피난처(Safe Harbor)" 프로그램과도 비슷할 것이다. 이 프로그램은 사유지를 가진 사람들이 그 속에 사는 멸종 위기에 처한 동물종을 보호하지 않았다고 해서 그들에게 벌을 내리는 대신 그 동물들을 보호하면 포상을 하는 프로그램이다. 미국의 3개 주에서 시행된 이 사업은 매우 "효과가 있었다." 1998년 기준으로 텍사스의 피난처만 해도 약 100만 에이커의 지역에서 야생 동물들이 보호받고 있다. 총기폭력 종결을 위한 교육기금도 있다. 이 기금은 "총을 들지 않은 손(Hands Without Guns)"이라는 사업을 시작했는데, 이 사업의 목적은 청소년들에게 총과 폭력 없이도 얼마든지 즐거움과 기회를 누릴 수 있다는 것을 보여 주기 위한 것이었다. 이들의 적극적인 자세는 열렬한 반향을 불러일으켰다. 미국 전역에 걸쳐 수많은 지역사회의 청소년들이 총기회수운동을 벌여 모은 총으로 평화의 조각상을 만들기도 했다.[2]

세계적으로 가장 성공을 거둔 환경프로그램 중 하나를 들라면 칼-헨릭 로베르트 박사의 "내추럴 스텝(Natural Step)"이 있다. 로베르트 박사는 스웨덴의 의사로, 환경의 열악화에 지대한 관심을 가졌고 많은 사람들을 자신의 운동에 동참시켰다. 다행히도 박사는 열정이 큰 만큼 인내심도 강했다. 이 운동은 과학적 배경도 튼튼하지만 그보다도 접근방법이 독특하다.

우리는 먼저 기업가, 정치가와 과학자 들에게 네 가지 원칙(지속가능한 환경을 만들기 위해 반드시 지켜야 하는 네 가지 항목)을 교육하고, 이어서 그들에게 조언을 구했다. 이래라 저래라 하는 대신 이렇게 말한다는 뜻이다. "이러한 개혁을 당신 분야에서는 어떻게 구현할 수 있죠?" 이렇게 하면 사람들은 방어적으로 나오지 않고 자신의 창의력과 열정을 쏟아 붓기 시작한다.

전문가라면 어느 분야에 종사하는 사람이든 나나 다른 누구보다도 더 좋은 아이디어를 내놓았다. 일단 전체적인 원칙을 설명하고 조언을 구하면 이 전문가들은 그린피스나 나, 아니면 그 누가 내놓은 것보다 훨씬 더 나은 해결책을 제시했다. 그래도 우리에게는 현실적이고도 창의력 넘치는 해결책이 매우 필요하다.[3]

초기에 내추럴 스텝이 세계적인 조직을 갖추기 전에는 로베르트 박사가 기업을 찾아가 재정적 어려움을 호소하면 대개 처음에는 "전화하지 마세요, 우리가 할 테니"라는 식으로 그의 이야기를 무시했지만 일주일쯤 뒤부터 "그들"에게서 전화가 걸려오기 시작했다. 열쇠는 이런 것이다. 즉 사람들이 합리적이라고 믿었으면 이 믿음이 그들의 마음속에서 합리성을 일깨워 낸다는 것이다. 달리 말해 이것은 "이성을 강제로 해방시킨다." 이 방법은 부정적인 사고로 인해 이성이 마비될 지경에 이른 경우에도 가끔 효력을 발휘했다. 그 정도로 심각하지 않은 경우에는 효과가 매우 컸다.

1940년에 혁명의 열망으로 가득 찬 청년에게 의외의 대답을 던지기 훨씬 전, 그러니까 20년쯤 전에는 영국의 인도 지배에 대해 간디는 전면적인 사티아그라하를 이끌면서 이렇게 말했다. "1년 이내에 자유를 얻는다." 대담했지만 무모하지는 않았다. 간디는 건설적 프로그램과 물레 잣기에 모든 인도인이 협력한다면 1년 이내에 자유를 얻을 것이라고 말한 것뿐이다. 1921년부터 1940년대 초까지 간디의 이런 생각에는 변함이 없었다. 달라진 것이 있다면 비폭력이 유일한 길이라는 사실, 그리고 비폭력의 진정한 의미는 소금 행진 같은 극적이고 대규모의 대치 상황이 아니라 느리지만 꾸준히 돌아가는 물레바퀴에 들어 있다는 사실에 더욱 확신을 갖게 되었다는 사실뿐이다.

사실 비폭력적 변화라는 개념에서 건설적 활동이 얼마나 근본적 위치를 차지하는지 제대로 알려면 우리는 최초, 그러니까 1894년으로 돌아가야 한다. 그때 간디는 법률 관련 일을 접고 1893년 5월 그가 남아프리카에 처음 도착했을 때부터 마주치기 시작한 "악(惡)" 그러니까 아파르트헤이트와 정면으로 마주섰다. 바로 여기서 간디는 정부에 대한 직접적인 투쟁 말고도 "내적인 개선도 중요하다는 사실"을 깨달았다.[4] 시간이 지나면서 "내적인 개선도"는 "주로 내적인 개선"에 자리를 내주게 될 터였다. 그러니까 공동체 자체가 수행하는 건설적인 노력 쪽으로 무게중심이 꾸준히 옮겨 갔다는 뜻이다. 그 공동체가 남아프리카에 있는 인도 사람들의 모임이든 아니면 자기 나라에서 억압받는 인도인들이든 말이다. 세계인의 이목을 끈 것은 물론, 영국의 압제자들과 정면충돌하는 장면이었다 하더라도 이 사실은 달라질 것이 없다. '나의 진정한 정치는 건설적인 활동이다' 라는 간디의 말은 진심이었다. 다만 너무 단순해서 이를 알아차린 사람이 거의 없었을 뿐이다.

비폭력 운동가라면 어떤 문제의 책임을 몽땅 남에게 뒤집어씌우는 것이 본능적으로 거북할 것이다. 어떤 사람이 약자의 입장에 있고 실제로 착취당하고 있다면 그 사람도 상황이 그렇게 되도록 만든 어떤 약점이 있었음에 틀림없다는 사실을 인정해야 한다. 약점이 없으면 착취도 없다. 유럽인들의 잔인성과 편견을 속속들이 알고 있었지만 그럼에도 간디는 그의 저서 중 가장 강력한 어조로 된 『힌두 스와라지 (Hind Swaraj)』에서 인도 사람들에게 이렇게 말하고 있다. "인도는 칼에 굴복한 것이 아니며 칼로 누를 수도 없다. 우리가 영국인들을 불러들인 것이며 우리가 그들을 붙잡아둔 것이다. 우리가 그들의 문명을 받아들였기 때문에 영국이 인도에서 버틸 수 있게 되었다는 얘기다."[5]

우리 자신의 약점을 고치는 일을 강조하는 것이 온당한지 또는 도덕적인지에 대해 어떻게 생각하든 이는 착취에 대항하는 강력한 수단이다. 간디는 이것이 최선의 방법이라고 믿었다. 많은 대중운동처럼 사티아그라하도 외부의 공격에 대한 반응으로 시작되었다. 이것이 간디가 보인 첫 반응이었는데, 누구라도 그렇게 했을 것이다. 그러나 대부분의 운동이 "착취자를 끌어내리기"에만 집착했던 반면, 간디는 본능적으로 이것이 전체의 절반, 그것도 그림자에 해당하는 절반에 불과하다는 사실을 깨달았다. 가장 강력한 처방은 "내 자신을 내 등에서 끌어내리기"라는 마음가짐이다. 이러한 마음가짐에 힘을 불어넣어 주는 것은 앞에서 본 바와 마찬가지로 두 가지가 있다. '그들'로부터 '우리'로 시선을 옮기는 것(남보다 우리에게 접근하는 것이 얼마나 더 쉬운지를 한번 생각해 보라)과 '차단 모드'로부터 '건설 모드'로 옮겨가는 것이다. 파괴하는 것보다는 건설하는 쪽이 훨씬 낫다는 사실은 분명하지 않은가?

간디의 건설적인 프로그램이 낳은 건설적 프로그램

오늘날 엄청난 변화가 필요한 서양에서, 간디가 보여 준 것과 같은 지혜를 어떻게 적용할 수 있을까? 세계 각국에서 로베르트 박사 같은 사람들이 이미 이러한 노력을 기울이고 있다. 이들은 지역사회를 재건하기도 하고, 젊은이들을 폭력조직으로부터 건져 내기도 하고, 교도소에서 비폭력 워크숍을 운영하기도 하고, 고래를 살리기도 한다.

한 가지 아쉬운 점은 이 모든 노력이 아직 구체화되지 못했다는 것이다. 조각들이 모여 만들어 낼 큰 그림은 얼마나 아름다울지 아직 짐작도 되지 않는다. 어느 날 오후, 내가 가르치는 학생 하나가 우리 학교에 강연을 하러 온 유명한 평화학자에게 질문을 던졌다.

> 비폭력 활동가로서 나는 여기서는 전쟁을 멈추려고 하고, 저기서는 대량학살을 멈추려고 하고, 전 세계적으로 군비경쟁을 멈추려고 하는 노력에 대해 좌절감을 느낀다. 한 가지를 막고 나면 세 가지가 더 튀어나오기 때문이다. 오늘날 우리가 막지 못하는 것은 이 모든 것을 일으키는 근본원인이다. 사람들이 이 원인이 뭔지 알고나 있는지 모르겠다.

그 학생은 몰랐다. 그러나 우리는 이제 알기 시작하는 것 같다. "이 모든 것"의 원인은 폭력이며 비폭력이 그 치료약이다. 그리고 '건설적 프로그램'이라고 불리는 것이 가장 효율적인 비폭력의 구현방법이며, 특히 과도기, 그러니까 민권운동 같은 궁극적인 투쟁으로 가는 과도기에는 더욱 그렇다. 이를 위해서는 두 가지가 필요하다고 생각한다. 첫째, 비폭력의 원칙을 분명히 이해하고 있어야 한다. 그래야 이를 적용할 방법을 정확히 알아낼 수 있다. 또 한 가지는 일관성 있으면서도 모든 것을 포괄할 수 있는 큰 그림, 그러니까 어떤 뼈대 같은 것이 있어야 한다. 이렇게 되면 저마다 다른 사업을 하고 있더라도 다 함께 일한다는 느낌을 가질 수 있다.

인도의 건설적 프로그램이 그 모델이 될 수 있다. 이 프로그램은 전체적인 뼈대가 있으며, 이 뼈대는 매우 단순한 데다가 시각적으로 설명하기도 아주 쉽다. 즉 인도의 건설적 프로그램은 간디가 자주 말한 것처럼 "태양계" 같은 것으로, 물레바퀴가 바로 그 "태양"이다.

간디는 이러한 이상을 거대한 규모로 실현할 기회를 얻었고, 따라서 우리도 그만한 규모의 계획이 진행되는 것을 관찰할 기회를 얻는다. 예를 들어 자랑스러운 수공업의 전통에 기반을 둔 인도 섬유사업의 통제권을 영국으로부터 빼앗아 오는 사업으로 간디 비폭력 운동의 핵심이었던 차르카와 건설적 프로그램의 흥미로운 관계를 볼 수 있을 것이다. 이러한 방식의 큰 장점은 조화로운 일관성이다. 너무 방대해서 파악하기가 힘들면 간디가 말한 "물레 잣기의 대대적인 보급"을 떠올리면 이해하기가 쉽다. 다시 말해 이런 식의 개선이 모든 것을 포괄하고 있다는 사실을 이해할 수 있으리라는 얘기다. 그러므로 이는 이쪽에서 벌어지는 소금불매 운동이나 저쪽에서 벌어지는 주류 판매소 보이콧 운동처럼 각각 떨어진 운동이 아니다.

물레 잣기야말로 모든 활동을 포괄하는 진리를 향한 외침이었다.

눈을 조심하는 것이 좋다. 이제 태양을 곧장 바라볼 테니까!

아마다바드에서의 깨달음

간디가 추진한 열여덟 개 사업 중에서도 차르카(charkha, 힌두어로 "물레"라는 뜻으로, 집에서 물레를 잣는 방식으로 옷감을 생산한다는 뜻으로 쓰였다)는 다른 행성들을 거느린 태양의 역할을 했다. 한 가지 잊지 말아야 할 사실은 인도는 "숲의 문명"으로, 이 문명은 탁시셸라, 파탈리푸트라, 카시(오늘날의 베나레스) 같은 대도시를 중심으로 발달하고 유지된 것이 아니라, 사람들이 자연, 그리고 이웃과 가까이 살던 수십만 개의 마을을 기반으로 계승되어 왔다는 사실이다. 이런 마을의 경제적 특징은 자급자족이다. 대부분의 마을에는 상호의존적인 카스트 제도가 여러 세기 동안 존재해 왔으며, 이를 기반으로 한 가족 단위의 생산이 주를 이루었다. 돈보다는 재화와 서비스의 교환이라는 형태로 경제형태가 유지되었다는 뜻이다. 여러 가지 경제활동 중에서도 물레 잣기와 천 짜기는 마을 경계를 훨씬 넘어서는 활동이기도 했다. 인도의 직물은 아시아의 자랑거리였다. 유럽의 지배자들이 나중에 무슨 생각을 했든 '중앙집중식' 조직이 없다고 해서 아무 조직도 없는 것은 분명 아니었다. 인도 아대륙(亞大陸) 전체 그리고 그 너머에 이르기까지 가내수공업은 인도 산업의 허브였으며, 이 많은 허브들이 모여 네트워크를 이루고 있었다. 이러한 전통의 일부는 여러 곳에서 되살아난다. 예를 들어 칸지베람 실크 사리는 샌프란시스코 미술관 개막행사 또는 워싱턴의 무도회에서 하이패션으로 인정받는다. 그리고 이러한 경제적 자급자족을 바탕으로 인도의 문화 시스템 전체가 서 있었다. 종교제도, 교육, 그리고 대부분의 통치행위와 질서유지 등이 마을을 중심으로, 그리고 서로 간에 알고 지내는 사람들에게 기초를 두고 있었다.

그러다가 19세기가 되자 도시에 자리 잡은 공장들이 인도 경제의 많은 부분을 빨아들이기 시작했다. (기나긴 인도의 역사라는 시점에서 보면) 눈 깜짝할 사이에 아마다바드 같은 공업도시가 생겨났고, 영국인들이 섬유생산을 독점하면서 이제까지 왕성하게 생산활동을 해 오던 마을 사람들이 갑자기 일거리가 없어지고 사회 주변부로 내몰리기 시작했다(영국 지배의 또 한 가지 특징은 이렇게 직물을 거래하는 상인의 대부분이 이슬람교도였다는 사실이다). 1928년에 간디는 자신의 출신 주인 구자라트 주의 주도가 자리 잡고 있는 아마다바드의 공장을 방문한 적이 있다. 이곳에서 그는 큰 깨달음을 얻었다. 공장에 서서 덜컥거리며 돌아가는 기계를 바라보던 간디는 눈물을 흘리기 시작했다. 보통 사람들의 눈에는 그저 기계밖에 보이지 않았겠지만, 간디는 이 기계를 그곳으로 가져온 구조적인 폭력과 탐욕을 꿰뚫어 보았던 것이다. 도시민들이 시골사람들을 착취하는 것, 인격이 없는 회사가 긴밀한 관계로 엮어진 광범위한 네트워크를 대치하는 것, 노동의 신성함을 압도하는 광적인 이윤추구 같은 것이 배후에 있음을 깨달았던 것이다. 부처에 관해 이러한 전설이 있다. 하루는 부처가 제자들과 아름다운 경치를 보고 있었다. 그런데 제자들은 눈에 덮인 산과 맑은 물이 흐르는 강을 보고 경탄하는 동안 부처는 고통 받는 인간이 흘리는 눈물의 강을 보았고, 눈에 덮인 하얀 산이 아니라 죽은 사람들의 뼈로 만든 흰 산을 보았다고 한다. 여기에 대한 대답으로 부처는 '법륜(깨달음의 수레바퀴)'을 굴리기 시작했다. 간디의 대답은 자유를 향한 물레바퀴를 돌리기 시작하는 것이었다. 탐욕으로부터의 자유, 집중화로부터의 자유, 구조적 폭력으로부터의 자유.

인류는 기계가 이끄는 광기가 세상을 뒤덮기 전의 인간 생활로 돌아갈 수 있다고 차르카는 가르치고 있다. 차르카는 천을 짜는 일에만 국한되지 않은, 하나의 사상이다. 이 사상은 "가난한 사람들도 단순한 삶을 살 수 있도록 부자들도 기꺼이 단순한 삶을 택하는" 삶의 자세로, 인도에서는 이미 수천 년에 걸쳐 행해져 온 것이다. 이렇게 되면 사회경제적 체제 전체가 인간적 차원을 갖추게 된다. 그리고 차르카가 지향하는 시스템이 중앙집중식이 아닌, 그러니까 각각의 주체가 독립된 개념에 입각되어 있다 해도 이는 각 주체가 고립되어 있다는 뜻이 아니다. 옛날과 마찬가지로 어떤 마을에서 물레를 잣는 사람은 원료인 면화를 대주는 농부들, 그리고 자신이 짠 실로 옷감을 만들어 파는 사람들, 그리고 이것으로 만든 옷감인 '카디(khadi)'를 입는 사람들과 모두 한 덩어리가 되어 있다. 인티파다보다도 높은 차원에서 차르카는 자급자족적이며 지속가능하고 자유로운 인도적 생활양식의 기반을 재건하고 있었다는 이야기다.

1920년대부터 계속해서 간디는 부자든 가난한 사람이든 할 것 없이 하루에 한 시간씩 물레 잣는 일을 할 것을 강조했다. 이 과정에서 간디가 끊임없이 이야기한 것은 물레 잣는 일이 우선 벌거벗은 몸을 가릴 천조차 없는 사람들에게 입힐 옷을 구하기 위한 것이고, 두 번째로는 교묘하고도 잔혹한 착취체제 때문에 이제까지 빈둥거리던 수억의 인도인에게 의미 있는 일거리를 돌려주는 것이고, 이런 과정을 통해 궁극적으로 영국의 압제라는 체제에 종지부를 찍겠다는 것이었다. 많은 인도 사람들, 특히 서양화된 도시 거주자들은 카디 또는 카다르(khaddar)를 입는 것을 좋아하지 않았다. 거칠고, 입으면 가려운 데다 무엇보다도 맵시가 나지 않았기 때문이다. 이런 생각 때문에 간디는 크게 마음이 상했다.

> 인도 사람들은 인도가 만들어 낼 수 있는 옷감에 대해 만족할 마음의 준비가 되어 있어야 한다. 이는 마치 하늘이 우리에게 내려주는 아이들에게 만족하는 것과도 같다. 남들 보기에 못생겼다고 해서 아기를 내버리는 어머니를 나는 본 적이 없다.⋯⋯ 카다르는 스와데시(인도 독립)의 실질적인 핵심이다.[6]

스와데시(Swadeshi)는 세계화를 뒤집은 것이라고 간단히 정의할 수 있다. 스와데시는 자급자족과 지역적 활동을 의미하며, 이러한 활동이 자신의 강점으로 인해 밖으로 뻗어나가면서 거대한 상호의존의 그물을 짜며 전 세계 차원의 연관성도 생기게 된다. 간디가 말한 것처럼 집에서 물레를 잣는 일이야말로 스와데시를 실현하는 일이다.

차르카는 위와 같은 목적을 위해 해야 할 일의 여러 가지 면에서 너무도 잘 부합하기 때문에 오히려 가장 중요한 부분을 간과하기 쉽다. 최근에 간디의 손녀 중 한 사람이 이런 말을 한 적이 있다. "식량, 의복 및 주택은 문명생활의 기본적인 필수품이다. 인도 사람들 대부분은 살면서 언젠가 한 번쯤 차파티(납작한 인도 빵) 반죽을 밀어 보았을 것이다. 마찬가지로 인도 사람들은 모두 살면서 언젠가 차르카를 직접 느끼고 체험해 보아야 한다. 왜냐하면 차르카야말로 우리 모두의 마음속에 들어 있는 영혼이기 때문이다. 음식 다음으로 중요한 것이 의복이다."[7] 간디의 경제학에서는 의식주의 기본적인 필요와 그보다 덜 필요한 다른 욕구 사이에는 질적인 차이가 존재한다. 사람은 누구나 기본적인 필요를 충족시킬 권리를 갖는다. 모든 사람이 이런 기본적 권리를 누리지 못하는 사회는 잘못된 사회이다.

이제 간디가 펼친 또 하나의 위대한 운동을 생각해 보자. 이 운동은 소금에 관한 것으로, 이것도 인도 같은 열대 국가에서는 절대적인 필수품이다. 두 개의 운동 중 소금은 "차단"의 측면에서 정부로부터 소금에 대한 국민의 권리를 되찾아오려는 노력이었던 반면, 물레 잣기는 각 마을 단위로 옷감을 만들자는 건설적인 측면이 두드러졌다. 이러한 두 가지 운동을 통해서 간디는 소금과 옷감이라는 경제의 가장 기본적인 요소 두 가지를 개혁하려 했던 것이다. 그렇다면 네루가 카디를 가리켜 "인도인의 자유의 제복"이라고 한 유명한 이야기는 거의 완곡한 표현이 되어 버린다. 옷감과 소금을 둘러싼 투쟁에서 인도는 생필품 자체의 통제권을 놓고 정부와 영국과 싸우고 있었던 것이다.

그렇다면 물레바퀴보다 더 '현실적'인 것은 없다. 물론 물레바퀴도 역시 하나의 상징이다(4장에서 다룬 현실과 상징의 관계를 떠올려 보라). 세계의 여러 다른 지역에서와 마찬가지로 인도에서도 바퀴는 세계가 움직이는 과정의 상징 역할을 해 왔다. "존재의 수레바퀴, 삶과 죽음의 바퀴(삼사라, samsara)"가 좋은 예이다. 이는 또한 불교에서 말하는 "법륜(가르침의 수레바퀴)"과도 같다. 그런데 옛날부터 내려오던 이 상징을 정치의 한복판으로 끌어낸 것은 무엇이었을까? 수레 뒤에다 "당신은 물레 잣는 사람의 뒤를 따라가고 있다"는 슬로건을 써 붙이는 것은 아니다. 그 진정한 주체는 실제로 옷감을 필요로 하는 사람들에게 주려고 옷감을 짜는 사람들이었다.

이 구체적인 현실로부터 여러 가지 이익이 생겼다. 우선 할 일이 없고 따라서 굶주리고 있던 사람들에게 소득이 생겼다. 옷감을 짜는 사람들에게 원료를 대주는 지역 네트워크와 이들이 만든 옷감을 시장에 내다파는 네트워크가 전국에 걸쳐 무수히 생겨났다. 생산장비인 물레, 바퀴, 소면기를 생산하고 수리하는 사업이 생겼고, 단순함에 대한 인식이 탄생했고, 가난한 사람들 사이에 견고한 연대가 생겼으며, 궁극적으로는 비폭력적인 방법으로 영국의 압제가 풀리자 정치적 자유가 생겼다. 물레바퀴를 그려 광고판에 붙여 놓거나 국기에 부착(아직도 인도 국기 한가운데에는 바퀴가 그려져 있다)한다고 해서 될 일들은 아니었다.

차르카는 이렇게 현실적이고 건설적이며 비폭력적이라는 세 가지의 특징을 갖추고 있는데, 이뿐만 아니라 다른 이익도 쉽게 찾아볼 수 있다.

(1) 누구나 할 수 있다. 함께 일하면 공동운명체라는 소속감과 일체감이 생기는데, 이런 느낌은 공동노동 이외의 것으로는 거의 얻을 수 없다. 앞의 장에서 이제는 거의 고전이 된 어린이 캠프에서의 삶을 이야기한 적이 있다. 공통의 과제를 주고 아이들이 함께 노력하게 하면 경쟁하는 어린이 집단은 영화를 보거나, 함께 식사를 하거나, 그 이외의 다른 어떤 공동활동을 할 때보다

더 잘 뭉친다.[8] 인도에서도 모든 사람이 물레 잣는 일을 할 수 있었기 때문에 카디가 사람들을 단합시킬 수 있었다. 남자, 여자, 어린이, 부자, 빈자 등 누구도 너무 비참하거나 약해서, 아니면 너무 고귀하거나 강해서 물레바퀴에 손을 댈 수 없는 일은 없었다는 얘기다. 차르카가 절정에 달했던 시기에는 국회의원들까지도 집에 오면 매일 30분씩 물레를 돌렸다. 사실은 그 사람들이 더욱 열심히 했다. 그러나 카디는 옷감을 짜는 것 이상의 어떤 일이었다. 카디의 성과로 옷을 입을 수 있게 되었고, 이로 인해 또 다른 일체감이 생겼다. 왜냐하면 부자도 가난뱅이도 똑같이 입을 수 있었기 때문이다. 간단히 말해 신념으로 짠 천으로 만든 옷을 입은 인도의 부자들은 지위보다는 형제애가 더욱 큰 만족감을 준다는 사실을 깨달았다.

(2) 매일 할 수 있다. 적당한 시기, 날씨, 조건 등을 기다려야 할 필요도 없고, 어떤 특별한 계기에 이루어지는 큰 행사에 의지할 필요도 없다. 까마득한 옛날부터 돌려 오던 물레바퀴의 리듬은 밤낮이 바뀌는 하루의 리듬과 연결되어 있다. 이렇게 되면 물레 잣기에 참여하는 사람들은 이 일이 아주 오래오래 계속되리라는 사실을 깨달았을 것이다. 바로 이러한 "가차 없는 꾸준함"이 비폭력이나 기타 의미 있는 활동을 다른 활동과 구분해 준다. 이런 의미에서 간디가 "인도 사람들은 가끔씩 하는 활동으로 영신적인 결과를 얻을 수 없음을 잘 알기 때문에 매일매일 물레 잣기가 영신적 훈련이 된다"고 말한 것이다. 오래 끈질기게 해

야만 효과를 느낄 수 있다.

(3) 차르카는 능동적이다. 옷이 필요하면 직접 만든다. 이것이 바로 건설적 프로그램의 핵심이다. 진실이 앞장서고 실천이 그 뒤를 따른다. 장군이라면 누구나 알지만 능동적이 되면 전략적으로 매우 유리한 지위를 점하게 된다. 그뿐 아니라 능동적 행동은 사티아그라하의 가장 깊은 원칙과도 연결되어 있다. 진실이란 어떤 다른 것이 반사되어 비친 모습이거나 어떤 것이 존재하지 않는 상태가 아니다. 진실은 어떤 것 그 상태이다.

(4) 1940년에 성질 급한 젊은이가 간디에게 던진 질문으로 돌아가 보자. 그때 간디는 물레 잣기에 대한 대답을 했지만, 물레 잣기 야말로 식민주의의 거짓에 가장 심도 있게 대항한 진실활동이 라는 데 대해서는 의문의 여지가 없다. 따라서 가장 효과적인 저항 방법이기도 했다. 영국의 식민지 체계는 거짓에 바탕을 두고 있었다. 달리 말해 의존이라는 "큰 거짓말"로, 어떤 인간 집 단이 다른 집단에게 빵을 구걸해야 한다고 믿도록 만드는 거짓 말이었다. 신은 세상을 이런 식으로 만들지 않았지만 인간을 우 월한 집단과 열등한 집단으로 나누는 거짓의 힘은 막강하다. 인 도의 모든 사람들이 다음과 같은 묵시적 주장을 믿게 되었다. "너희들은 우리에게 의지하고 있다. 우리가 있어야 소금과 의 복을 얻어먹고 얻어 입는다(법을 집행하고, 외국으로부터 나라를 지 키고, 질서를 유지하는 것 등은 말할 것도 없고)."

이러한 상황을 간디는 "죄악"이라고 규정했으며, 착취자와 피착취자의 부자연스러운 관계로 보았다. 돌아가는 물레바퀴 소리가 여기에 답을 내놓고 있다. "됐소. 우리가 알아서 입고 먹고 할 수 있소. 당신들이 오기 전에 5천 년간이나 그래 왔듯이 말이오." 잘 들어 보면 물레바퀴는 이렇게 말하고 있다. "살기 위해 남이 만든 제품을 필요로 하는 사람은 아무도 없다." 실제로 공장에서 만든 제품이 거의 없어도 사람들은 살 수 있다. 혁명적인 얘기 아닌가?

거짓으로 채워진 세계에서 진실은 항상 흐름을 거슬러야 한다. 이런 세계에서 진정으로 건설적인 프로그램은 마치 강물을 거슬러 헤엄치는 물고기와 같다. 걸핏하면 방해물에 부딪힌다. 라지(Raj)는 무역회사로 시작했다. 그러나 동업자들이 더 이상 이런 식의 "거래"를 하지 않기로 결정하자 문을 닫았다. 영국인들은 "영국 국기"나 "운명" 또는 "백인의 의무" 같은 이야기를 학교에서 가르치거나 그런 내용으로 의회에서 연설을 했을 것이다. 그러나 라지가 수익성이 없어지자 영향력도 사라졌고, 간디가 이중의 저항운동을 펼치기 시작하자 이런 상황은 더욱 뚜렷해졌다. 간디의 이러한 저항운동을 토인비는 이렇게 간결하게 정리하고 있다. "간디는 영국이 더 이상 인도를 지배할 수 없게 만들었다. 그러나 동시에 영국이 원한을 품거나 명예에 상처를 입지 않고도 인도를 포기할 길을 열어 주었다."⁹

그러니까 차르카는 그저 투쟁적이 아닌 것처럼 '보였'을 뿐이다. 실제로 차르카는 식민정부와 정면으로 맞섰다. 보통은 각자 자기 집에서, 가끔은 마을 사람 전체가 큰 풀밭에 모여 축제라도 치르듯 여러

대의 물레를 갖다 놓고 돌렸고, 그 소리가 주변을 가득 채웠다. 이렇게 앉아서 이들은 조금씩 라지로 이루어진 경제 체제의 기반을 흔들고 있었고, 정부는 이를 거의 몰랐거나, 알았어도 멈출 방법을 몰랐을 것이다. 건설적인 프로그램은 자신의 모습을 그대로 드러내 보이는 것만으로도 투쟁을 시작한다. 자신의 모습을 드러낸다기보다는 스스로를 제외한 세상의 모습이 어떤지를 드러낸다고 하는 편이 옳을 것이다. 간디에게 질문을 던진 성질 급한 젊은이가 이를 이해했으면 한다.

물레 잣기 같은 순전히 건설적인 요소 외에도 차르카에는 비협력이라는 차원이 있어 생산적 차원을 보완하고 있다. 진실에 의지하는 사람은 방법론에서는 한 가지에만 의지하지 않는 법이다. 카디를 입은 인도인들은 자신들의 옷감을 짜려고 물레를 돌릴 때 느꼈던 것과 똑같은 기쁨을 느끼면서 영국식 바지를 불태웠다. 외국산 의복 보이콧은 너무나 큰 성공을 거두어서 영국 랭커셔에 있는 섬유공장 지역에서는 거의 300만 명이 일자리를 잃었고, 당시 세계적으로 경기가 나빴기 때문에 그 영향은 더욱 컸다. 영국에서 원탁회의에 참석하고 있던 간디는 특별히 시간을 내어 북쪽으로 가 1931년 9월 22일에 랭커셔 공장 노동자들과 직접 만나 자신이 펼치는 운동을 설명했다. 이 일은 비폭력의 역사에서 특기할 만한 일이다. "이곳의 실업사태 때문에 마음이 무척 아픕니다. 그러나 이곳에는 굶는 사람도 없고 반쯤 굶는 사람도 전혀 없습니다. 그러나 인도에는 두 가지 사람이 다 있습니다. 인도의 시골로 가 보면 아마 살아 있는 시체들을 여기저기서 만날 것입니다." 간디는 공장 노동자들과 말씨름을 하지 않았다. "가난한 수백만 인도 사람들의 무덤을 딛고 잘살 것이라는 생각을 하지 마십시오.…… 옛날의 랭커셔가 되살아나리라는 희망도 갖지 마십시오. 여러분의 불행을 인도 탓으로 돌리지 마십시오. 여러분에게 불리하게 작용하는 세계적인 힘을 먼저 생각하시기 바랍니다."[10]

이 일은 사티아그라하의 또 하나의 기적이었다. 어떤 랭커셔 노동자는 이렇게 썼다. "랭커셔 무명제조공장 근로자로서 나는 인도인들의 활동에 의해 어느 정도 고통을 겪고 있지만, 간디에게 깊은 존경심을 갖게 되었고, 나와 함께 일하는 수많은 노동자들도 그에게 공감하고 있습니다." 또 어떤 사람은 간디의 이야기가 끝나자 이렇게 말하기도 했다. "이제 우리가 서로 이해하는군요."[11] 영혼의 힘을 통해 우리는 입장 차이에 따라 적들을 갈라 그중 하나를 우리 편으로 만들 수 있다.

마음의 통합 : 갈라지지 않고 다양성 확보하기

건설적인 프로그램은 통합적인 계획으로서 인도의 거의 모든 측면을 다루는 활동을 아우르는 것이지만, 이 모든 사업을 꿰뚫는 한 가지 원칙이 있다면 그것은 "망가진" 인도 사회를 치유하는 것이었다. 따라서 공동체의 통합이 우선이었으며, 그 다음 과제가 계급 타파였다. 달리 말하면 이슬람 사회와 힌두 사회가 조화롭게 공존하는 것이었다. 힌두 사회 자체 내에서는 이것 말고도 "공동체 관계 복원하기"에 초점을 맞춘 사업이 여섯 가지 더 있었는데, 이것들은 모두 인도인들의 전통 자체 또는 영국인들의 압제 때문에 주변부로 밀려난 사람들의 집단을 공동체의 한가운데로 다시 끌어들이는 것이 목적이었다.[12] 건설적인 프로그램은 자체적으로 사랑이 넘치는 공동체를 만드는 데 분명히 목적이 있었다. 그리고 마음 합치기가 모든 사업의 바탕에 깔려 있었다.

  방금 말한 어처구니없도록 간단한 표현에 대해 잠시 생각해 보자. '마음을 합친다'는 것은 '우리가 서로 다르지만 난 네가 행복했으면 좋겠다'는 뜻이다. 사실상 마음이 합쳐졌다고 느낀다는 것은 차이를 '즐긴다'는 뜻이기도 하다. 차이가 없다면 세상이 얼마나 단조로울까? 그리고 이러한 차이 중에는 심지어 부의 차이도 있다. 부의 불균형은 갈수록 세계 경제의 추한 모습이 되어 가고 있다. 세계에서 가장 부유한 '사람' 네 명이 세계에서 가장 가난한 '나라'들을 합친 것의 1/3보다 더 많은 부를 갖고 있다. 이런 상황에 추악하다는 이름 이외의 무엇을 붙여 줄 수 있을까? 마음 합치기를 제외한다면 이 상황을 타개할 방법은 딱 한 가지, 그러니까 무슨 수를 써서든 부자들의 손에서 부를 빼앗아 모든 사람들이 똑같은 부를 가질 때까지 나눠 주는 일일 것이다. 부유한 사람들은 당연히 이런 해결책을 반기지 않을 것이고, 그 결과는 끔찍한 폭력으로 나타날 것이다. 마음 합치기라는 가치관으로 보면 상황은 사뭇 달라진다. 부자들이 상대적으로 더 행복하다는 데 대해 불만을 가질 것이 아니라(간디가 랭커셔 노동자들에게 설명한 것처럼), 이들을 깨우쳐서 다른 사람들로부터 부를 착취하는 것이 얼마나 슬픈지, 그리고 물질적 부가 얼마나 천박한 것인지를 깨닫게 하는 것이 더 중요하다. 간단히 말해 부자들의 '마음'을 바꿔야 한다는 뜻이다. 이는 물론 쉬운 일이 아니지만 그들로부터 돈을 빼앗는 것보다는 쉽다. 사람은 부를 얻을 수 있어도 지나친 물질적 부에 대해 관심이 없다는 사실을 드러내 보일 수 있다. 이렇게 하면 효과가 나타날 것이다. 그러니까 지나치게 물질주의적이 아닌(현재로서는 실현되지 않았지만) 문화에서는 분명히 효과가 있으리라는 뜻이다.

부의 측면에서 온 세상 사람이 평등해질 때까지 밀고 나갈 필요는 없다. 우리가 할 일은 그저 가장 가난한 사람들에게 먹을 것을 나눠 주고, 그들도 어엿한 인간의 삶을 누릴 수 있다는 희망을 불어넣어 주는 일이다. 이 일이 이루어질 때까지 계속 노력해야겠지만, 가난한 사람들이 먹고사는 데 걱정이 없고 인간으로서 존중을 받을 수만 있다면 빈부 사이의 경계가 존재하는 것도 허용할 수 있을 것이다. 미국처럼 부자와 극빈자가 공존해서는 안 되지만 모든 사람이 똑같은 경제적 수준에 있을 수는 없고, 단지 '인간적' 수준에서 평등하면 된다. 그리고 상대방에게 공감하는 것이 중요하다. 공감대야말로 마음 합치기의 수단이며 목적이기 때문이다.

서로 다른 인종의 사람들이 마음 합치기의 수준에 도달했다면 모습이 서로 다르다는 것이 무슨 문제가 되겠는가? 식습관, 음악적 취향, 종교가 다르다고 해도 답은 마찬가지이다. 마음 합치기는 사랑으로 뭉친 공동체의 기반이다. 사랑으로 뭉친 공동체만이 진정한 공동체라고 할 수 있다.

건설적인 프로그램에서는 건강, 약물남용(특히 알코올), 빈곤, 문화적 열악화 등의 문제를 해결하려 노력한다. 특히 문화적 열악화에 대처하는 방법은 "새로운 교육"이다. 이 모든 노력은 한데 합쳐져서(당연한 이야기지만) 다양성을 포용하는 살아 있는 사회로 인도를 탈바꿈시킬 터였다. 차르카도 예외가 아니다. 왜냐하면 차르카에서는 거물이든 일개 농부든 의복이라는 기본적 필요를 충족시키기 위해 함께 노동했고 또 그 결과물을 함께 입었기 때문이다.

한 가지 분명한 사실은 간디로부터 무언가 얻으려면 그 생각을 전체적으로 받아들여야 한다는 사실이다. 널리 알려진 극적 사건 몇 개만을 흉내 내려 해서는 되지 않는다는 뜻이다. 간디는 지속적이고 건설적인 방법을 통해 미래를 창조하려고 했다. 가끔 이목을 끄는 사건을 연출하기보다는 꾸준히 노력을 기울이고, 저항하기보다는 노동하며, 남을 방해하기보다는 자신을 개선하고, 상징적 효과보다는 실질적이고 구체적인 쪽에 중점을 두었다는 뜻이다. 간디는 필요하다고 생각될 때 누구보다도 굳은 결의로 무장하고 싸웠지만, 더 이상 싸울 필요가 없다고 판단되자 역시 누구보다도 강한 의지로 건설적인 작업에 매진했다.

그러면 건설적인 프로그램으로부터 배울 수 있는 것은 무엇인가? 개별적인 사업으로부터는 별로 배울 것이 없다. 미국에는 70만 개나 되는 마을도 없기 때문에 "마을 차원의 개선"도 적용하기 어렵다. (물론 지역 사회 공동체 건설을 향해 노력하는 사람들이 비슷한 일을 하고는 있지만.) 오늘날 세계의 물질적 자원은 간디 시대의 인도와는 비교할 수도 없기 때문에 카디를 그대로 적용하는 것은 불가능하다. 그리고 간디 정도로 존경받는 인물도 없어서 당시의 인도처럼 일사불란한 지휘체계도 기대할 수 없다(오히려 오늘날은 개인주의가 일반화되어 당시 인도 사람들이 기꺼이 간디에게 주었던 '독재자적 결정권' 같은 것을 기대할 수는 없다).

우리가 아직도 활용할 수 있는 건설적인 프로그램의 놀라운 점은 그 안에 담긴 비전과 광범위함이다. 건설적인 프로그램은 모든 골치 아픈 문제를 하나의 결집된 에너지로 해결했다. 우리도 그 에너지를 활용할 수 있고 조직 모델을 참고할 수 있다. 그 에너지는 비폭력이다. 그리고 조직 모델은 구심점이 되는 하나의 사업 주변에 여러 사업이 모여 있는 사업 구성이다. 이러한 사업에는 모든 사람이 참여할 수 있고, 여러 가지 요소들을 하나의 비전으로 결집시킬 수 있다.

그러한 사업이 어떤 것이어야 하는지는 분명하다.

꼭 필요한 것

캐나다에 「애드버스터스(Adbusters)」라는 잡지가 있었다. 이 잡지는 상업주의를 폭로하거나 조롱하는 것이 취지였다. 언젠가 이 잡지의 표지에 아주 재미있는 그림이 실린 적이 있다.

미국 원주민(아메리칸 인디언) 복장을 한 사람들이 작은 배 몇 척에 나눠 탄 모습이 보인다. 이들은 닻을 내린 구형 범선을 향해 다가간다. 이 "인디언" 중 몇 명은 이미 범선에 올라 짐을 바다로 던지고 있다. 어디선가 들은 얘기 같은가? 그런데 자세히 보면 시대가 맞지 않는다는 사실을 알 수 있다. 작은 배는 고무보트이고, 이들이 바다로 던지는 물건은 텔레비전 수상기이다. 물론 이 표지의 제목은 "보스턴 TV 파티"이다. 이 표지는 중요한 점을 시사하고 있다. 어떤 의미에서 우리는 우리 자신의 이익에는 거의 관심이 없는 사람들에 의해 "식민화"되어 있는지도 모른다. 이 사람들은 라지의 관리들이 인도 사람들의 복지에 관심이 없었던 것보다 우리의 복지에 더 관심이 없는지도 모른다. 그런데 오늘날의 종주국은 다른 나라가 아니다. 이들은 같은 피부색을 갖고 있으며, 우리와 같은 언어를 쓰며(조금씩 망가뜨리고는 있지만) 우리들 사이에 살고 있다. 그러면서도 이들은 체계적으로 "텔레비전 시청자"인 우리를 파괴해 가고 있다. 예를 들면 우리가 원하지 않는 물건을 사게 만들고, 행복을 찾을 수 없는 곳에서 찾을 수 있다는 그릇된 확신을 심어 주기도 하는 반면, 진정한 행복을 가져다주는 화합과 공통의 목적은 가려 버린다. 다른 문명권에서 와서 다른 언어를 쓰며 다른 종교(사실상 자기 자신들도 별로 믿지 않던)를 갖고 있던 인도의 압제자들과 달리 우리의 "압제자들"은 우리와 함께 길을 걷기도 하고, 우리와 똑같은 종교, 즉 물질주의를 신봉한다. 텔레비전은 젊은이들의 마음을 너무 심하게 바꿔 놓아서 생각 있는 교사들은 이들에게 물질주의 및 경쟁이라는 패러다임 이외의 가치를 학생들에게 전달하기가 힘들어지고 있다. 앞에서 이야기했지만 대중매체는 허가도 받지 않고 교육을 시행하고 있다. 이제 들고일어나야 할 때다.

이 장 맨 앞에 등장하는 데이비드 코텐이 오늘날의 정치 문화 공간의 식민화에 대해 한 이야기를 예로 들어 보자. 수백만의 미국인들이

1992년 10월 19일 벌어진 클린턴과 부시 사이의 텔레비전 토론을 지켜보았고 나 역시 그것을 지켜본 사람들 중 하나였다. 토론이 끝나자 방송 관계자 하나가 앞으로 나와 이렇게 말했다. "토론 결과를 곧 알려드리겠습니다." '결과'라니? 말할 것도 없이 누가 이겼는지를 발표하겠다는 뜻이었다. 대부분의 시청자들은 그냥 넘어갔겠지만 상업 텔레비전 프로그램을 거의 보지 않는 나에게는 매우 충격적인 일이었다. 대중토론의 목적은 사람들이 저마다 의사결정을 할 수 있도록 도와주는 것이지 매체가 선정한 어떤 '권위자'가 마음대로 판단하는 것이 아니기 때문이다. 정치토론이 방송되는 이유는 쟁점을 보여 주기 위함이지 '승자'를 가려내기 위함이 아니다. 나 말고도 많은 사람들이 지적한 바 있지만 언론, 특히 텔레비전은 정치의 모습을 크게 바꾸어 놓았다. 즉 인기 경쟁이라는 과정을 통한 의사결정을 싸움으로 대체해 놓은 것이다. 언론은 민주주의를 권력투쟁으로 타락시켰다. 언론은 물질주의와 경쟁으로 건설한 교두보를 출발하여 이 정도까지 밀고 들어온 것이다.

아이러니하지만 사실인 것이 하나 있다. 이제까지 미국은 외국의 침략자로부터 미국인의 생활방식을 지키기 위해 무수한 싸움을 치러왔다. 그런데 우리는 싸움 한번 해 보지 못하고 우리의 가장 의미심장한 자유, 즉 생각의 자유를 포기했다. 물론 싸우지 않고는 이 자유를 되찾을 수 없을 것이다. 그러나 이 싸움의 방법은 우리를 이런 상황으로 몰아넣은 힘이 갖고 있는 방법과는 달라야 할 것이다. 이 투쟁에서 가장 핵심적인 요소라면 우리 개개인의 선택이다. 그 선택은 대중매체가 우리의 가치관과 문화에 씌운 올가미를 벗겨 내는 것이다. 간디는 "외국산 의복 거부"를 슬로건으로 내밀었지만 나는 "나쁜 '생각'의 거부"를 택한다. 물레바퀴를 돌리는 대신 오늘날 우리가 해야 할 일은 대중매체의 다이얼을 돌려 '꺼짐'에 맞춰 놓는 것이다.

적대감, 복수심, 경쟁심, 물질주의, 탐욕 등은 실제로 인간의 본성에 대해 "낯선" 감정들이라고 할 수 있다. 적어도 나는 그렇다고 확신한다. 이런 의미에서 나와 절친했던 고(故) 윌리스 하만은 돈을 버는 것이나 인간관계를 희생하여 "남보다 앞서가는 것" 같은 가치에 '사이비 가치'라는 이름을 붙였던 것이다. 공동체를 사랑하고 이에 봉사하려는 마음을 가진 사람에게 이런 사이비 가치는 무의미하다. 소란함과 어둠이 지배하는 이 공허한 세기에, 우리가 모든 역량을 기울여 만들어 낸 이 세계는 인간의 본성을 전혀 반영하고 있지 않다. 오랜 진화의 과정에도 불구하고 탐욕, 분노 등은 본질상 인간에게 낯선 개념이다. 어린이들은 편견 없이 태어나며, 편견을 심어 주려면 "공들여 가르쳐야" 한다. 그러나 앞으로 보겠지만 이러한 편견은 교육을 통해 쉽게 씻어 낼 수 있기도 하다. 우리는 워낙 많이 세뇌당해서 다른 피부색, 말투, 신념을 가진 사람을 보면 적대감이 생기는 것이 거의 제2의 천성처럼 되어 있지만 그것이 우리의 첫 번째 천성은 결코 되지 못한다. 불교의 주요 경전인 『법구경』의 첫머리에는 이렇게 씌어 있다. "우리의 모습은 모두 우리 생각의 산물이다."[13] 우리의 생각에 영향을 미치는 자가 우리의 운명을 지배한다. 오늘날은 광고가 그 역할을 하는 것이 아닐까?

현실감 회복

'문화적 공간'을 회복하는 일은 마치 물레 잣기처럼 일상의 일부가 되어야 한다. 텔레비전이나 피투성이 영화를 보는 활동에 대해 '노(NO)'를 하고 하루의 일정 시간을 '물레 잣기'에 할애하면 된다는 뜻이다. 심지어 '노'라는 대답 자체에 건설적인 활동이 이미 내재되어 있다. 예를 들면 편지를 쓴다거나, 자신이 아는 것을 나누어 준다든가, 우리 아이들이 다니는 학교, 교회, 아니면 단순히 친구 사이에서라도 대중매체 거부운동을 벌인다든가 하는 것이 있다.

대중매체를 "정화"하는 것은 마치 도로변의 쓰레기를 치우거나 독성물질이 가득 찬 웅덩이를 퍼내는 것처럼 속이 시원해지는 일이다. 시작은 개개인이 하겠지만 시간이 감에 따라 네트워크가 구성될 것이고, 결국 대규모 캠페인으로 발전할 수 있다. 그리고 몇 년 전에 캘리포니아 주의 산타 로사에 있는 학교 이사회로부터 도움을 청하는 연락을 받은 적이 있다. 어떤 유명한 영화감독이 10대들이 협박당하고 추악한 폭력에 시달리는 공포영화를 찍고 있었는데, 그림처럼 경치가 아름다운 산타 로사 고등학교를 무대로 해야겠다는 어이없는 아이디어를 냈다. 그러니까 이 학교 학생들이 10대를 추악한 모습으로 비하시키는 영화에 직접 출연하도록 하자는 것이었다. 나에게 전화를 한 사람은 이와 관련해서 열리는 회의에 증인으로 참석할 생각이 있느냐고 물었다. 우연히 내가 전에 가르쳤던 학생이 영상물 폭력물 방지운동에 참여하면서, 특히 공포영화에서 이를 방지하는 방안에 대한 연구결과를 그 직전에 나에게 보낸 적이 있었다. 그래서 나는 전화를 건 사람에게 기꺼이 참석하겠다고 말했는데, 그때만 해도 이 회의가 1면 톱을 장식할 뉴스가 될지는 몰랐다.

아침 일찍 학교에 도착하니 강당은 벌써 사람들로 가득 차 있었고 다들 열심히 이야기를 하고 있었다. 잊고 있었지만 영화 제작은 캘리포니아 최대의 산업 중 하나이다. 감독(이름을 밝히지 않겠다)은 지역사회, 심지어 캘리포니아 주 전체를 영화 제작에서 배척하겠다고 위협했고, 당시의 주지사(항상 "재정적으로" 주민들의 복지를 걱정하는 사람)는 나름의 위협 수단을 동원해서 감독의 편을 들고 있었다. 그러나 이 막강한 사람들은 주민의 힘을 과소평가했다. 800명이나 되는 사람들이 곧 강당에 모였고, 연단에 올라 이야기를 하고 싶은 사람들이 양쪽에 줄을 지어 섰다. 감독 측이 보낸 "스파이"도, 그러니까 사람들을 설득해서 포기하게 만들 의도로 들어온 매력적인 젊은 여성들도 있었다. 질서 있고 수준 높은 곳이었고 내가 본 모임 중 최고의 것에 속했다. 그리고 아마 뉴햄프셔에서나 볼 수 있는 마을 모임에 가장 가까운 것이기도 했다. 그날의 의제는 분명했다. 현금 3만 달러를 감독에게 받을 것인가(주지사도 그렇게 하라고 압력을 넣었다) 아니면 어린 학생들의 영혼을 지킬 것인가 하는 것이었다.

연단에 오른 사람들은 저마다 훌륭한 근거를 제시했고, 거의 모든 연사가 학교에서 영화를 제작하는 것에 반대했다. 어떤 사람은 연단으로 올라가더니 주머니에서 30달러를 꺼내서 이것을 학교 재정에 보태 쓰라고 말하는 것으로 영화사와 주지사에 대한 멸시를 드러냈다. 어떤 여성이 한 이야기는 그 다음 날 신문의 1면을 장식했다. "감독 생활 25년에 이렇게 심한 반발은 처음"이라는 감독의 이야기에 대해 이 여성은 "그럴 때도 됐지!"라고 응수했던 것이다.

결국 우리가 이겼고 학교에서의 촬영은 취소되었다. 그 바람에 결국 우리 집 바로 길 건너의 폐가에서 이 영화를 찍게 되어 버렸지만 그래도 나는 '미국적 시스템'이 그렇게 만족스럽기는 처음이었다.

사티아그라하는 항상 교육의 형태를 띤다. 사람들의 시선이 진정한 문제를 향해 쏠릴수록(이 경우 돈과 학생들의 복지) 더 빨리, 그리고 말썽을 덜 겪으며 문제를 해결할 수 있다. 텔레비전은 항상 시청률에 매달린다. 그리고 어떤 사상적 기반에서 통속성이나 폭력을 선호하는 것이 아니다. "귀사 프로그램의 폭력성 때문에 더 이상 귀사의 채널을 시청하지 않기로 했습니다"라는 정중한 편지를, 이 프로그램을 지원하는 광고주들을 '참조'로 하여 보내기만 해도 효과가 있다. 더 많이 보낼수록 효과는 더 커진다. 진실에 바탕을 둔 운동이라고 해서 곧 성공을 거두리라는 보장은 없지만 그렇다고 해서 쉽게 수그러들지도 않는다.

텔레비전을 비롯한 여러 매체를 거부하는 것은 물론 건설적인 사업을 시작하는 것보다는 효과가 덜할 수 있다. 그렇다면 이런 식의 거부운동이 실제로 '만들어' 낼 수 있는 것은 무엇인가? 상당히 많다. 텔레비전 시청을 그만둔 가족은 서로에 대해 새롭게 깨닫게 되며, 누군가와 대화를 한다는 것이 훨씬 만족스럽다는 사실도 깨닫는다. 심지어 사이가 좋지 않은 사람이라 할지라도 사람이 있지도 않은 전기기구를 들여다보는 것보다는 사이가 좋지 않은 가족과의 대화가 더 낫다는 사실을 깨닫는다는 뜻이다. 실험 차원에서 텔레비전을 2주 동안 꺼 본 뉴욕 시의 경찰관 브로우니는 이렇게 썼다. "아이들은 텔레비전을 보지 않자 창의적인 일에 더 많은 시간을 쏟기 시작했다."

> 드디어 아이들이 앞으로 학교 다니는 데 중요한 일들을 시작하는 것을 볼 수 있었다.…… 학교를 다니고 나서 처음으로 나도 완전히 독서에 몰입했다.…… 그리고 겨울 동안 소식이 끊겼던 다른 가족들을 방문하기 시작했다.…… 처음에는 아이들이 더 싸우는 것 같았다.…… 그러나 동시에 아이들은 어른들과 함께하는 일에 참여하면서 우리와 더욱 가까워졌다.[14]

덴버에서 시행된 비슷한 실험에 참가한 어떤 사람은 이렇게 썼다. "텔레비전을 보지 않자 가족 간의 유대가 좀더 강해졌다는 느낌이 들었다."[15] 텔레비전 시청은 인간을 소외시키는 활동이다. 달리 말해 폭력 전(前)단계의 경험이라고 할 수 있다. 반면에 언제든 어느 정도든 가족 또는 친구들이 텔레비전 시청을 삼가면 사람들 사이의 관계가 즉시 그 공백을 메워 주었다. 이는 아이들과 게임을 하거나 가족들의 문제를 결정하기 위해 의논을 하거나 단순히 이야기를 하는 것 등 다양한 형태로 나타났다. 5분 동안 깊이 있는 대화를 하는 것은 다른 사람의 삶이 펼쳐지는 영상 속에 5시간씩 빠져 있는 것보다 훨씬 더 뿌듯한 경험을 안겨 준다. 참여자들은 개인 가족 할 것 없이 이구동성으로 뭔가 해방감을 느꼈고 뭔가를 발견한 느낌이었으며, 좀더 "제구실을 하는" 사람이 되는 느낌이었다고 전하고 있다.

이런 생각에는 과학적 근거도 있다. 이스라엘의 사회학자인 우리 브론펜브레너에 따르면 2차 세계대전 후 구서독에서 널찍한 마당이 딸린 신형 주택에서 자란 아이들은 놀랍게도 집이 좁은 구시가지에 살던 어린이들보다 발달이 뒤떨어지는 것으로 나타났다. 연구팀은 바로 공간이 문제라고 결론지었다. 공간이 널찍하니까 아이들은 다른 아이들과 관계가 나빠지면 문제를 해결하고 그 과정에서 좀더 친근해지는 대신 한쪽 구석으로 피해 버렸다. 이것은 앞서 말한 경찰관 브롤리가 관찰한 바와도 일치한다.[16] 아이들에게 필요한 것은 인간적인 공간이지 물리적 공간이 아니다.

내 손자 손녀들은 주유소 직원이 유리로 된 상자 안에 들어앉아 있고, 극장 매표원이 마이크를 통해 손님과 대화하는 환경에서 자랐다. 이것도 비인간화의 한 형태이며, 바로 이것이 폭력의 간접적인 원인이 되기도 한다. 그런데 역설적이게도 이런 시설은 직원들을 폭력으로부터 보호하기 위한 것이다. 여기서도 마찬가지로 장기적으로 보면 마음 합치기 수준에서 사람들을 서로 격리하기 때문에 사태를 악화시킬 수 있다. 물론 이렇게 하면 폭력이 실제로 구현되는 것을 방지할 수는 있겠지만 말이다.

요즘 같은 시절에 선생을 하다 보면 놀랄 일이 많이 있지만 이들 중 대부분은 텔레비전을 보며 자란 세대, 그리고 그 부모가 텔레비전을 보며 자란 세대라는 이유에서부터 생긴다. 선생들끼리 흔히 하는 얘기로 요즘 신입생들이 아는 게 없다(그러니까 항구적이고 문화적 가치가 있는 것을 모른다)거나 주의집중 시간이 너무 짧다(그렇게 때문에 뭔가 항구적이고 문화적 가치가 있는 것을 배우지 못한다) 등이 있다. 그러나 아직 많은 사람들이 깨닫지 못한 문제가 또 하나 있다. 한 번은 교실에서 강의를 하고 있는데, 앞에서 두 번째 줄에 있던 학생 하나가 일어나더니 밖으로 나갔다. 무례하게 일어나서 나가는 일은 아직도 계속된다. 그러나 내 학생들은 나에 대한 존경심을 잃거나 내 강의에 흥미를 잃거나 하지 않는다. 그래서 문제가 무엇인지 깨닫는 데 시간이 걸렸다. 문제는 '학생들은 나를 실제로 존재하는 인간이라고 느끼지 못한다는 것이다.' 이들은 텔레비전을 켜 놓은 채로 간식거리를 가지러 가는 데 익숙해 있어서 살아 있는 사람인 내가 강의하는 것을 듣고 있다는 실감이 나지 않았던 것이다.

4장에서 미군이 병사들을 비디오 게임으로 훈련시키는 주된 이유는 아무런 가책 없이 쏠 수 있도록, 그리고 그들이 쏘는 대상이 살아 있는 인간이라는 인식을 억압할 수 있게 하기 위해서라고 이야기한 바 있다. 우리 사회, 길거리, 일터, 가정에서 살인을 저지르는 사람들도 희생자가 살아 있는 사람이 아니라 움직이는 인형, 영상, 아니면 가상 인간, 그러니까 단순한 목표물로 보였다고 증언하는 경우가 많다. 앞서 이야기한 블랙이라는 간호사가 살인을 저지르려는 사람 이면에 숨어 있는 인간을 꿰뚫어 본 것처럼, 인간을 대상물로 보는 사고의 과정을 뒤집으면 이런 이유로 사람을 죽이거나 다치게 하는 사람들을 범죄로부터 보호할 수 있다. 맨슨 사건의 수잔 앳킨스는 문자 그대로 그녀가 죽인 사람들이 "사람으로 보이지 않았다.……그리고 샤론 테이트는 가게에 진열된 마네킹 이상의 것으로는 보이지 않았다"고 말하고 있다.[17] 강의실에서 폭력이 발생한다 해도 나는 두렵지 않다. 그러나 내가 진정으로 두려운 것은 우리의 문화가 사람들을 서로에 대해 점점 비현실적으로 만들면서 학생들이 학교에 들어오기도 전에 폭력의 씨앗이 뿌려진다는 사실이다.

이 책 뒷부분에 있는 행동지침은 우리 상호 간의 좀더 생생한 관계를 회복하는 방법을 제시하고 있다. 비인간화에 가장 건설적으로 대응하는 방법이 바로 이것이다. 또 한 가지는 우리가 보고 듣는 대상을 가리는 것이다. 명상 공동체 초기에 우리는 코미디 프로도 시청하고 〈카사블랑카〉를 〈간디〉만큼이나(사실 그 정도는 아니었지만) 자주 보았다. 이렇게 하면 영화 제작자들은 비웃음이 뚝뚝 떨어지는 대화나 인간들이 서로 배신하기를 밥 먹듯 하는 장면, 문제를 해결하는 데 총을 쏘는 것이 당연해 보이는 장면을 누구나 다 좋아하는 것은 아니라는 사실을 깨달을 수 있을 것이다. 제작자들이나 신문 편집자들은 "하지만 대중은 이런 것을 원한다"고 말하기도 한다. 그러나 이들은 영화나 매체가 사람들을 길들여서 그것을 원하도록 만들었다는 단순한 사실을 간과하고 있다. 이 과정은 양방향의 과정이었고, 때문에 우리는 같은 양방화의 과정을 통해 되짚어 나올 수 있다. 저질 프로그램과 저질 언론의 수용자가 되기를 거부한다면, 그리고 매체가 일반 대중이 재훈련될 때까지 낮은 시청률을 감수한다면 더욱 건강한 사회, "독성"이 적은 문화, 더 나은 가치와 개선된 인간의 이미지 등을 누릴 수 있을 것이다.[18]

누군가가 나에게 "폭력을 없애려면 어떻게 해야 하는가"라고 묻는 다면 나는 주저 없이 이렇게 대답하겠다. "눈부신 문화적 진보가 필요하다."

사랑으로 가득 찬 공동체

건설적인 프로그램은 이름 그대로 저지하는 것보다는 만들어 내는 쪽에 중점을 둔다. 경제적으로 소외되고, 주변부로 밀려나고, 거부당한 사람들을 단순하지만 강력한 '마음 합치기'라는 방법을 이용해서 사회의 그물망 속으로 도로 끌어들이는 사업이 바로 건설적인 프로그램의 핵심이다. 여기서 나오는 치유의 에너지는 사람들에게 자신을 초월한 어떤 목적의식을 심어 주고, 결국 마술 같은 효과를 일으켜 지배자와 피지배자까지도 화해시킨다. 앞서 말한 '태양계' 모델은 어디로 가야 할지를 분명히 제시해 주며, 이를 통해 우리가 각자 혼자 싸우고 있는 것이 아니라는 믿음을 준다. 비폭력이 가진 치유의 에너지가 우리를 하나로 묶어 준다.

텔레비전은 '의사소통'의 한 형태라고들 말하지만 이 의사소통은 일방적이다. 사실 텔레비전 시청은 인간을 소외시킬 뿐이다. 사람들은 저마다의 '누에고치' 속에 갇혀 비현실적인 대기업하고만 소통한다. 그러므로 텔레비전은 명실상부한 소외의 기술인 것이다. 수많은 사람들이 같은 '뉴스'를 같은 시간에 본다는 사실도 소외라는 결과를 낳는다. 왜냐하면 이것이야말로 '통일성'이 아닌 '획일성'의 전형적인 사례이기 때문이다. 이 역설은 9장에서 다시 다루기로 한다. 우리가 꿈꾸는 건설적인 프로그램은 간디가 했던 프로그램과 마찬가지로 소외를 극복하고 사람들을 한데 모으는 것이어야 한다.

1936년에 하워드 서먼 박사가 이끄는 미국 흑인 대표단이 인도에서 간디의 발자취를 순례한 적이 있다. 위대한 지도자 간디의 발자취를 좇으며 흑인들이 얼마나 희망에 부풀었을지는 쉽게 상상할 수 있다. 이 일이 진행되고 있던 순간 마틴 루터 킹은 일곱 살이었으며, 애틀랜타에 살고 있었다. 몇 년 후 모어하우스 대학의 대학생이 된 마틴 루터 킹은 맨 앞줄에 앉아 서먼 박사가 들려주는 간디의 이야기를 경청하고 있었다.

> 서먼 박사: 미국으로 와 주세요. 우리는 선생님이 간절히 필요합니다.
>
> 간　　디: 정말 그러고 싶습니다. 그러나 이곳 인도에서 내가 한 이야기를 다 실천해 보이기 전에는 여러분에게 줄 것이 아무것도 없을 것입니다. 미국으로 가기 전에 제가 한 이야기를 다 실천해야 한다는 뜻입니다.[19]

이미 그때 간디는 스와데시(swadeshi)의 교훈을 분명히 알고 있었다. 스와데시야말로 건설적인 프로그램이든 저지하는 프로그램이든 간에 비폭력을 이끌어 가는 근본 원리이다. 자신의 활동 영역에서 마치 연못에 던진 돌이 동심원을 그리듯 영향권을 확대해 나갈 수는 있지만 이것을 너무 확대하면, 그러니까 모든 것을 너무 빨리 이루려고 하면, 어느 것도 이루지 못한다.

바로 이러한 점에서 간디는 예언과 같은 한 마디를 덧붙였다.

> 글쎄요.…… 비폭력의 메시지가 전 세계로 전달되는 것은 아마 흑인들을 통
> 해서일 것입니다.[20]

그로부터 20여 년 뒤 로자 파크스는 몽고메리의 어떤 버스에서 백인 남자에게 자리 내주는 것을 거부했고, 결국 이로부터 일련의 사태가 벌어져 미국에서 인종차별이라는 합법적 제도에 구멍이 뚫리기 시작했다.

이제 우리는 인도인들이 식민통치의 멍에를 비폭력이라는 수단을 이용해 벗어 던진 사실에 대한 "시각적 증거"가 주로 사티아그라하 운동에 참여했던 인도인들이 직접 미국으로 건너옴으로써 미국인들에게 전수되었다는 사실을 알고 있다. 그리고 이들은 주로 미국 남부로 가서 1950년대와 1960년대의 운동을 조언하고 지원했다.

우리는 또한 인도와 미국 양쪽에서 이 운동이 미완성으로 남아 있다는 사실도 알고 있다. 학교에서 이것을 가르치고는 있지만 우리 스스로 실천하지는 않고 있다는 뜻이다. 최근에는 오히려 이러한 생각이 편견에 밀리고 있는 실정이다.

한동안 나는 이런 비관적인 사실을 인정하지 않고 있었는데, 1970년대에 버클리 대학에서 졸업생들에게 내 비폭력 강의에 대해 이야기하다가 이를 깨달았다. 나는 비폭력이라는 위대한 힘으로 우리가

무엇을 성취할 수 있으며, 인권운동에서 비폭력이 얼마나 큰 역할을 했는지 열정적으로 이야기했다. 이곳은 버클리였다. 졸업생 중 하나가 이 운동에 깊이 관여하고 있었다. 그는 내 이야기가 끝나자 내게 다가와 '어떻게 이럴 수가 있느냐'고 했다. 그러니까 엄청난 노력도 기울이고 많은 고통도 감수했는데, 어떻게 우리가 다시 인종차별로 돌아갈 수 있느냐는 것이다. 그는 말을 하려고 했지만 눈물이 쏟아져 더 이상 거의 말을 할 수 없었다. 그 순간 마법이 풀린 듯 나는 깨달았다. 비폭력적인 원칙이 미국인들의 양심을 잠시 반짝하고 깨우기는 했지만 이제 우리는 사실상 과거의 어리석고도 파괴적인 인종차별로 돌아가고 있다는 사실을 말이다.

왜 이렇게 되었는지를 곰곰이 생각해 보았다. 몇 주 동안 그 여학생과 나눈 대화를 곱씹은 끝에 이런 결론에 도달했다. 마틴 루터 킹은 인종차별을 불법화했지만 폭력을 불법화하지는 못했다. 그렇게 하려고 했지만 킹에게는 그럴 기회가 없었다. 거기까지 가기도 전에 누군가가 그를 살해해 버렸던 것이다. 폭력은 증오의 힘과 맞물려 우리 문화의 구석구석에 아직도 머물고 있다. 그리고 또 다른 형태의 증오와 폭력인 인종차별주의도 되살아날 수밖에 없다. 보일러에 금이 갔는데 수증기가 새지 않을 거라 생각하는 건 가당치도 않다. 금이 간 곳을 다 막거나, 아니면 근본적으로 불을 꺼야 한다.

와이서 부부가 한 일

적어도 지금 다시 인권운동에 불을 붙인다는 것은 불가능하며, 마틴 루터 킹도 그것을 바라지는 않을 것이다. 킹은 오히려 우리가 건설적인 활동이라는 형태로 자신의 뜻을 이어가기를 바랄 것이다. 사실 그가 암살당하기 전까지 그는 바로 이 방향으로 가고 있었다. 그리고 대단한 운동을 시작할 필요도 없다. 1992년에 대단한 뉴스가 되었던 쿠클럭스 클랜(KKK)의 거물 래리 트랩이 개심한 이야기를 되짚어 보자. 당시 유대인인 마이클과 줄리 와이서 부부가 그의 마음을 돌려놓았다.

마이클 와이서는 네브래스카 주 링컨에 있는 사우스 스트리트 템플의 성가대 독창자로, 민주주의에 관한 일을 열렬히 지지하는 사람이었다. 1992년에 와이서 부부는 협박 전화와 협박 편지를 받기 시작했다. 경찰은 이 사건의 용의자로 이 지역 KKK의 거물 래리 트랩을 지목하고 트랩의 전화에 도청장치까지 붙였지만 그가 와이서 부부를 괴롭히고 있다는 증거를 잡기는 쉽지 않았다. 결국 와이서 부부에게는 별 방법이 없었다. 어느 날 트랩이 또 전화를 해서 소리를 질렀고, 와이서는 아내의 도움을 받아 이 문제를 해결해야겠다고 결심했다. "그때 정말 침착할 수 있었어요." 와이서는 이렇게 회상한다. '나는 트랩이 돌아다니기 힘들다는 사실을 알고 있었죠. (그는 휠체어를 타고 있었다.) 그래서 식품점에 갈 때 차를 태워 주겠다고 했죠. 그러자 갑자기 조용해지더니 분노가 다 사라진 목소리로 말하더군요. '다 조치해 놨소. 하지만 고맙소.'"[21]

와이서 부부는 단지 협박 전화가 더 이상 오지 않게 하는 것 이외에도 다른 계획을 갖고 있었다. 이들은 가능하다면 트랩이 증오에서 벗어날 수 있게 해 주고 싶었다. 나중에 알게 된 일이지만 트랩이 불구가 된 것은 과거에 흑인들에게 얻어맞았기 때문이었다. 그래서 이번에는 그들이 스스로 나서서 트랩에게 전화를 걸었다. 얼마 지나지 않아 부부는 음식을 싸들고 트랩을 방문했다. 문을 열고 손님을 받아들인 트랩은 손가락에서 반지 두 개를 빼내어 부부에게 건넸다. 그것은 나치의 반지였다. 그럼으로써 트랩은 상징적으로뿐만 아니라 현실적으로도 KKK와 영원히 작별했다.

래리 트랩은 스스로도 인정했지만 미국에서 가장 강경한 백인우월주의자 중 하나였으며, 네브래스카 주를 노스캐롤라이나나 플로리다만큼 유색인종을 혐오하는 곳으로 만드는 것이 "목표"인 사람이었다. 아마 바로 이런 이유 때문에 래리 트랩의 개심이 다른 백인 우월주의자들의 개심보다 더욱 완벽했을 것이다. "나는 KKK가 지향하는 모든 것을 거부한다." 그는 과거의 KKK 동료들에 대해 이렇게 말했다.

나는 조직에 속한 사람들을 증오하지는 않는다. 그들이 KKK 회원이라고 해서 내가 이들 모두를 증오한다고 말하면…… 나는 아직도 인종차별주의자다.[22](강조는 저자)

래리 트랩의 이야기는 비폭력이 진정으로 구원을 이룰 수 있다는,

마음 합치기를 이룰 수 있다는 것을 보여 주는 좋은 예다. 이 이야기는 사랑으로 가득 찬 공동체의 가능성을 보여 주기도 한다. 와이서 부부의 훌륭한 행동은 인종차별주의라는 저주에 대해 어떻게 용기와 동정심을 가지고 대처하는지를 보여 준 모범 사례이다.

영신적으로 준비가 되어 있고, 악으로부터 빠져나가는 출구를 찾고 있던 인종차별주의자가 남달리 용감하고 비폭력의 가치를 인식하고 있는 와이서 부부 같은 사람을 만나기만을 기다려서는 인종차별주의를 비롯한 어떤 분리주의도 뿌리 뽑을 수 없다. 와이서 부부 같은 사람들이 많아져야 할 뿐만 아니라, 이들이 행한 것과 같은 응급조치를 불필요하게 만들 수 있는 프로그램이 있어야 한다. 이는 곧 우리가 청소년과 교육에 대해 논의해 보아야 한다는 것을 뜻한다.

엘리어스 자부르는 유대계 아랍인이며 그리스도교인이다. 그는 평생을 이스라엘에서 살았지만 평화는 아직도 요원했다. 1987년 어느 날 그는 정치가들이 평화를 찾아 줄 때까지 기다릴 것이 아니라 자기 스스로 뭔가를 해야 하지 않을까 하는 생각을 하기 시작했다. 그의 생각은 단순했다. 자기 집을 '평화의 오아시스'로 만드는 것이다. 아이들은 "인종이나 종교에 따라 서로를 차별해야 할 필요가 없는 따스한 환경"에서 하루를 보낸다. 그러나 이렇게 살다가 학교에 다닐 나이가 되어 공립학교로 들어가면 다시 한번 분리된다.[23] 누구든 어린이를 다루는 기관에서 일해 본 사람이면 아이들의 머릿속에서 편견을 얼마나 쉽게 지워 버릴 수 있는지 안다. 로스앤젤레스에서는 제4제국 스킨헤드에 속하는 젊은이들을 같은 또래의 흑인, 유대인 들과 섞어 놓

왔더니 새로운 친구들과 곧 친해졌고, "제국"과 "스킨헤드"는 과거의 일이 되었다.[24]

스웨덴의 국제평화연구소에서 일하는 얀 외보리는 구유고슬라비아의 파괴된 도시에서 온 크로아티아 인 및 세르비아 인 고교생 120여 명과 함께 슬로베니아 동부 지역에서 '화해 세미나'를 주관했다. 학생들 대부분은 같은 도시에 살면서도 '상대편'에 속한 학생들은 처음 만나는 것이었다. 브레인 스토밍(brain storming)을 통해서 이들은 크로아티아, 동슬로베니아 및 자기들이 살고 있는 도시에 평화를 가져오는 멋진 아이디어를 쏟아 놓았다. 이런 것들이 가장 큰 성과였다. 외보리는 이렇게 말한다. "1991년 이래 정부, 언론, 심지어 부모들까지 상대방에 대해 이러쿵저러쿵 이야기한 것과 달리 만나 보니 서로간에 공통점이 많다는 사실을 세르비아와 크로아티아 학생들이 아는데는 한 시간이 채 걸리지 않았다."[25]

한 시간도 걸리지 않았다. 전쟁으로 인한 상처, 그리고 전쟁을 영속화시키는 상처를 치유하기 위해 세계에 하루를 할애하려는 사람들이 과연 몇이나 있을까?

현재까지는 별로 많지 않았다. 그러나 이들이 얼마나 큰일을 이루어 낼 수 있는지, 이를 바탕으로 우리는 무엇을 일구어 낼 수 있는지 보자.

커피의 깨달음 : 공동체의 열역학적 모델을 향하여

문화를 개선하는 문제는 열역학 제2법칙으로 설명하면 이해하기 쉬울 때가 있다. 열역학 제2법칙에 따르면 어떤 물리적 시스템은 시간이 감에 따라 저절로 엔트로피가 높은 상태로 이동한다. 무슨 뜻인가 하면, 어떤 것이 균일하게 섞인 일종의 평형 상태로 간다는 뜻이다. 이 시스템 안의 질서, 그리고 다른 각도에서 보면 '정보'는 점차 줄어들다가 결국 영(zero)이 된다. 그리고 모든 사물이 열악화된다. "고립계는 저절로 엔트로피가 극대화하는 방향을 향한다."[26] 가장 생생한 예가 생명체로, 생명체들은 예외없이 열악화되어 가면서 죽음을 향해 간다. 그리고 우주 자체도 결국은 "열죽음" 상태로 향해 가며, 종국에는 질량과 에너지가 구별 없이 뒤섞인 수프 같은 상태가 되어 버린다는 것이다. 그러나 우주보다 작은 시스템은 외부로부터 에너지를 받아들여 이러한 열악화 과정을 역전시킬 수 있다. 그 중요한 예가 바로 지구이다.

> 지구보다 훨씬 뜨거운 태양으로부터 열을 얻는 지구는 이 열로 인해 비평형 상태에 있기 때문에 동식물의 세포가 질서를 만들어 낼 수 있는 환경이 된다. 달리 말해 동식물은 주변 환경의 엔트로피를 높임으로써 자신의 세포의 엔트로피를 낮춘다.[27]

이것이 바로 우리가 살아 있는 이유이다. 물론 "생물체가 열역학

제2법칙에서 주장한 무질서의 증가 원칙을 거역할 수 있는 능력이 있다는 증거는 아직 없지만" 말이다.[28] 생명체의 집단도 크게 다르지 않다. 근친교배를 하면 다양성이 줄어들어 위험해질 수 있고, 외부로부터 새로운 유전정보가 들어오지 않으면 이 집단은 생명력을 잃을 위험에 처한다.

어떤 사회가 고립계를 구성한다고 상상해 보자. 새 공간이든 은하든 이러한 고립계 안에서 에너지는 시간이 지남에 따라 소진된다. 무질서가 증가하며 의미 있는 "정보"는 계속해서 사라진다. 마찬가지로 사회도 그 구성원들이 사회에서 무엇을 해야 하는지에 대한 감각을 잃어버리면서 시간이 감에 따라 활력을 잃고 가치관도 표류하지 않는가? 이렇게 활력이 사라져 가는 중요한 증거 중 하나는 (우리 모두 너무나 잘 알고 있는 일이지만) 정책결정자들이 늘어나는 문제에 대해 똑같이 현실성 없는 대안만 자꾸 내놓는 것이다. 소외가 우리 사회를 갉아먹고 있는가? 그러면 좀더 많은 사람을 감옥으로 보내면 된다. 국제사회에서 불량국가가 말썽을 피우는가? 더 강력한 제재를 가하면 된다. 그래도 말을 안 들으면 폭격을 하면 된다. 어떤 측면에서 폭력은 앞에서 보았지만 심각한 상상력 부족의 산물이기도 하다.

현대 정치사에서 가장 자주 연구대상이 되는 의사결정과정은 베트남전과 관련한 몇몇 미국 대통령의 의사결정이다. 그중에서도 특히 존슨 대통령이 두드러진다. 이들은 베트남전에서 미국이 "이긴다"는 식으로 스스로를 기만했다. 심리학자들은 이렇게 상상력(동정심은 말할 것도 없고)이 마비되는 현상을 '위기의 의사결정'이라는 새로운 표현으로 정의했다. 이런 모습은 단순하고도 엄청난 형태로 드러났다. 존슨 대통령은 '확전'에 반대하는 모든 사람을 비웃는 소수의 보좌관들만을 곁에 두었다. 새로운 아이디어를 내는 사람들은 쫓겨났고, 그 결과 미국은 파국을 맞을 때까지 외길을 달릴 수밖에 없었다.

이것은 극단적인 예지만 존슨 대통령의 전시 내각은 폭력에 대한 우리의 생각이 일반적으로 좁고 패배주의적인 시각에 갇혀 있는 것처럼 특정한 생각들에 사로잡혀 있었다. 지구상의 생물체들이 지구 이외, 그러니까 태양으로부터 온 에너지가 있어야 생명체로서 살아갈 수 있고 엔트로피를 극복할 수 있는 것처럼 우리도 폭력을 둘러싼 한정되고 좁은 생각의 틀을 깨뜨리고 새로운 아이디어와 에너지를 받아들여야 한다. 오늘날 우리의 지배적인 문화는 새로운 에너지가 없어서 열역학적 죽음으로 치닫고 있다. 새로운 에너지가 있어야 새로운 질서를 활성화할 수 있고, 이러한 질서만이 우리 앞에 놓인 위기와 기회에 제대로 대응할 수 있게 해 준다.

비폭력이야말로 바로 이 새로운 에너지다. 물론 비폭력은 햇빛이 새롭지 않은 것처럼 새로운 것은 아니지만, 비폭력에 등을 돌리고 산 지가 하도 오래 되어서 우리는 마치 비폭력이라는 자원이 애당초 없었다는 것처럼 다른 방법들만으로 이런저런 문제를 해결하려고 몸부림치고 있다. 비폭력의 에너지를 대대적으로 사회적 질서 안에 도입하려 노력하는 것은 건설적인 프로그램을 바라보는 한 가지 방법(물론 간디는 이런 방법으로 바라보았다)이다. 예를 들어 건설적인 프로그램을 통해 간디와 그의 제자 중 하나인 비노바 바베는 병원, 학교, 농촌 조직, 물레 잣기 센터 등 여러 가지 조직을 창설했고, 그중 무려 1천2백 개가 아직도 인도에서 왕성한 활동을 벌이고 있다. 이 모든 조직이 태어났다는 사실에서도 알 수 있지만 비폭력의 힘은 워낙 강력해서 건설적인 프로그램을 일종의 반 앨런 벨트라고 생각할 수도 있을 것이다. 반 앨런 벨트는 비폭력의 막강한 힘을 걸러내어 사용할 수 있는 강도로 바꾸어, 사회가 이를 최소한의 혼란을 겪고 최대한의 이익을 얻으며 이용할 수 있게 한다. 이는 마치 시바 신이 갠지스 강의 엄청난 힘을 자신의 머리로 빨아들여 조금씩 내놓아 갠지스 평원에 생명과 정화를 가져다주는 것과도 같다.

그러나 열역학 제2법칙이 성립하지 않기 시작하는 시점이 있으니, 우리의 경우 이는 사회 시스템의 '외부'가 실상은 '내부'라는 사실 때문이다. 비폭력은 본질적으로 인간에 내재하는 일종의 에너지이다. 우리가 필요로 하는 것은 각 개인 속에 들어 있는 다른 형태의 힘이지 힘을 가진 이런저런 개인이 아니다. 민권운동의 주요 사건들, 이를 테면 몽고메리 버스 보이콧이나 노스캐롤라이나의 그린스보로에서 일어난 집단 시위 같은 것들은 마틴 루터 킹이나 베이어드 러스틴, 또는 미국 북부에서 온 '아웃사이더'에 의해 촉발된 것이 아니라 로자 파크스라는 흑인 재봉사와 대학생 네 명이 시작한 '저항'으로 결국 이들은 사회적 질서를 한 단계 높은 곳으로 끌어올리는 역할을 했다.

민권운동 같은 운동의 지도자가 심오한 내면적 변화를 거쳐 새로운 믿음과 용기를 갖게 된 사례를 우리는 많이 알고 있다. 그러나 이는 단순히 이 사람들이 널리 알려져 있기 때문이다. 예를 들어 마틴 루터 킹은 처음에는 자신의 목숨을 앗아 가겠다고 위협하는(결국에는 앗아 간) 무지막지한 증오에 대해 준비가 되어 있지 않았다. 그러다가 거의 무너질 뻔한 엄청난 위기를 겪었다. 이 사건은 1955년 2월 27일 금요일에 일어났는데, 그가 첫 번째 수감생활을 마치고 나온 다음 날 이었다. 외설스럽고 적의에 가득 찬 전화가 계속 걸려와 그의 확신이 흔들리기 시작할 정도였다. 그날 자정, 특히 추하고 위협적인 전화를 받고 나서 잠을 이룰 수 없었던 킹의 고뇌는 절정에 달했다.

더 이상 참을 수 있는 지경에 이르렀다. 나는 힘이 없었다. 마음속에서 이런 소리가 들려왔다. '지금 아버지에게 전화를 할 수는 없어. 아버지는 200킬로 미터는 더 떨어진 애틀랜타에 계시니까. 어머니께도 전화할 수 없어. 아버지 가 항상 말씀해 주시던 마음속의 무엇인가에 의지해야 해. 길이 없는 곳에서 길을 찾아내는 그 힘 말이야.……

커피 한 잔을 앞에 놓고 앉아 있던 나는 그 순간을 잊을 수가 없다.…… 그 순 간, 마음속의 목소리가 들린 것 같았다. "마틴 루터, 정의를 위해 일어서라. 진실을 위해 일어서라. 그러면 세상이 끝날 때까지 내가 너와 함께 있겠다."[29]

그때 들린 내면의 목소리가 무엇이든, 이를 어떤 식으로 설명하든 그 목소리는 킹을 즉시 한 단계 높은 곳으로 올려놓았다. "거의 순식 간에 공포가 사라지기 시작했고 확신이 자리 잡기 시작했다." 그로부 터 3일 뒤 아내와 아이들이 집에 있을 때 집에서 폭탄이 터졌다는 이 야기를 조용히 받아들일 수 있게 한 것도 같은 힘이었다. "며칠 전의 종교적 체험으로 인해 이 상황과 마주설 힘이 생겼다." 사실 이 경험은 그로부터 몇 달, 몇 년 동안 계속된 투쟁 과정에서 반복적으로 나타났다. 이것으로 그는 버틸 힘을 얻었다.[30]

앞서 열역학 법칙을 설명할 때 이야기한 '시스템' 안으로 투입되는 다른 형태의 에너지로 이보다 더 좋은 예는 없을 것이다. 이 경우 시스템은 어떤 개인의 깊은 경험으로부터 영향을 받은 미국 사회와 그 구성원 전부를 말한다. 죽음을 맞이하기 직전까지 킹이 건설적인 활동 쪽에 더 많이 기울어져 있다 해도 하나도 놀랄 일이 아니다.

그러면 이는 우리에게 무엇을 뜻하는가? 이렇게 신비한 경험은 다른 사람들에게 가끔 나타난다. 예를 들어 위기에 처한 지도자, 버밍햄 보도에 꿇어앉은 사람들의 무리, 간디가 이끄는 나라 전체 등이 그 주체가 될 수 있지만, 그것만을 믿을 수도 없다. 그리고 그런 일을 계획적으로 일어나게 할 수는 없지만, 아마 이를 제도화할 수는 있을 것이다. 무슨 뜻이냐 하면 이러한 경험이 생기기 쉽도록 하는 제도적·문화적 변화를 일으키고, 이러한 경험의 결과를 오래 지속시키도록 사회를 바꿀 수 있다는 뜻이다. 이러한 일이 가능하다는 증거가 (간접적이지만) 존재한다.

폭력에 관한 인류학적 이론에 따르면, 인간 집단은 오랜 진화의 과정에서 생겨난 어떤 패거리 본능을 갖고 있으며, 이런 현상은 오늘날 유인원에게서 매우 분명히 관찰할 수 있다.[31] 이러한 본능을 뭐라고 이름 붙이든, 어떤 집단 안에 긴장이 발생하면 그 집단은 문제와는 거의 연관이 없는 소수를 목표로 삼아 폭력을 행사한다. 이러한 반응은 많은 사회의 문화적 코드에 새겨져 있고, 여러 가지 형태로 모습을 드러내지만 '희생양 만들기'라는 이름을 붙일 수 있다. 유대인 학살이야말로 거대한 살해 행위이며, 이를 뜻하는 영어 홀로코스트(holocaust)도 희생을 바치는 의식이라는 뜻에서 가져왔다. 희생을 바치는 것이야말로 고대 사람들이 문자 그대로 누군가를 희생시키는 과정이었다.

폭력적인 충동이 어떻게 폭력적인 제도로 변해 가는지를 너무도 잘 설명해 주는 이 이론을 더 깊이 파고드는 대신, 이 책에서 폭력의 여러 다른 측면을 이용하는 방법을 이야기한 것처럼 이것도 이용할 수 있다. 다시 말해 역이용한다는 뜻이다. 이러한 파괴적 에너지를 제도화한다면 창조적 에너지도 제도화할 수 있다. 간디가 제창한 아슈람은 바로 이런 목적으로 세워졌다. "아슈람의 이상은 사회를 비폭력의 바탕 위에 건설하는 것이다. 아슈람은 이러한 목적을 가지고 실험을 수행한다."[32]

응급실에서 정신이 거의 나간 사람과 맞닥뜨렸을 때 조앤 블랙 간호사가 옛날부터 정해져 내려오는 규칙적인 행동양식에 따라 어떻게 대응했는지 예를 들 때 염두에 두었던 것이 바로 이것이다. 옛날에는 삶 자체가 느렸고 제도도 안정적이었으므로 옛날 사람들은 분노에 찬 사람을 어떻게 진정시키는지를 잘 관찰하고 이를 문자 그대로 처방전을 만들어 두었는데, 간디나 킹 같은 사람들이 제시한 바도 바로 이런 것이다. 비폭력의 힘을 보여 주는 일이 아무리 힘들더라도 종국에 가서 사람들은 어떻게 하면 좀더 효과적으로 비폭력이 힘을 발휘할 수 있게 하는지 알게 되고, 나아가서 비폭력이 기이한 예외가 아니라 인생을 사는 방법이며 갈등을 해소하는 방법이라는 사실을 알게 된다. 이런 의미에서 문화도 과학과 마찬가지로 성공 사례를 전수하는 방법으로 작동한다. 다만 비폭력의 성공을 전수하는 과정에서는 실패를 겪을 여유가 없다.

이러한 이유로 범죄나 인종차별주의의 심연에까지도 비폭력의 빛줄기가 스며들 수 있는 것이다. 전쟁에서도 마찬가지라는 사실을 이제 곧 들여다볼 것이다. 사건이 일어날 때마다 이리 뛰고 저리 뛰며 수습하는 고통을 겪지 않으려면 원인의 밑바닥까지 내려가 보아야 한다. 그러니까 와이서 부부처럼 일이 벌어진 다음에 대응하는 방식에서부터 평화의 오아시스나 엘리어스 자부르의 사업을 비롯한 여러 가지 사업 같은 것으로 옮겨 가야 한다는 뜻이다. 이러한 사업이 성공하려면 튼튼한 문화적 기반이 필요하다. 바로 이런 뜻에서 미디어를 개혁하는 것이 앞서 몇 번 이야기한 태양계에서 태양의 위치를 차지하는 것이다.

가래로 막을 것을 미리 호미로 막는 것, 그것도 문화의 기반 그 자체로부터 예방활동을 하는 것이 건설적인 프로그램의 핵심이다. 앞에서도 말했지만 마틴 루터 킹이 살아 있었다면, 그리고 그가 일단 "악과 협조하지 않는"이라는 첫 번째 단계를 넘어섰다면, 킹도 항의 시위나 농성 대신 "선과의 협력" 쪽으로 갔을 것이라고 나는 확신한다. 이미 초기 단계에서부터 사람들은 본능적으로 이를 알고 있었다. 예를 들면 몽고메리 버스 보이콧 사건에서 사람들이 원한 것은 버스

회사를 파산시키는 것이 아니라 정의로운 버스 운행이었다. 이를 통해 "흑인뿐만 아니라 백인들에게도 정의가 구현되는 것"[33]이 목적이었다. 버스 차별 철폐로부터 그려지기 시작한 원은 투표권 확보를 거쳐 경제적 기회의 창출까지 이어지면서 미국의 건설적인 프로그램을 향해 가고 있다. 이 원을 완성하려면 어떻게 해야 할까?

나는 두 가지 방법을 강조했고, 그중 첫 번째 것이 더 중요하다고 믿는다. 그것은 우리 스스로가 참여하는 일이다. 마틴 루터 킹이 말했듯 "진정한 의미의 비폭력은 그것이 당장 효과가 있기 때문에 전략적으로 쓸 수 있는 것이 아니다. 비폭력은 궁극적으로 인간이 취해야 할 생활양식이다. 왜냐하면 그 자체가 순수한 도덕성을 선언하고 있기 때문이다."[34] 아니면 내가 말한 것처럼 비폭력이 가지고 있는 에너지 때문이다. 두 번째는 우리의 주도적 가치를 형성하는 제도들로부터 시작하여 제도적 변화를 일으키는 것이다. 학교에서는 왜 한 번도 인간에게는 다른 이들, 그리고 모든 생명과 하나가 되고 싶은 욕구가 있다는 사실을 알려 주지 않았을까? 인간의 삶에는 궁극적 목적이 존재한다는 사실을 깨달아야만 충만한 삶을 살 수 있다고 왜 아무도 말해 주지 않았을까? 광고하는 사람들이 별 용도가 없다고 판단했다는 이유만으로 인간에게 가장 절실한 필요를 외면해야 할까?

비폭력의 순간은 일종의 깨달음의 순간, 예기치 않은 갑작스러운 에너지의 분출이라고 생각하면 된다. 한밤중에 커피잔을 앞에 놓고 있던 사람이든 갑자기 한 차원 높은 행동으로 옮겨 간 군중이든 이러한 에너지는 포착해서 개발할 수 있다.

앞선 두 개의 장에서 마틴 루터 킹이 말한 진정한 의미의 비폭력, 그러니까 각 사람의 마음속에 새겨져 있는 보편적인 비폭력이 오늘날 가장 큰 두 가지 사회문제인 범죄와 인종차별에 어떻게 작용할 수 있는지 살펴보았다. 우리의 목표는 사랑이 넘치는 공동체를 만드는 것이다. 우리의 활동방식은 건설적인 프로그램을 시행하는 것이다. 이런 원칙에 따라 우리는 '전쟁의 고통'과도 맞설 것이다.

7장
평화의 분명한 모습

수동적 저항이 인종차별을 정복할 수 있다면, 간디와 마틴 루터 킹 같은 이들은 전쟁
자체를 정복할 수 있는 방법을 벌써 알아냈을 것이다.
—W. E. B. 뒤부아

히로시마와 나가사키에 원자폭탄이 떨어진 뒤 한 달 반쯤 지난 어느
날 저명한 핵 물리학자들이 시카고에 모였다. 시카고야말로 엔리코
페르미가 최초의 연쇄반응 실험을 한 곳이기도 하다. 이제 핵폭탄의
위력이 만천하에 드러났고, 인간은 이제 핵폭탄의 시대를 살아가야
할지를 생각해야 할 입장이 되었다. 여기 모인 학자들은 역사가 자신
들 앞에 희귀한 기회를 내려 주었음을 너무나 잘 알고 있었다. 한편으
로 세계는 전쟁의 공포로 충격을 받고 이에 시달리고 있었고, 다른 한
편으로는 핵폭탄의 발명으로 전쟁을 끝낸 사람들이 거의 신관의 사
제 같은 권위를 누리게 되었다. 이들처럼 인류를 평화로 이끌고 가는
특권을 누린 사람들은 일찍이 없었다. "그러나" 글렌 시보그는 슬프
게 회상한다.

우리 모두가 함께 갖고 있던 목적, 그러니까 핵폭탄이 없는 세상을 어떻게 실현할 것인지 정확한 사진이 떠오르지 않았다. 당시의 상황은 마치 핵군비 경쟁의 씨앗이 인간의 본성과 정치제도에 뿌려진 것 같았다.[1]

핵군비 경쟁의 씨앗이 인간의 본성과 정치제도에 뿌려지기도 했지만 영구 평화의 씨앗도 함께 뿌려졌다. 두 가지 씨앗 중 어느 쪽이 싹을 틔우고 번성하는가는 인간의 선택에 달려 있다. 과학적으로 밝혀진 인간의 본성에 비추어 판단할 때 인간이 어느 쪽을 선택할지를 미리 결정할 수 있는 요소는 거의 없다. "본성"이라는 것이 인간의 마음속 깊은 곳으로부터 솟아오르는 열망임과 동시에 이런 열망을 구현하기 위해 만들어진 진화의 메커니즘이라면 균형추는 평화 쪽으로 상당히 많이 기울 것이다. 인간이 반대 방향을 향해 간다면 그것은 자연의 힘 때문이 아니라 인간을 올바른 운명의 길에서 벗어나게 만드는 해괴한 조건 때문일 것이다.

이 점이 바로 과학자들이 놓친 부분이다. 물론 이들은 자기 분야에서 탁월했지만 대중이 이들에 대해 어떻게 생각하든 이들의 전문 분야는 인간의 본성을 다루는 것이 아니었기 때문에 이해할 만하다. 케네스 볼딩이 지적한 바처럼 인간을 통합하는 힘이라는 영역은 아직 미개척지로 남아 있다. 현재까지는 어떤 "전문가"도 평화의 밭을 비옥하게 하고, 그로부터 풍성한 수확을 거둬 들이는 것을 자신의 전공 분야로 하는 사람은 없다. 선의로 가득 찬 과학자들이었던 것은 사실이지만 시카고에 모인 사람들은 우리와 마찬가지로 시야에 한계가 있었다. 우리처럼 이들은 세상을 어두운 쪽에서 보는 경향이 있었던 것이다. 슬프고, 탐욕에 끌려 다니며, 언론에 조작당하는 모습 말이다.

내가 이 점을 강조하는 데는 이유가 있다. 한동안 나는 핵무기 과학자, 신학자, 교수 들이 참여하는 일련의 회의에 참석한 적이 있다. 이 회의는 1983년 미국 가톨릭 주교 회의가 핵 군비 경쟁의 도덕성에 대해 심각한 우려를 표명한 뒤 캘리포니아 주 오클랜드의 주교가 소집한 모임이었다. 고요한 가톨릭 피정의 집에서 가진 토론은 놀랍도록 솔직하고도 진지했다. 영향력 있는 사람들 앞에서 비폭력을 깊이 있게 설명할 수 있는 절호의 기회였다. 그런데 스탠퍼드에서 온 어떤 물리학자가 특별한 건의를 했고, 그것은 받아들여졌다. 그 이유는 그가 "스탠퍼드 선형가속기를 재가동할 줄 아는 사람"이었기 때문이다. 다른 사람들과 마찬가지로 나도 그 사람이 훌륭하다고 생각했다. 사실 나는 컴퓨터가 망가지면 다시 시작할 수 있는 능력이 거의 없기 때문이다. 그러나 그가 그런 능력을 가지고 있다는 사실이 폭력이나 전쟁 억제와 무슨 상관이 있단 말인가! 기계와 기술에 너무 집착한 나머지 삶에서 가장 중요한 것은 기계도 기술도 아니라는 사실을 잊은 건 아닐까?

전문가들보다는 길거리에서 마주치는 보통 사람들이 더 좋은 아이디어를 낼 수 있는 법이라고 말한 사람은 아마 버나드 쇼였던 것 같다. 평화도 그런 것들 중 하나다. 평화를 얻기 위해 뉴스에 등장하는 원숙한 "전문가"라는 사람들이나 외교정책을 결정하는 엘리트들이 이런저런 이야기를 하지만 이 사람들이 하는 얘기는 상식에 따른 직관을 가리는 일뿐이다. 사실 바로 이런 직관이 우리의 길을 밝혀 주는데도 말이다.

1979년 노벨 평화상은 콜카타의 마더 테레사가 받았다. 세계는 기본적으로 기쁘다는 반응을 보였는데, 이런 반응은 앞서 말한 직관의 좋은 예에 속한다. "이제 벵갈의 어머니가 세계의 어머니가 되었다"고 기쁨에 찬 어떤 벵갈 사람이 콜카타의 거리에서 말했다. 그로부터 8년 전 교황 바오로 6세는 제1회 교황 요한 23세 평화상을 테레사 수녀에게 이미 준 바 있었다. 그런데 이제 테레사 수녀는 평화회의에 참여한 적도 없고, 조약에 서명한 적도 없으며, 대규모 분쟁을 막기 위해 자신의 영향력을 행사한 적도 없는데도 노벨상 수상자로 선정된 것이다. 그럼에도 세계는 테레사 수녀의 수상을 열광적으로 환영했다. 사람들은 수상 결정 배후에 깔린 논리를 무의식중에 서로 공감하고 있었다. 시궁창에서 인간을 끌어올리는 사람(실제로 테레사 수녀가 콜카타에서 한 일)이 군인이나 정치가보다 훨씬 더 많은 일을 할 수 있다는 사실을 사람들은 직관적으로 알았던 것이다.

그리고 실제로 1982년에 테레사 수녀는 평화를 일궈 내는 자신의 역량을 드러내 보이기도 했다. 베이루트에서 내전이 치열해져 지체부자유 고아들을 수용하던 고아원이 방치되자 테레사 수녀는 베이루트로 들어가 고아들을 구해 내겠다는 의사를 밝혔다. 그리고 테레사 수녀는 베이루트로 갔다. 약 10일 동안 아무것도 가진 것이 없고, 국가권력과도 관계가 없는 수녀 한 사람이 그곳에 가 있다는 사실만으로 그때까지 유엔도, 시리아도, 이스라엘도 일궈 내지 못한 평화가 테레사 수녀가 머물렀던 10일간 이곳에 정착했던 것이다. 그래서 노벨상과 전 세계의 열렬한 환영은 전쟁과 평화를 둘러싼 얽히고설킨 상황을 뚫고 들어오는 한 줄기 밝은 직관의 햇살이었다. 그러나 이 감동적인 드라마의 배후에는 현대 사회의 쓰디쓴 아이러니 하나가 숨어 있다. 베이루트 고아구출 사업에서 테레사 수녀의 적이라고 할 수 있는 존재는 남부 레바논에 폭탄의 비를 내리라고 한 이스라엘의 베긴 총리였다. 그런데 베긴 총리는 바로 테레사 수녀보다 한 해 앞서 노벨 평화상을 받았다. 당시에 이 상은 비웃음의 의미로 준 것이 아니었다. 실제로 베긴 총리와 이집트의 안와르 사다트 대통령은 함께 '평화' 조약에 서명했고, 이에 따라 이스라엘과 이집트 사이의 적대행위가 좀 누그러졌다. 비슷한 이유로 1973년에 레 둑 토와 키신저가 노벨 평화상을 공동으로 받은 적이 있다. 이러한 상황은 "수동적 평화"라고 부르는 것으로, 물론 능동적 전쟁보다는 나은 것이며 따라서 베긴과 사다트에게 상을 준 것은 비웃음의 의미가 결코 아니었다. 그러나 상을 준 사람들은 뭔가를 혼동하고 있었다. 무슨 뜻이냐 하면 상을 준 사람들은 베긴 방식의 수동적 평화와 테레사 수녀 방식의 능동적 평화를 구분하지 못했다. 양자의 차이는 서로 대치한 가운데 물리적 충돌만 없는 상태와 적극적인 상호 간의 관심으로 채워진 사랑으로 넘치는 공동체 사이의 차이이기도 하다.

한편 베긴 수상이 1982년 레바논에 공격 명령을 내리면서 이 작전에 붙인 이름은 "갈릴리의 평화(Peace for Galilee)"였다. 여기에는 조소가 담겨 있다.

다른 사람도 아닌 바로 로버트 맥나마라 국방장관이 이렇게 말했다. "테레사 수녀에게 노벨상이 돌아간 것은 당연하다. 왜냐하면 인간 존엄성의 확인이라는 가장 기본적인 방법으로 평화를 추구했기 때문이다."[2] 그러나 오슬로에서 있었던 수락연설에서 테레사 수녀는 "나만의 특별한 영어"라고 자신이 이름 붙인 표현을 써서 자신이 추구하는 평화와 정치가들이 추구하는 평화를 아주 간단히 보여 주었다. "내 소명은 개인을 돕는 것이다." 폭력은 항상 개인을 대상으로 저질러진다. 폭력을 저지르는 것도 개인이며, 비폭력의 궁극적인 수혜자도 개인이다.

그렇다면 최대 규모의 폭력이며 당사자가 대규모 집단이나 국가인 전쟁에서도 비폭력이 유용하리라는 생각이 허황하게 들릴 수 있다.

비폭력이 나라 전체를 지키는 데 쓰일 수 있는가? 즉 전쟁을 대체할 수 있는가? 아직 널리 연구되지 않은 분야인 평화를 탐구하는 학자들도 비폭력은 국제분쟁을 해결하는 수단이 될 수 없다고 대답할 것이다. 아직 거기까지 갈 수 없다는 얘기다. "비폭력 활동은 전쟁을 대체한 적도 없고 그럴 수도 없을 것이다."[3] 그러나 콜카타에서 베이루트를 거쳐 오슬로에 이르는 길을 더듬어 본 우리는 그것이 가능하다고 본다.

W. E. B. 뒤부아가 말한 것처럼, 이러한 사실을 보면 세계에 평화를 가져오는 사람들은 마틴 루터 킹, 간디, 테레사 수녀처럼 "사랑의 기술"을 함양하는 사람들이지 적나라한 힘을 이용해서 남을 궁지에

몰아넣고는 불안한 균형을 유지하는 사람들이 아님을 알 수 있다. 사실 뒤부아는 믿지 못하겠다는 투로, 심지어 냉소적으로 이런 말을 했지만 이제 그 말이 진실임을 확인해 보겠다. 간디에게 "오직" 비폭력만이 전쟁을 대치할 수 있다는 사실은 너무도 분명했다. "세계에 평화가 오려면 다른 어떤 것도 아닌 비폭력이 그 수단이 되어야 한다고 나는 자신 있게 말한다."[4]

1944년 노벨 물리학상을 받은 I. I. 래비는 핵무기 경쟁에 대해 침울한 투로 이렇게 말했다. "상황은 점점 더 나빠지고 있다. 왜 우리가 이것을 막지 못했는지 모르겠다. 정말 미스터리다. 2차 세계대전 이후 가장 큰 미스터리라고 할 수 있다.…… 핵무기를 줄이기 위한 노력이라면 나는 무조건 찬성이다."[5]

전쟁이라는 고통스러운 미로를 통해서는 평화에 도달할 수 없다는 사실은 직관적으로 알 수 있는 것 아닌가? 평화에 이르는 길이 미스터리인 이유는 이렇다. 우리 대부분이 직관적으로 이것이 옳다는 사실을 알고 있지만 마더 테레사처럼 이를 실천에 옮기지 못하기 때문이다. 정치가들은 그의 헌신에 찬사를 늘어놓지만 입술에서 시작된 이러한 찬사를 가슴 근처까지라도 끌어다 놓으려는 사람이 얼마나 될까? 과감히 직관을 따르자. 사물을 분명히 보려면 그늘에서 나와야 하는 법이다. 전쟁을 멈추려는 생각만 하지 말고 비폭력에 대해 생각하기 시작해야 한다는 뜻이다.

몸, 마음, 영혼 I : 평화에 대해 생각하기

오늘날 자유 언론 운동으로 알려진 운동의 출발점에 섰던 운동가들과 함께 버클리 캠퍼스 안에 있는 스프라울 홀로 들어 선 가수 조앤 바에즈는 길고 폭이 넓은 계단 바로 밑에서 멈추어 섰다. 그러고는 돌아서서 이 금지된 건물로 자신들이 들어섰다는 역사적 의미 때문에 거의 도취 상태에 있던 수많은 학생들을 향해 미소를 보내며, 우리가 분노가 아니라 사랑을 담고 이 건물 안에 들어섰음을 잊지 말아 달라고 당부했다. 우리는 생각과 말뿐만 아니라 행동에서도 비폭력적일 것이다. 그는 앞서 간 마틴 루터 킹을 비롯해 자기보다 앞서 활동했거나 나중에 활동했던 많은 비폭력 활동가들과 같은 이야기를 하고 있었다. 진정한 비폭력은 각 사람의 마음속으로부터 나온다. 비폭력으로 세상을 바꾸려면 먼저 우리 자신의 생각, 말, 외부로 드러나는 행동부터 달라져야 한다.

그때는 1964년이었는데, 조앤 바에즈와 공감하는 사람들조차도 생각이 비폭력적이려면 어떻게 해야 하는지 짐작조차 못 하고 있었다. 우리의 생각을 이런 쪽으로 바꾸는 데 대해 교육은 아무것도 해 주지 않았다. 사실 세계 어디서든 비폭력을 꿈이라도 꾸고 있던 곳도 거의 없었다. 명상은 극소수의 사람들을 제외하면 공허하거나 심하게 오해하는 개념이었다. 그 모든 것이 너무도 빨리 바뀌었다. 시작한 지 1년도 채 되지 않아 자유 언론 운동이 끝났을 때, 수백 년에 걸친 학생 운동이 마르크시즘이라는 이데올로기로 여과되어 나타난 새로운 정치적 스타일과 함께 또 하나의 하부 문화를 형성할 만한 '뉴에이지(new age)'라는 사상이 등장했다. 원두커피 한 잔을 앞에 놓고 카뮈와 파농을 논하던 바로 그 카페에서 일부 사람들은 라테 한 잔을 시켜 놓고 비베카난다와 불교 토론에 열을 올렸다.

이러한 새로운 생각 중에서 어느 것이 현실이고 어느 것이 비현실인지는 시간이 가려 줄 것이다. '뉴에이지' 운동은 물질주의에 대한 반발이며, 물질주의는 당연히 반발할 만한 대상이기도 하지만 반발로 시작한 운동은 결국 반발의 대상에게 발목을 잡혀 주저앉는 경우도 많다. 아직도 철저하게 물질주의적인 시대인 오늘날 마음에 대해 이야기하는 것은, 심지어 생각하는 것조차 어렵다. 1970년대 「리더스 다이제스트」에는 "나는 조(Joe)의 발이에요" 아니면 "심장이에요" 등의 제목을 단 건강 시리즈가 연재된 적이 있다. 스리 이스와란이 명상 참여자들을 자기 주변으로 끌어 모으면서 한 가지 원한 것은 "나는 조의 마음이에요"라는 제목을 단 기사를 쓰는 일이었다. 그는 그 기사의 첫 문장까지 준비해 두고 있었다. "조는 그 자신이 나라고 생각한다."

평화를 일궈 낸다는 것은 영혼의 힘을 최대 규모로 인간의 폭력에 가하는 활동이다. 그러므로 영혼이 자리 잡고 있는 인간의 내면에서 일어나는 심오한 변화가 시발점이 되어야 한다. 물론 거기서 멈춰서는 안 된다. 그리고 영혼의 힘이 현실 세계에 영향을 미치는 것을 막을 방법은 없다. 영혼의 힘이 어떻게 평화의 시스템으로 발전할 수 있는지를 보이기 위해 우선 세 개의 단계를 소개할까 한다. 이것들은 반드시 일어나야 할 큰 변화의 세 단계이기도 한다. 바로 생각, 말, 행동이다.

'뉴에이지' 패러다임이 성취한 바가 무엇이든, 어쨌든 그 덕분에 대규모의 갈등이라는 골치 아픈 문제를 이야기하기가 더 쉬워졌다. 이런 문제와 의식 사이의 연계를 생각하는 것이 더 자연스러워졌기 때문이다. 의식은 개인 내부에 존재한다. 외부적인 시스템인 전쟁이 아무리 규모가 크고 복잡해도 결국 "전쟁은 인간의 마음에서 시작한다." 유네스코 헌장이 설파한 이 진실을 에머슨은 이미 옛날에 지적한 바 있다. "으스스한 전쟁이라는 시스템을 만든 것도 생각인데, 생각은 항상 사라져 간다."[6] 그러므로 전쟁을 극복할 수 있는 비폭력의 힘도 각 사람의 마음으로부터 나와야 한다. 의미심장하면서도 외면당하는 유네스코 헌장이 공표되자마자 시작된 냉전 기간 중 영국의 역사가인 E. P. 톰슨은 핵무기를 단순한 사물로 보는 위험한 사고에 경악했다. 전쟁을 이렇게 사소한 것으로 보기 시작하자 결국 얼마 후 중동 전쟁이 터진 것이다. 당시 톰슨은 이렇게 말했다. "왜곡된 인간의 마음이 세상을 파멸시킬 무기이다."[7] 에머슨은 또 이렇게 말한 적이 있다. "목재, 벽돌, 석회석, 돌은 많은 사람의 마음이 가리키는 방향을 따라 유순하게 그 모습을 바꾸었다."[8] 이제 강철, 실리콘, 유리 등이 유순하게 모습을 바꾸고 있으며, 방사성 동위원소는 파괴적인 목적을 향해 모습을 바꾸고 있다. 인간의 사고는 개선되지 않았으며, 따라서 기술의 "개선"은 인간을 더욱 큰 위험으로 끌어당길 뿐이다.

그러나 나는 톰슨의 우울한 예측에 한 가지 현실적인 요소를 덧붙이고자 한다. "'훈련되지 않은' 인간의 마음이 세상을 파멸시킬 무기이다." 마음은 훈련하지 않으면 왜곡되며, 훈련에 의해 형성된다. 부처가 말했듯이 "훈련되지 않은 인간의 마음은 어떤 사람을 증오하는 모든 사람, 그 사람의 모든 적들을 합친 것보다도 더 큰 해를 끼친다. 잘 훈련된 마음은 그 사람의 부모, 가족을 모두 합친 것보다도 더 큰 이익을 가져온다."[9] 훈련되지 않은 마음은 가장 위험한 형태의 무기이다. 이러한 마음을 가진 사람은 어떤 상황에서도 불안감을 느낄 것이며, 결국 이런 마음을 주변 사람에게 전파시켜 궁극에 가서는 전쟁이라는 대규모로 불안한 상황을 만들어 낼 수 있다.

마음을 훈련시키는 가장 강력하고도 직접적인 방법은 3장에서 설명한 명상이다. 명상은 반복해서 "폭력 대신 올바른 대응"을 선택하는 행위이며, 마음이 다른 곳을 떠돌 때마다 긍정적인 채널로 끈질기게 데려다 놓는 활동이다. 마음이 흩어지는 것은 우리가 생각하는 것처럼 그렇게 무작위적인 것이 아님을 보아도 이러한 노력이 비폭력과 깊은 관계가 있다는 것을 알 수 있다. 뭔가를 생각하려 한다고 하자. 그러나 가장 건전하다고 생각되는 연상 작용도 두세 단계만 거치면 사람의 마음을 다른 곳으로 끌고 가 버린다. 예를 들어 보자.

"아, 정말 멋진 시로군."

"왜 사람들은 이 시의 가치를 모를까?"

"난 너무 똑똑하단 말이야."

"왜 주느비에브는 내가 똑똑하다는 것을 모를까? 지난번만 해도……."

이렇게 된다. 생각이 느리고 긍정적이면(빠르고 부정적인 것이 한 쌍으로 붙어 다니는 것처럼 느리고 긍정적인 생각도 그렇다) 생각을 가장 지루한 주제, 즉 우리 자신으로부터 떼어 놓기가 쉽다. 그러면 사람의 마음은 즉각 타고난 가능성을 회복한다. 달리 말해 다른 사람의 필요에 눈 뜨게 된다는 얘기다. "통제되지 않은 마음"이라는 표현은 좀 부정확하다. 올바른 판단이 지배하지 않은 마음은 "통제되지 않은" 마음이 아니다. 바람직하지 못한 마음에 의해 통제되는 마음일 뿐이다. 그러므로 명상은 건전한 판단과 분노, 공포, 탐욕 같은 힘 사이의 줄다리기이며, 이러한 부정적인 감정들도 궁극적으로는 우리 마음속에 있는 혼돈의 원칙에 따른다. 이 혼돈의 법칙을 자아라고 불러도 좋고 뭐라고 불러도 좋지만 어쨌든 바로 이것이 우리 마음속에 있는 "파멸의 기계"이다. 건전한 판단이 끊임없이 마음을 통제하며 감정이 더 느리고 덜 불규칙적으로 만들어지기 시작하는 날이 이러한 기계가 완전히 해체되는 날이다.

그리스도가 떠나고 나서 수 세기 동안 수만 명의 사람들이 이집트의 사막이나 시리아의 언덕으로 가 "비밀 훈련"을 했으며, 나중에 이들은 이러한 활동을 "고요한 기도"라고 고쳐 부르며 전 유럽의 수도원에서 시행했다. 오늘날 동방의 지혜는 서양 사람들의 잊혀진 전통을 깨우쳐 주고 있는데, 이를 우리는 명상이라고 부른다. 그러나 이름이 무엇이든 상관없다. 서양의 과거를 돌아보면 이미 수많은 사람들이 인간의 마음은 풀어야 할 과제라는 것을 잘 알고 있었음을 알 수 있다.

물론 오늘날은 대중매체가 이러한 문제를 인식하는 걸 더욱 어렵게 만들어 놓았다. 영화의 선구자 중 한 사람인 D. W. 그리피스가 무성 영화 초기 시절에 이룩한 혁신은 바로 이러한 사실을 잘 보여 준다. 그리피스는 장면 변화의 속도를 크게 높여 보통 한 릴당 10여 장면에 불과하던 것을 무려 68장면까지 늘려 놓았다.[10] 기억하는 사람들도 있겠지만 그리피스야말로 영화사에서 가장 폭력적인 영화로 악명 높은 〈국가의 탄생(Birth of Nation)〉(1915)을 만든 사람으로, 여기서 그리피스는 KKK를 미화했으며, 제목이 암시하는 바와 같이 그리피스는 미국에서 '건국'만큼이나 중요한 것이 철저한 인종차별주의라고 보았다. 오늘날의 MTV를 보면 폭력에 무방비 상태로 노출되어 있다는 것을 너무도 분명히 알 수 있다.

명상을 하면 빠르고 조각 난 세상과 폭력 사이의 신비스러운 관계와 정면으로 마주서게 된다. 명상의 핵심은 명상하는 주제가 긍정적이어야 한다는 것뿐만 아니라 긍정적인 것을 생각하는 행위 자체를 느리게 만들려는 노력 그 자체이다. 가끔 나는 내가 마음이라는 소의 뿔을 잡고 씨름하는 카우보이가 아닌가 하는 생각이 든다. 이렇게 해서 생각을 최대한 느리게 만들면 결국 충동적 사고가 멈추는 축복 받은 날이 올 것이다.

이와 함께 모든 폭력도 멈출 것이다. 이것이야말로 평화를 이루는 궁극적인 방법이다. 이렇게 하면 아쇼카 왕이 삶에서 진보를 이루는 데는 명상만한 것이 없다고 한 이유를 깨달을 수 있을 것이다.

몸, 마음, 영혼 II : 가야 할 길

우리의 말과 행동이 평화로운 정도는 평화가 우리의 마음을 지배하는 정도에 달려 있다. "어떤 사람도 내가 이룩한 것과 똑같이 이룰 수 있다는 사실에 대해 나는 티끌만한 의심도 없다"[11]고 했을 때 간디는 물레 잣기 센터를 세우거나 소금 행진을 주도하는 활동을 이야기한 것이 아니다. 간디가 말한 것은 내면의 평화이다. 그러나 이를 얻으려면 우리는 아직도 먼 길을 가야 한다. 지금 이 순간도 사람들은 세계 각지에서 서로에게 고통을 주며 서로를 죽이고 있다. 그러면 이렇게 깊은 마음의 변화를 장기적인 안목에서 일으켜 평화의 기반을 다지는 노력을 하는 한편 지금 당장 할 수 있는 일은 무엇인가?

내가 보기에는 보통 사람들도 참여할 수 있는 직접적인 형태의 행동이 있다. 이를 통해 우리는 정부에게 조약에 서명하라거나 국방 예산을 쪼개 이런저런 데 쓰라고 하는 것보다 더욱 효과적으로 전쟁 시스템을 물리칠 수 있다. 또한 생각과 행동 사이에는 중요한 중립 지대가 있다.

인간이 비인간적인 행동을 하도록 만들거나 허용하는 것은 무엇일까? 2차 세계대전에 휩쓸린 두 사람의 증언을 들어 보자. 전쟁 당시 일본군 병사였던 아즈마 시로는 난징 대학살에 참여했다. 61년 후 아즈마는 후회하며 간단히 이렇게 설명했다. "우리가 중국인들을 죽일 수 있었던 이유는 그들을 경멸했기 때문이다."[12]

한 번은 미국 친우봉사회의 초청으로 패서디나에서 연설한 적이 있는데, 어떤 사람이 다가오더니 자기 부부는 베를린 근교의 소도시에서 자랐고, 그곳에서 장인이 무척 존경받는 랍비였다는 이야기를 했다. 1930년대 후반 유대인 박해가 본격화되면서 나치 정부는 유대인들을 더욱 심하게 모욕하라고 명령했다. 그러나 이 소도시의 사람들은 이 명령에 따를 수 없었으며, 이 사람의 장인에 대해서는 더욱 그러했다. 이곳 사람들은 나치에 반대하는 것도 아니었고, 공개적으로 정부에 저항하는 것은 더더욱 아니었다. 이들은 그저 그의 장인을 향해 우러나오는 존경심을 억누를 수가 없었던 것뿐이다. 그러니까 이러한 존경은 버밍햄 행진에서처럼 비폭력 그 자체가 일으키는 것이다.

결국 존경은 폭력에 대한 강력한 해독제이다. 그러나 더욱 비중을 두고 싶은 쪽은 두 번째 증인이다. 그 사람은 추적 끝에 잡혀 이스라엘로 끌려가 인류에 대한 범죄로 재판을 받은 아돌프 아이히만이다. 아이히만은 나치 지도자들이 서슴지 않고 잔혹 행위를 저지를 수 있었던 것은 언어 때문이라고 증언한다. 한나 아렌트의 설명에 의하면, 게슈타포 지도자들은 해괴한 완곡어법을 써서 의사소통을 했고, 결국 그것이 생각으로 굳어졌다고 한다. 아무도 죽인다고 말하지 않았다. 그저 "최종 해결책," "소개," "특별 조치"라는 용어를 썼을 뿐이다.

이러한 언어 시스템의 효과는 나치 간부들이 자신의 행위를 모르게 하기 위한 것이 아니라, 이러한 용어가 지칭하는 활동이 "정상적인" 의미의 살인이나 거짓말과 같은 것이 아니라는 생각을 일으키는 데 있었다. 아이히만은 이러한 용어를 금방 받아들인 반면 정상적인 언어를 쓸 능력을 곧 상실했기 때문에 이러한 "언어 법칙"의 좋은 먹잇감이었다.[13]

이제 뭔가 느낌이 올 것이다. 냉전 시대를 돌아보면 보통 사람들이 지구의 종말에 대해 아무렇지도 않게 생각하거나 이야기하는 모습이 떠오르고, 아주 기괴하다는 느낌이 들 것이다. 냉전 시대는 민주주의 시대가 아니었으며(긴장과 히스테리의 시대가 민주적인 경우는 없다), 그저 한 줌밖에 안 되는 엘리트가 우리의 생각을 좌지우지하며, 더욱 큰 공포와 전쟁을 향해 세상을 몰고 가던 시절이었다. 이 상황을 타개하고 싶었던 몇몇 학자들은 이들 '전문가들' 사이에 쓰이던 냉전 언어를 연구해 보자는 생각을 했다. 아마 이를 통해 인류가 왜 이런 미친 상태까지 갔는지를 이해할 수 있고, 이 '국방 전문가들'도 사정을 제대로 이해하는 데 도움을 줄 수 있으리라고 희망했기 때문이었을 것이다.

이 연구에는 흥미로운 점이 많았다. 우리에게 반대하는 사람들이 생각을 바꾸도록 만드는 것이 얼마나 끔찍하게 어려운지는 잘 알려져 있다. 비폭력의 순간이 이를 실현할 수 있지만 그런 순간이 아주 희귀하다는 것도 우리는 알고 있다. 그래서 우리 학자들은 전문가들의 언어 속에 들어 있는 비유나 뉘앙스, 암시 등을 찾아내 이들의 언어를 이성의 밝은 빛 안으로 끌어들이면 이들이 어떻게 스스로를 속여 왔는지 그들 자신과 일반 대중이 알 수 있으리라고 생각했다. 논조가 강해지면서 점점 벌집을 쑤셔 놓은 형국이 되어 갔지만 어쨌든 메가톤급 핵폭탄과 이것을 실어 나를 미사일에 대해 끊임없이 이야기하는 사람을 단순히 얕보거나 냉담한 반응이나 보일 것이 뻔한 사람들에게 "군비 경쟁의 도덕성"을 운운하는 것보다는 더 효과적이었다. "당신이 하는 일은 틀렸소" 하는 식의 느낌을 주는 방법은 효과를 거두는 일이 거의 없다. 이렇게 하면 사람들은 양심의 가책을 벗어나기 위해 그저 귀를 막아 버리기 때문이다.

버클리에서 평화와 분쟁 연구 사업이 진행되는 동안 나는 가끔 육군 ROTC(오늘날은 버클리 군사학과라고 불린다) 소속 대위 한 사람을 초청해서 인문 과정 강의를 시키기도 했다. 대위는 보통 우리 학생들의 성급한 비판을 잘 받아 넘겼는데, 한 번은 아무 생각 없이 이런 말을 했다. "역사상 전쟁은 끊임없이 계속되었다." 마리야 김부타스의 책을 막 읽고 난 나는 이렇게 반박했다. "그게 옳지 않다는 거 알고 있습니까? 우선 '고대 유럽' 문명이 있고, 예를 들어 전쟁이라곤 한 적이 없는 미국 원주민을 비롯한 수십 군데의 사회에서……" 너무 늦었다. 대위는 벌써 주제를 바꾸었다. 사람들은 자신의 행동이 자신이 하는 말과 일치하지 않는 상황과 마주하면 자신의 신념을 행동과 일치하도록 바꾼다. 그러나 그 반대로는 하지 않는다.[14]

우리 그룹은 언어와 비유의 세계를 연구하여 국방 전문가들을 건설적인 대화로 끌어들일 수 있기를 바랐다. 그리고 우리 모두는 오늘날 이러한 연구를 통해 뭔가 생산적인 작업을 할 수 있다. 자신의 생각을 스스로 통제하는 사람이 갑자기 늘어나지는 않겠지만 (그러려면 가장 혹독한 훈련과 주류 문화의 시각으로부터 가장 멀리 떨어진 시각을 갖춰야 하므로) 언어는 생각의 열쇠이며, 언어에 대해 별도의 작업을 할 수 있기도 하다. 명상을 통해 체계적으로 사고의 '과정'을 통제하려 하든 그렇지 않든 사고의 '내용'은 언제든지 주의 깊게 살펴볼 수 있다. 그렇다면 냉전 시대의 사고는 어떤 내용을 담고 있었을까?

심리학자 캐럴 콘은 "국방 전문가의 합리적 세계 속에서의 성과 죽음"이라는 글을 통해 언어에 관한 논의를 이끌어 간다. 민간인 "국방 전문가"들이 세미나에 참석해 2주를 보내면서(콘은 자신을 "죽음의 집에 들어간 페미니스트 스파이"라고 불렀다) 콘은 인류 역사상 가장 무서운 결정을 형성해 가는 이 엘리트 집단의 으스스한 실상을 보여 준다. 이 남자들(가끔 여자도 끼어 있다)은 "핵무기를 다룰 '합리적인' 시스템을 개발하는 것"[15]을 자신들의 임무로 생각하고 있었지만, 여성으로서 그리고 정치적인 아웃사이더로 이 자리에 참석한 콘의 귀에는 이들의 대화가 에로티시즘과 폭력에 관한 비유가 뒤엉킨 해괴한 언어로 들릴 뿐이었다. 무기들은 서로 "결혼"하기도 하고, "윤활제(slick-em: 잠수함 탑재 탄도 미사일이라는 뜻으로 쓰임)"라고 불리기도 하며 "깊은 삽입(즉 침투)" 임무를 수행하기도 한다. 이런 집단에 속하는 전형적인 남성은 냉정한 자세로 "대량 살상"이나 "외과 수술처럼 깔끔한 공격" 같은 공포스러운 완곡 어법을 쓰지만 실제로는 전혀 합리적이지 않다. 우리 한 사람 한 사람의 목숨을 내걸고 이들은 섹스와 폭력의 암시가 난무하는 아마겟돈을 머릿속에 그리고 있는 것이다.

콘의 연구는 주로 양성 간의 문제와 오늘날의 문명에서 볼 수 있는 파괴적인 남성성의 개념에 초점을 맞추고 있지만, 그녀의 연구 성과는 더욱 광범위한 의미를 품고 있다. 개개의 단어에서부터 복잡한 주장에 이르기까지 모든 수준의 언어는 마음을 움직이는 강력한 힘이다. 언어라는 공간 속에 사람들은 직접 발음하거나 기록하고 싶지 않은 주장을 암호화하여 숨겨 놓을 수 있다. 오늘날의 언어는 공격성으로 워낙 얼룩져 있어서 평화를 이야기할 때도 갈등의 언어를 쓰고 있다는 사실조차 깨닫지 못한다.

> 유네스코는 유네스코 네트워크에 속한 147개국 4,600여 개의 학교 중 일부에 배낭을 나눠 주고 있다. 교사들은 해당 지역 사회의 특정한 필요를 '과녁으로 하는' 자료를 추가할 수 있다.……[16](' ' 표시는 저자)

세상에 평화를 이야기하는데 "과녁으로 하다"라는 표현을 쓰다니! 그러나 이는 일상적인 표현이 되었다. "이 사업은 도심에 거주하는 젊은 층을 '과녁으로' 한다." 여기서는 당연히 '젊은 층을 위해 고안되었다'는 식의 표현이 옳다. 그리고 '효과를 내다(to have an effect)' 대신 '충격을 주다(to impact)'라는 표현이 더 널리 쓰인다. 원래 명사인 impact를 굳이 동사로 써 가면서 말이다. 어떤 것이 좋다고 말할 때 '경쟁력이 있다(competitive)'라고 말하는 것도 일상화되었다. 인식하든 못 하든 이러한 표현과 그 속에 함축된 의미는 우리의 의식 속에 새겨진다. 새겨지지 않는다면 시 같은 것은 존재하지 않을 것이다. 광고도 마찬가지이다.

여기서 말하는 단어와 비유는 워낙 미묘해서 폭력적이라고 부를
수 없다고 생각할지도 모른다. 그러나 이러한 말의 효과는 그렇게 미
묘하지 않다. 1970년대에 어떤 아일랜드 혁명 운동가가 미국에서 구
속된 적이 있었는데, 그 당시 영국이 이 사람을 인도해 줄 것을 요구
했다. 들어주어야 할까? 그 사람의 생사가 걸린 이 문제는 그가 "자
유의 투사"인지 "테러리스트"인지에 달려 있다고 언론은 보도했다.
물론 실제로 이 사람은 어느 쪽도 아니었다. 현실에서 그는 개인일 뿐
이었고, 그저 원하는 것을 얻기 위해 폭력에 의지한 사람이었다. 이런
사람을 어떻게 다룰 것인지에 대해 얼마든지 이야기할 수 있었을 것
이다. 그러나 이러한 토론은 그가 어느 유형에 속하는지를 둘러싼 논
쟁에 완전히 파묻혀 버렸다. 이런 것이 비인간화다.

방금 말한 스테레오 타입에서 한 걸음 더 나아가 일상 언어의 비유
로 들어가면 언어의 생산적인 힘과 은폐하는 힘을 모두 볼 수 있다.
과테말라의 군사 독재자였던 오스카르 움베르토 메히아 장군이 인터
뷰에서 한 이야기를 들어 본다. 당시 그는 1980년대 과테말라 정부가
게릴라와 벌이고 있던 싸움을 이야기하던 중이었다.

"회한한 일인데 가끔 과테말라 국민은 정부군보다 게릴라를 더 지지하는 것
처럼 보인다. 왜 그런지는 모르겠다. 우리는 해야 할 일을 하고 있을 뿐인데
말이다. 전쟁은 우리가 '시작한' 것이 아니다. 국민은 물이고 게릴라는 물고
기다. 그래서 물고기를 죽이려면 물을 빼야 한다는 사실을 깨달았다. 이를 위
해 현지 주민은 한쪽 편에 서야만 했고 이것 때문에 민간 순찰제도를 도입한

것이다."[17]

게릴라가 물고기란다. 인간에서 물고기까지 가려면 먹이사슬을 한
참 내려가야 할 터이다.

이 비유에서 일반 국민은 더 끔찍한 대접을 받는다. 이들은 심지어
동물도 못 되고 물일 뿐이다. 대중은 수동적이고 움직이지 않으며 그
저 물고기를 죽이는 데 거치적거릴 뿐이다. 잔인한 20세기에도 가장
잔인했던 군사작전으로서 전 국민이 공포 속에서 살아야 하는 상황
을 만들기는 아주 쉬워졌고, 이는 마치 아돌프 아이히만이 수만 명의
인간 살육을 총지휘하기가 쉬워졌던 것과도 같다. 과테말라에서도
독재자의 하수인들은 "현지 주민을 한쪽 편에 서게 만들 뿐"이라는
생각을 하면서 살인과 파괴를 쉽게 자행할 수 있었다. "분노에 부채
질을 하는 가장 큰 힘은 상상력이다"[18]라는 국립건강연구소의 맥컬러
소장의 목소리가 들리는 듯하다.

사람들에게 상상이나 비유를 전혀 못 쓰게 한다면 곧 말도 할 수 없
고 심지어 생각도 할 수 없게 된다는 사실을 깨닫게 될 것이다. 언어
는 전적으로 비유에 의지하고 있다. 비유라는 영어 단어 metaphor
자체도 비유다. 이 단어는 "넘어감"이라는 뜻의 그리스 어에서 왔다.
여기서 넘어간다는 것은 하나의 의미로부터 다른 의미로 옮겨 간다
는 뜻이다(원래 metaphor의 사전적 의미는 '은유'지만 여기서는 굳이 직유와
구분되는 개념의 은유를 명시할 필요가 없으므로 모두 비유로 번역했다—옮긴
이). 여기서 내가 말하려 하는 바는 비유나 이미지를 만들어 낼 때, 특

히 사람에 대한 비유나 이미지를 만들 때는 주의해야 한다는 사실이다. (미국의 경우) 인종이나 성에 관한 전통적인 표현을 쓸 때 조심하는 습관이 생긴 것처럼 폭력을 조장할 수 있다는 뜻이 숨어 있는 언어의 힘을 알고 이를 조심하자는 뜻이다.[19]

캐롤라인 머천트는 자신의 유명한 저서 『자연의 죽음(The Death of Nature)』에서 우리 문화 속의 '주요 신화'가 사물을 보는 우리의 시각을 결정한다고 주장한다. 지구를 '어머니'의 이미지로 표현하는 전통적인 시각을 무생물로 보는 시각으로 변화시켜, 즉 머천트가 적절히 지적했듯이 "탈신성화"라는 과정을 통해 인간은 환경에 대한 보호막을 벗겨 버렸고, 지구를 거의 만신창으로 만들어 버렸다. 방금 '변화시켜'라는 표현을 썼는데, 이 변화 작업을 실제로 수행한 것은 누구인가? 우리의 의식 밑에서 일어나는 이렇게 엄청난 문화적 변화 앞에서는 이를 가능하게 하는 언어적 변화를 누가 일으키는지 알아내기가 어렵다. 우리 모두가 일으키는가? 아니면 스스로도 무슨 일을 하는지 모르는 소수의 지도자를 따라가는 것인가? 의미는 마치 저절로 바뀌는 것 같기도 하지만 물론 이는 불가능하다. 이렇게 주체가 불분명하다는 사실로부터 너와 나, 각 개인의 역할이 중요하다는 사실이 오히려 뚜렷해진다.

말하는 방법을 다시 배우는 것은 마치 걷기나 먹기를 다시 배우는 것만큼이나 흥미로울 수 있다. 바로 이 때문에 제임스 오코너는 시카고에 〈욕 안 하기 연구소〉를 열고 『욕 안 하기: 욕을 덜하는 방법의 모든 것(Cuss Control)』이라는 책을 썼다. 사람들이 의사소통을 더 잘하는 방법을 배우면 오코너가 적절히 지적한 것처럼 사람들은 삶의 불편함에 더 잘 대처할 것이고, 이는 곧장 폭력의 감소로 연결될 것이다.[20] 욕을 더 많이 한다는 것은 이상주의나 동정심이 줄어든다는 뜻이지만 이는 빙산의 일각에 불과하다. 우리는 낡은 습관들을 세심히 뜯어보고, 이제는 자동화된 여러 가지 반응에 대해 눈을 떠야 한다. 완곡 어법을 마취제로 쓰고 있지는 않은가? "하찮은 것으로 만들기"라는 과정을 통해 전쟁을 가볍게 보고 있는 것은 아닌가? "생물종 혼동하기"를 통해 사람을 게릴라로 바꿨다가 나중에는 물고기로 바꾸고, 결국에는 인간을 포장지에 붙은 상표나 대상물로 전락시키고 있지는 않은가?

"올바로 말하기"를 장려하는 것은 거북할 수도 있다. 그러나 분명히 가치가 있는 일이다. 『바가바드 기타』에는 최상의 행복을 표현하는 문구가 있다. "처음에는 독이지만 나중에는 생명수로 변한다."[21] "생명수"는 과장일 수도 있지만 내 경험에 따르면 잘못된 완곡어법, 현실을 회피하는 기술적 어법, 비인간화를 재촉하는 유형화 등을 떨쳐 버리기 시작하면 현실감과 연대감을 즐길 수 있다.

잘못 말하기 중 한 가지에 특별히 주의를 기울여야 한다. 앞서도 본 것처럼 완곡 어법은 유형화만큼이나 위험하다. 사물을 '있는 그대로' 불러 주는 것은 진실에 충실하려고 하는 일종의 사티아그라하이다. 아무리 이런저런 방법으로 세뇌당해도 인간의 정신은 근본적으로 폭력을 거부한다. 폭력(violence)이라는 단어의 어원 자체에서, 행동과학의 연구 성과에서, 과거의 무수한 사례로부터 그 증거를 찾을 수 있다. 인간의 마음속에 들어 있는 '폭력을 거부하는 힘'이 워낙 강하기 때문에 어떤 상황에서 폭력을 분명히 보여 주기만 해도 사티아그라하의 효과를 거둘 수 있다.

캐럴 콘이 냉전 시대의 언어를 분석한 것에서 본 것처럼 완곡 어법에는 한 가지 측면이 더 있다. 폭력에서 가장 중요한 문제는 비인간화인데, 메히아 장군이 쓴 언어에서 이런 사실이 여실히 드러난다. 이런 의미에서 "전쟁의 첫 번째 희생자는 진실"이다. 폭력 속에서 다른 사람의 인간성이라는 진실이 철저히 거부되기 때문이다. 어떤 의미에서 이는 이해할 만하다. 사람을 죽이거나 다치게 하려면 일단 이들을 "적" 아니면 동물로 격하시켜야 한다. 무생물까지 끌어내리면 더 편할 것이다. 그러나 냉전 기간 중에 폭력의 칼은 언어 속에 들어 있는 진실에 양쪽 방향으로 상처를 주었다. 냉전 시대의 언어에서 인간은 비인간화되었고(도시는 '과녁'이 되었으며 재앙은 통계 숫자로만 존재했다), 이와 동시에 무생물에게는 의도적으로 생명체와 같은 격이 부여되었다. 이런 표현을 한번 생각해 보자. '곳간'에 들어 있는 적 미사일을 많이 '죽이면' 그 결과는 '풍성한 수확'이 된다. '아군' 미사일끼리 충돌하면 '동족상잔'이다. '똑똑한(smart)' 폭탄이라는 의미에 숨어 있는 의미를 생각해 보라. 실제로 사람이 죽는 상황을 묘사하는 이런 표현들이 일상으로 쓰이던 시대가 바로 냉전 시대이다.

마틴 루터 킹이 말한 대로 "우리에게는 유도탄(guided missiles)이 있고 길을 잘못 든(misguided) 인간들이 있다."[22] 하느님과 돈의 신 사이의 선택은 생명을 있는 그대로 존중하는 것과 이러한 존중심을 물질로 옮겨 가는 것의 차이이기도 하다. 달리 말해 물질주의는 기본적으로 폭력과 연결되어 있다. 물질주의의 시대에서 인간은 도시를 "과녁"이라고 부르는 식의 정신적 폭력에 쉽게 빠져드는 한편 마치 미사일을 인격체인 것처럼 이름을 붙여 주기도 한다(실제로 일본에 투하된 두 개의 원자폭탄에는 각각 "리틀 보이(Little Boy)"와 "팻 맨(Fat Man)"이라는 이름이 붙었다). 도스토예프스키가 말한 것처럼 인간은 '무엇인가'를 숭배해야 한다. 이것이 구원에 이르는 한 방법이기도 하다. 그러나 폭력의 주술에 사로잡히면 엉뚱한 것이 숭배의 대상이 되어 버린다. 전쟁을 수행하려면 생명이라는 절대적 가치의 신성함을 가리는 대신 기계, 그러니까 죽음을 가져오는 기계가 생명을 가졌다는 착각을 일으키게 해야 한다. 그래서 인간은 생명을 거부하고 죽음을 숭배하게 되었다. 이러한 잘못을 '신성모독'이라고 부르면 과장일까?

생각과 언어의 평화로부터 행동의 평화로 넘어가기 전에 한 가지 예를 더 들어 보자.

빌 케네디는 금융의 대가로, 간단히 말해 부자를 더 부자로 만들어 주는 세미나로 성업 중인 사람이다. 케네디는 성격이 솔직한 사람이다. 케네디는 자기가 주관하는 세미나를 특이한 이름으로 부르기를 좋아한다.

이 세미나를 "전쟁 대학"이라고 부르는 것이 적합하다는 결론에 도달했다.…… 살아남기 위해 모든 사람들이 벌여야 하는 성취의 싸움에 대해 이보다 더 적절한 비유가 어디 있는가. 1990년대 불황의 여파로 금융의 총격전이

벌어질 것이 확실시 되는 이 마당에.[23]

산다는 것은 싸움이며 사실상 전쟁이라고 보는 사회적 진화론도 이보다 더하지는 못할 것이다. 케네디에 따르면 인간의 성취 또는 생존은 남보다 돈을 많이 버는 데 달려 있다. "투자란 윈-윈 상황이 결코 아니다"라고 하면서 케네디는 "유명한 군사 지도자, 저명한 과학자, 경제학자, 언론인, 역사가, 외국 전문가, 국방부, CIA 전문가들이 강사로 등장하는"[24] 이 세미나에 참석할 것을 권한다. 또 한 가지, 케네디 전쟁 대학에 등록하려면 자산이 50만 달러 이상이어야 하기 때문에 김칫국부터 마실 필요는 없다. 정부 지원으로 살아가는 아기 엄마나 치아파스의 농부가 케네디가 내린 "생존"의 정의를 들으면 어떤 생각을 할까?

세상이 해괴하게 생긴 데는 또 한 가지 요소가 있는데, 여기에 대해서는 길게 이야기하지 않겠다. 지면이 부족해서라기보다는 내 능력이 모자라기 때문이다. 교단에 선 사람으로서 나는 교육이 돈벌이에 전념하는 작업으로 전락했음을 알았다. 이제 돈벌이 교육은 (이러한 변화를 보는 것이 나는 고통스럽지만) 당연한 것이 되어 버렸다. "교육"이라는 개념은 사람들이 돈을 벌기 위해 서로 싸우는 능력을 키워 주는 것으로 변질되었다. 이것이 21세기에 들어서는 인간이 보여 주는 문화의 모습이다. 얼마 전 집 근처 식품점에서 차를 기다리고 있는데, 이 식품점에서 직원을 뽑는 중이었다. 구인 광고에 별 신경을 쓰지 않고 있는데 이런 소리가 들려왔다. "뭐 하여간 여기서 일하시면 다른 어떤 교육 기관보다 더 많은 경험을 쌓을 수 있을 겁니다." 다른 어떤 교육 기관? 지난 20여 년간 사회 전체를 삼키면서 교육을 종으로 전락시켜 버린 돈의 힘은 폭력의 증가와 매우 깊은 관련이 있다. 삶을 준비하는 교육의 목적이 돈을 버는 것이라면 삶의 목적은 어떻게 되는가?

케네디 전쟁 대학에 대한 설명의 핵심이 비폭력과 언어의 문제에 대해 제기하는 우려는 다음과 같은 질문으로 요약할 수 있다. 전쟁, 성폭행, 사업, 스포츠, 정치, 형벌의 공통점은 무엇인가? 저마다 다른 활동이라는 측면에서 보면 공통점은 거의 없다. 그러나 경쟁을 부추기는 표현이라는 측면에서 보면 뜻이 서로 같다. 인간이 세상을 바라보는 방법이 이렇다면 모든 것은 경쟁이며, 희소성의 원칙을 따르는 제로섬 게임이며, 죽기 아니면 살기의 싸움이다. 그러나 이게 끝이 아니다. 사람들은 이제 정상적인 싸움을 넘어 적어도 '주고받기(give and take)'라고 부를 수 있는 모든 것, 이어서 삶의 모든 것을 싸움으로 만들어 버린다. 의사와 환자, 학생과 교사, 부부 간의 관계도 예외는 아니다. 몇 년 전에 이혼에 관한 기사를 신문에서 읽은 적이 있는데, 거기서 남편은 아이들 양육을 둘러싸고 전처와 싸우고 있다며 이렇게 말했다. "끝나 버린 관계에서 '무엇인가'를 얻어야 하기 때문에 싸운다."

이런 이야기를 들으면 언어를 어느 정도 통제하는 것이 효과가 있으리라는 생각이 다시 한번 든다. 오늘날 사람들은 모든 스포츠 경기, 사업상의 결정, 외교 협상, 심지어 개인 간의 관계도 "승패"라는 측면에서 보려고 하기 때문에 각 사람들이 경쟁의 대상이라기보다는 사랑으로 넘치는 공동체의 일원이라는 사실을 꿰뚫어 볼 능력이 없어졌다. 1994년 캘리포니아 주지사 선거 기간 중 톰 헤이든 상원의원은 경쟁자인 캐슬린 브라운에 대해 어떻게 생각하느냐는 질문을 받자 이렇게 대답해서 기자들을 놀라게 했다. "브라운은 경쟁자가 아니다. 내 친구다. 우리는 주지사가 되려는 것이지 스포츠 경기를 하는 것이 아니다." 이렇게 된다면 정치를 권력 투쟁으로 보는 시각에 종지부를 찍고 정치의 원래의 의미, 그러니까 민주적인 의사결정과정이라는 의미를 돌려줄 수 있을 것이다.

우리들 중 대부분은 "국방 전문가"도 아니고 상원의원도 아니지만 인간은 누구나 사랑과 미움이 바탕에 깔린 정신적 환경 속에서 살아간다. 그리고 이러한 사랑과 미움은 어느 정도 우리 스스로 통제할 수 있다. 생각과 언어의 세계는 눈에 보이지는 않지만 매우 현실적인 공간이며 이 공간 안에 우리는 평화의 문화를 건설할 수 있다. 게다가 이 공간은 모두에게 열린 곳이기도 하다. 이제 나는 뭔가가 좋다고 말할 때 "경쟁력이 있는"이라는 표현을 결코 쓰지 않으며, 누군가를 위해 무엇인가를 할 때 이들을 "과녁"으로 삼지도 않고, "효과가 있다"는 표현 대신 "충격"이라는 단어를 쓰지도 않으며, "충격(impact)"이라는 단어를 동사로 쓰지도 않는다. 어떤 사람이 종신형을 받는 것에 대해 이야기할 때도 "삼진아웃제" 따위의 완곡어법도 쓰지 않는다.

누군가가 "이렇게 하면 경제 성장에 도움이 될 것"이라고 말하면 나는 조용히 이렇게 말한다. "그게 아니라 '확장'이지. 생명체만 성장하는 거잖아, 안 그래?" 밉살머리스러운 짓이기는 하지만 내가 이렇게 하는 이유는 내 머릿속에서 돌아가는 생각, 이미지, 느낌 같은 것들이 내 주변의 환경을 만들며, 동시에 내 생각들이 내 주변의 세계가 갖는 정신적 분위기에 영향을 미치기 때문이다. 따라서 이런 노력은 기울일 만하다. 심지어 말할 때가 아니고 생각할 때도 나는 가능하면 성차별적 이미지를 피하는 것만큼이나 비인간화의 이미지를 피한다.

페미니스트들은 성차별로 왜곡된 언어를 바로잡는 데 어느 정도의 성과를 올렸다. 여기서 한 걸음 더 나아가 인간으로서 우리 하나하나에게 관련된 문제들까지 파고들어야 한다. 얼마 전에 철물점에 들렀더니 내 앞에 선 사람 하나가 경첩을 찾는 모양이었다. 주인이 재고가 없다고 하자 그 손님은 일상적으로 쓰이는 폭력적 표현을 썼다. "I hate you(나 당신이 싫어)." 주인은 움찔했다. 이런 일은 중요하다. 장기적으로 이런 일들은 경첩보다 훨씬 더 중요하다. 대화 내용이 무엇이든 마음속에서 우리는 우리끼리의 관계에 대해 끊임없이 대화를 주고받고 있다. "아니 이런" 대신 "I hate you"라고 말하면 상대방에게 상처를 주게 된다. 이런 표현 말고도 중립적이거나 치유의 힘을 가지는 말은 얼마든지 있는데 말이다.

내 친구 하나는 그로부터 몇 주 후 같은 가게에 필요한 물건이 있다는 말을 들었다. 철물점에 가 보니 보통은 재고를 유지하는데 그날따라 없다는 것이었다. 물론 내 친구는 당장 "아니 도대체 당신네들은……"이라는 말이 목구멍까지 올라왔지만 이 말을 뱉는 대신 그녀는 조용히 미소를 짓고는 위로의 말을 건넸다. 이것은 아마 철물점 주인에게 도움이 되었을 것이다. 이것은 내 친구에게도 도움이 되었다. 그로부터 며칠간 계속 기분이 좋았으니 말이다. 분노를 퍼뜨리는 대신 사랑을 퍼뜨리면 어떨까? 그러면 어느 날 아침 문득 전쟁은 끝나고 평화가 왔음을 깨달을 수도 있을 텐데 말이다.

생각의 파편이나 단어 하나하나의 무게는 매우 작지만 이들이 합쳐졌을 때 나오는 효과는 결코 작지 않다. 어떤 종류의 생각이나 이미지가 습관이 되면 이들은 세계관이 될 수 있다. 이런 식의 사고가 이렇게 널리 퍼져 있고 이런 식의 말이 사람들의 입에서 거의 자동으로 튀어나오는 상황에서 무엇을 할 수 있을까? 우리가 일으켜야 할 변화가 아무리 거창하더라도, 아이히만이나 메히아 장군 같은 사람들이 아무리 손에 닿지 않는 곳에 있다 할지라도 우리는 가장 작아 보이고 가장 멀어 보이는 지점, 그러니까 우리 개개인으로부터 일을 시작할 수 있다. 너와 나 자신은 아무도 빼앗아 가지 못한다. 우리가 무엇을 말하고 어떻게 행동하느냐가 중요하다. 폭력과 비폭력에 관한 문제의 경우에는 더욱 중요하다. 도시를 "과녁"이라고 부를 것인지는 30세 된 여성을 "걸(girl)"이라고 부를 것인지, 흑인 서민을 "보이(boy)"라고 부를 것인지만큼이나 중요하다. 다만 사람의 경우에는 그것이 모욕적이라는 것을 알기 때문에 그만둔다는 것이 도시의 경우와 다를 뿐이다.

특정한 사람을 불쾌하게 만드는 것도 나쁘지만 모든 사람을 불쾌하게 만드는 것은 더욱 나쁘다. 호메로스가 지적한 대로 폭력적인 언어가 "이〔齒〕라는 장벽을 빠져 나가면," 그 말은 어떤 수준에서든 모든 사람에게 즉시 해를 끼친다. 그 반대도 역시 진실이다. 주의 깊게 비폭력적이고 정확한 단어를 쓰면, 어느덧 이것이 제2의 천성이 되고 평화를 향해 이루 말할 수 없는 기여를 하게 된다. 바르게 말하는 습관은 작고 쉬운 노력을 반복하면 형성된다. 물론 이 경우 의식적인 노력을 보통보다 더 오래 기울여야 한다. 왜냐하면 오늘날 우리의 언어 환경이라는 것이 잘못된 방향으로 완전히 기울어져 있기 때문이다. 이런 작은 노력을 나는 주저 없이 "건설적인 프로그램"이라고 부르겠다. 이런 노력은 진실을 향한 작은 노력이며 매 순간 누구나 할 수 있다. 이러한 노력은 상호 대립하는 것도 아니고 정치적인 것도 아니지만 매우 강력하다. 삶은 신성한 것이고 인간관계는 중요하다고 생각하고 말하기 시작하면 그로부터 엄청난 힘이 나온다. 왜냐하면 결국 그것이 진실이기 때문이다.

8장
물로 불 끄기

인간의 과거를 주의 깊게 들여다보면 혼란스러운 오늘날에는 설명할 수 없는 것들에 대한 답을 찾을 수 있을지도 모른다. 구원의 수단은 이미 역사 속에 숨어 있을지도 모르고 아마 전쟁광들이 주의 깊게 숨겨 놓았을지도 모른다. 그러나 답은 거기에 있다. 생각 깊은 사람들이 열정을 가지고 자신을 찾아낼 날을 기다리면서.

―베라 브리튼

폭력의 문화로부터 우리의 마음을 해방시키는 것과 동시에 의식적으로 생각과 말을 평화 쪽으로 향하면 우리 자신도 자연스럽게 평화를 향한 행동으로 나아가게 된다. 이제부터 그 행동이 어떤 모습일지 살펴보도록 하자.

몸, 마음, 영혼 Ⅲ : 평화의 군단

이제부터는 평화활동가들이 폭력에 대처하는 극적인 장면에 초점을 맞추고자 한다. 이렇게 하는 이유는 사건 자체가 극적이기도 하지만 이제까지는 소수의 특별한 사람들만이 수행해 온 이 활동이 사실은 모든 사람이 참여할 수 있는 것이기 때문이기도 하다. 생각과 말에 대해 우리가 기울인 노력이 예방적이면서도 진취적인 것이어서 반드시 필요한 것이기도 하지만 이제부터는 행동을 다룰 때다. 여기서는 단순히 분쟁이 걷잡을 수 없어지기 전에 어떻게 할 것인가뿐만 아니라 분쟁이 커져 버린 다음에 어떻게 할 것인가도 이야기하겠다.

1980년대 초에 버클리에서 에르네스토 카르데날을 만났을 때 그는 니카라과 산디니스타 정부의 국방장관이었으며, 따라서 비폭력의 옹호자는 결코 아니었다. 나는 니카라과에서 활동하던 '평화의 증인 그룹'이 콘트라의 공격을 저지하는 데 도움이 되었는지를 열심히 물어보았다. 앞에서도 이야기했듯이 평화의 증인에는 수 세브린 같은 사람이 속해 있었고, 수 세브린이 겪은 일이나 한 일은 앞서 소개한 바와 같다. 비폭력이 그의 전문이 아니라고 생각했기 때문에 나는 좀 조심스러웠다. 하지만 그럴 필요가 없었다. 그는 감동에 차서 이렇게 말했다. "이런 사람들이 좀더 많이, 빨리 니카라과로 와야 한다. 이들이 가는 곳에는 폭력이 없기 때문이다."

얼마 후 교수 클럽에 모인 소수의 청중들과 통역을 통해 대화하면서 그는 나에게 한 이야기를 되풀이했다. 세계 각국 사람들이 모인 평화의 증인들 앞에서 통역사가 무의식적으로 약간의 수정을 했다. 자신의 귀에 들려오는 이야기를 믿을 수 없었던 통역사는 이렇게 말했다. "폭력이 '거의' 없었다." 카르데날은 이를 재빨리 눈치 채고 주먹으로 책상을 내리치며 말했다. "폭력이 '전혀' 없었다고 말했소!" 카르데날은 비폭력 원칙의 전문가도 아니었지만 그가 본 것을 그대로 믿는 사람이었고, 거기에 어떤 수정도 가하지 않으려고 했다. 바로 이런 이유 때문에 직관을 따르는 것이 비폭력의 레파토리에 포함되어야 하는 것이다.

카르데날이 몰랐던 사실이 하나 있다. 나도 그 당시에는 잘 몰랐지만 "평화의 군대," 그러니까 비폭력으로 훈련된 지원자들이 대규모 갈등 상황에 참여한다는 생각은 수 세브린과 그의 친구들이 미국을 떠나 니카라과의 시골로 들어가기 50년 전에 이미 현실화되었다는 사실이다. 현대 세계의 모든 문제를 다 다뤄 본 사람이라는 느낌을 주는 간디는 비폭력이 전쟁을 끝낼 수 있는가, 그럴 수 있다면 어떻게 해야 하는가라는 큰 의문도 해결하려 했다. 남아프리카에서 자신이 사용한 "새로운" 방법이 효과를 보이기 시작하자 간디는 이 방법이 남아프리카에서 소외된 인도인들이 벌이는 사회적 투쟁에 쓰일 수 있을 뿐만 아니라 역사의 여명기로부터 인류를 되풀이하여 전쟁으로 몰아넣은 권력자들에게 대항할 때도 쓰일 수 있음을 깨달았다. 사티아그라하는 전쟁의 반대 개념이다. 그리고 전쟁의 치료약일 수도 있다. 그러나 어떤 국가 안에서 저질러진 불의와 싸우는 데 효과를 발휘한 방법을 어떻게 국가 간의 관계에 적용할 수 있을까?

"수동적 저항"이 인도인의 투쟁 방식으로는 적합하지 않다는 사실을 깨달은 초기 단계에서부터 간디는 아마 아프리카에 자신이 뿌리는 씨가 언젠가는 튼튼한 나무로 자라 그 뿌리가 수백 년 묵은 전쟁이라는 콘크리트 바닥을 쪼개고 진정으로 새로운 세계 질서라는 꽃을 피우리라는 사실을 이미 느끼고 있었을 것이다. 이러한 확신은 결코 흔들린 적이 없었다. 말년에 인도와 파키스탄이 갈라서면서 카슈미르를 둘러싼 분쟁이 일어나자 간디는 카슈미르 사람들도 비폭력을 통해 스스로를 지킬 수 있었을 것이라고 주장했다.

동시에 간디는 비폭력을 통한 평화의 건설은 그가 말한 대로 "미래 속에 잉태되어 있다"는 사실을 너무도 잘 알고 있었다. 비폭력의 약속이 결실을 거두는 장면을 보는 것은 다른 사람들의 몫일 것이다. 간디의 일은 인도를 재건함과 동시에 영국의 압제에서 벗어나 다시 태어나는 인도의 산파 역할을 하면서 그 과정에서 식민주의의 불법성과 취약성을 드러내 보이는 것이었다. 간디가 오래 살기는 했지만 한 번의 삶은 이 정도만으로도 벅차다. 인도에서 "생생한 증거"로 드러난 사티아그라하의 힘이 전 세계를 위한 것이라는 사실에는 의심의 여지가 없었다. 간디는 착취, 탐욕, 폭력, 인종 간의 반목처럼 인도의 문제로 보이는 것들이 사실은 전 세계의 문제임을 누차 강조했으며,[1] 인도에서 집단 간의 반목을 해결하는 데 쓰인 방법은 "겉보기에는 세계의 한 구석에서 쓰이는 방법에 불과할 것 같지만 사실은 전 세계를 위해 고안된 방법"임도 분명히 강조했다.[2]

마찬가지로 비폭력의 힘을 이해하고 나면 그 힘을 적절히 변형해서 모든 형태의 폭력에 적용할 수 있고, 대규모의 폭력도 예외가 아님을 알게 된다. 앞서 말한 것처럼 중력의 법칙이 사과에만 적용되는 것이 아니라는 사실과 마찬가지로 비폭력의 힘도 어떤 나라의 테두리 안에만 머물지 않는다. 이 점에 대해 간디는 분명히 이렇게 말했다.

"비폭력을 행할 수 있는 것은 개인뿐이며, 개인이 모여 이루어진 국가는 비폭력을 행할 수 없다고 주장하는 것은 신성 모독이다."[3] 남아프리카에서의 투쟁을 머릿속에 그리며 간디는 "순례자"라는 단어보다 "군대"와 "군인"이라는 단어를 더 자주 썼다.

1913년, 고향으로 돌아가 영국의 지배와 맞서야 한다는 사실을 운명처럼 느끼기 시작할 무렵, 간디는 "평화의 군대"라는 뜻의 샨티 세나를 공공연히 이야기하기 시작했다. 평화의 군대는 훈련된 지원자로 이루어진 집단으로, 비폭력적 방법을 써서 군대와 경찰을 불필요하게 만든다.[4] 이들은 각 지역 사회에 자리 잡아 외부에 대한 의존에 종지부를 찍을 터였고(무질서를 스스로 바로잡지 못하는 사회는 결코 자유로울 수 없다), 더욱 중요한 사실은 이들이 완전히 비폭력적인 집단으로, 더욱 나은 미래에 대한 희망을 영원히 짓밟는 압제에도 종지부를 찍을 터였다.

의회는 수천 명 정도가 아니라 라크(수만 명) 단위의 비폭력 지원자 집단을 조직할 수 있어야 한다. 이들은 모든 면에서 경찰과 군대의 역할을 대신하게 될 것이다.…… 이들은 지속적으로 건설적 활동에 참여하여 폭동을 불필요하게 만들 것이며, 이러한 집단은 어떠한 비상사태에도 대응할 준비가 되어 있어야 하며, 난폭해진 군중을 진정시키기 위해 필요하다면 많은 수의 구성원이 목숨을 걸 수도 있어야 한다.…… 격분한 군중 앞에 젊은이 수백 명이 자신을 내맡기는 것은 성난 군중에게 대처하는 방법으로서 군인이나 경찰을 이용하는 것보다 더 희생도 적고 용기 있는 방법이다.[5]

여기서 간디는 경찰, 그리고 경찰 역할을 수행하는 군대를 대체할 비폭력 집단을 이야기하고 있다. 이는 군대가 통상적으로 허용되는 곳, 즉 전쟁에서 군대를 비폭력 집단으로 대체하는 것과 겨우 한 발자국 떨어져 있을 뿐이다. 1942년에 인도와 영국 식민 정부가 일본의 침공을 두려워하고 있을 때 간디는 바로 이 한 발자국을 내디뎠다. 영국이 전쟁의 결의를 드러내 보이고(이것은 단순히 제스처였으며 영국 정부는 인도를 지킬 의지가 없었다), 많은 인도인들이 군대에 지원할 때 간디는 인도가 비폭력 "군대"로[6] 국토를 지킬 수 있다고 천명하여 사람들을 놀라게 했다. 영국이 독일의 수중에 떨어질 수도 있다고 처칠이 루스벨트에게 이야기하던 무렵 간디는 "일본이 인도 땅에 발을 들여놓으면 비무장 인도인들이 항복하기보다는 최후의 한 사람까지 싸우도록 준비를 시키고" 있었다.[7]

그러나 간디는 이 야심 찬 비전을 시험해 볼 기회를 얻지 못했다. 영국은 전쟁하는 동안 거의 내내 간디를 감옥에 가두어 놓았으며, 간디를 따르던 의회 당원조차도 대부분 그 정도까지 할 각오는 되어 있지 않았다. 역사적으로 볼 때 전쟁이 일어나면 평화주의자는 줄어든다. 위험에 직면해서도 불확실한 미래에 대한 믿음을 지키기는 어렵다.

그러나 간디의 말을 그대로 따른 사람이 한 사람 있었다. 간디의 제자였던 압둘 가파르 칸은 역사상 가장 극적인 샨티 세나를 당시 인도의 북서쪽 국경 지대(그러니까 오늘날로 말하면 파키스탄 북서쪽, 아프가니스탄과의 국경 지대−옮긴이)에서 현실로 보여 주었다. 그리고 칸은 이

것을 얌전한 힌두교도 사이에서가 아니라 호전적이기로 악명 높은 파탄 족 사이에서 실현했다.[8] 파탄 족은 그로부터 약 반세기 후 아프간 족과 나란히 구소련의 막강한 무력에 대항해 일어섰지만 나중에는 여러 개의 무장 집단으로 쪼개진 민족들이기도 하다. 그러나 소련과의 충돌은 이들이 무력이라는 재래식의 전쟁 방법으로 돌아간 다음의 이야기이다. 칸의 지도 하에 모여든 약 10만 명의 파탄 전사들(모두 독실한 회교도들)은 손에 무기를 들지도 않고, 마음속에 폭력을 품지도 않고 영국의 압제에 저항하기로 맹세한 사람들이었다. 이들은 영국 당국의 믿을 수 없는 공격과 도발에도 맹세를 지켰고, 그 결과 자유를 향한 멈출 수 없는 수레바퀴를 돌리는 데 큰 도움을 주었다.

압둘 가파르 칸은 1928년 12월 콜카타에서 열린 전 인도 의회당 회의에서 간디의 연설을 처음 들었다. 물론 그 전에 간디의 이야기를 들었고, 간디가 촌락의 개혁, 교육, 여성의 권익 신장, 폭력으로부터의 탈피 등의 노력을 기울이는 모습에 감탄했겠지만 칸은 특별히 간디의 연설을 듣기 위해 콜카타에 온 것은 아니었다. 당시 1920년대 전반에 무르익었던 무슬림과 힌두 사이의 해빙 무드는 과거지사가 되어 가고 있었다. 칸은 그저 무슬림 연맹의 회의에 참석하려고 콜카타에 온 것뿐이었다.

그러나 그해의 연맹회의는 무질서하고도 역겨운 장면으로 막을 내리고 말았다. 분노한 대표 한 사람이 칼을 빼 들었기 때문이다. 낯선 도시에서 할 일도 없고 해서 칸은 의사당을 들러보았다. 마침 그곳에서는 간디가 끊임없이 떠들어 대는 야유꾼 한 사람의 목소리를 반주

삼아 연설을 하고 있었다. 기이하게도 간디는 비난에 흔들리기는커녕 시끄러운 "친구"의 존재를 끊임없이 즐기며 연설을 이어나가는 것처럼 보였다. 칸은 깊은 인상을 받았다. 스스로도 지도자인 데다가 비폭력의 진정한 힘을 드러내는 외관상 작은 것들을 잡아내는 촌부의 시각을 가졌던 칸은 간디가 상황을 완전히 통제하는 모습이 어떤 의미를 갖는지를 단번에 알아차렸다. 칸은 무슬림 지도자 한 사람을 찾아가 '우리도 이런 모습을 보일 수 있지 않겠는가' 하는 제안을 했다. 그러나 지도자는 칸의 말을 자르더니 이렇게 말했다. "야만인인 파탄족이 우리에게 관용을 가르치려 들다니!"[9] 그런데 칸이 하려던 일이 바로 관용을 가르치는 일이었다.

칸의 이야기는 비폭력에 대한 네 가지 중대한 오해를 깨뜨리고 있는데, 방금 말한 무슬림 지도자의 퉁명스러운 반박이 그중 하나다. 그러니까 그 지도자는 '비폭력은 약자의 무기'라고 생각하고 있었다. 간디는 폭력을 포기하려면 폭력을 행사할 역량이 있어야 한다고 말하곤 했다. 칸이 무기를 버린 완전히 새로운 형태의 군대를 창설하려고 할 때 누구보다도 기꺼이 지도자의 뜻을 따른 사람들은 수백 년간을 피로 얼룩진 복수를 일삼던 파탄 족이었다. 이 군대가 그 유명한 쿠다이 키드마트가르스(Khudai Khidmatgars)로, "신의 종"이라는 뜻이다. 몇 년 후, 대부분의 힌두교도들마저 들고일어났는데도 파탄 족은 여전히 비폭력을 고수하고 있는 이유를 칸 자신도 잘 설명하지 못하자 간디가 대신 이렇게 설명했다. "비폭력은 겁쟁이들의 것이 아니다. 용감한 자들의 것이다. 파탄 족은 힌두교도들보다 더 용감하다.

무기를 들지 않은 군대. 1930년 4월, 쿠다이 키드마트가르스의 첫 집회에 참석한 압둘 가파르 칸(간디 평화재단).

그래서 파탄 족이 비폭력을 고수할 수 있는 것이다."[10]

두 번째 오해는 앞에서도 보았지만 비폭력은 약한 것이기 때문에 '약한 상대에게만 효력이 있다'는 생각이다. 그러니까 이런 생각을 하는 사람들은 영국인들이 공정했기 때문에 인도에서나 쓸 수 있다고 주장하면서 "나치에게는 안 통했을 것"이라고 덧붙인다. 그러나 영국은 신의 종들에게 전혀 공정하지 않았다. 영국인들은 이들을 "붉은 셔츠"라고 부르면서 본국의 언론을 이용해 해묵은 공산주의의 공포를 불러일으킴과 동시에, 영국이 힌두쿠시 산맥 이남으로 진출하려는 러시아의 야심을 100년 이상 저지해 온 것을 선전했다. 한 가지

역설적인 것은 바로 이 파탄 족이 나중에 아프가니스탄에서 소련을 굴복시키고 결국 구소련 정권이 붕괴하는 데 중요한 역할을 했다는 사실이다. 보통의 방법으로는 "붉은 셔츠"를 굴복시킬 수 없게 되자 영국은 이들이 사는 지역을 폐쇄하고는 자존심 강한 파탄 족에 대해 문명인의 행위라고는 할 수 없는 모욕을 가하기 시작했다. 영국인들은 집과 경작지를 쓸어 버렸으며, 사람들을 때리고는 옷을 벗겨 시궁창으로 끌고 다녔다. 인류 역사상 처음으로 민간인 지역에 대한 폭격도 자행했다. (보통 파시스트 비행기가 게르니카를 폭격한 것을 인류 최초의 민간인에 대한 공중 공격이라는 야만 행위로 생각하지만, 파탄 족에 대한 공격은 그보다 10년 전에 저질러졌다.) 영국인들은 파탄 족을 "표범"이라고 불렀으며, 실제로 표범으로 취급했다.

1930년 4월 23일, 칸의 체포에 항의하여 페샤와르라는 곳의 키사 카하니 바자르에서 열린 비폭력 시위에 참여한 사람들을 영국이 어떻게 공격했는지 목격자의 증언을 통해 들어 보자. 이 이야기를 들으면 '공정하기 때문에 비폭력에 쉽게 굴복하는 영국인' 따위의 생각은 들지 않을 것이다.

갑자기 장갑차 두세 대가 아무 경고도 없이 군중의 뒤쪽으로부터 달려와서는 사람들의 한가운데로 밀고 들어왔다. 몇몇 사람들이 깔렸고, 일부는 부상당했으며 일부는 그 자리에서 죽었다. 군중은…… 자제력을 잃지 않고 사망자와 부상자를 수습했다.

그럼에도 의회조사위원회의 보고서에 따르면 다음과 같은 일이 계속되었다.

군인들에게 사격 명령이 떨어졌다. 몇몇이 죽고 다쳤으며, 군중은 어느 정도 뒤로 밀렸다. 열한 시 반쯤 되자 외부인 한두 명이 뛰어들어 한편으로는 군중을 해산시키고 한편으로는 병력과 장갑차를 후퇴시키려고 애를 쓰기 시작했다. 시위 군중은 사망자와 부상자를 현장에서 대피시키고 장갑차가 철수하면 해산할 의향이 있었다. 그러나 영국 당국은 장갑차도 병력도 철수시키지 않을 것임을 분명히 했다. 그래서 군중은 해산하지 않았고 그 자리에서 죽을 각오를 했다. 두 번째 사격이 시작되었고, 영국군의 사격은 간헐적으로 세 시간 정도 계속되었다.

진 샤프는 또 이렇게 이야기한다.

맨 앞줄에 서 있던 사람들이 쓰러지자 두 번째 줄 사람들이 가슴을 드러내고 총구 앞에 섰으며, 그 바람에 어떤 사람들은 21발의 총을 맞기도 했다. 그러나 아무도 공포에 굴복하지 않았으며 계속 그 자리에서 버텼다. 젊은 시크교 소년 한 명이 병사 앞으로 가 자기를 쏘라고 했고, 병사는 거침없이 방아쇠를 당겨 소년을 죽였다...... 이런 상태는 11시부터 오후 5시까지 계속되었다.[1]

이 정도로 해 두자. 잔인한 탄압으로 결국 영국은 표면상의 승리를 거두었다. 신의 종들은 힘으로는 인도를 더 이상 탄압할 수 없다는 사실을 일깨워 자유화 운동의 시발점이 되었고, 비폭력이 잔인한 압제자들에게도 효력을 발휘할 수 있다는 것을 보여 주었다.

세 번째 오해, 그리고 오늘날 가장 중요한 오해는 이것이다. '힌두교도나 불교도는 비폭력을 실행할 수 있지만 이슬람은 안 된다.' 이른바 "이슬람 테러리스트"나 "성전(聖戰)"에 대해 사람들이 어떤 선입견을 갖고 있든, 마호메트가 창시한 이슬람은 폭력에 바탕을 둔 종교가 아니다. 어떤 종교도 폭력을 기반으로 하지 않는다. 다른 주요 종교들과 마찬가지로 이슬람도 긍정적인 내면의 평화를 지향한다. 물론 이런 생각이 실천으로 나타나는 모습은 매우 다양하지만.[12] 마호메트와 그의 추종자들은 이슬람을 확립하기 위해 싸웠다. 오늘날도 많은 이슬람교도들은 많은 그리스도교도나 유대교도와 마찬가지로 평화를 얻기 위해 칼을 들고 싸워야 한다고 생각한다. 그러나 "자비와 동정심으로 넘치는 신의 이름으로" 기도하는 이슬람이라면 누구나 마호메트의 주된 역할이 칼을 가져다주는 것이라고 믿지 않을 것이다. 마호메트는 이렇게 말하기도 했다. "폭력을 저지르는 자에게 신은 잠시 유예 기간을 주었을 뿐, 그의 눈은 흐릿해질 것이다."[13] 또 마호메트가 제자들에게 이런 이야기를 했다고도 전해져 온다. "때린 사람이든 맞은 사람이든 너의 형제를 도우라." 어떤 제자가 이렇게 물었다. "때린 사람을 어떻게 도울 수 있습니까?" 마호메트는 이렇게 말했다. "다시는 때리지 않도록 최선을 다하면 된다."[14]

그러므로 이슬람은 비폭력을 느낌뿐만 아니라 수준 높은 깨달음으로 받아들이고 있다. 여기에 대해 바드샤 칸은 이렇게 말한다.

이슬람이나 나 같은 파탄 족 사람이 비폭력이라는 믿음을 갖는 일은 놀랍지 않다. 새로운 것이 아니기 때문이다. 1,400년 전 메카에 있을 때 마호메트가 줄곧 지켜 온 믿음도 이것이다.…… 그러나 이 믿음은 오랫동안 잊혀져 왔고, 따라서 간디가 비폭력을 이야기했을 때 우리는 뭔가 새로운 믿음이 나타났다고 생각했다.[15]

네 번째 오해는 '비폭력은 전쟁터에서는 쓸 수 없다'는 생각이다. 절정기인 1930년에 '신의 종' 단원의 수는 8만 명을 넘어섰다. 이들은 훈련되고 조직화되어 제복을 착용한 사람들이었다. 이들은 지도자에게 충성했으며, 지도자의 명령을 이해하지 못했을 때도 명령을 따랐다. 심지어 키사 카니 바자르에서처럼 죽음도 무릅썼다. 따라서 이들은 진정한 의미의 군대였다. 재래식 군대와 다른 점은 물리적인 살인 도구 대신 내면을 채운 생명의 힘으로 무장하고 있었다는 사실이다. 신의 종들은 사람을 전쟁에 적합하도록 훈련하고 조직화하고 단련할 수 있는 것처럼 평화를 위해서도 훈련하고 조직화하고 단련할 수 있다는 사실을 보여 주었다.

비전의 탄생

1931년 간디는 영국이 초청한 원탁회의에 참석해서 평화에 대한 자신의 혁명적 생각을 더욱 널리 알릴 수 있었다. 인도로 돌아오는 길에 스위스에 들러 로맹 롤랑을 만났을 때 간디는 사람들이 모인 자리에서 어떤 회의주의자의 질문을 받았는데, 그에게 대답하는 과정에서 비폭력을 국방에 쓸 수 있다는 소신을 밝힐 기회를 얻었다.

세계 어디서든 남자와 여자, 어린이들까지 참여하는 사람의 장벽을 만들어 침략자들에게 '우리 시체를 밟고 지나가라'고 할 수 있다. 이런 일은 일찍이 시도된 적도 없고, 인간의 인내력 한계를 넘어서는 일이라고 할지도 모른다. 그러나 나는 그렇지 않다고 대답한다. 얼마든지 가능하다. 지난해에 구자라트에서는 여성들이 굽히지 않고 바로 이런 일을 해냈고, 페샤와르에서는 수천 명이 총탄 세례를 받으면서도 결코 폭력을 휘두르지 않았다.…… 군대가 잔인하게 이들의 시체를 밟고 지나갈 수도 있다고 여러분은 말할 수도 있다. 그러면 나는 이렇게 말하겠다.…… 무고한 사람들의 시체를 감히 밟고 넘어간 군대는 그런 짓을 다시는 하지 못한다.[16]

"킬링 필드"가 여기저기서 생겨나는 모습을 본 오늘날의 우리는 간디가 순진했다고 생각할지도 모른다. 그러나 킬링 필드에서 일어난 대량 학살은 간디의 이야기와는 다르다. 간디는 본의 아니게 끌려와 죽음을 맞은 사람들이 아니라 다른 모든 것이 실패했을 때 자신의 의지에 따라 스스로 앞으로 나아가 죽음을 맞은 사람들을 이야기한 것이다. 이것은 수동성이 아니라 인내심이며, 양심을 일깨우는 자발적인 고통을 감수하는 능력이다. 간디의 생각이 순진한 것이 아니라는 증거도 있다. 르완다에서는 인종 학살에 참여한 민병대가 학교로 들어가 아이들을 끌어내서는 후투 족과 툿시 족 등 종족별로 따로 모이라고 명령했다. 어린이들은 이게 무슨 뜻인지 알고 있었기에 명령을 따르지 않았다. 군인들은 소리를 질렀지만 아이들은 버텼다. 결국 군인들은 포기하고 가 버렸다. 생명의 가치가 사라져 버린 유혈 분규의 와중에서 어린이 몇 명이 정의를 위해 일어서자 살육을 일삼던 군인들이 "같은 짓을 되풀이할 수 없게" 된 것이다.

스위스에서 연설을 하고 돌아온 지 10년쯤 후 인도는 일본이 쳐들어올지도 모른다는 공포에 휩싸였다. 그때 간디는 신기하고도 새로운 국방의 방식이 어떻게 효과를 발휘할 것인지를 자세히 설명했다. 이때 한 이야기는 좀 길게 인용할 만한 가치가 있다. 왜냐하면 비폭력적 국방에 대한 간디의 굳은 신념뿐만 아니라 실천을 위한 기본 원칙도 엿볼 수 있기 때문이다.

> 일본이 우리의 문을 두드리고 있다. 어떻게 비폭력적으로 대처할 것인가. 인도가 독립국이라면 비폭력적인 방법으로 일본이 인도에 들어오는 것을 막을 수 있다. 비폭력적 저항은 일본군이 실제로 인도 땅에 발을 디디는 순간부터 시작될 수 있다. 비폭력 저항자는 모든 협력을 거부하고 심지어 물도 주지 않을 수 있다. 나라를 훔쳐 가려는 자를 도와줄 의무는 누구에게도 없기 때문이다. 어떤 일본 병사가 길을 잃고 목이 말라 죽을 지경이 되어 인간으로서 도움을 청한다면 그 누구도 적으로 삼지 않는 비폭력 저항자는 그에게 물을 주어야 한다. 일본군이 물을 내놓으라고 강요하면 저항자는 저항 과정에서 죽어야 한다. 일본군이 저항자 전원을 죽일 수도 있다. 비폭력 저항에 깔려 있는 신념은 공격자가 비폭력 저항자를 죽이는 일에 대해 정신도 몸도 결국 지

칠 것이라는 사실이다. 공격자는 그에게는 새로운 이 힘, 그러니까 해치려 하
지 않으면서 협력을 거부하는 힘이 무엇인지를 알려 할 것이고, 살육을 단념
할 것이다. 그러나 일본군이 워낙 잔혹해서 아무 거리낌 없이 사람을 죽일 수
도 있을 것이다. 그러나 승리는 여전히 저항자들의 것이다. 왜냐하면 굴복 대
신 죽음을 택할 것이기 때문이다.[17]

여기서 최악의 상황을 이야기하고 있다는 사실을 염두에 두자. 앞
선 장에서 이야기한 상승곡선의 정점 근처, 모든 상황이 우리에게 불
리하게 돌아가는 경우를 염두에 둔 것이다. 방금 예로 든 것은 막강
한 군사력을 갖고 정복의 결의에 차 있는 적을 상대로 한 상황이다.
달리 말해 갈등이 최고조에 달해 있고, 규모도 최대화된 상황이라는
뜻이다. 이런 극한 상황에 대처하는 간디의 계획을 보면 전통적인 비
폭력 활동의 경우와 다르지 않은 원칙들과 마주치게 된다. 전쟁에서
는 이미 갈등이 많이 진행된 상황이라 더 큰 희생이 발생할 수 있지만
밑바닥에서 움직이기는 힘든 것 같다. 침략자 개개인의 인간성을 그
의 침략 의도와 동일시하기를 거부하는(죄는 미워하되 사람은 미워하지
않는) 비폭력 저항자들의 힘이 침략자의 양심에 가하는 충격, 그리고
여기서 거둔 성공은 가시적이거나 즉각적이라기보다는 정신적이고
장기적이라는 사실 등이 같다는 뜻이다. 이 모든 것은 우리가 이미
익숙한 비폭력의 지표이며, 이들 원칙은 효과가 있는 것으로 알려져
있다. 그로부터 10년 전에 간디가 스위스 연설에서 지적한 것처럼 아
주 큰 규모로 자기희생을 하는 용기가 가능하다는 사실도 알려져 있

다. 한 가지 다른 점은 간디의 특성인 과감한 상상력이다. 전쟁에서도 같은 원칙을 적용할 수 있다고 주장하며 간디는 우리 하나하나가 깨닫는 것보다 훨씬 큰 능력이 있다고 역설했다. 그것이 사실일 수도 있다.

"인도가 독립국이었다면 일본의 침입을 막기 위해 비폭력적 방법을 쓸 수도 있을 것이다." 이 생각은 매우 중요하다. 영국 정부가 방해만 하지 않았어도 인도 사람들은 훨씬 일찍 비폭력적 준비를 시작했을 것이다. 독립국이기만 했다면 인도 사람들은 애당초 일본인들이 인도 땅에 발을 들여놓지 못하도록 몸으로 막았을 것이라고 간디는 주장한다. 그것이 "효과가 있었을까?" 독립국이 아니어서 그런 준비를 하지 못했는데도, 간디가 말한 식의 비폭력적 방어가 실제로 일본의 침입을 저지할 수 있었을까? 불행히도 그 답은 알 길이 없다. 비폭력에게 "기회"를 주지 않는다면 그저 "(그 상황에서) 비폭력은 효과가 없었을 거야"라고 말할 수밖에 없게 된다.[18]

간디는 비폭력 성공 사례로부터 찾아낸 방법을 전쟁이라는, 아직 겪어 보지 않은 상황에 적용하면 어떨지를 추론해 보았다. 비폭력 저항으로 단련된 보통 사람들로 구성된 군대가 전쟁에서 효과를 발휘할지 아니면 못 할지 전혀 알 수 없었다. 앞서도 말한 것처럼 영국으로부터 독립한 직후 카슈미르에서 분쟁이 터지자 간디는 조직적 비폭력 활동을 촉구했다. 간디는 1948년 2월 초를 목표로 대규모의 샨티 세나를 소집했다. 그러나 출발하기 전날 간디의 가슴을 관통한 암살자의 총알로 인해 샨티 세나는 무산되었다.

그러나 전쟁을 비폭력으로 대체하려는 꿈은 1948년 1월 30일 비를라 하우스에서 열린 기도 모임으로 이어져 갔다.

살아 있는 비전 : 민간기반방어

간디가 전쟁을 비폭력으로 대체하는 원대한 계획을 세우고 있는 동안 다른 사람들도 세계 이곳저곳에서 비무장 군중이 전쟁의 불을 끄는 모습을 목격하기 시작했다. 물론 이런 현상은 까마득한 옛날부터 있어 왔겠지만 눈에 띄지 않았을 뿐이었을 것이다. 평화운동가들의 사례 몇 가지를 살펴보자.

* 1962년 알제리에서 밀려난 정규군과 전국을 장악하고 있던 반군 사이의 전투가 시작되었다. 수백 명의 사상자가 발생하자 노동자, 여성, 노인, 어린이 들이 두 집단 사이로 뛰어들어 전투를 중단시켰고, 양측은 결국 합의에 도달했다.[19]
* 하이메 신 추기경의 전폭적인 지지 속에 필리핀 국민들은 마르코스에게 여전히 충성을 바치는 정부군으로부터 수적으로 열세에 놓인 피델 라모스 장군의 부대를 보호해 주었다. 현장에 있던 사람들은 무장을 하지 않은 시민들이 무장한 군부대를 보호하는 모순을 당연히 목격했다. "라모스 장군은 자신이 지휘하는 반군이 무장 병력이 아니라 비무장 시민에 의해 훨씬 더 잘 보호받고 있다는 사실을 깨달았을 것이다."[20]

* 1968년 "문화혁명"이 한참 진행 중일 무렵, 두 개의 마오쩌둥주의자 학생 단체가 저마다 "정통성"을 주장하며 대학 구내에서 총격전을 벌였다. 그러자 시민 5만여 명이 자발적으로 대학 구내로 들어가 두 집단 사이에 서서 이렇게 외치기 시작했다. "정신 차려, 폭력 쓰지 마." 한편은 즉시 사격을 중지했다. 다른 쪽은 계속 총을 쏘아 700여 명이 부상했지만 그 다음 날 "이 짓을 계속할 수가 없어서" 무기를 버렸다.[21]

* 톈안먼(天安門) 광장 시위는 대량 학살로 끝나기는 했지만 한 가지 기억해야 할 사실이 있다. "적어도 두 번, 현장 지휘관은 톈안먼 광장을 재장악하라는 군부의 명령을 수행할 수 없었다. 왜냐하면 베이징 시민 수천 명이 군대와 학생 사이를 가로막았기 때문이다."[22] (버클리에서도 아주 소규모나마 이런 일이 벌어진 적이 있다. 분노한 시위자들이 돌멩이를 들고 ROTC 본부가 있는 캘러핸 홀로 달려갈 때, 버클리 평화 학생 운동에 속한 학생들 몇 명이 군중과 캘러핸 홀 사이에 섰다. 그리하여 위기를 넘겼다.)

* 1991년 모스크바에서는 정부군과 쿠데타 세력 사이의 유혈 충돌을 비무장 시민 수천 명이 막아 냈다.

이 모든 사례에서 대립하는 두 집단의 충돌을 저지한 것은 제3자인 시민들이었다. 그러나 전쟁과 훨씬 흡사한 경우도 있었다. 1968년에서 69년까지 진행된 "프라하의 봄" 저항 운동이 그것이다. 당시 비폭력 전략을 어떻게 세워서 어떻게 진행하라고 알려 주는 지도자도 한 명 없이 체코 인들은 무려 8개월간 저항을 지속했다. 자신들의 저항 방식을 뭐라고 부를지도 몰랐을 것이다.

오늘날 이 방식은 민간기반방어(Civilian-Based Defense, CBD)라고 불린다. 외부 침략으로 CBD가 행해진 사례로는 프라하의 봄이 있고, 내부 반란의 사례로는 철저하게 실패한 바이마르 공화국의 카프 반란이 있다. 1920년에 극우 민족주의자인 볼프강 캅은 신생 바이마르 공화국을 전복시키려고 했지만 노동자의 파업으로 실패했다. 이상적인 조건에서라면 CBD는 세 가지 원칙에 따라 수행된다.

(1) 저항자들은 침략군이 상징적인 경계선인 국경을 넘어 들어오는 것을 물리적으로 차단하지 않는다. 저항자들은 오히려 자기 사회의 제도를 유지하는 데 더 관심이 있다.[23]

(2) 남녀노소가 모두 참여한다. 이것은 단순히 참여 숫자에 관한 것이 아니며, 차르카에 대해 이야기할 때 언급한 단결의 의미도 뛰어 넘는 것이다. 달리 말해 이는 소수의 엘리트에게 모든 일을 맡기는 대신 모든 사람이 저마다 국방의 책임을 진다는 의미가 있다. 무력 방어에서는 엘리트가 탄생할 수밖에 없고, 엘리트가 존재한다는 사실은 우리가 지키려는 민주주의를 심각하게 저해할 수 있다.

(3) 이상적으로는 저항자들은 인간으로서 적들을 거부하지 않지만 침략자인 적들에게는 결코 협력하지 않는다. 자신이 정복하려는 사람들이 자신을 "대위님"이나 "상사님"이라고 부르지도 않

고, 심지어 "파시스트"라고 매도하지도 않으면서 단지 인간으로 대하면 침략군 장병은 점차 자신들이나 이곳 사람들이나 다 똑같은 인간으로 생각하게 될 것이다.

말할 것도 없이 프라하의 봄은 체코의 빛나는 비폭력의 전통에 힘입은 바 크다. 잠시 보헤미아라고 불리던 이 지역의 개신교 운동은 14세기 후반까지 거슬러 올라가며, 이때부터 뚜렷한 비폭력적인 성향을 띠고 있었다. 당시의 대표적인 인물들이 바로 얀 후스와 페트르 헬치츠키(1380년경~1460년)다. 헬치츠키의 저서 『믿음의 그물(The Net of Faith)』은 1521년 처음 출판되었는데, 이 책에서 그는 그리스도의 가르침을 따라 교인들은 맹세를 남발해서는 안 되며, 칼에 의지해 살아서도 안 된다고 설득력 있게 주장했다. 이러한 그의 생각의 영향으로 〈체코의 형제들〉이라는 조직이 탄생했고, 이는 그리스도는 비폭력적이라는 사실을 거듭 증명하는 중요한 사례가 되었다. 헬치츠키의 저서는 또한 나중에 톨스토이의 비폭력 사상에 중요한 영향을 주었다. 바로 이러한 전통 덕분에 체코 사람들은 유머와 용기라는, 비폭력에 가장 적합한 요소를 섞어 소련의 침공에 대항할 수 있었을 것이다.

그러나 세상에는 사람들의 폭력으로부터 스스로를 지키기 위해 적시에 행동을 취할 수 없는 경우도 많다. 침략자가 너무 강해서 저항이 시작되기도 전에 분쇄당하는 경우가 있는데, 중남미나 버마, 캄보디아의 정권을 생각해 보면 곧 이해할 수 있을 것이다. 어떤 곳에서는 저항의 의지를 가진 사람이 존재한다는 것만으로도 비밀경찰이 그를

"사라지게" 만들기도 한다. 코소보에서는 무려 10년간이나 무장한 세르비아 경찰이 다수 민족인 알바니아 사람들을 공포로 몰아넣기도 했다. 어떤 경우에는 누가 가해자고 피해자인지를 판단할 수 없는 상황에서 분쟁이 광기로 치달아 제3자가 개입할 새도 없이 상호 학살이 진행되기도 한다. 소말리아, 르완다, 크로아티아 등이 대표적인 예다. 어떤 때는 혼란이 너무도 극심해서 어떤 "편"이 존재조차 하지 않기도 하는데, 스페인 내전시의 마드리드나 최근의 발칸 반도 사례가 이에 해당한다. 이런 상황에서는 CBD와는 조금 다른 시스템이 필요한데, 이를 만들기 위해 오늘날의 이상주의자들은 간디의 계획을 한 걸음 더 발전시켰다.

"신속 대응팀" 같은 것을 만들어 보면 어떨까? 특정한 국가에 속하는 대신 세계 여러 나라에서 온 지원자들로 이루어져 무장을 하는 대신 비폭력적 개입을 하도록 훈련된 집단 말이다. 이들은 용기 있고 평화를 사랑하는 사람들이며, 비폭력의 개념을 잘 이해하고 있고, 파견되어 가는 지역에 대해 잘 알고 있는 사람들이다. 지원자가 부족하지는 않을 것이다. 주로 젊은 사람들이지만 나이 먹은 사람들도 끼어 있는데, 이들은 지금 이 순간에도 위험한 곳으로 달려가 치열한 분쟁 속에 평화의 씨를 뿌리려 하고 있다. 이들을 더 잘 훈련시키고 더 잘 지원해 주고 자금을 제공한다면 "국제 사회"가 잔혹한 분쟁 앞에서 마비되어 있을 때 "제3의 길"을 제시할 수 있지 않을까?

이들이 쉽게 압도당하고 옆으로 밀려나는 장면도 상상할 수 있지만, 우리가 여러 번 보아 온 것처럼 그렇지 않은 경우도 많다. 로젠슈트라세의 여성들은 옆으로 밀려나지 않고 남편이나 아들, 남동생을 구해 냈다. 캐런 리드도 밀려나지 않았으며, 수갑을 차고 눈가리개를 하고 다시 끌려 들어가 친구 마르셀라와 같이 풀려났다. 필리핀, 베이징, 모스크바에서 일어난 일들을 앞서서 예로 들었거니와, 이 세 곳에서 적대 세력 사이 또는 무장 세력과 피해자 사이에 선 시민들은 많은 사례 중 일부에 불과할 뿐이다.

이러한 집단은 상황에 따라 여러 가지 일을 할 수 있다. 소문을 잠재우기도 하고(샨티 세나 회원들이 인도에서 자주 한 것처럼), 적대 세력 간의 중재자 역할을 하기도 하고, 위협하는 사람들과 한 덩어리가 되기도 하고, 부상자들을 돕기도 하고, 최악의 경우 그 누구도 무슨 말도 들으려 하지 않는 상황에서 총구 앞에 자신을 드러내 몸으로 말하기도 할 것이다.

최악의 경우 이들은 죽을 수도 있지만, 아마 다라사나에서 본 사람의 파도처럼 다른 그룹이 또 들어설 것이다. 이란에서는 왕의 명령을 받은 군인이 연설을 하려던 이슬람 지도자 하나를 쏘아 죽이자 다른 지도자가 올라섰고, 그 사람도 총에 맞자 다른 지도자가 올라서는 일이 계속된 적이 있다. 결국 더 이상 참을 수 없게 된 어떤 군인이 총으로 자신의 지휘관을 쏘고는 자신도 스스로 목숨을 끊었는데, 이와 비슷한 일이 일어날 수도 있다. 그렇게 된다면 세계는 남을 정복하는 것보다 더 가치 있는 무엇인가가 있음을 깨닫게 될 것이다. 순교자라는 뜻의 영어 단어 martyr는 "증인"이라는 뜻이다. 최악의 경우 이들은 폭력 외에 다른 힘이 있다는 사실, 인간 관계에는 또 다른 차원의 의미가 있다는 사실에 대해 증인이 될 것이다. 그리고 시간이 지나면서 압제자들은 이런 짓을 무한히 계속할 수는 없다는 사실을 깨닫게 될 것이다.

이러한 이야기는 최악의 경우에 해당하며, 최악의 경우가 온다고 하더라도 오늘날 인류가 겪고 있는 바닥 모를 고통보다는 훨씬 나을 것이다. 이런 고통을 겪는 지역으로는 코소보, 동티모르, 아체, 몰루카, 치아파스, 티베트, 수단, 콜롬비아, 알제리, 아프가니스탄, 에티오피아/에리트리아, 르완다, 이스라엘/팔레스타인, 아르메니아, 이라크 등이 있다. 나치 시대의 "백장미" 결사의 젊은 지도자인 한스 숄이 처형 직전에 말한 것처럼 "끝없는 공포보다는 공포 속에서 최후를 맞는 것이 낫다."[24]

작게 시작해야 한다. 세계 차원의 "군대"를 조직하고 이끌 간디 같은 인물도 없는 터라 국제적인 그룹(이 글을 쓰는 순간 약 20개)들이 "등대" 역할을 할 실현 가능하고 규모가 작은 평화 노력을 기울이고 있다. 아주 작은 단체의 사람들이 할 수 있는 일로는 목숨이 위태롭게 된 사람들이나 인권 단체 사람과 함께 가는 것이다. 이런 일은 매우 효과가 있다는 것이 증명되기도 했다. 1985년 과테말라의 인권 단체인 상호지원그룹(GAM)은 조직의 지도자들이 계속 암살당하자 국제 평화여단에게 동행을 요청했다. 살아남은 지도부의 아파트와 사무실에 평화단원들이 들어가자 암살이 중단되었다고 리암 마호니는 보고했다.[25] 이를 계기로 과테말라에서는 정치적 대화가 시작되었다. 국제 평화여단원들은 과테말라가 무장 투쟁의 구렁텅이에서 빠져나와 평화화를 향한 길을 걷기 시작하는 데 자신들이 중요한 역할을 했다고 생각하며 나도 여기에 동의한다. 앞서 본 캐런 리드가 엘살바도르로 간 것도 같은 맥락에서다. 이는 '보호 동행'이라고 불리는 활동으로 이런 자리에서 비폭력적인 인간성 회복의 과정을 가장 생생히 볼 수 있다. 엘살바도르 군인들과 그의 친구인 마르셀라 로드리게스 사이에 제3자로 뛰어드는 것을 통해 캐런 리드는 '1인 평화 유지팀'의 역할을 수행한 것이다. 그가 발휘한 힘은 물론 물리적인 것이 아니라 도덕적 또는 심리적인 것이다. 국제평화여단 지원자로 리고베르타 멘추 일행과 특별히 고통스러웠던 시기를 함께 보낸 패티 모치닉은 이렇게 증언한다.

> 내가 그에게 제공한 신체적 보호라는 것은 해괴한 것이었고, 우스꽝스러운 것이기도 했다. 신체적으로 나는 무방비 상태였으며, 그 일행도 마찬가지였으니까.[26]

그러나 이들은 모두 살아남았다. 그리고 평화의 바퀴를 조금 앞으로 돌렸다. 군사력은 개인의 약한 신체적 힘을 증폭할 효과를 얻으며, 그 과정에서 그 사람의 무한한 정신적 힘을 빼앗아 버린다. 비무장 동행은 하잘것없는 물리적 힘을 부정해서 단기적으로는 보호의 효과를 발휘함과 동시에 장기적으로는 평화에 기여하는 힘을 만들어 낸다. 규모에 관계없이 이러한 활동이 효과를 발휘하는 원칙은 같으며, 스리랑카에서 활동한 퀘이커 평화봉사단의 예에서도 이를 엿볼 수 있다.

분쟁 속에서 모든 이의 인간성을 보려는 노력을 기울이는 것 외에도 우리 봉사단은 여러 집단이 이른바 "적"에 대해 품고 있는 오해를 깨뜨리는 데 도움을 주었다. 이런 노력은 화해의 힘에 대해 우리 봉사단이 갖고 있는 믿음의 기반을 이룬다.[27]

그런데 평화유지팀이 막다른 골목에 몰린 GAM의 여성들을 동반하기 시작했을 때 이 "팀" 멤버는 알랭 리샤르 한 사람뿐이었고, 그나마 비자를 갱신하기 위해 곧 그 나라를 떠나야 할 입장이었다.[28]

오늘날 이들의 꿈은 더 많은 사람들을 이 운명에 동참시키는 것이다. 1999년 여름 헤이그에서 열린 평화회의에서 멜 던컨과 데이비드 하초라는 북아메리카 출신 평화운동가들이 만났다. 이들은 비폭력 "상비군"이라는 이상을 실현하는 데 몇 년을 매달려 왔지만 서로 알지 못하는 사이였다. 두 사람이 만난 역사적 순간으로부터 겨우 몇 년이 지난 오늘날, "비폭력 평화단"은 세계적으로 열렬한 지지를 얻고 있다. 노벨상 수상자, 유엔 밀레니엄 포럼, 사업가, 국가 원수 한 사람, 수백 명의 지원자들이 동참을 약속했다.

이렇게 되면 여기 동참하고 싶은 사람에게는 세 가지 수준의 기회가 생긴다. (1) 비폭력적인 방법으로 분쟁에 개입하는 조직에 시간, 돈 혹은 두 가지를 제공하는 것(상세한 것은 이 책 끝에 나와 있다). (2) 지원자를 재정적으로, 물질적으로, 정서적으로 돕는 것. 우리가 기억해야 할 일은 평화팀의 일도 전쟁을 치르는 것만큼이나 용기와 훈련 그리고 후방에서의 지원이 필요하다는 것이다. (3) 25세 이상이고 관심이 있다면 위험하고 아무도 고마워하지 않는 임무에 뛰어들어 보라. 아마 인생에서 가장 보람찬 경험을 하게 될 것이다.

비폭력적 개입은 자주 효과를 발휘한다. 전쟁은 사람을 두 편으로 가른다. 존 포스터 덜레스 외무장관은 냉전시의 정신상태를 완벽하게 표현했다. "중립을 지키는 것은 '부도덕' 하다." 제3자는 "우리 편 아니면 적"이라는 사고방식으로부터 벗어나 있다. 그리하여 제3자는 두 편 사이의 장벽을 허물어 버리고 모든 사상과 증오를 뛰어넘는 평화에 대한 갈망을 심어 준다. 프랑스의 평화팀 담당자는 이렇게 말했다.

> 멀리서 온 외국인이기는 하지만 우리 하나하나는 인간성과 연대감을 강화하기 위해 무엇인가를 할 수 있다. 지원자들이 대립하는 두 집단 사이에 직접 끼어들지 않더라도 이들의 존재가 전쟁의 논리와 사람들 사이의 반감을 깨는 데 도움이 된다. 그러한 효과를 발휘하는 한 이들의 활동은 비폭력 활동이다.[29](저자의 번역)

현실로 나타나는 비전

콘트라 소속 군인 하나가 니카라과 시골 사람 하나를 잡아서 손을 뒤로 묶은 채 끌고 가고 있었다. 그때 갑자기 미국 기자 하나가 불쑥 나타나 카메라를 들이대고 사진을 찍기 시작했다. 시골 사람은 목숨을 건졌다. 스리랑카에서는 사복경찰 한 무리가 몽둥이를 휘두르며 여성들을 구석으로 몰고 있다가 외국인이 나타나 카메라를 들이대자 몽둥이를 버리고 사라져 버렸다.[30] 성난 이스라엘 방위군 병사들이 헤브론에서 소수의 팔레스타인 청년들을 위협하고 있었다. 팔레스타인 청년들과 이스라엘 군인들 사이에는 기독교 평화의 팀(CPT) 소속 회원 세 명이 서 있었는데, 그중 한 명인 시카고 출신 마지 아젤리안이 병사들 앞에 나서서 이렇게 말했다. "당신이 총을 겨눌 때마다 내 카메라를 들이대겠소." 그러자 "상황이 진정되기 시작했다."[31]

방금 소개한 이야기는 뉴스레터나 이메일 형태로 내게 들어오는 많은 이야기의 일부일 뿐이다. 간디가 식민지 인구의 "말 못 하는 수억 명"에게 목소리를 선물한 것처럼 세계 각국에서 모인 지원자들은 암흑 속에서 고통 받는 사람들에게 빛을 던져 준다. 지원자들은 암흑 속에서 헤매던 사람들이 눈을 뜨게 해 주고 그들의 고통을 보살펴 준다.

물론 다른 종류의 예도 있다. 이것도 헤브론에서 일어난 일인데 CPT 회원인 클리프 킨디는 군인들에게 얻어맞고 있는 팔레스타인 청년을 보호하려다 성난 이스라엘 정착민 하나와 마주쳤다. "만나서 반갑습니다. 이름이 뭡니까?" 이렇게 물으며 클리프는 손을 내밀었다. "내 이름은 증오고 당신이 싫소!" 정착자는 이렇게 말하며 클리프를 옆으로 밀쳐 냈다. CPT는 헤브론에 상당 기간 머물렀고, 이들의 제3자 개입이 가져온 신선한 충격은 사상적으로 눈이 멀어 버린 정착민들 사이에서 점점 엷어져 가고 있었다. 이들에 대한 살해 위협이 워낙 심각해서 한 번은 CIA가 시카고에 있는 CPT 본부를 방문한 적도 있다. 그러나 방금 말한 경우(헤브론에서조차 이렇게 심한 경우는 별로 없다) 에도 어느 정도 효과는 있었다. 이로 인해 아까 이야기한 정착민은 자신의 악과 마주쳤고 그리고 자신의 악이 무엇인지 밝히기까지 했던 것이다. 그러나 누구도 이런 증오의 행위를 끊임없이 할 수는 없으며, 결국 간디가 말한 것처럼 이 짓을 계속할 수 없게 된다. 아무리 화가 났어도, 아무리 증오에 가득 차 눈이 멀었어도, 비폭력의 거울은 그 사람 마음속에 감추어져 있는 인간성을 끌어내어 그에게 되비쳐 준다. 그러나 방금 예로 든 정착민의 경우에서 본 것처럼 그런 빛이 비친다고 해서 증오에 가득 찬 사람이 그 자리에서 정신을 차리지는 않는다. 비폭력 봉사자는 그 기회를 이용할 뿐이다. 그리하여 궁극적인 선이 그 사람으로부터 나오기까지 기다린다.

싸움을 말리는 것은 아마 선사시대부터 인류의 삶의 일부였을 것이다. 비폭력적 개입이라는 이름이 생기기 전부터도 이러한 방법은 사람들이 자기 자신의 폭력으로 스스로를 파괴하는 것을 막아 주었을 것이고, 이러한 일은 아마 인간이 호모 사피엔스로 불리기 전부터 있었을 것이다. 드 발을 비롯한 많은 학자들의 연구성과가 이를 뒷받침한다. 부처도 적국 사이의 전쟁을 이런 식으로 방지했다고 전해지며, 기원전 4세기 주나라에서는 묵자가 전쟁이 일어날 조짐이 보이면 먼 곳에 있는 나라까지 찾아가 자신의 겸애설을 역설하여 전쟁을 막았다고 한다. 그러므로 개인이든 집단이든 사람들이 대립하는 두 집단 사이에 들어가 전쟁을 막으려 하는 것은 전혀 새로운 것이 아니다. 오늘날 새로운 점이 있다면 이런 일을 체계적으로, 그리고 의식적으로 전 지구 차원에서 실천해 내려고 노력하고 있다는 점이다. 오늘날 우리의 목표는 이곳저곳에서 산발적으로 일어나는 개개의 전쟁을 막는 것이 아니라 전쟁이라는 시스템 전체에 대해 비폭력적인 대안을 제시함으로써 전쟁을 아예 없애자는 것이다.

더욱 효율적인 개입

비폭력적인 개입에 대해 생각하기 시작하면 이것이 재래식 방법보다 얼마나 엄청난 이익이 있는지 새삼 깨닫게 된다. 재래식 방법이란 무엇인가? 두 가지다. 싸우거나 도망치기, 아니면 위협하거나 무시하기다. 경제 제재와 군사적 공격 사이의 논쟁에 속지 말아야 한다. 1990년 이라크 전쟁 당시 이런 논쟁은 할 만큼 했다. 비폭력적 시각에서 볼 때 경제 제재와 전쟁은 위협적인 힘과 위협적 힘 사이의 선택에 불과하다. 이라크에 대한 경제 제재로 120만 명 이상이 죽었는데, 그중 대부분은 어린이들이었다. 게다가 또 이 어린이들 대부분은 태어나지도 않은 상태였다. 이것은 인도적인 방법이 아니다. 간디는 자주 이렇게 말했다. "당신들이 사람을 쏴 죽이든 조금씩 굶겨 죽이든 나는 별로 다를 것이 없다고 본다." 어떤 의미에서 쏴 죽이는 것이 낫다. 어쨌든 시선이라도 끄니까.

뛰어들지 않는다는 대안을 택하면 손을 더럽히지 않을 수는 있지만 인간적인 수준에서 끔찍한 결과가 생긴다. 보스니아와 관련하여 남아프리카의 투투 주교가 말한 것처럼 남들이 겪는 고통을 외면하면 "우리 자신의 인간성이 깊이 상처를 받는" 것이다.

> 다른 사람들의 비인간적인 행동을 보고도 아무렇지도 않을 수는 없다. 우리
> 모두 공통의 인간성을 가지고 있다는 사실을 인식하지 못한다면 우리는 모두
> 패배자가 될 것이다.…… 비인간적인 행위가 저질러지는 순간 이것이 사실
> 상 우리에게 벌어지는 일이란 것을 그 순간에는 깨닫지 못한다 할지라도 결
> 국 깊은 충격을 받기는 마찬가지이다.[32]

실제로 우리에게 일어나는 일은 자신을 속이는 것이다. 그러니까 이런 생각이 든다는 것이다. "힘들군. 하지만 내가 당하는 건 아니니까." 하지만 그렇지 않다. 역사에 지혜로 이름을 남긴 모든 사람들은 그 반대가 진실이라고 누누이 강조했다. 그러니까 다른 사람들의 행복이 우리 모두에게 직결되어 있다는 뜻이다. 바로 이 때문에 간디는 수동성(비겁함) 같은 것들을 일종의 폭력으로 간주했다.

그러므로 아무것도 안 하는 것과 폭탄을 떨어뜨리는 것 사이의 선택, 군사적 침략이나 고통스러운 경제 제재 사이의 선택은 결국 폭력과 폭력 사이의 선택일 뿐이다. 인간의 운명을 움직여 가는 진정한 힘이라는 의미에서 볼 때 이러한 일은 결코 선택이 아니다.

비폭력의 관점에서 볼 때 무장평화란 방금 말한 법칙에 대한 외견상의 예외일 뿐이다. 이 말은 유엔 헌장 제7조에 규정된 평화유지 활동을 위해 파견된 유엔 평화유지군에도 해당되며, 군사 대국들이 폭격이라는 수단을 통해 일부 독재자들을 강제로 굴복시킨 경우도 마

찬가지이다(코소보 출신 알바니아 사람인 어떤 청년은 나토의 폭격으로 코소보가 "해방"된 '다음' 세르비아 감옥에서 고문을 당했다. 말할 것도 없이 보복의 일환이었다. 그러니까 이런 식의 독재자 굴복작전에 내가 격렬히 반대한다고 해도 나를 비난하기는 어려울 것이다). 아무리 선의에서 시작되었다고 하더라도 유엔 평화유지군은 비폭력의 관점에서 보면 혼란스러운 활동일 뿐이다. 남을 해친다는 수단을 통해 긍정적인 목적을 달성하려는 노력, 즉 전쟁에 쓰이는 무기를 통해 평화를 얻자는 활동이라는 뜻이다. 무기를 가지고 있으면서도 쓰지 않는 것(유엔 평화유지군은 일반적으로 공격을 당할 때 외에는 사격을 할 수 없도록 되어 있다)은 폭력적 인간의 비폭력일 뿐이다. 그러나 진정한 비폭력은 위협의 수단을 영원히 포기하는 것이 아니라 마음 합치기의 호소력에 의존하는 것이다. 그러니까 주먹을 날리는 것이 아니고 악수의 손을 뻗는 것이라는 뜻이다.

무장 평화유지 활동이 설 자리가 없는 것은 아니겠지만 그 수단과 목적이 서로 완전히 다르기 때문에 미봉책 이상이 되기 어렵다. 바로 이런 근본적인 모순 때문에(평화 유지활동에 관여하는 국가나 파견된 군인들이 용기가 없어서가 아니라) 냉전 이후 여기저기서 불거지기 시작한 인종 분규에 대한 개입에서 유엔의 활동이 약간의 성공을 거두었을 뿐 근본적인 해결책으로는 턱없이 미흡했던 것이다. 물론 키프로스 사태를 수습하여 키프로스 사람들이 평화를 향한 길을 걷기 시작하도록 도운 것을 위시하여 성공 사례가 없지만은 않지만 유엔 평화유지군이 세계 평화를 이룩하기 위한 유일한 수단이라고 부르기에는 이 정도의 성공은 너무나 미흡하다.

내 친구가 소말리아에 가서 내전의 혼란 중에 고아원을 유지하기 위해 애쓴 적이 있다(어느 날 아침 짐이라는 이 친구가 명상을 하고 있는데, 그가 살고 있던 유엔 지원팀 건물이 기관총 공격을 당했다. 짐은 튀어나가 주먹을 휘두르며 말했다. "이렇게 시끄러운데 어떻게 명상을 하란 말이야!"). 짐에 의하면 당시에는 유엔 평화유지군이 경영하는 식량운반 트럭이 난민캠프를 향해 가다가 사막에서 남루한 옷을 걸친 도둑 떼와 마주치는 경우가 많았다고 한다. 도둑들이 공중에 총을 몇 발 쏘면 유엔 평화유지군은 즉시 무기를 내려놓았다. 도둑 떼들은 겨우 열일곱 살 정도 되어 보이는 소년들이었는데, 트럭에 올라타 무기와 식량을 모두 빼앗고는 차를 몰고 달아났다. 평화유지군은 용감한 병사들이었고, 훈련도 잘 되어 있었으며, 최신 장비로 무장하고 있었다. 무엇이 문제였을까? 현대 세계에서 흔해 빠진 문제다. 크게 보면 폭력과 비폭력 사이의 역학관계가 문제다. 폭력과 비폭력처럼 서로 반대되는 힘은 반대되는 힘일 뿐이며 무기는 평화를 만들어 낼 수 없다. 유엔 평화유지군이 용기가 없어서 이런 일이 벌어진 것이 아니라 셰익스피어의 에드워드가 말한 것처럼 정직하지 못한 곳에서는 용감할 수 없었기 때문이다. 무기로 평화를 유지하려는 시도는 궁극적으로 실패하게 되어 있다. 그런 상황에서는 올바른 상황이 올바른 목적과 만났을 때 나오는 특별한 힘을 기대할 수 없다. 다른 예를 들어 보자.

'국경 없는 의사들'의 칼릴 아투트는 프랑스 인 사진기자와 함께 르완다의 키갈리에 있는 성 앙드레 학교에서 난민들을 돌보고 있었다. 후투 민병대원들이 학교를 둘러싸더니 창문으로 총을 쏘기 시작했고, 사진기자를 포함한 어른들과 어린이들이 심각한 부상을 입었다. 일부는 죽기도 했다. 유엔 옵서버들이 학교 밖의 차량에 있었으나 비무장이거나 권총을 갖고 있는 정도여서 이들을 도울 수가 없었다.[33]

누가 도울 수 있었겠는가? 마음의 힘으로 '중' 무장한 평화팀만이 도울 수 있다. 이들이 아마 민병대원 앞을 가로막고 총알을 대신 받았을 수도 있을 것이다. 그렇다면 민병대원들은 '이 짓'을 계속하지 못했을 가능성이 높다.

앞서도 말한 것처럼 1992년에 보스니아로 떠난 지원자들은 황급히 모집된 사람들이었고, 거의 훈련을 받지 않은 상태였다. 그렇다고 해서 그들이 본능마저 뒤떨어지는 것은 아니었다. 이 사람들 중 몇 명은 낡은 버스 몇 대에 나눠 타고 포위된 사라예보 외곽까지 갔다. 이들 앞에는 "저격수의 통로," 그러니까 숨어 있는 세르비아 저격수가 마음만 먹으면 얼마든지 쏴 죽일 수 있는 곳이 놓여 있었다. 이곳에 있던 유엔 평화유지군이 그들에게 보호를 제안했다. 그러니까 장갑차에 태워 활동지역까지 데리고 갔다가 장갑차로 다시 데리고 오겠다는 것이다. 자기들끼리 잠시 협의한 지원자들은 정중하게 그 제안을 거절했다. 그런 식의 "보호"는 이들의 활동이 갖는 의미를 퇴색시킨다는 것이었다. 그리고 그들은 스스로 사라예보로 들어갔다. 아무도 그들을 쏘지 않았다. 목적과 수단이 일치하면 부분의 합보다 큰 어떤 전체가 탄생한다.

목적과 수단이 일치하지 않으면 끊임없는 모순이 생기는데, 이는 국제관계에서만이 아니라 미국 내에서도 찾아볼 수 있다.

조 로야는 훌륭한 저술가인데 은행 강도로 캘리포니아 남부에서 복역한 적이 있다. 출감 후 로야는 뉴욕과 미국 전역을 충격으로 몰아넣은 경찰의 잔혹상을 이해할 실마리를 제공했다. 당시 뉴욕 경찰 두 명이 아이티 출신 수감자인 아브너 루이마를 고문한 죄로 기소된 상태였다. 로야는 이 두 경찰관만이 죄인인 것처럼 몰아붙이지 말라고 역설하면서 이런 문제가 뉴욕에만 국한된 것도 아니라고 덧붙였다. 그러니까 문제는 인간을 냉소적이고 가끔은 잔혹하게까지 만드는 형사제도 자체에 있다는 것이다. "젊고 신선한 외모에 열의에 차 있고 어느 정도 이상주의적이기까지 한 신임 교도관을 여러 명 본 적이 있다." 그러나 로야에 따르면 시간이 지남에 따라 이들은 "우리와 비슷해져 간다.…… 시궁창 수준의 욕지거리를 쏟아놓으며 조폭처럼 으스댄다.…… 아이러니하게도 교도관들은 모두 바깥세상의 '착한 사람들'에 대해 우리처럼 냉소적인 자세를 갖기 시작한다."

로야는 이렇게 덧붙이다. "슬프게도 그 반대 현상은 전혀 일어나지 않았다. 수감자들이 교도소에 갓 부임한 신임 교도관처럼 변하는 일은 결코 없었다."[34]

여기서 로야는 위협에 입각한 시스템은 그 안에서 움직이는 모든 사람들을 위협의 종속물로 전락시킨다는 중요한 원칙을 간파하고 있다. 로야의 글을 읽다 보니 E. M. 포스터의 소설 『인도로 가는 길(A Passage to India)』에 등장하는 아지즈 박사의 관찰과 매우 비슷하다는 사실에 놀랐다. "여기서는 방법이 없다.…… 다들 신사답게 행동하리라 생각하고 인도로 들어오지만 다들 그렇게 되지는 않는다는 이야기를 듣는다.…… 영국인을 망가뜨리는 데는 2년이면 족하다."[35]

형사제도, 제국주의적 체제, 전쟁이라는 시스템 등 이 모든 것들은 위협의 힘에 기반을 두고 있다. 해결책은 이러한 제도를 모두 없애 버리는 것이 아니다. 왜냐하면 적어도 첫 번째와 세 번째는 현대 사회가 완전히 없애 버릴 수는 없는 필요한 기능을 수행하고 있는 데다가, 이런 것들 없이 살 수 있는 날이 곧 올 것 같지도 않기 때문이다. 그러나 잘 알다시피 이러한 제도는 위협의 힘을 전달하는 통로일 뿐이다. 이들은 오직 위협의 힘만이 널리 받아들여지던 시대에 만들어졌다. 그러므로 해결책은 이들을 개혁하여 다른 형태의 힘을 전달하는 통로로 활용하는 것이다. 극심한 분쟁에 비폭력적으로 개입하는 것이 그 좋은 예이다.

평화팀에 대해 가장 일찍 나온 책에 속하는 『간디의 평화의 군대: 샨티 세나와 비무장 평화 유지(Gandhi's Peace Army)』에서 토머스 웨버는 키프로스에서 봉사한 적이 있는 인도인 평화팀 지원자의 말을 인용하고 있다. "폭력적인 군대에게 친근함은 방해물이지만 비폭력적 군대에게는 필수품이다."[36] 이는 조 로야와 E. M. 포스터의 관찰과는 정반대되는 이야기이다. 위협이 지배하는 시스템에서 친근함은 독약이나 마찬가지이다. 1차 세계대전이 시작되고 나서 첫 번째 크리스마스쯤 전쟁은 거의 끝날 뻔했다. 당시 "적국"의 병사들은 서로 인사를 건넬 수 있는 거리에서 참호를 파고 대치 중이었는데, 병사들끼리 휴전을 선포하고는 중립지대에 모여서 이야기도 나누고 집에서 기다리고 있는 사랑하는 사람들의 사진도 서로 보여 주었다. 당황한 양측의 장교들은 엄벌에 처한다는 위협과 함께 병사들에게 강제로 전쟁을 시작하라고 말했다. 달리 말해 전쟁은 잘못된 곳에 에너지를 쓰기 때문에 잘못된 결과를 낳을 수밖에 없다. 많은 전쟁에 종군한 바 있는 크리스 헤지스 기자는 이렇게 말한다. "폭력을 사용한다는 것 자체가 여기 관여하는 사람들을 모두 부패시킨다."[37] 임무를 방기한 혐의로 군법 회의에 회부된 막스 플라우만 중위는 판사들에게 이렇게 설명했다. "무질서로 질서를 낳을 수는 없다. 선을 얻기 위해 악을 행하는 것은 분명 미친 짓이다."[38]

오늘날의 전쟁 시스템에는 두 가지 '올바른' 기능이 있다고 말할 수 있다. 한 가지는 분쟁이 격심해졌을 경우의 개입이고, 또 한 가지는 방어이다. 앞서 본 것처럼 두 가지 모두 평화팀이 해결할 수 있는 문제이다. 그렇다면 그림은 완전히 달라진다. "비폭력적 활동은 궁극적으로 비폭력을 지향하는 가치의 씨앗을 심는다. 이 씨 뿌리기는 변화의 과정 그 자체 안에서 이루어진다. 그러므로 비폭력은 전쟁이라는 수단으로 평화의 씨앗을 뿌리지 않는다. 무너뜨리는 것을 통해 집을 지으려 하지 않는다는 뜻이다."[39] 이러한 원칙에 따라 요한 갈퉁은 비폭력을 "평화적인 수단으로 평화 지키기"라고 정의했다.

"재래식의 평화 지키기"는 "성공"을 거두었을 때도 좀더 평화로운 세상을 만들지 못하는 반면 비폭력적인 평화 지키기는 "실패"하는 경우에도 성공을 거둔다. 왜냐하면 비폭력적인 평화 지키기는 인간을 존엄하게 대하며 결코 비인간화시키지 않기 때문이다. 옛 로마의 모순된 속담을 생각해 보자. "평화를 원하면 전쟁을 준비하라." 폭력의 악순환이 계속되던 냉전시대, 그리고 그 이전의 무수한 군비 경쟁 속에서 인간은 로마 인의 모순 속에서 살려는 미친 짓을 계속해 왔지만, 위협받는 나라가 할 수 있는 것은 무엇인가? 간디가 인도에서 실현했던 바와 같은 불복종과 형제애를 보여 주는 광경, 예를 들어 프라하에서 체코 사람들이 했던 것 같은 반응을 보일 수 있는 사람들은 다른 나라, 다른 사회에 아무런 위협도 되지 않는다. 이런 사람들은 공격자를 전혀 자극하지 않으면서도 강력한 방어체제를 만들 수 있다. 비폭력으로 위협 받는 존재는 독재자들, 그중에서도 비폭력이 무엇을 할 수 있는지를 이해하는 독재자들뿐이다.

3장에서 이미 수 세브린의 증언을 들어본 바 있다. 그는 다른 지원자들과 함께 1982년에 '보호 동반의 힘'을 목격한 사람이다. 그리고 그는 나중에 이러한 경험이 "중독성"이 있다고 말했다. 이런 생각을 가진 것은 세브린만이 아니다. 랜디 본드는 미시간 평화팀이 조직한 소규모 지원단의 일원으로 헤브론으로 가서 이렇게 썼다. "우리는 소수의 보통 사람이었지만 고통 받는 지역에서 뭔가 특별한 일을 하러 왔다. 이 일을 하기 위해 우리는 역량을 최대한 발휘해야 했다. 그렇게 해야 우리가 성장할 수 있다."[40] 반면에 베트남 전쟁은 마지막 헬리콥터가 사이공에서 이륙하고도 한참 뒤까지 미국인들을 계속 죽였다. 이들은 아무런 이유 없이 다른 나라 사람들에게 잔혹행위를 저지른 것에 대한 심리적 압박감 때문에 죽어 갔던 것이다. 베트남전에 참전했던 내 친구 하나는 몸은 멀쩡하게 돌아왔지만 헬리콥터 소리만 들으면 식은땀을 흘리고 공포에 떠는 일을 몇 년 동안 겪었다. 진언을 암송하는 것을 배우고 나서 1년쯤 후 내 친구는 치유되었지만 다들 내 친구처럼 운이 좋은 것은 아니었다. 이런 정신적 충격을 겪는 사람이 워낙 많았기 때문에 베트남전에서 전사한 사람 수보다 '안전하게' 돌아온 뒤 자살한 미국인의 수가 더 많다는 이야기가 한때 나왔을 지경이다. 반면 1992년 소말리아에서 기아구호를 위해 근무했던 어떤 해병은 이렇게 말했다. "구호활동은 내가 한 일 중 가장 만족스러운 일이었다." 그의 말은 헤브론에 갔던 마지 아젤리안의 이야기와도 상통한다. "헤브론의 경험은 내가 한 경험 중 가장 만족스러운 것이었다." 사람들은 다들 비슷하다. 어떤 일을 시키는가, 어떤 에너지 속에 이 사람을 담그는가가 그 사람이 어떻게 될지를 대부분 결정한다.

전쟁 대신 사랑을 : 현실에 한 걸음 다가서는 비전

이번 장의 목적은 평화팀이 전쟁을 끝낼 수 있다고 이야기하는 것이 아니다. 비폭력이 전쟁을 끝낼 수 있다는 이야기를 하려는 것이다. 변화의 3단계, 그러니까 생각, 말, 행동의 변화에 대해서도 생각해 보았다. 이러한 변화를 통해 보통 사람들도 마음의 힘이 갖는 창의적인 영향력을 이용하여 평화의 기틀을 만들어 낼 수 있다. 우리가 원하는 것은 분쟁을 흡수할 수 있는 튼튼한 시스템, 그러니까 창의적인 방법으로 전쟁을 다루어 의미 있고 항구적인 평화를 향해 가는 다른 여러 가지 변화와 보조를 맞출 수 있는 시스템이다. 논쟁이 전쟁으로 비화한다고 주장하든, "임계점"을 넘어가면 전쟁이 발발한다고 믿든 분쟁을 비롯한 주요한 변화에는 어떤 전환점이 있다. 마찬가지로 평화를 향한 변화에서도 압력이 충분히 축적되어 저울이 한쪽으로 기울어지는 점이 있으며, 이를 시발점으로 삼아 당장은 현실성이 없는 꿈, 그러니까 전쟁 없는 세계를 건설할 수 있다.[41] 그러한 압력이 어느 정도나 되어야 하는지 아니면 전환점이 어디인지는 아무도 모른다. 그러나 앞선 성공을 바탕으로 성공은 계속된다는 간디의 "진보의 법칙"은 분명히 존재한다. 아마 진보의 첫 단계에서는 변화를 시작하는 데 많은 에너지가 필요할 것이다. 그러나 일단 눈에 띄는 움직임이 시작되기만 하면 힘이 덜 들 수 있다. 모든 큰 변화가 그렇게 이루어졌고, 진정한 변화는 처음에는 어처구니없어 보이다가 어떤 순간이 지난 뒤부터 정상적인 것으로 변한다.

1970년에 버클리에서 처음으로 명상 그룹에 들어갔을 때 우리는 학생들(교수진은 말할 것도 없고)에게 명상이 무엇인지를 처음부터 설명해야 했다. 학부모들은 놀란 눈으로 우리를 바라보았다. 그러나 오늘날은 전 미국의 진보적인 대학가에서는 명상이 일반화되어 있다. 갸끔 학생들은 나에게 이렇게 말한다. "부모님이 하라고 하셔서 왔어요. 부모님도 몇 년 전부터 명상을 하셨거든요." 어떤 학생은 할아버지가 보내서 왔다. 인류가 마침내 전쟁이라는 시스템으로부터 안정적인 시스템으로 옮겨 가는 모습도 이런 식일 것이다.

평화팀은 이러한 이상을 실현하는 데 특별한 역할을 할 것이다. 평화팀은 민간기반방어와 더불어 심지어 전쟁이 시작된 후에도 이를 멈추기 위해 쓸 수 있는 비폭력 수단이다. 평화팀은 세계 각지에서 발생하는 극단적인 위기 상황, 또는 보호 동반이라는 개념이 탄생한 중앙아메리카처럼 "저강도" 분쟁이 일상화되어 있는 상황에서 유용하게 쓰일 수 있다. 아니면 선진국 전체에 걸쳐 도시 안에서 벌어지는 갈등 해소에도 쓸 수 있다. 간디가 최초로 상상한 평화팀도 이런 것이었으리라 생각된다. 전쟁에서 비폭력을 사용하는 데 반대하는 사람들의 주장은 "정말로 어려운 상황에서는 효과가 없으리라"는 것이다. 그러나 방금 말한 분쟁이나 갈등이야말로 '정말로 어려운 상황'이다. 비인간화라는 측면에서 볼 때 가장 어렵다고도 할 수 있다. 비폭력이 이런 상황에서 효과가 있다는 것을 증명할 수만 있다면 다른 어디서라도 효과가 있을 것임은 쉽게 짐작할 수 있다.

통상적인 방법이 모두 실패한 상황에서 훈련이 잘된 평화팀이 전쟁을 끝내는 광경을 한번 상상해 보자. 이때 상황이란 보스니아, 소말리아, 르완다, 인도네시아 등지에서 '갈 데까지 간' 상황을 말한다. 세계 각국에서 모인 지원자들은 석유나 기타 이권이 걸려 있지 않더라도 많은 사람들이 다른 사람들에게 일어난 일에 진정으로 관심이 있다는 사실을 증명할 것이다. 게다가 비폭력적 개입이 일단 성공하면 폭력이 아닌 비폭력이 세계 평화를 위한 궁극적 제재 방안이라는 사실을 증명하게 되므로 세계적 안보의 기본틀이 바뀌기 시작할 것이다. 그리하여 수 세기 동안 꿈쩍 않던 전쟁 시스템이 흔들리기 시작할 것이다. 1991년의 음산한 겨울, 보스니아 사람들이 자신도 사람이라는 사실을 잊어버린 시기에 이탈리아, 독일, 네덜란드, 미국 등지에서 시작된 "평화의 씨앗"이나 "발칸 평화팀" 운동의 허름한 사무실에 모여든 1천여 명의 지원자들은 바로 이런 생각들을 하고 있었다.

그러나 사라예보로 간 지원자 팀은 그해 겨울에 성공을 거두지 못했다. 감히 말하지만 그들이 성공을 거두었다 해도 당시 다른 사건들에 정신이 팔려 있던 세계인들은 눈치 채지 못했을 것이다. 아무도 보고 있지 않으면 "시각적 시위"는 소용이 없다.

또 한 가지 기억해야 할 일은 이제까지 이야기한 모든 실험이 "부족한 자원, 기반 시설, 의사 소통 및 한정된 훈련 기회"를 무릅쓰고 진행되었다는 사실이다. 게다가 언론은 끝까지 거의 완전히 무관심했고, "일반 대중은 이러한 비폭력적 활동의 배경이나 역사를 거의 알지 못했다."[42] 그러니 충분한 자원, 기반 시설, 의사소통과 대중의 지원, 언론의 관심 속에서 이런 활동을 했으면 어느 정도의 결과가 나왔을지 상상해 보라. 수천 명이 아니라 수만 명, 수십만 명의 지원자가 훈련과 도움을 잘 받고 세상에 알려지면서 활동했으면 어떤 모습이 되었을까를 상상해 보자는 이야기이다. 그러면 "동정에 찬 대응팀"이 상설 기구처럼 되었을 것이다.

비폭력은 어떤 것이든 특별한 준비가 필요한데, 외국에서 발생한 골 깊은 갈등의 현장으로 들어갈 때는 더욱 그러하다. 구 유고슬라비아 지역에서 지원자들이 거둔 성공과 실패는 이들이 갈등의 현장으로 뛰어들기 전에 충분한 훈련을 받아야 한다는 것을 잘 보여 준다. 이들은 또한 도움도 많이 받아야 한다. 여기서 우리의 역할을 찾을 수 있다. 1차 세계대전 중 참호전을 펼치던 병사 한 사람 한 사람의 뒤에는 수백 수천 명의 지원 인력이 있었다. 여성들은 양말을 짰으며, 어린이들은 고철을 모았고, 의사 결정자들이 있었으며, 납세자들이 있었다. 마찬가지로 평화를 제도화시키려면 다양한 분야에서 이들을 도울 사람들이 필요하다. 여기서는 재정적 도움보다는 정신적 도움이 훨씬 더 중요하며 재래식 전쟁에서는 필요하지 않은 것 한 가지가 더 있어야 한다. 이른바 "해석"이 필요하다. 세계는 폭력이 어떻게 작용하는지 알고 있다. (아니면 알고 있다고 생각한다.) 그러나 비폭력이 어떻게 작용하는지는 모른다. 비폭력 평화팀이 아무리 눈부신 성공을 거두어도 사람들은 이를 모르고 넘어가거나 언론이 워낙 잘못 보도하는 바람에 교육적인 효과가 나지 않는다. 이러한 사례는 매우 많다. 조앤 블랙 같은 개인적인 활동에서부터 인티파다나 코소보와 같은 대규모 활동에 이르기까지, 적절한 비폭력의 힘을 활용한 성공적인 평화 활동이 제대로 알려지기를 기대하기는 어렵다.

전쟁의 논리는 심각한 결함이 있지만 동시에 무섭도록 친숙하며 단순하기도 하다. 전쟁은 우리가 인간의 본성에 대해 알고 있다고 생각하고 싶어 하는 바를 그대로 따라간다. 즉 인간은 서로 고립되어 있으며 힘에만 반응한다는 것이다. 그러나 평화의 논리는 그렇지 않다. 훌륭한 저술가, 연설가, 예술가들, 그러니까 문화를 만들어 가고 의사소통에 앞장서는 사람들과 학자, 이웃과 대화를 잘하는 보통 사람들은 이들에게 안성맞춤인 창의적인 일이 기다리고 있다. 평화팀과 평화의 논리 자체를 그 사람들에게 알리는 것이다. 오늘날 사람들은 서로 끝없이, 역겨워지도록 전쟁 이야기를 한다. 그러니까 이제부터는 사람들에게 평화 이야기를 하고 평화가 무슨 뜻인지를 설명하는 방법을 배워야 한다.

과테말라 같은 곳의 예에서 이미 본 것처럼 한 사람 또는 소수가 참여하는 보호 동반 같은 활동도 많은 반향을 불러일으켰다. 그 결과 반목하던 두 집단은 내키지 않는 상태에서나마 대화에 임하게 된 것이다. 겨우 64명으로 구성된 평화팀은 아이티에서 민병대와 6개월간 마주섰으며, 그 과정에서 무수한 인명을 구해 냈다. 앞서 본 과테말라의 예에서 "팀"의 구성원이 한 명뿐인 경우도 있었다. 비폭력은 필요하다면 소수의 인력으로도 실현할 수 있다. 문제는 일단 숫자가 많아져야 사람들이 이해하고 제도화가 가능해진다는 것이다.

유명한 행동과학자인 콘라드 로렌츠는 무모한 이상주의자라기보다는 저명한 과학자인데, 광범위한 과학적 연구 끝에 전쟁은 사람의 마음속에 프로그램된 것이 아니라는 결론을 얻었다(오늘날의 전쟁은 제도가 되었고,…… 제도는 언제든 없애버릴 수 있다[4]). 여기서 나는 로렌츠나 마거릿 미드를 비롯한 많은 사람들이 이미 발견한 사실에서 빠진 것 하나를 보충하고자 한다. '평화는 제도화될 수 있다.' 평화가 제도화되면 사람들은 전쟁을 전쟁에 어울리는 자리 그러니까 나쁜 기억의 창고로 보낼 수 있을 것이다.

앞으로의 전망

패러다임의 이동(전쟁을 평화로 대체하는 것은 패러다임의 이동에 해당한다) 같은 큰 변화는 일으키는 것이 어렵기는 하지만 전혀 불가능하지는 않다. 그러나 언제 그리고 정확히 어떻게 이런 변화가 일어날지 예측할 수는 없다. 그저 지금으로서는 어떻게 이 방향으로 변화를 이끌고 어떻게 도울지에 대해 조금 알 수 있을 뿐이다. 그리고 한 가지 분명한 사실은 우리가 이야기하는 변화는 과거에 일어난 무수한 변화보다 더욱 큰 의식적인 노력이 필요하다는 사실이다. 그 이유는 오늘날의 세계적 변화가 너무 복잡하기 때문이기도 하고, 이러한 변화가 매우 빨리 일어나야 하기 때문이기도 하다. 이러한 변화가 저절로 일어날 때까지 기다린다면 그때 가서는 굳이 지켜 내야 할 것이 별로 남아 있지 않을 것이다.

이러한 변화를 이해하려면 토머스 쿤이 『과학적 혁명의 구조 (Structure of Scientific Revolutions)』에서 이야기한 변화와는 좀 다른 변화를 생각해 보아야 한다. 쿤이 쓴 이 책은 "패러다임의 이동"이라는 표현을 일상용어로 만들어 놓았다. 초기 그리스도교 사람들, 그리고 교회의 아버지들(그리고 어머니들)이 겪은 고초를 통해 일깨워진 의식의 전환을 생각해 보자. 이러한 패러다임의 이동을 통해 유일신을 중심에 둔 개인의 신성함이라는 사고 체계가 탄생했다. 이 변환은 또한 내면의 깊은 믿음으로부터 태어났으며, 새로운 시스템이 어떻게 작동하는지를 설명하려면 깊은 생각을 해야 했다. 신의 도움이 없이 이제 우리는 여러 가지 면에서 이 엄청난 작업을 우리끼리 해내야 한다.

그러므로 이렇게 엄청난 변화를 가능하게 해 준 두 가지 중요한 사실을 기억해야 한다. 첫째는, 평화가 인간의 마음속 깊은 곳에 숨어 있는 본성이라는 사실이다. 인간의 마음속으로 아주 깊이 들어가 보면, "기쁨과 평화를 갈구하지 않는 인간은 없다"는 사실을 알 수 있다. 인간의 겉모습은 매우 어두울 수 있다. 실제로 오늘날은 매우 어둡다. 그러나 외모는 외모일 뿐이다.

> 호전적인 인간이 있다고 하자. 이들이 원하는 것은 승리다. 달리 말해 이들은 싸움을 영광과 평화를 향한 징검다리로 생각하는 것이다. 결국 적을 굴복시키는 것이며, 이것이 완수되면 평화가 찾아온다. 그렇다면 평화는 전쟁을 일으키는 목적이 된다.…… 고통 없는 삶은 있을 수 있지만 삶이 존재하지 않으면 고통도 없다. 마찬가지로 전쟁이 없는 평화는 있을 수 있지만, 어떤 전쟁도 평화를 전제로 하지 않는 것은 없다."

전쟁을 일으키는 자들도 성 아우구스티누스가 말한 것처럼 자신의 이해력 범위 안에서 일종의 "평화"를 얻기 위해 이런 일을 한다. 그리고 이해력의 범위는 문화와 교육을 통해 얼마든지 확장할 수 있다. "모든 인간은 평화를 추구하며, 나아가 이를 갈구한다."[45] 세뇌를 통해 인간은 위협과 파괴가 불가피하다고 생각하게 되었다. 그러나 비폭력의 논리는 이것이 미신이라고 가르치며 우리가 할 일은 이러한 생각을 더 빨리 퍼뜨리는 것이다. 전쟁을 없애는 것은 무지막지한 사업이지만 이는 우리 모두의 소명이며, 이를 성취할 때까지 멈추지 않을 것이다.

셰리 앤더슨과 폴 레이가 최근에 보여 준 것처럼, 바로 이런 이유 때문에 5천만이나 되는 미국인들이 오늘날의 정치적 표준으로는 해결책이 없는 세상에서 탈출구를 찾으려고 몸부림치는 것이다.[46]

두 번째로 우리에게 용기를 주는 사실은 이러한 목적을 위해 여러 가지를 해 보았지만 아직 한 가지는 제대로 해 보지 않았다는 사실이다. 인간은 아직 정신의 힘을 제대로 사용하여 지속적인 평화의 조건을 만들고 이를 제도화 하려는 노력을 해 본 적이 없다. 노먼 커즌즈가 말했던 것처럼 "비관주의가 되기에 우리는 아는 것이 너무 적다." 20세기가 밝기 전까지 인간은 비폭력을 세계에 체계적으로 적용할 방법을 몰랐다. 아니면 그런 방법이 존재한다는 사실조차 몰랐다. 간디가 이러한 것을 우리에게 알려 주기 위해 살다 갔다. 구자라트의 여성들, 북서쪽 국경지대의 파탄 족, 많은 집단과 무수한 개인들이 삶과 죽음을 통해 이러한 힘이 얼마나 쓸모 있는 것인가 보여 주었다. 이제 이 선구자들로부터 배울 때다. 그들의 노고와 고통이 우리에게 가르쳐 주는 바를 다시 한번 이야기하면 이렇다. 우리의 과제는 전쟁을 멈추는 것이라기보다는 비폭력을 시작하는 것이다.

시카고에 모인 과학자들은 당시에 전혀 몰랐겠지만, 1946년 그날에 이미 분명한 그림이 떠오르기 시작한 것이다.

9장
동정의 형이상학을 향하여

동물 학살을 금지하는 법률은 건전한 이성에 바탕을 두고 있다기보다는 미신과 여자
같은 동정심에 입각해 있는 것이 분명하다.
— 스피노자

동정은 우리 시대의 급진주의이다.
— 달라이 라마

명상을 시작하기 전까지 나를 현실과 연결해 준 것 두 가지는 시와 자연이었다. 브루클린에는 물론 "자연"이랄 것이 별로 없지만 우리 가족은 여름을 애디론댁의 고지대에서 보내곤 했기 때문에 더운 여름날 코에 와 닿는 깊은 솔숲의 향기를 나는 잊을 수가 없으며, 캘리포니아 유칼립투스 숲의 톡 쏘는 냄새 속에서도 그때의 솔향기가 떠올랐다. 그리고 나는 대학에 들어갈 때까지 텔레비전이라고는 없던 화목한 가정에서 자랐으며, 따라서 언어의 뉘앙스에 대한 감각을 상당히 잘 유지할 수 있었다. 대학으로 들어가 학문 연구를 시작하고 나서 몇 년 동안 나는 서구 문명 초기의 위대한 시인들의 작품을 연구했다.

예를 들면 호메로스의 『일리아드』와 『오디세이』는 세상의 가치 체계를 건설하는 데 상당히 큰 역할을 한 작품들이다. 내가 호메로스의 작품에 빠진 이유는 먼저 전쟁에 대해 깊게 이해하고 있고, 전쟁의 참상에 대해, 그리고 전쟁이라는 폭력이 여성과 가족에게 어떤 결과를 낳는지, 또한 유일한 "평화"라는 것이 그저 분쟁과 분쟁 사이의 불안한 휴식 기간인 사회는 어떤 사회인지를 잘 보여 주고 있었기 때문이다. 호메로스의 작품 중에 한 행은 오늘날까지도 마음에 남아 있다. 이 행은 아폴론 신이 말하는 것으로 『일리아드』의 마지막 권인 제24권 54행이다.

> 보시오, 그는 자신의 분노로 말없는 대지를 분노케 하고 있소.[1]
> κωφὴν γὰρ δὴ γαῖαν ἀεικίζει μενεαίνων.

여기서 "그"는 전쟁의 화신이자 반인반신의 영웅인 아킬레우스이며, 그가 대지에 대해 저지르는 짓은 매우 심각하다. 적이었던 헥토르의 시신을 전차 뒤에 매달고 부대의 주둔지 주변을 빙빙 돈 것이다. 아폴론은 이 불경스러운 짓을 중지시킬 것을 신들에게 호소하고 있으며, 인용한 행은 그의 호소의 마지막 부분이다. 현실에서 헥토르는 조국 트로이를 방어하는 과정에서 아킬레우스의 친구를 죽였지만, 죽은 다음에는 트로이에 속한 것도 아니고 헥토르를 죽인 아킬레우스의 소유도 아니었다는 것이 그리스 인의 믿음이었다. 그는 대지에 속하는 것이다. 헥토르는 살아생전의 개인이 더 이상 아니었다. 인간으로서 그의 삶은 끝났다. 이제 헥토르는 자연의 순환에 속하게 된 것이다. 아킬레우스는 헥토르를 죽일 수 있다. 그것이 전쟁이니까. 그러나 그의 정신을 죽일 수는 없다. 아킬레우스가 헥토르의 시신을 대지로 돌려주기를 거부하는 것은 전쟁의 원칙을 뛰어넘는 것이다. 이것은 분노할 일이며 달리 말해 폭력이다(초기 그리스 어의 hybris라는 단어는 분노와 폭력이라는 두 가지 뜻을 다 갖고 있었다).

제54행 바로 앞에서 아폴론은 54행이 신랄한 만큼이나 폭력에 대해 적절한 지적을 하고 있다. "아킬레우스 자신도 이런 짓을 하면 패배자가 될 수밖에 없다." 쓰러진 적의 시신을 모욕하고 전쟁의 원칙을 비웃는 것을 통해 아킬레우스는 삶과 명예에 의미를 부여하는 가치 체계 자체를 파괴한 것이다. 여기서도 폭력에 내재하는 모순을 볼 수 있다. 아폴론은 여기서 폭력은 폭력을 낳는다는 사실을 암시하고 있으며, 모두가 패배자가 된다는 사실도 말하고 있다.

"말없는 대지"는 충격적인 이미지이며, 호메로스의 『일리아드』에서뿐만 아니라 고대 인도의 베다에서도 비슷한 울림을 낸다. "말없는 대지"는 드라우파디이며, 쿠루스 궁정에서 드라우파디가 모욕당하자 대규모의 마하바라타 전쟁이 일어난다. 말없는 대지는 또한 라마야나 서사시에서 악의 우두머리 신이 납치하는 시타이며, 대지는 에우리피데스의 비극에 등장하는 트로이의 여인이기도 하고, 고통의 목소리를 그 누구도 들어 주지 않는 어떤 사람 혹은 주체이기도 하다. 그리고 결국 연약한 모든 것이기도 하다. 아킬레우스는 많은 사람을 죽였지만, 전쟁의 원칙이 그 모든 것을 정당화해 주었다. 그러나 헥토르의 시체를 끌고 다님으로써 아킬레우스는 동정심을 죽였다. 어떤 문화도 이를 용납하지 않는다. 이번 장에서 나는 동정심에 대해서 이야기하려고 한다. 그리고 동정심을 이해하는 데 도움이 되는 개념과 연결해 보려고 한다.

누가 대지의 외침을 들을 것인가?[2] 아폴론은 헥토르의 시신이 상하지 않도록 보호했으며(따라서 아킬레우스의 명성도 보호했다), 따라서 아킬레우스는 헥토르의 시신을 마구 끌고 다녔지만 아무런 손상도 입히지 못했다. 아폴론은 다른 신들에게 도와줄 것을 계속 설득한다. 왜냐하면 가치체계 전체 그리고 그에 바탕을 둔 세계 질서가 위협받고 있었기 때문이다. 흥미롭게도 헥토르의 시신을 훔치는 방안이 검토되었으나 신들은 여기에 찬성하지 않았다. 소용이 없다는 것이다. 왜냐하면 가치체계를 유지하는 데는 아킬레우스가 마음을 돌리는 것이 필요했기 때문이다. 호메로스는 이를 분명히 언급하지는 않았지만 신들이 헥토르의 시신을 훔치는 계획을 거부하도록 하는 것을 통해 아킬레우스의 마음속에서 변화가 일어나야 함을 분명히 하고 있다. 아킬레우스의 의지로부터 나와야 한다는 뜻이다.

아킬레우스의 어머니 테티스 여신이 어머니의 마음으로 헥토르의 시신을 가족에게 돌려주고 장사지내게 해 주라고 설득하려 나타나지만, 그러한 노력은 이미 필요가 없었다. 아킬레우스가 벌써 마음을 바꿨기 때문이다. 헥토르의 아버지 프리아모스 왕은 노구를 이끌고 용기를 내어 아들의 목숨마저 앗아간 "학살자"의 손에 입을 맞추었고, 이 장면은 어렵게 얻은 화해의 클라이맥스를 이룬다. 이 장면에서

『일리아드』는 거의 막을 내린다.

　시는 보편적인 호소력이 있기 때문에 강력하다. 우리는 모두 조금씩은 아킬레우스와 닮아 있다. 정도의 차이는 있지만 우리는 모두 조금씩 동정심에 눈이 멀어 있으며, 동시에 아킬레우스와 마찬가지로 다시 눈을 뜰 수 있다. 호메로스의 천재성에서 나온 문구가 아닐지라도 다음과 같은 생각이나 이미지가 도움을 줄 수 있을 것이다. 1998년 5월 초 이라크 제재에 반대하는 모임의 회원 몇몇이 무스타파의 침대 곁에 서 있었다. 무스타파는 이라크의 항구도시인 아스라의 환자가 바글거리는 중앙병원에서 죽어 가는 10여 명의 어린이 중 하나였다. 키가 크고 날씬하며 상당한 미인인 무스타파의 어머니는 침대 옆의 매트리스에 책상다리를 하고 앉아 파리를 쫓아 주고 있었다. 의사들은 우리에게 지난 3주간 입원해 있던 무스타파가 탈수, 설사, 급성 심부전, 뇌 위축 등에 시달리고 있다고 말했다. 이 어린이를 진단하고 치료할 장비가 없는 상태에서 의사들은 그저 절망감 속에 아이의 상태가 악화되어 가는 것을 지켜볼 수밖에 없었다. 무스타파는 살아난다 하더라도 심각한 장애에 시달릴 것이다. 그의 어머니인 이마 누리는 35세이다. 이마 누리는 우리가 침대를 돌면서 멈출 때마다 크고 사려 깊은 눈으로 우리를 쫓고 있었다. 자신에 대해 이야기를 좀 해 달라고 하자 놀라는 눈치였다. 알고 보니 그는 아스라 북쪽에 있는 시골에 사는데, 집에 남겨두고 온 두 아이가 무척 보고 싶었던 것이다. 우리는 매우 유감스럽게 생각하며, 미국에 가서 아이의 이야기를 하고 제재가 풀릴 수 있도록 최선을 다하겠다고 그에게 말해 달라고 의사에게 부탁했다. 그는 미소를 짓더니 천천히 고개를 끄덕였다. 그에게 미국에서는 오늘이 어머니날이며, 미국에 있는 어머니들에게 하고 싶은 말이 있느냐고 물었다. 이마는 갑자기 생기를 찾더니 그렇다고 하고는 이렇게 덧붙였다. "하고 싶은 말이 두 가지 있어요. 우선 이라크 여성들은 우리의 아이들을 무척 사랑합니다." 무스타파의 얼굴을 쓰다듬으며 그는 말을 이었다. "미국 어머니들에게 우리가 우리 아이들을 잘 돌볼 수 있게 도와달라고 해 주세요. 그리고 미국 여성들이 내가 지금 어떤 느낌인지 느낄 수 있기를 바랍니다."[3]

그렇게 할 수만 있다면 얼마나 좋겠는가? 라 베르나의 계곡에서 성 프란치스코는 그리스도에게 살아 있는 모든 것에 대한 끝없는 사랑, 그리고 바로 그러한 사랑 때문에 그리스도의 몸에 생긴 다섯 개의 상처를 끝없이 사랑하는 마음을 달라고 기도했다. 동정심이라는 영어 compassion은 문자 그대로 "함께 고통을 겪다"는 뜻이다. 물론 동정에는 고통이 따른다. 그러나 다른 사람들과 고통을 함께할 때 우리는 성장하며, 그들에 대해 마음을 닫으면 우리는 내부적으로 죽어 간다. 히브리 어로 동정심은 '레하밈(rehamim)'인데, 레하밈은 '레헴(rehem)' 즉 '자궁'의 복수이다. 그러므로 누군가에 대해 동정심을 갖는다는 것은 어떤 식으로든 어떤 어머니가 자기 아이에게 갖는 느낌과 비슷한 느낌을 갖는다는 뜻이다.

이것은 영원한 문제이지만 역사적인 측면도 있다. 다음 그림은 1768년에 조지프 라이트라는 사람이 그린 것이다. 1768년이면 아이작 뉴턴이 물질은 "단단하고 질량이 있으며 뚫고 들어갈 수 없고 움

진공펌프 속의 새에 관한 실험, 조지프 라이트(런던국립미술관).

직일 수 있는 입자"로 되어 있다고 주장한 지 64년 뒤이다.[4] 달리 말하면 현대적 유물론이 탄생하여 인간이 살아 있는 대지와 유기적인 관계를 맺고 있다고 믿고 있던 고대의 전통과 결별이 시작되던 무렵이라는 뜻이다.

감상자 쪽을 향하고 있는 어른은 순회 과학강사로, 새로운 종교인 과학을 전파하고 다니는 사람이다. 여기서 그는 열심히 이야기를 듣고 있는 사람들을 앞에 놓고 진공펌프를 보여 주고 있다. 그는 펌프를 이용해서 유리로 된 새장의 공기를 빼면서, 공기가 빠져나간다는 것을 증명하기 위해 새를 안에 넣어 둔다. 새가 숨을 쉬지 못해 몸부림치는 모습을 보며 사람들은 새장 안에 공기가 없다는 사실을 알게 되고, 기술에 대해 감탄한다. 그러나 이 그림에서 가장 극적인 부분, 우리의 시선을 잡아 끄는 대목은 어린이들이다. 어린이들에게 이것은 과학의 경이가 아니다. 순진한 어린이들은 펌프에 대한 설명을 듣고 있지 않다. 그들은 그저 어떤 사람이 작은 새를 죽이고 있다고 생각한다. 이 그림의 핵심은 청중을 완전히 사로잡으면서 기술이라는 종교의 사제 같은 모습을 한 강사와 고통에 찬 어린이들이다. 또 한 가지 그들이 어린이라는 이유 때문에 어른들은 아이들을 무시한다. 인간이 자연을 해치는 것은 경고를 받지 못해서가 아니다. 사람들이 모두 한 번에 무감각해지는 것도 아니다. 진정한 비극은 무슨 짓을 하는지 알고 있는 사람들을 무시하는 행위이다. 『일리아드』에서 그 예를 찾을 수 있다. 헥토르와 그의 아내 안드로마케는 어린 아들 아스티아낙스가 아버지의 투구를 보고 놀라자 이를 비웃는다. 그러나 이로부터 얼마 후 아킬레우스는 멋진 투구를 쓴 헥토르를 죽이며, 그로부터 얼마 후 승리한 그리스 인들은 아스티아낙스가 커서 복수를 하지 못하도록 성벽에서 던져 버린다. 비웃음을 당해야 할 사람은 누구인가? 누가 좀더 현실적인 시각을 갖고 있었는가?

1856년에 앞서 말한 그림을 본 플로베르는 일기에 이렇게 썼다. "어린 소녀가 울고 있다. 순진하고 사려 깊은 모습이 귀엽다."[5] 순진하니까(삶에 대한 어린이의 분명한 인식이 순진하다고 할 수 있다면) 사려 깊을 수 있는 것이다.

오늘날 인류는 라이트가 이 그림을 통해 자연 위에 서 있는 인간의 힘을 보여 준 때부터 자라기 시작한 나무의 꼭대기에 서 있다. 과학기술은 우리의 생활을 완전히 지배하고 있으며, 18세기의 가장 열광적인 합리주의자라 하더라도 오늘날의 이런 모습을 상상조차도 하지 못했을 것이다. 그리고 이제 인류는 그 결과 앞에 입을 딱 벌리고 서 있다. 아니면 벌리고 있어야 한다. 오늘날 인간이 환경에 대해서, 그리고 환경 속의 인간의 삶에 대해 한 행동은 1768년 같으면 상상조차 못했을 것이다. 스피노자의 말에도 불구하고 우리는 "여자 같은" 동정심을 가져야 하며, 이러한 태도가 건전한 이성적 사고와 상충하는 것이 아니라 조화를 이룬다는 사실을 알아야 한다. 이제 더 이상 단순하고 순진한 어린이들의 반응을 외면할 수 없게 되었다.

오늘날 어린이를 이해하는 사람이 얼마나 있는가? 얼마 전에 손녀의 발레 발표회에 다녀왔다. 발레는 17세기 이래 수억 명의 사람들이 즐겨온 예술 양식이다. 그러나 21세기의 발표회에 참석한 나는 악의 없는 감독들이 선택한 작품에 경악했다. 이들이 안무한 작품은 어린이가 소화할 수도 즐길 수도 없는 것들이었다. 특히 성적 묘사가 강했던 곡에서 부모들이 열광적으로 박수를 치는 와중에 "어린 시절이 없는 어린이들"이라는 슬픈 문구가 떠올랐다. 딸이 임신을 하면 이 갈채하는 부모들은 어떤 생각이 들까가 궁금하기도 했다.

오늘날 어린이들이 겪는 고통에 비하면 디킨스 시절의 런던은 차라리 낙원이다. 1985년부터 95년까지의 10년 동안 2백만 명의 어린이가 전쟁으로 죽었고, 약 50만 명이 전쟁에 참여했다. 같은 기간에 4백만 명에서 5백만 명의 어린이가 세계 각지의 난민 캠프에 수용되었고, 1천2백만이 집을 잃었으며, 2억 명이 노동에 시달리고 있다. 미국에서는 6세 이하의 어린이 6백만 명(이 연령대의 미국 어린이 4명 중 1명)

이 빈곤선 이하의 생활을 하고 있다. 청소년 범죄는 1989년부터 1994년까지의 5년 동안 50퍼센트가 증가했다(물론 강력 범죄의 감소 추세에 따라 줄어들고는 있지만). 로스앤젤레스 최고 법원의 찰스 W. 맥코이 2세 판사는 이렇게 말했다. "청소년이 재판을 받을 때, 절반 이상의 경우 부모가 나타나지도 않는다."⁶ UN이 시행한 경제 제재로 이라크에서는 어린이 1백만 명이 죽었다. 헥토르의 시신을 마차에 매달아 끌고 다닐 때의 아킬레우스는 (미군 병사들이 베트콩의 시신을 탱크에 매달아 끌고 다닐 때나 KKK 단원 세 명이 1998년에 흑인 청년을 질질 끌고 다녀 결국 죽일 때처럼) 전쟁의 광기 속에 모든 동정심을 잃어버린 상태였다. 아킬레우스는 동정심과 존경심을 모두 잃고, 인간이라기보다는 적을 모두 삼켜 버리는 사자 같은 모습이 되었지만 어머니가 찾아왔을 때쯤은 이미 정신을 차린 뒤였다. 『일리아드』를 전쟁을 묘사한 시라고만 생각하면 이러한 개심의 모습이 대하 서사시의 클라이맥스를 이룬다는 점이 놀랍기도 할 것이다. 사실 『일리아드』는 2천 년에 걸쳐 서구 문명에 전쟁의 이데올로기를 제공해 왔으니 말이다. 그러나 개심의 장면은 비현실적인 것이 아니다. 『일리아드』의 앞부분에서도 비슷한 장면이 나온다. 같은 사람이 동정심과 야만성 사이를 방황하는 모습은 전혀 비현실적이지 않다. 왜냐하면 그것이 인간의 조건이기 때문이다.

대지가 말이 없는가, 인간이 귀가 멀었는가?

호메로스는 『일리아드』에서 자신이 살던 시대보다 훨씬 더 옛날부터 존재해 온 사상을 그려 냈다. 이러한 생각들 중 하나가 끝부분에 나오는 대지의 개념이다. 여기서 호메로스는 대지를 생명이 있고 느낌을 가진 존재, 즉 여신으로 그려 냈다. 호메로스는 동정을 갈망하는 인간의 외침을 묘사하기 위해 "말없는" 대지, 즉 고통에 아무런 응답이 없는 대지에 대해 격분하는 전사를 등장시킨다. 이 장면을 보면 러시아 속담이거나 시의 한 구절로 알려진 표현이 떠오른다. "모든 총알의 과녁은 어머니의 심장이다."

이러한 연관을 발견하는 것이 비폭력적 의식의 기반이 된다. 최근 폭력의 정의를 모색하는 과정에서 학생 한 명이 이렇게 말했다. "우리가 무엇이든 해치면 큰 그림을 해치는 것과 마찬가지다." 큰 그림이란 예를 들어 지구를 말한다. 오늘날 가공할 파괴력을 가진 폭탄과 로켓뿐만 아니라 화학 및 생물학 무기까지 적에게 쏟아 붓는 시대에 이것을 이해하기는 어렵지 않다. 그렇게 보면 칼과 창을 휘두르며 병사들이 1대 1로 싸우던 시절에 이런 연관을 생각해 낸 호메로스의 선견지명이 놀랍기만 하다. 호메로스는 시인의 사려 깊은 시각으로 폭력이 "큰 그림을 망가뜨린다"는 사실을 꿰뚫어 본 것이다. 호메로스는 선견지명이 있었을 뿐만 아니라 우리보다 유리한 입장에 있었다. 호메로스는 '지구는 살아 있다'는 세계관을 믿었다.

그리스 신화에서는 또한 아가멤논이 트로이로 출정하기 위해 딸을 희생시켜야 한 것으로 나와 있다. 이 신화의 의미는 분명하다. 전쟁과 가족, 전통적인 남성의 영역과 여성의 영역은 영원한 대립 관계에 있다는 것이다. 항상 양자택일의 상황이다. 왜냐하면 복잡한 겉모습의 밑에는 항상 파괴와 보전, 승리를 향한 욕구와 양육처럼 근본적으로 다른 가치가 있기 때문이다. 그러나 어머니들이 전투복을 입고 이라크에 있는 다른 어머니의 아이들을 폭격하러 가는 오늘날, 우리를 일깨워 주는 것은 무엇인가?

모순을 깨고 새로운 가치관으로

1938년 여름 "양자역학의 시조"로 불리는 닐스 보어는 코펜하겐에서 세계 각국에서 모인 물리학자들을 대상으로 연설을 했다. 보어는 유명한 상보성 이론, 그러니까 바깥 세계에 대한 인간의 이해력에는 내재적인 한계가 있다는 이론으로 대중에게 널리 알려져 있다. 이 이론의 뜻은 "바깥세상"에 있는 어떤 것을 설명하려면 항상 두 개의 서로 배타적인 모델, 그러니까 입자와 파동 같은 모델이 필요하다는 것이다. 우리가 알고 싶은 것, 광자, 전자, 아니면 다른 어떤 입자, 그러니까 무엇인가를 의미하는 대상은 입자도 아니고 파동도 아니다. 우리가 어떻게 관찰하는지에 따라 입자로 보일 수도 있고 파동으로 보일 수도 있다. 저명한 학자들이 모인 자리에서 보어는 이 유명한 이론을 전자보다 더 큰 입자에 적용했다.

다양한 인간의 문화는 서로 상호 보완적이라고 말할 수 있다. 실제로 각각의 문화는 무한히 풍부하고 다양한 모습이 숨겨진 삶을 통해 여러 전통 사이의 조화로운 균형을 이룬다.[7]

이 놀라운 대목에서 "독일 대표단이 퇴장했다"고 리처드 로즈는 간결히 적고 있다. 당연하다. 이들은 과학자이기 이전에 나치 당원이었으니 말이다. 이런 주장은 이른바 "유대인 물리학"이었던 데다가 (실제로 보어의 어머니는 유대인이었다), 보어의 세계관이 나치의 세계관과 완전히 상충했기 때문이다. 한나 아렌트의 유명한 정의를 들어 보자. "전체주의는 인간에 대한 독재적인 지배를 추구하는 것이 아니라 인간을 군더더기로 만들어 버리는 제도를 추구한다."[8] 모든 인종과 사회, 심지어 모든 개개인에게 맡겨진 역할이 있고, 한 사람을 완성하기 위해서는 서로를 필요로 한다는 보어의 생각은 파시스트에게는 성가시고 골치 아플 뿐이다. 바로 그렇기 때문에 동정심으로 가득 찬 미래를 지향하는 세계관이 될 수 있는 것이다.

나치즘은 궁극적인 폭력의 논리를 대표하므로 나치즘을 들여다보면 폭력을 통해 원하는 것을 얻으려고 결정할 때 드러내는 것 몇 가지를 찾아볼 수 있다. 첫째로는 인간에 대한 생각을 들 수 있다. 히틀러는 여기에 대해서 분명히 말했다. 어떤 미국인 기자에게 히틀러는 이렇게 말한 것으로 전해진다. "인간 하나하나에는 가격이 있다. 그리고 그 가격이 얼마인지를 알면 놀랄 것이다." 폭력은 가장 열악한 인간의 이미지에 초점이 맞추어져 있다. 비폭력은 그 정반대이다. 이런 이유 때문에 폭력은 인간을 서로 소외시키며, 비폭력은 인간의 마음 속에 숨어 있는 신비로운 통합의 힘에 직접 호소한다. 이런 이유 때문에 비폭력적인 태도는 의미를 찾을 수 있는 일로 사람을 이끄는 반면, 폭력으로 가득 찬 삶은 기껏해야 순간적이고 얕은 만족을 줄 뿐이다. 나치의 전설을 과거의 일로 만드는 데 많은 젊은이들이 앞장서고 있는 오늘날의 독일에서 최근 멋진 소개 책자 한 권을 받았다. 책의 표지 한쪽에는 "비폭력"이라고 씌어 있었고, 아래쪽에는 "자화상"이라고 씌어 있었다.[9] 매우 어울리는 두 개의 단어였다.

보어의 주장은 그의 시대를 앞서 가는 것이었고, 우리는 지금도 그를 따라잡느라 허둥대고 있다. 보어는 파시즘의 세계관 속에서 생물학적으로 옳은 것과는 완전히 반대되는 질서의 개념을 간파했다. 생물학자라면 누구나 알고 있듯이 생명의 본질은 다양성인데도 나치즘은 생명이 2차원적이며 본질적으로 획일화되어 있고, 극단적인 위계질서에 바탕을 두고 있어서 하나의 민족, 하나의 정권, 궁극적으로 단한 사람만이 옳고 깨끗한 반면, 다른 사람들이나 다른 것들은 모두 "우리 편 아니면 적"이라고 본다. 그리고 적은 유일한 정의에 흡수되거나 복종할 수밖에 없다고 주장한다. 이러한 세계관은 "획일성을 통한 분열"이라고 부를 수 있다. 파시즘의 극과 극을 이루는 생각은 헤겔이 명명한 것처럼 "다양성 속의 통합"이다. 다양성 속의 통합은 모든 생명체 상호 간의 명령을 전제로 하기 때문에 각 생명체의 독특한 가치를 당연히 인정한다. 그러기에 보어는 "무한히 풍부하고 다양한 모습이 숨겨진 삶"이라는 표현을 쓰지 않았던가?[10] 그로부터 몇 년 뒤

보어처럼 북유럽 출신인 요한 갈퉁이 내린 비폭력의 정의가 바로 이 것이다. "각 개인의 자아실현." 역으로 갈퉁은 폭력을 이렇게 정의한 다. "인간의 필요를 저해하는 것으로 피할 수 있는 것." 그러니까 자 아실현을 방해하는 모든 것을 뜻한다.[11] 같은 취지에서 달라이 라마는 1993년 UN NGO 인권 총회에 즈음하여 이렇게 말했다. "창의적인 잠 재력을 발휘할 기회를 박탈당하면 인간으로서 가장 기본적인 특징을 빼앗기는 것과 같다. 가장 재능이 있고 열정적이며 창의력 있는 사람 들이 인권 탄압의 희생물이 되는 경우가 아주 많다. 그리하여 인간 사 회의 정치, 사회, 문화, 경제적 발전이 인권 침해로 인해 방해당하고 있다."[12]

그러므로 가족, 사회, 인류 전체를 연결하는 진정한 힘인 동정심은 모든 생명체가 다양성과 통합 속에서 소중하다는 개념과 긴밀한 관 계가 있다. 보어는 생물종 다양성(우리가 알고 있는 것)을 확장하여 문 화 및 개인의 다양성(우리가 아직 잘 알지 못하는 것)으로 연결하려 한 것 으로 보인다. 다양성 속의 통합은 비폭력과 조화를 이루며, '동정심 의 신학'이라고 부를 수 있다.

세계 인구는 현재 60억이며 계속 늘어나고 있다. 그것은 별 문제가 되지 않는다. 다양성 속의 통합이라는 관점에서 볼 때 인간 하나하나 는 무한히 소중하다. 이 기본적인 생각이 오늘날 더 밝아지기는커녕 점점 어두워지고 있다. 사형제도의 부활, 안락사, 물질주의, 끔찍한 인권 침해, 아이를 기르는 데 필요한 가족의 와해와 지원 시스템의 붕 괴 같은 것들은 모두 우리의 이 기본적인 생각을 망치는 모습이다. 이렇게 된 이유는 오늘날 폭력을 통제하기 위해 폭력을 쓴 것 이외에는 달리 방법이 보이지 않기 때문이다. 그러나 모든 시대에 거쳐 비폭력 옹호자들에게는 생명은 신성하다는 것이 금언으로 되어 있었다. 모든 생명의 합이 특정한 하나의 생명보다 더 소중할 수도 있지만 그렇지 않을 수도 있다. 무한의 합은 결국 무한이니까 말이다.

전체주의는 "한 사람의 죽음은 비극이지만 1백만 명의 죽음은 통계 수치일 뿐이다"[13]라거나 "삼나무 한 그루를 보았으면 다 본 것이나 마찬가지다"라고 주장한다. 비폭력은 그런 식의 주장을 하지 않는다. 오히려 "각각 따로 있어도 좋고 다 함께 있으면 더욱 좋다"고 주장한다.[14] 그러므로 비폭력적인 인간에게 한 사람의 죽음은 하나의 비극이고, 1백만 명의 비극은 1백만 개의 비극이다. 물론 이 엄청난 숫자를 상상하기는 어렵지만 말이다. 어떤 의미에서 1백만 명의 죽음은 어떤 개인의 죽음보다 더 나쁘지 않다. 개인의 죽음보다 더 나쁜 것은 없다. 이것이 삶의 신성함이 뜻하는 바이다.

힌두교도였던 간디는 이러한 원칙에 바탕이 되는 형이상학을 잘 이해하고 있었으며, "부분이나 전체나 같다"는 뜻의 속담을 자주 인용했다. "저쪽 바깥"에 존재하는 모든 것은 "이쪽 안"에도 존재한다. 이것은 일반적인 시각은 아니지만 왜 꼭 사물을 보이는 대로만 받아들여야 하는가? 양자 물리학자, 신비주의자, 그 밖에 개인의 신성함을 믿는 모든 사람들은 이렇게 특이한 세계관으로 끝없이 돌아온다. 이러한 세계관으로 인해 조지 오웰은 자신이 교수형을 주관해야 할 젊은 인도인의 움직임을 바라보며 이렇게 생각했다. "생명 하나가 스러지면 세계 하나가 스러진다."[15] 이런 이유 때문에 국가가 사형 집행을 결정하면 선량한 시민들이 시위에 나서는 것이고, 그들의 입에서 사형제도가 "우리 시대 최대의 도덕적 문제"라는 이야기가 나오게 만드는 것이다. 최근 발간된 사형제도 폐지 운동 소식지에 나온 것처럼 생명은 소중한 것이기에 어떤 상황에서도 감히 없애서는 안 된다. 살려 두는 것이 아무리 비현실적으로 생각된다고 말이다. 그런데 오늘날 우리 앞에 놓인 과제는 완전히 그 반대이다. 생명 하나하나를 최고의 가치로 여기는 자세를 현실 생활의 기반으로 삼는 것이다.

이를 위해서는 각 개인이라는 작은 존재가 전체 세계 질서의 씨앗이 된다는 생각으로 눈을 돌려야 한다. 바다 속에 물방울이 들어 있다는 것은 알지만 물 한 방울에 대양이 들어 있는 것도 신비로운 진실이다. 바로 이 때문에 탈무드와 코란이 거의 같은 표현으로 이렇게 말하는 것이다. "한 사람의 생명을 구하면 온 세계를 구하는 것과 같다."[16] 실제로 그렇다. 식민지 체제를 깨뜨리고 "약자가 강자에게 굴복하는 것은 당연하다"라는 신화를 무력화시키는 데는 한 사람으로 충분했다. 진실로 한 사람 한 사람의 의식 깊은 곳에는 세계를 모두 재생시키는 데 충분한 "정보"가 들어 있다.

비폭력은 생명이 신성하다고 가르친다. 하나하나의 생명은 아무리 하찮게 보일지라도 너무나 소중하기 때문에 파괴할 수 없다.

1943년의 어느 가을 날 덴마크 지하 운동가들이 7천2백 명의 사람들, 사실상 덴마크에 사는 유대인 전원을 독일 점령군의 코앞에서 국외로 탈출시켰다. 어선을 비롯하여 물에 뜰 수 있는 것은 총동원된 이

엉성한 선단은 거친 바다에 시달렸지만, 결국 다음 날 아침이 되자 뱃멀미에 지친 승객들을 스웨덴 해변까지 데려갔다. 모두들 이제 살았구나 생각한 순간 스웨덴 왕이 이들에게 피난처를 제공하기를 꺼린다는 소식이 들어왔다. 나치의 존재 때문이었다. 아마 왕은 나치가 스웨덴의 중립까지도 위협할 수 있다는 것을 두려워했던 모양이다.

그런데 그때 유명한 덴마크 물리학자가 스웨덴의 웁살라에서 도피생활을 하고 있었다. 이 소식을 들은 물리학자는 난민들을 수용하지 않으면 나치에게 자수하겠다고 왕에게 조용히 알렸다. 그러자 왕은 즉시 유대인들을 받아들였다. 정치적 동기에서든 동정심에서든 왕은 닐스 보어의 "1인 사티아그라하"에 완벽히 승복한 것이다.

마음 합치기 공동체 안의 다양성

매년 봄에 나는 마틴 루터 킹이 몽고메리에서 한 설교의 일부가 들어있는 민권 운동 장면이 담긴 영상물을 학생들에게 보여 준다. 이 글을쓰는 이 순간 킹의 목소리와 청중의 화답소리가 들리는 것 같다.

우리가 하는 일은 틀리지 않았습니다. (옳소!)

우리가 틀렸다면 대법원이 틀린 것입니다. (옳소!)

우리가 틀렸다면 미합중국 헌법이 틀린 것입니다. (옳소!)

우리가 틀렸다면 하느님이 틀린 것입니다. ……

마틴 루터 킹의 설교를 이렇게 바꾸고 싶은 생각이 든다. "비폭력이 틀렸다면 다양성 속의 통합이 틀렸다. 그러면 생명의 신성함이 틀렸고, 문명의 기반이 틀렸다."

지금 하는 것처럼 생명의 신성함을 포기한다면, 안락사와 낙태를 허용하고 "범죄자들"을 처형하면 사회가 안전해질 것이라는 편리한 망상을 허용한다면 우리는 문명의 원칙을 저버리는 것이 된다. 물론 다양성 속의 통합은 모순처럼 들리기도 한다. 랍비 아브라함 아이작 쿡은 이렇게 썼다. "인간의 마음이 갖는 특성을 연구하면 할수록 각 개인 사이의 큰 차이에 놀라게 된다.……그러나 바로 이러한 차이로 인해 사람들은 공동의 목표를 향해 하나가 된다. 그것은 각자가 자신의 재능을 활용하여 세상을 완벽하게 만드는 데 기여하는 것이다."[17] 새로운 세계관이 형성되는 순간에 어느 정도의 모순은 받아들일 수 있다. 그러나 비폭력은 이 모순을 쉽게 해결할 방법을 제시한다. 여기서 "통합"은 마음에 관한 것, 즉 마음 합치기이다. 다양성이 표면적인 것이라면 마음 합치기는 그 밑에서 일어나는 일이다. 간디는 이슬람교도들에게 종교를 포기하라고 한 적도 없고, 브라만들에게 종교 의식을 포기하고 물레 잣는 일을 하라고 한 적도 없다. 간디는 그저 모든 사람이 서로에 대해 우월하다거나 열등하다고 생각하지 않기를 바랐을 뿐이다. 달리 말해 소외된 느낌을 버리라는 것이다. 브라만들은 계속 브라만으로 살면 되고, 그리스도교도들은 그리스도교도로 살면 된다. 그저 서로의 복지에 관심을 갖는 큰 그물망 안에서 그렇게 하면 되는 것이다. 그리고 간디는 이를 표현하기 위해 앞서도 본 것처럼

"마음 합치기"라는 용어를 만들어 냈다.

다른 사람의 복지에 관심을 갖는 "마음 합치기"는 "다양성 속에서 함께 즐기기"라고 부를 수도 있다. 누군가가 스스로 원하는 대로(내가 원하는 대로가 아니라) 자아를 실현하기를 내가 원하면 그러한 합치기에 실제로 도달하는 것이다. 사티아그라하의 세계에서는 너와 내가 모두 자아를 실현한다는 것이 근본적인 원칙이다. 마음 합치기에 도달하는 방법이 저마다 다르다는 사실도 마찬가지로 중요하다. 마음속 깊은 곳에서 똑같은 열망을 갖는다는 것은 표면적인 개성과 특징의 다양성과 짝을 이룬다. 그러므로 한 가지만을 얻고 다른 한 가지를 버릴 수는 없다. 그리고 이것은 모순도 아니다. 통합이란 내적인 삶의 실현이다. 다양성이란 외적으로 드러나는 삶의 자연스러운 특징이다. 간디는 힌두교도들이 무슬림 형제들의 소 도살을 그만두도록 이끌기를 원했지만 그 방법은 사랑이어야 했다. 마찬가지로 간디는 브라만들이 시간을 좀 내서 "밥벌이 노동"을 하길 원했지만 자발적인 것이어야 했다. 모든 사람을 끌어안는다는 것은 모든 것을 허용한다는 뜻은 아니다. 마찬가지로 세계가 좁아지면서 서로에게 배울 기회가 많아지지만 서로를 흉내 내는 것은 바람직하지 않다. 외견상의 통합이 너무 강하면(사실상 획일성으로 보이게 된다) 결국 지배 관계 또는 의존 관계가 탄생한다. 닐스 보어가 이런 식의 진정한 통합을 이야기하자 파시스트들이 자리를 피해 버린 것이다.

달라이 라마가 티베트의 기본적인 인권 확보를 위해 "국제 사회"에 도움을 청하자, 중국 정부는 대개 공정하게 사용되는 "간섭" 전략을 악용했다. 무슨 뜻이냐 하면, 이런 식으로 국제 사회가 "간섭"하면 서구적 가치를 비서구 국가에게 강제하는 것이라고 주장했던 것이다. 교황은 불교의 가르침을 이용해서 중국 측 주장의 맹점을 드러내 보였다.

> 문화적 혹은 역사적 배경에 관계없이 인간은 위협 받거나, 투옥되거나 고문을 당하면 고통을 받는다.…… 여기에 대해서는 그 누구도 이견이 없을 것이다. 그러므로 세계적인 인권 존중을 위한 합의를 도출하는 것도 중요하지만 인권의 정의에 대해 공감대를 이루는 것은 더욱 중요하다. 최근 일부 아시아 국가들이 세계인권선언에 명시된 인간의 권리가 서양의 주장이며, 따라서 문화적 차이 또는 사회 경제적 발달 수준의 차이로 인해 아시아를 비롯한 제3세계에는 적용할 수 없다고 주장하는 사례가 있었다. 나는 이 주장에 동의하지 않으며, 대부분의 아시아 사람들도 이런 견해를 지지하지 않는다고 확신한다. 왜냐하면 자유, 평등, 존엄을 추구하는 것은 모든 인간의 내재적 본성이기 때문이다.…… 문화적 및 종교적 다양성은 모든 사회에서 기본적 인권의 강화에 기여하고 있다.[18]

존엄한 인권이라는 개념으로도 이러한 기본적 필요를 인식시키는데 불충분한지도 모른다. 동물 복지를 향한 투쟁에 대해 언급하면서 메리 미질리는 생물계를 이렇게 설명했다. "생물계는 인류를 한 부분으로 포괄하는 전체이며, 이런 이유로 생물계의 다른 부분이 우리에게 중요하다. 그러나 인권 등 권리라는 표현은 이를 설명하는 데 부적합하다."[19] 오히려 행복의 추구야말로 인간 본성의 핵심에 더 가까우며, 이 점에서 인간은 모두 같다. "마음의 차원"에서 인간은 공통의 기본적인 필요와 열망을 갖는다. 우리는 누군가 또는 무엇인가를 위해 봉사할 필요를 느끼며, 성 아우구스티누스가 지적한 것처럼 서로 하나가 될 필요성도 느낀다. 이 두 가지 점에서 현대 사회는 심각한 실패를 겪고 있다. 인간은 존경을 필요로 하여, 이러한 마음은 빼앗을 수 없다. 이는 기본적인 인간의 존엄성을 확보해야 할 필요가 있다는 뜻임과 동시에 (도스토예프스키가 말한 것처럼) 존경할 누군가 또는 무엇인가가 필요하다는 뜻이기도 하다. 비폭력은 이 두 가지 차원을 모두 채워 준다. 필리핀의 유명한 "피플 파워" 혁명(1983~86) 과정에서 아마 가장 적절한 비폭력 관련 용어 "알라이당갈(alaydangal)"이 탄생했는데, 이 말은 "존엄성을 주기"라는 뜻이다.

물론 우리 모두가 공유하는 통합의 표면에는 다소간 차이가 있으며 그럴 수밖에 없다. 세상에 마이클 네이글러는 하나뿐이며(다행이라고 생각하는 사람도 있을 것이다), 개인으로서 나를 행복하게 해 주는 것들이 있지만(비폭력을 가르칠 기회, 오염되지 않은 숲 속의 산책 등) 행복을 향한 나의 소망은 다른 모든 사람들, 심지어 다른 모든 생명체들과 같으며, 동일한 가치를 지닌다. 폭력은 이 표면적인 개성과 그 배후의 동질성을 모두 부정한다. 비폭력은 양자를 각각의 차원에서 모두 포용한다. 우리 모두의 소명인 능동적 비폭력은 사랑이 넘치는 공동체를 설계하는 데 두 가지 모두를 사용한다. 인종 분규를 비롯한 여러 가지 증오로 몸부림치는 오늘날의 세상에서, 이런 증오에 말려든 사람들은 자기들과 상대방 사람들이 표면적으로만 다를 뿐 밑바닥에는 동질성이 깔려 있다는 사실조차 기억하지 못한다. 이들은 오직 차이만을 볼 뿐이며, 차이는 걷잡을 수 없이 증폭되어 간다. 그리하여 이들은 동물행동학자 아이블-아이베스펠트가 "유사 종분화"라고 이름 붙인 상태로 빠져든다. 유사 종분화란 다른 사람들이 나와는 다른 종에 속한다는 환상, 그러니까 인간이 아니라고 생각하는 오류이다. 이런 생각의 대상이 오늘날은 "범죄자"들과 "테러범"들이다. 과거에는 그것이 "공산주의자"였는데, 다음에는 어떤 집단이 희생양이 될지 누가 알겠는가? 아인슈타인이 말한 것처럼 "인간성만을 기억하고 다른 것을 다 잊어버리지" 않는다면 이런 일은 벌어지게 되어 있다.

비폭력은 위에서 말한 것들을 기억하게 해 준다. 어떤 젊은 비폭력 활동가가 최근에 말한 것처럼 비폭력은 "내가 적을 인간화시키고 적이 나를 인간화시키는" 과정이다. 힘든 순간을 용기와 존경심을 갖고 이겨 내면 상대방의 눈에는 내가 인간화되어 보이며, 따라서 아무리 사소하게나마 세계적인 인간성의 자각을 높이는 데 기여할 수 있다. 한편 이러한 자각은 부분적으로 폭력을 해결할 수 있다. 중동, 발칸 반도, 아프리카, 중남미를 보라. 어느 곳에서든 우리의 총체적인 세계관이 그토록 비인간화되어 있지만 않다면 이런 지역에서 오늘날과 같은 수준의 비합리적인 증오를 볼 수 없을 것이다. 물론 문제는 얼마든지 있을 수 있다. 그러나 문제는 문제일 뿐이다. 문제는 증오의 대상이 아니다. 해결하면 된다.

뉴턴이 제창한 기계론적 세계관, 즉 "모든 요소가 매우 단단해서

닳지도 않고 망가지지도 않는"[20] 세계관은 조지프 라이트가 예측한 것처럼 이제 문제를 일으키고 있다. 라이트가 〈실험(An Experiment)〉을 그렸을 때 뉴턴의 세계관은 참신한 것이었고, 까마득한 옛날부터 인간의 마음속에 들어 있던 신화를 깨뜨렸다는 의미에서 오늘날까지도 어느 정도 참신하다고 할 수 있다. 그런데 오늘날 우리에게 필요한 것은 이 신화를 되살리는 일이다. 쉽지는 않다. 젊은 시절의 상당 부분을 신화 연구에 바친 나는 라이트가 그려 낸 변화의 과정과 함께 세계를 이해하는 모델로서 신화도 약화되어 왔음을 잘 알고 있다. 작고 한 나의 친구 월리스 하만이 자주 말한 것처럼 과학이 "우리 문화에서 지식을 검증하는 주요 체계"가 되었고 지금도 그 지위를 유지하고 있다.

비폭력에서 이것은 문제가 되지 않는다. 간디는 비폭력도 이론적으로나 현실적으로 어엿한 과학이 될 수 있음을 적절히, 그리고 지속적으로 주장했다. 간디가 한 말은 비폭력도 인간의 논리 범위 내에서 실행하고 체계적으로 설명할 수 있다는 뜻이다. 비폭력의 과학이 발전하고 또 널리 퍼져 감에 따라 비웃는 의미가 아닌 고유한 의미, 즉 모든 사람이 동의하는 세계관으로서 "신화"가 다시 자라날 것이다. 캐롤라인 머천트의 연구결과가 잘 보여 주듯 산업혁명의 시대부터 인간은 공업화에 매진하면서 지구가 살아 있다는 사실을 더 이상 믿고 싶지 않게 되었고, 그 결과 신화를 원시적인 것으로 깎아 내렸으며, 결국 미신으로 전락시켰다. 오늘날 인류는 생명은 신성하다는 본능적 자각을 다시 일깨워야 한다. 과학적인 인간으로서 외견상의 다양성 밑에는 일종의 동질성이 숨어 있다는 사실을 안다면 우리의 삶은 그것을 모를 때보다 더욱 나아질 것이다.

몇 년 전 구자라트(간디의 출신지)에서 끔찍한 폭동이 벌어졌을 때 힌두교도 폭도들이 시골 마을로 쳐들어간 적이 있다. 그때 마을의 남자들은 거의 모두 들에 나가 있었다. 여자들은 재빨리 움직여 이슬람 이웃들을 폭도들로부터 숨겼다. 집이라고 해야 다들 방 하나짜리 오두막이었으므로 "숨긴다"는 것은 집 안에 있는 제단 밑에 감춘다는 뜻이었다. 폭도들은 집집마다 찾아다니면서 이렇게 외쳤다. "저기 이슬람교도가 숨어 있잖아!" 여자들은 조용히 대답했다. "그래요." "그놈들 잡아야 해!" 그러자 여자들은 하나씩 이렇게 대답했다. "날 죽여야 들어갈 수 있어요." 그날 그 마을의 이슬람 교도는 모두 목숨을 건졌다.[21]

이 여성들은 누구인가? 우리에게도 그들의 용기와 본능, 비전이 필요하다. 그들의 믿음도 필요하다. 이들은 누구인가? 극단적인 위기에 처해 있지만 아직도 인간적인 비전의 잔재를 유지하고 있는 문화 속에 사는 사람들이다. 넓은 의미에서 우리 모두는 이러한 위기에 처해 있으며, 이러한 믿음과 용기를 내야 할 상황이 닥치면 우리도 이를 통해 우리의 문화를 재건할 가능성은 얼마든지 있다. 성공하면 우리는 인류 역사에서 가장 어두운 시절 중 하나로 기억될 이 시대에 기여한 것에 대해 긍지를 느껴도 될 것이다.

평화를 얻을 자격이 있다고 생각한다면 항상 즐거울 수 있을 것이다.
황금이 아니라 이해를 구하라. 왕국이 아니라 평화를 얻으라.
—시리아의 성 이삭

반다나 시바는 자신의 저서 『도둑맞은 수확물: 납치당한 세계의 식량 (Stolen Harvest)』에서 오늘날을 '흥미로운 시기'라고 정의했다.

대기업이 우리의 삶을 통제하고 지배하는 것은 불가피한 일이 아니다. 우리
는 우리 자신의 미래를 얼마든지 만들어 나갈 수 있다. 우리에게는 도둑맞은
수확물을 먹을거리로 삼지 말아야 할 생태적이고 사회적인 의무가 있다.
모든 인간, 모든 종의 생물을 해방할 수 있는 기회가 열려 있다. 식량처럼 간
단하고 기본적인 것이 다양한 생명체를 해방하는 시발점이 되었다. 누구든,
어디 살든, 인간은 이 대열에 동참할 기회를 갖는다.[1]

시바 박사는 인도의 저명한 물리학자로서, 지금은 세계적인 환경
주의자이자 사상가로 활동하고 있다. 그의 흥미를 끈 것은 보통의 인
도 사람들(대부분 시골 농민)이 주요 다국적 기업의 식량자원 해적 행위
에 대해 보여 준 저항의 모습이었다. 이들이 펼친 투쟁의 몇몇 측면을
보면 흥미를 가질 만도 하다는 생각이 든다.

첫째, 이는 생사가 걸린 문제로, 비폭력이 당연히 주의를 기울여야

하는 문제이다. 간디가 벌인 두 가지 운동이 의복과 소금이라는 두 가지 생필품이었다는 사실을 기억하자. 과거의 영국이 인도에서 소금을 탈취한 것처럼 이제는 강대한 기업들이 씨앗에 눈을 돌리기 시작했다. 성장해서 열매는 맺지만 생식 능력이 없는 씨앗을 판매하는 한편, 농민들이 이 씨앗을 살 수밖에 없는 국제무역협약을 이끌어 내는 등의 수단으로 몬산토(Mosanto) 같은 회사는 마치 식민지 시대의 종주국처럼 세계의 농민들을 자신의 기업 시스템에 종속시키려 하고 있다. 과거의 착취자들은 곡물이 자라기까지, 또는 소금이 만들어지기까지 기다렸다가 이런저런 권위의 허울을 내세워 이것들을 빼앗아 갔다. 오늘날은 똑같이 근시안적인 탐욕이 좀더 정교하면서도 세계 차원으로 조직화된 모습으로 자연의 번식 수단인 씨앗에 손을 대고 있다. 그러니 "씨앗 사티아그라하"는 당연한 귀결이다.

폭력이 궁극적으로 승리를 거두지 못하는 이유는 아주 간단하다. 우리가 폭력의 승리를 진정으로 원하지 않기 때문이다. 폭력은 어떤 한계를 넘어가면 폭력을 행사하는 사람들 자신이 움츠러들기 때문에 약해질 수밖에 없다. 그러면 "해방되어야 할 긴박한 이유만 있으면 된다. 그렇기 때문에 세계화라는 이름으로 거침없이 내닫는 것으로 보이던 다국적 기업들에 제동이 걸리고 있고, 이들이 사람을 착취하는 수준을 넘어서 생명에 기반이 되는 자연 자체를 착취하는 행위에도 제동이 걸리고 있다. 이 무감각의 시대, 기계와 돈 때문에 거의 모든 사람들이 생명의 신성한 본질과 자연 속의 신성한 생명에 눈이 멀어 버린 시대에도 이러한 인식이 되살아나고 있는 것이다.

폭력이 사람들을 빈곤으로부터 극빈으로 내몰 때, 자아실현의 마지막 희망까지 사라져 갈 때, 오만한 인간이 까마득한 옛날부터 인간이 의지해 온 자연에 대해 소유권을 주장할 때, 사람들은 돌아서서 싸우기 시작한다.

그리고 싸워야 한다. 그러나 어떻게 싸우는지에 따라 상황은 달라진다. 아일랜드공화군(IRA) 단원들은 투쟁 과정에서 영국군과 영국 경찰이 죽인 사람들을 합친 것보다 여섯 배나 많은 사람들을 죽였다. IRA 단원 사망자 중 절반 이상이 동료의 손에 죽었다. 이것은 우연이 아니다. 이 해괴하고 비극적인 결과는 폭력의 법칙을 따랐기 때문에 나온 것이며, 이 법칙은 아일랜드의 존 흄이 말한 것처럼 "시효가 지난" 것이다.[2]

'자연 도둑질'에 대한 저항은 정치적 자유를 향한 투쟁과 마찬가지로 여러 가지 형태로 진행되었다. 환경적 투쟁도 초기의 '어스 퍼스트(Earth First)!'처럼 폭력적인 것도 있고, 유명한 북인도의 칩코(Chipko) 운동처럼 비폭력적인 것들도 있다. 시바 박사가 이러한 저항 운동에 열광하는 또 한 가지 이유는 비폭력을 신조로 하고 있음과 동시에, 일반 민중의 운동으로서 세계 주요 기구의 호응을 이끌어 내고 있기 때문이다. 유네스코는 "평화의 문화" 사업으로 21세기를 야심차게 시작했다. UN은 21세기의 첫 10년을 "평화와 비폭력 문화 교육의 10년"으로 선언했다. 많은 사람들이 좋은 취지로 싸움에 뛰어들었으나 싸움의 방법이 그에 어울리게 좋은 적은 별로 없었다. 오늘날이 흥미로운 시기인 이유는 아마 목적에 부합하는 새로운 방법에 힘이 실리고 있기 때문일 것이다.

최근 캘리포니아의 우리 동네로 리(Lee)라는 솜씨 좋은 간호사가 이사 왔는데, 리는 미국 남부 억양을 지닌 데다 열정도 풍부했다. 리는 곧 조그만 병원의 좋은 자리에 취직이 되었다. 소노마 카운티의 한적한 지역에 있던 이 병원은 얼마 후 대형 의료기업에 "합병" 되었다. 이 의료기업은 탐욕스러운 업체는 아니었다. 그녀가 일하던 조그만 병원을 합병한 곳은 안식일 재림파 재단인데, 이 재단은 미국 전역에서 훌륭한 병원들을 운영하고 있었다. 그러나 이들도 생각은 대기업과 비슷했다. 합병된 지 몇 주 뒤 모든 간호사들이 해고당했다. 의료진은 이제 의사나 간호사가 아니라 "직원"이 되었고, 새로운 관리자들은 이런저런 관료적인 지시를 내렸고, 이러한 지시는 마치 길로틴처럼 의료진과 환자 사이를 갈라놓았다. 그런데 환자들은 대부분 이 병원의 단골이면서 의료진의 친구들이었다. 그리하여 이들의 일은 따분하고 꿈이 없는 것으로 전락해 갔다. 리가 아직까지는 버티고 있다. 그리고 선임의사가 돌아올 날을 기다리고 있다. 심장마비에서 회복된 다음에 말이다.

이것은 의료기업의 모습이다. 언론사도 크게 다르지 않다. 커피 회사도 예외는 아니다(물론 이 글을 쓰는 지금 대규모 체인 하나가 "공정거래" 커피를 팔기로 합의했다고 한다. 이렇게 되면 중남미에 있는 영세 커피 재배 농민들이 크게 도움을 받을 수 있다). 앞서 말한 것처럼 교육기업에 대해서는 굳이 언급조차 하고 싶지 않다. 서점 체인은 다양성에 대해 특히 큰 위협이 된다. 이반 일리히가 최근에 발표한 놀라운 기사에서 지적한 것처럼 폭력은 항상 다양성을 훼손시킨다. 우리는 대체 무슨 짓을 하고 있는가?[3]

우리는 아무 생각 없이 서양의 중앙집중화 경향을 따라가고 있다. 첫째는, 하나의 도시로 된 제국(로마 제국)이 등장하더니 이어서 세계 종교(가톨릭), 오늘날에는 세계화, 그러니까 세계적인 기업 네트워크가 뒤를 잇고 있다. 이런 생각은 두 가지 이유로 파괴적이다. 먼저, 인간의 규모를 넘어서면 기업은 눈이 멀기 때문이다. 엄밀히 말해 기업 속의 사람들이 눈이 먼다는 뜻이다. 그래서 그들은 좀더 큰 그림과 인간의 가치를 보지 못한다. 결국 그들은 이익을 위해서라면 무슨 짓이라도 하며(예외가 있기는 하지만 많지는 않다) 자기들이 지구와 인간에 대해 무슨 짓을 하고 있는지조차도 알지도 못한다. 그리고 다른 하나는, 자연은 말할 것도 없고 인간을 기업에 종속시키는 것은 옳지 않기 때문이다. 다양성의 여지를 남겨 놓지 않으니까. 그러므로 기업을 중심으로 한 세계 질서는 언젠가 세계 제국, 세계 교회, 그리고 아직은 실현되지 않았지만 수직적 세계 연방의 길을 걸을 것이다. 시바 박사가 열광한 이유는 아마 그러한 날의 새벽이 보인다고 생각했기 때문일 것이다. 박사는 자주 이렇게 말한다. "내가 보기에는 대기업들은 우리가 생각하는 것보다 취약하고, 반대운동은 우리가 생각하는 것보다 강력하다."

아직도 많은 사람들이 그 죽음을 아쉬워하고 있는, 『작은 것이 아름답다(Small is Beautiful)』의 저자 E. F. 슈마허는 세상을 떠나기 얼마 전에 버클리를 방문해서 내 학생들과 이야기를 한 적이 있었다. 지하의 밋밋한 강의실을 한번 둘러보더니 그가 내놓은 첫 마디는 이랬다. "보세요. 빛과 공기로부터 멀어지려고 그렇게 애를 쓰더니 이제는 빛과 공기를 다시 들여놓으려고 돈을 얼마나 쓰는지." 그로부터 몇 년 후 러시아 체스 선수가 컴퓨터와 대결할 때 슈마허의 말이 떠올랐다. 이 컴퓨터의 이름은 "할(Hal)"이었다고 기억된다. 내 생각은 틀리지 않았다. 거의 다른 모든 사람들과 함께 나는 컴퓨터가 꼴사납게 패배했을 때 환호성을 질렀다. 고등학교 시절 나는 친구들과 함께 기타 반주에 맞춰 〈존 헨리〉라는 노래를 불렀는데, 존 헨리는 전설의 철도공으로 증기 드릴과 대결을 벌였고, 당시 사람들은 모두 마음속으로 존 헨리를 성원했다.

> 존 헨리는 14피트를 갔다네
> 증기 드릴은 겨우 9피트였지
> 세상에, 증기 드릴은 겨우 9피트였다니까!

하지만 생각해 보면 모든 것이 너무나 우스꽝스럽다. 애초에 컴퓨터와 증기 드릴은 누가 발명했단 말인가? 이 기계들은 화성에서 왔는가? 아니면 쥐라기의 늪에서 불쑥 솟아났나? 제발 패배하기를 바라는 물건을 만드느라고 우리 인간은 왜 그렇게 열심인가? 나는 이 의문에 대한 답을 모른다. 그러나 한 가지 분명한 사실이 있다. 우리는 스스로 생각하는 것만큼 세상의 생명과 다양성을 없애 버리는 일에 열성적이지 않으며, 바로 이 때문에 대기업이라는 골리앗의 이마가 말랑말랑할 것이라는 희망을 품을 수 있다. 아니, 이렇게 말하면 안 되겠다. 골리앗이 말랑말랑한 가슴을 갖고 있어서 현대판 다윗의 비폭력적인 자세에 공감할 것이다.

토착민의 지혜

칩코(Chipko) 운동은 1970년대에 순데랄 바후구나라는 간디의 추종자가 히말라야 산맥 기슭에 있는 우타르칸드 마을 사람들의 마음을 모으면서 시작되었다. 이들은 정부의 벌목대에 저항해서 일어섰다. 벌목으로 이 지역 사람들은 생계를 위협받았을 뿐만 아니라 매년 끔찍한 홍수로 목숨까지 잃는 일도 많았다. 이 저항운동의 결과 대부분 여성인 이 지역 주민들은 땅의 통제권을 상당 부분 되찾았으며, 이 소식은 히말라야 산기슭을 떠나 전 세계 비폭력 환경운동가들에게 퍼졌다. 칩코 운동이 1970년대에 시작되었다고 이야기했지만 비슷한 운동이 그로부터 몇 세기 전에도 있었다. 그러니까 1960년대에 간디 운동을 하는 사람들에 의해 그 전통이 되살아났을 뿐이다. 1731년에 조드푸르의 통치자가 나무를 베러 왔을 때 이 지역의 남녀들이 모두 몸을 던져 이를 막아 냈다. 1973년 3월 27일 마을회의에서 어떤 촌로가 오래된 속담을 인용하면서 그 전통은 부활했다. "표범이 아이를 덮치면 어머니는 온몸을 던져 아이를 지키는 법이다."[4]

칩코 운동이 시골에서 시작된 것은 우연이 아니다. 자연에 가까웠을 때 인간은 덜 폭력적이었다. 그리고 이러한 운동은 환경운동에만 국한된 것이 아니다. 다른 지역에서도 산업화로 인해 우리가 잊어버린 지혜를 되찾으려는 사상가들과 활동가들이 환경 이외의 영역에서도 비폭력적인 미래를 모색하고 있다. 이는 사법제도에서도 뚜렷이 드러난다. 비인간화의 원천인 현대식 형사제도 대신 화해를 바탕으로 하는 회생을 지향하는 문화권은 오늘날도 많이 있다. 이런 일은 캐나다에서부터 뉴질랜드에 이르기까지 세계 각지에서 찾아볼 수 있으며, 이런 일을 하는 조직으로는 피해자-가해자 화해 프로그램에서부터 가족 그룹 만남에 이르기까지 여러 가지가 있다. 가족 그룹 만남은 오늘날의 회생을 지향하는 접근 방식과 마오리 족의 방식을 결합해 젊은이들의 상습적 범죄를 눈에 띄게 줄이는 데 성공했다.[5] 케냐에서 온 감리교 신학대 학생은 이렇게 말했다. "이 과정에서 범죄를 다루는 조상들의 지혜를 되살릴 수 있었다. 전통적으로 우리 문화에서는 범죄를 '고장 난 상태'라고 부른다. 어른들은 고통을 주는 징벌이 '고장 난 사람'을 치유하는 데 오히려 해가 된다는 사실을 알고 있었다. 처벌은 공동체에 속해 있는 개인의 삶을 개선하는 목적으로만 이용되었다."[6]

미국에서는 나바호 자치지역의 대법관인 로버트 야지를 예로 들 수 있다. 나바호 공동체에 속한 많은 사람들처럼 야지 대법관도 뉴멕시코 법대를 졸업한 후에야 좋은 해결책이 바로 옆에 있다는 사실을 깨달았다. 이 해결책이야말로 위계질서와 힘을 바탕으로 징벌을 지향하는 현대적 행형제도를 대체할 만한 것이다. 나바호 족의 접근 방식에 대한 야지 대법관의 증언은 이 책에서 우리가 여러 번 살펴본 이야기와 일치한다.

> 나바호 족의 사법제도는 치유에 바탕을 두고 있다. 나바호 족의 치유는 두 가
> 지 과정을 거쳐서 진행된다. 첫째, 마음의 병의 원인을 제거한다. 둘째, 잘못
> 을 저지른 사람과 주변 사람, 그리고 그 사람과 그 자신 사이의 좋은 관계를
> 회복시킨다.
> 나바호 족의 사법제도는…… 사람들 사이의 좋은 관계를 회복하기 위해 단합
> 이라는 방법을 즐겨 쓴다. 그러나 가장 중요한 것은 자신과의 좋은 관계를 회
> 복시켜 주는 것이다.[7]

이렇듯 회복을 지향하는 나바호 족의 시스템에는 공동체가 선정한
제3의 중재자들이 있는데, 이들이 공동체와 잘못을 저지른 사람을 화
해시킨다. 이런 중재자들을 "피스메이커(peacemaker)"라고 부른다.
이 사람들은 생명에 대한 외경심이 얼마나 강한지를 기준으로 선발
되며, 이러한 기준에 따라 수립된 새로운 사법기관은 나바호 피스메
이커 법원이라고 불린다.

오염되지 않았던 과거를 미화하는 것은 현명하지 못하다. 산업혁
명 이전에 개발된 갈등 회피 메커니즘은 오늘날의 거대하고 복잡한
사회에는 적용할 수 없으며, 산업혁명 이전 수 세기 동안 효과를 발휘
해 온 힘들도 현대와 만나자 모두 와해되어 버렸기 때문이다. 그러나
세계 각 지역의 사회에서 보석처럼 빛나는 전통적인 지혜를 무시하
는 것은 더욱 현명하지 못할 것이다. 오늘날 이 빛은 갈등의 해결, 평

화, 사법제도, 스포츠(경쟁에 기반을 두지 않는 스포츠가 있는 사회도 많이 있다), 환경, 그 밖에 소외로 인해 상처 입은 삶의 모든 부분을 치유하는 데 활용할 수 있다.

이러한 과거의 유용한 것들을 되살리려는 노력 자체가 벌써 어느 정도 치유의 효과를 발휘한다. 왜냐하면 상호 교류가 철저히 끊어진 관계에 상호존중이라는 다리를 놓아 주기 때문이다. 이러한 관계는 더욱 단순한 문화의 특징으로, 산업화된 사회는 겉보기에는 그렇지 않은 것 같지만 여전히 이를 활용하려 한다.

도시에 살든 정글 속에 살든 우리는 모두 인간이다. 그리고 어디에 살든 동정심은 효과를 발휘하며 증오는 파괴를 낳는다. 1990년대 초에 조지아 주에서 백인 청년 둘이 흑인 청년 하나를 죽인 사건이 일어났는데, 남부 빈곤층 법률구조센터의 도움으로 두 백인 청년을 법정에 세울 수 있었다. 죽은 청년의 어머니는 판결이 날 때까지 재판 과정을 지켜보았다. 가해자 중 하나가 갑자기 흐느끼며 피해자의 어머니에게 말했다. "언젠가 저를 용서하실 수 있기를 바랄 뿐입니다." 그러자 그 어머니는 이렇게 말해 주었다. "젊은이, 벌써 용서했다네."

시리아의 성 이삭은 이렇게 말했다. "정의가 아닌 선을 행하라." 그리고 이렇게도 말했다. "악에 대해서 열중하지 말고 관용을 가져라."[8]

이 어머니가 한 일을 체계적으로 따라하는 데 필요한 원칙 세 가지로 결론을 맺고자 한다. 이를 따르면 반다나 시바가 말한 것처럼 "우리가 누구든, 어디에 있든" 인간을 폭력으로부터 해방하는 위대한 사업에 동참할 수 있을 것이다.

(1) 1911년에 쓴 에세이 "전쟁의 도덕적 대체물"에서 윌리엄 제임스는 전쟁의 불가피성을 없애는 유일한 방법은 젊은이들이 분출하는 에너지를 쏟을 수 있는 다른 대상을 찾아주는 것이라고 적절히 지적했다. 그러면 그것이 무엇일까?

> 군대에 징집하는 대신 젊은이들을 모두 자연을 정복하는 사업에 징집하면 전쟁터에 나가 피를 뿌리는 것으로 세금을 내는 대신 이들은 자연과의 싸움에 참여할 수 있을 것이다. 그러고 나면 좀더 자랑스럽게 대지를 디딜 수 있을 것이다.'

그로부터 반세기가 지나자 자연을 정복하는 사업이 생명에 대해 너무나 잘못된 접근 방법임이 분명해졌다는 사실은 놀랍다. 윌리엄 제임스를 이러한 오류로부터 구해 낼 수 있었다면 그것은 무엇이었을까? 비폭력이 모든 관계를 연결하는 법칙이라는 사실을 그가 알았다면 잘못을 저지르지 않았을 것이다. 비폭력 헌장은 어디에나 적용된다. 비폭력의 믿음은 우리의 마음에서부터 시작해서 모든 생명체를 향해 뻗어야 한다. 인도의 어떤 현자가 말한 것처럼 "모든 것에서 신을 보지 못한다면 신을 전혀 보지 못하는 것과 같다." 사람에 대한 전쟁을 자연에 대한 전쟁으로 대체해서도 안 되며, 진정한 폭력을 텔레비전 폭력으로 대체해서도 안 된다. 진정한 평화를 바란다면 그러면 안 된다는 뜻이다. 오늘날 비폭력의 이상에 공감하는 많은 단체들

가운데서 적어도 하나는 이런 보편성을 추구하고 있다. 그 단체 이름은 "천의무봉 네트워크(Seamless Garment Network)"이다. 나는 그 이름이 주는 이미지가 마음에 든다. 이 네트워크는 페핀스키의 "가장 약한 희생자들부터 사회적인 네트워크로 복귀시킨다"는 생각이나,[10] 스튜어트 코원의 다음과 같은 주장을 연상시키기 때문이다. "인간의 경제를 공정 하나씩, 제품 하나씩, 나아가 산업 하나씩 지구 경제로 편입시켜야 한다."[11]

첫 번째 원칙: 모든 생명을 향한 일관된 비폭력적 윤리, 그리고 생명체를 위협하는 모든 문제에 대한 비폭력적 실천.

(2) 목적과 수단은 하나이며 불가분이라는 사실을 기억해 두자. 어떤 사람들은 지구를 지키기 위해, 아직 태어나지 않은 아이들이나 우리에 갇힌 실험동물들을 위해 폭력을 쓰는 것을 아무렇지도 않게 생각한다. 공감할 수는 있지만 이런 식으로 반응하는 것은 자승자박의 결과를 가져온다('어스 퍼스트' 사람들이 경험으로 알아낸 것처럼). 병원에 폭탄을 던지거나, 연구원들에게 욕설을 하거나, 실험동물의 끔찍한 모습을 찍은 사진을 피켓에 붙여 시위하는 것은 뿌리 뽑아야 할 악을 오히려 퍼뜨리는 것과 같다. 이런 일이 극단으로 치달으면 마치 기술 지상주의를 끝장내기 위해 기술을 이용해서 폭탄을 터뜨려 사람들을 죽게 만든 테드 카친스키와 다를 것이 없게 된다. 바로 이런 취지에서 이 책을 시작하지 않았던가? 폭력의 형태에 상관없이 우리는 폭력에 **반대해야 한다.**

힘든 과제이기는 하지만 시기는 무르익었다. 1998년에 아프리카에서 미국대사관이 테러 공격을 당하자 미국은 반사적으로 폭격을 시작했다. 그러자 이번에는 세계 이곳저곳의 언론들이 반응을 보였다. 어떤 신문은 이런 제목을 뽑았다. "폭격, 헛일이지만 필요한 일." 이런 논리가 옳다고 생각하는가? 아무도 그렇게 생각하지 않을 것이다.

(3) 세 번째로, 비폭력도 과학이라는 것을 기억해 두자. 라이트의 그림을 보고 플로베르가 이야기한 것처럼 우리에게는 순진함이 필요하다. 즉 우리는 어린이의 감수성으로 생명을 바라보면서 동시에 어른의 역량으로 생명을 보호해야 한다. 비둘기같이 선량하고 뱀같이 영악해야 한다. 우리가 사는 현대라는 시대에 스쳐 가는 느낌만으로 비폭력을 실천해서는 성공할 수 없다(물론 스쳐 가는 느낌으로 폭력을 하는 것보다는 낫겠지만). 즉 우리가 가는 길을 밝혀 주고 함정을 드러내 보여 줄 논리의 밝은 빛이 필요하다. 예를 들어 조지아 주 흑인 청년의 어머니의 예에서 용서한다는 것은 생명을 해치는 모든 사람들을 방치해도 좋다는 뜻이 아니다. 전혀 그렇지 않다. 마음속 깊이 용서하지만(아니면 적어도 그러려고 노력하지만) 어떤 사람의 폭력이 통제를 벗어나면 그들과 우리들을 피해로부터 지켜야 한다. 그렇다. 용서하는 것은 나 자신을 위한 것이지 다른 누구를 위한 것도 아니다. 그렇다. 우리는 용서함으로써 인간성을 회복하고 화해할 수 있다. 그러나 이들이 정신을 차리기도 전에 사람들을 위험에 노출시켜서는 안 된다. 그리고 무엇보다도 문제의 원인이 무엇인지를 우리 스스로에게 철저

히 묻기 전에는 비폭력이 완전한 것이 될 수 없다. 눈에 보이는 관계는 어떤 것인가? 이런 끔찍한 일이 일어나지 않게 하려면 어떻게 해야 하는가?

폴과 애니는 전형적인 시골 사람들이다. 미시간 주 한가운데에 있는 이들의 농장에서 이틀을 보낸 적이 있는데, 그 이틀간은 상점에서 산 음식이나 언론매체와는 접촉하지 않고 지냈다. 그때 나는 공동체에 기반을 둔 농업에 대해 많이 배울 수 있었다. 이들이 10년 이상 운영해 온 공동체 농장은 가족이 운영하는 농장도 아니었고 이윤을 추구하는 농장도 아니었다(물론 폴과 애니는 자신들의 필요 범위에서는 상당히 풍족하게 살고 있기는 했지만).

명상이 생활화된 폴과 애니는 '공동체 농장'의 창시자로, 별로 드러나지는 않지만 매우 중요한 제도가 탄생하는 데 주역을 맡았다. 공동체 농장이라는 새로운 제도는 북아메리카 전역에 걸쳐 이곳저곳에 탄생한 새로운 경제 세상이다. 농장에서, 공동체에서, 채식주의자들의 모임에서, 그리고 가끔은 대도시 한가운데에서 스무 살을 갓 넘긴 사람들이 돈에 바탕을 둔 경제를 떠나 1960년대에 기성세대들이 했던 것과도 비슷하게 새로운 세상을 찾아 나서고 있다. 다만 이들이 기성세대와 다른 점은 실질적인 노하우를 훨씬 많이 갖고 있다는 점이다. 폴과 애니는 소박하게 보일 수도 있지만 이들은 자신들이 창시한 개념을 알리려 세계 곳곳을 돌아다니며 강연하고 있다.

애니는 공동체 농장의 비폭력적 특성이 매우 뿌리가 깊다고 말한다. "공동체 농장에서는 땅을 재충전한다. 그래서 사람이 영양을 얻을 뿐만 아니라 동시에 땅은 영양을 더 적게 얻는 것이 아니다." 이러한 개념은 "지속 가능성" 개념을 뛰어넘는 것이다. 나중에 폴과 애니가 소 네 마리에게 먹이와 물을 주고 우유를 짜기도 하고 말도 거는 것을 도와주면서(나는 브루클린 출신치고는 젖을 꽤 잘 짰다) 두 사람과 동물들 사이의 관계를 보고 감탄했다. 내 친구 스티브는 나중에 이렇게 말했다. "우리가 얼마나 많은 것을 잃었는지 모른다. 아파르트헤이트는 남아프리카에만 있는 것이 아니었고, 사람에 관한 것만도 아니었다." 동물들을 도시의 거리에서 몰아내고 우리의 시야 밖으로 쫓아내면서 동물원이나 서커스에 가둔 결과 우리도, 동물도, 심지어 경제 자체까지 모두 패배자가 되었다. 이익을 얻은 것은 폭력뿐이다. 위대한 신비자 플로티누스의 제자이며 서양에서는 처음으로 채식주의에 대해 광범위한 저술을 남긴 포르피리오스는 이렇게 말했다. "생명을 가진 모든 것을 해치지 않도록 조심하는 사람은…… 자신과 같은 종에 속하는 생명을 상하지 않도록 더욱 조심할 것이다.…… 그러나 정의를 인간에게만 한정하는 사람은 좁은 공간에 갇힌 사람처럼 결국 스스로를 해칠 것이다."[12]

그 이틀 동안 내가 본 것은 비폭력적 농업이었다. 애니는 이렇게 말했다. "아무것도 미워하지 않는다. 진딧물, 바이러스, 심지어 쥐들까지도." 그렇다고 이들이 쥐들을 방치했다는 뜻은 아니다. 쥐가 소의 사료를 먹거나 사람이 먹을 야채를 먹는 것까지는 모르겠지만 온 가족을 데리고 나와 농장을 찾은 어린이들을 마중하는 것은 별개의 문제다. 이렇게 되자 폴과 애니는 조치를 취해야 했다. 그래서 뭔가를 했지만 그렇다고 쥐들을 증오하지는 않았다. 긴급할 때 이들은 쥐약도 한 번 썼다(물론 아이들 때문에). 그러고 나서 이들은 전통적인, 그리고 오늘날 도시에 사는 사람은 상상도 하지 못할 해결책을 찾아냈다. 이것은 과학이라기보다 『맥베스(Macbeth)』에 등장하는 마녀들이 하는 일과 비슷하게 보였는데, 이것저것 재료를 털어 넣고 혼합하는 것이었다. 그리고 그것은 효과가 있었다. 쥐가 전혀 보이지 않았다. "혹시 쥐가 있었다 하더라도 우리는 쥐를 미워하지 않았을 거예요." 애니의 말이다.

그들과 함께한 날들은 무척 흥미로운 시간이었다.

행동지침

희망과 그 실천에 대하여: 우리 자신의 비폭력적 미래를 위한 다섯 단계

얼마 전에 친구 하나가 평화부 신설을 위한 로비를 하기 위해 워싱턴으로 간 적이 있다. 그날 저녁 호텔 엘리베이터에서 군복을 입은 사람 넷을 만났는데, 친구와는 정반대의 로비를 하러 온 사람들인 것 같았다. 그는 이 사람들과 이야기를 시작했다. 그런데 이 남자들이 이야기해 준 자신들의 로비 대상은 간단히 말해 새로운 무기 체계였다. 그러고 나서 그들은 친구에게 여긴 왜 왔느냐고 물었다. 그가 밝은 목소리로 평화부 신설 때문에 왔다고 말했더니, 대화 도중 내내 말없이 바닥만 바라보고 있던 사람이 고개를 들더니 감동에 찬 목소리로 이렇게 말했다. "서두르세요."

전쟁이라는 시스템과 전쟁의 바탕이 되는 폭력의 피라미드는 요지부동인 것처럼 보이지만 이는 내부적 모순 때문에 취약하다. 반면 평화는 가는 곳마다 우리 편이 있다. 비폭력의 힘을 모르거나 들어본 적이 없는 사람이라면 몰라도 누구도 진정으로 폭력을 원하지는 않는다. 전쟁이라는 시스템과 전쟁을 떠받치는 물질주의는 더 나은 세상이 온다는 느낌만 있으면 금방 무너질 것이다. 그럼에도 우리 이상주의자들은 비폭력이라는 대안을 사람들이 현실로 느낄 수 있도록 해

야 할 일이 많다.

　이 책의 첫 판이 나온 이래 학교에서나 교회에서, 서점 등에서 만난 많은 사람들은 종종 "좋습니다. 그런데 내가 할 수 있는 일은 뭐죠?" 라고 질문을 해 나를 기쁘게 했다. 같은 의문을 가진 사람들은 그들뿐만이 아닐 것이다.

　나는 이 질문을 매우 기쁘게 생각한다. 『무브온의 나라를 사랑하는 50가지 방법(MoveOn's 50 Ways to Love Your Country)』의 전례 없는 성공도 사람들이 같은 생각을 하고 있음을 보여 준다. 미국인들은 미국의 민주주의를 살리기 위해 뭔가 할 마음의 준비가 되어 있다. 그래서 나는 비폭력적인 미래를 향해 가는 과정에서 우리 모두가 할 수 있는 일 다섯 가지를 모아 보았다. 이 다섯 가지는 모두 이 책을 진행하는 과정에서 우리가 함께 발견한 원칙들이다. 특히 그중 가장 중요한 원칙은, 비폭력(폭력도 마찬가지이지만)은 우리 마음속에서부터 시작되며 비정치적 차원에서 정치적 차원으로 옮겨 간다는 사실이다. 나는 사실 이런 방향으로 나아간다는 것은 우리가 사는 폭력적인 세계, 즉 너와 나는 개인으로서 중요하지 않으며 기업, 정부, 아니면 어떤 집단에 속해서만 중요성을 확보한다는 거대한 거짓말을 끝내는 작업을 시작한다는 뜻이다. 폭력의 정치적 형태인 전체주의는 한나 아렌트가 으스스하도록 정확히 지적한 것처럼, "인간에 대한 독재적 지배를 지향하는 것이 아니고 인간이 군더더기가 되는 시스템을 지향한다." 비폭력적인 미래로 가는 첫 발자국을 떼는 일은 인간, 그러니까 각 개인을 모든 변화와 힘의 근원으로 도로 데려다 놓는 일이다. 물론 더 나은 법을 제정하면 시스템이 조금 개선될 수 있으므로 그 일도 해야 한다. 그러나 완전히 새로운 시스템을 건설하려면 내부에서도 키워 나갈 수밖에 없고, 이는 비폭력적 삶을 구현하고, 촉진하고 즐기는 것으로 이룩할 수 있다.

다음에 제안하는 여러 가지 행동들을 엄밀히 순서에 따라서 실천할 필요는 없다. 텔레비전을 완전히 포기하기 전에라도 국회의원들에게 편지를 쓸 수 있다. 그리고 매번 기회가 닿는 행동을 하면 된다. 다만, 1단계의 튼튼한 기반 없이는 2단계를 크게 실현할 수 없고, 그 이후도 역시 마찬가지임을 기억할 필요는 있다. 그러므로 여기 나온 순서를 시간의 순서라기보다는 우선순위로 이해해 주면 좋겠다.

1. 생각의 진정함

우리 아버지는 동네 다른 집들이 모두 텔레비전을 사는 데도 텔레비전을 사지 않았다. 당시에는 그게 싫었다. 하지만 지금은 아버지가 순전히 돈을 아끼기 위해서 그랬던 것이 아니었음을 이해한다. 아버지는 어떤 직관적인 가치관을 갖고 있었던 것이다. 드디어 텔레비전이 들어와 거실이 아닌 현관에 놓였을 때 아버지는 내게 스위치를 하나 만들어 광고 방송이 나올 때는 소리를 꺼 버릴 수 있도록 하라고 했다.

이 책에서 여러분이 읽은 이야기 중 필자가 대중매체로부터 가져온 것은 거의 없다. 어떻게 이것이 가능할까? 먼저, 이 내용들 중 일부는 평화운동에 종사하는 지인들로부터 얻은 것이고, 일부는 책에서, 그리고 대부분은 「노스베이 프로그레시브(North Bay Progressive)」 같은 독립 매체에서 얻은 것이다. 「노스베이 프로그레시브」는 소노마 해안 지역에서 발간되는 수준 높은 지역 신문으로, 발행부수는 1,000부 정도이다. 그리고 현장에서 활동하는 저명한 기자들의 해설로 이루어진 「뉴욕 북리뷰(New York Review of Books)」 같은 데서 얻었다. 그리고 전문가들이 운영하는 블로그나 이메일에서도 다른 대중매체로부터는 얻을 수 없는 뛰어난 정보를 입수할 수 있었다. 물론 나는 신문을 골라서 읽는다. 그러나 그 정도다. 즉 내가 자발적으로 상업적 대중매체를 접하는 것은 그 정도라는 뜻이다. 그러나 나는 내가 세상 물정에 상당히 밝다고 생각한다. 가끔 학생들이 "선생님 진짜 세상 물정 모르시네요"라고 말할 때가 있는데, 이는 내가 세상 돌아가는 것을 모른다는 뜻이라기보다는 어떤 일에 대한 나의 도덕적 태도가 독특하다는 뜻이다.

미디어의 또 하나의 기능은 오락이다. 인간에게는 오락이 필요하지만 미디어로부터 얻어야 할 성질의 것은 아니다. 오늘날의 가치체계에서 간디가 "욕망의 증폭"이라고 부른 형태로 인해 비틀거리는 우리의 마음을 흥분시키고 더 조각내는 것은 오락이 아니다. 여기에 대안이 될 만한 진정한 오락을 찾아냈는데, 그것은 다름 아닌 인간이다. 즉 친구라는 뜻이다. 친구는 가끔 골칫덩어리일 때도 있지만 살아 있는 사람이다. 그리고 생명이야말로 살아 있는 사람을 뜻한다. 여기에 관해서는 3번에서 다시 다루겠지만, 한편으로는 인간관계에 시간을 쓰면서 다른 한편으로는 대안 미디어를 찾는 과정에서 우리를 상업적 문명의 공허한 생각에 묶어 놓는 끈을 약하게 만들어 결국 끊어 버릴 수 있을 것이다. 그러니까 1번 제안의 현실적인 측면은 대안을 적극 개발하고 대형 대중매체와 접촉하지 말라는 것이다. 텔레비전을 보지 말라. 이것은 단순하지만 아주 강력하다.

2. 자신의 마음 돌보기

2001년 9월 20일, 평화학을 전공하는 학생들이 버클리에 모여 9·11 사태와 참담한 실패로 끝난 미국 정부의 대응을 이야기했다. 쉽게 상상할 수 있겠지만 이 모임은 매우 성공적이었고, 감동이 넘치는 자리가 되었다. 모임의 절정은 랍비 마이클 러너가 모든 사람들의 마음속에 있던 것을 요약해서 말했을 때였다. "지금 우리는 정신적 위기에 처해 있다." 그는 기립박수를 받았다. E. F. 슈마허는 우리에게 "형이상학적 재건"이 필요하다고 말했고, 마틴 루터 킹은 "가치의 혁명"이 필요하다고 말했는데 모두 같은 이야기다.

　마음의 위기는 마음의 치료를 필요로 한다. 이 때문에 3장에서 명상에 대해 언급한 것이고, 또 이 때문에 기회 있을 때마다 이 이야기를 다시 꺼내는 것이다. 최근에 내 친구가 어떤 회의에서 말한 것처럼 "텔레비전은 명상의 반대쪽 극에 서 있다." 그러니까 명상은 텔레비전의 반대쪽 극에 서 있는 것이다. 3만여 개의 상업적 메시지가 우리가 원하든 원하지 않든 매일 우리의 마음을 흔든다. 광고는 자신과는 상관없는 것에 대해 흥분하게 만드는데, 더욱 나쁜 것은 우리와 진정으로 중요한 관계를 맺고 있는 사람들에 대해서는 무감각해지게 만든다는 것이다. 우리는 내적인 평화를 갖추고 살아 있는 사람과 접촉해야 한다.

명상의 좋은 점은 믿을 수 없도록 풍부한 장점이 숨어 있다는 것이다. 하지만 나쁜 점은 끔찍하게 어렵다는 것이다. 요즘 명상이 뒤늦게 인기를 얻고 있는데 그것도 도움이 된다. 인기의 원인은 우선 건강에 좋다는 것인데, 물론 건강에도 도움이 된다. 그러나 명상이 관심을 받는 더 큰 이유는 일련의 과학적 연구결과 인간이 욕심이 없는 상태를 지향하는 진화상의 경향이 드러나고 있기 때문이다.[1] 명상의 첫 번째 효과는 스트레스를 성공적으로 관리하고 건강을 얻는 것이다. 그 밖에도 많다. 그러나 결국에 가서는 정신이라는 것이 고도로 개인적인 것이므로 결국 각 사람이 스스로 모색해야 하지만 내가 개인적으로 추천할 만한 곳이 있다면 나 자신이 운영하는 블루 마운틴 센터가 있다. 어떤 경로를 모색하든 조심스러워야 하며 믿을 수 있는 스승이나 단체를 찾아보라고 권하고 싶다. 그런 사람들은 여러분을 도와 마음의 평화를 찾게 해 줄 것이며, 결국 평화 속에서 살도록 도와줄 것이다.

3. 관계 맺기 속의 진실

불교의 팔정도(八正道) 중 첫 번째는 "정견(正見)"이다. 불교에서는 또한 "인간관계에서 가장 좋은 것은 신뢰"라고 가르친다. 그러나 새로운 "안보" 조치가 취해질 때마다 우리는 신뢰에서 한 발자국씩 멀어지고 있다. 그리고 냉소적이 될 때마다 우리는 신뢰에서 또 한 발자국씩 멀어진다.

이 모든 것이 비인간화가 야기하는 가슴 아픈 측면인데, 비인간화가 폭력의 근본 원인이라는 것은 여러 번 이야기했다. 개인으로서 우리는 자기 자신의 삶에서 인간성을 회복하는 여러 가지 활동을 할 수 있다. 대개의 경우 우리의 삶에 설치되어 있는 의사소통의 "편리한" 장애물을 치우려는 의식적 노력만 하면 된다. 예를 들어 편지나 메일을 쓰기보다는 직접 찾아가고, 전화를 하기보다는 직접 만나서 이야기하며, 사람들이 이야기할 때는 주의를 완전히 집중하고, 무례함을 의식적으로 피하는 것이다.

사소한 요령 한 가지를 들어 보자. 그런데 사실 다른 사람들과의 관계를 좀더 깊이 하는 데 사소하다고 할 수 있는 것은 없다. 나는 각계각층의 사람들을 많이 만난다. 이를테면 학생들, 다른 평화운동가들, 명상가들, 버스 탔을 때 나와 같은 버스를 타고 가는 사람들 등등. 그 많은 사람들의 이름을 기억하는 것은 쉽지 않다. 그런데 사람이 누군가의 이름을 잊어버리는 특정한 시점이 있다는 사실을 깨달았다. 망각의 심연 속으로 막 떨어지려 하고 있는 이름을 붙잡을 수만 있다면 그 이름을 훨씬 오랫동안 기억할 수 있을 것이다. 그래서 누구를 만났을 때 나는 대화가 끝나고 나서 몇 분 뒤에 항상 그 사람이 누구인지 떠올린다. 그 사람이 잭 맞지? 이것은 매우 도움이 된다.

그러니까 "무작위적으로 친절 베풀기"에 더하여 혁명적으로 예의

바른 자세를 취해 보라. 사물의 세계가 아닌 사람의 세계, 점점 더 넓어지면서 깊이도 깊어지는 인간관계가 탄생하는 세계에서 좀더 창의적인 방법을 고안해 보라.

이것은 매우 큰 보람을 느낄 수 있는 과제이다. 대화 하나하나, 만남 하나하나를 통해 우리는 인간성을 회복할 수 있다. 그리고 많은 연구결과가 뒷받침하는 사실이지만 이렇게 하면 건강도 개선할 수 있다. 그러나 가장 중요한 것은 우리가 올바른 일을 하면 그 이익이 모든 방향으로 퍼져 나간다는 사실이다.

4. 비폭력적 소양 쌓기

이 책을 계속 읽고 있다면 이제 네 번째 지침까지 왔을 것이다. 여기까지 온 것을 축하한다. 오늘날 비폭력적 사건을 인식하지도, 이해하지도, 평가하지도 못하는 사람은 이름 뒤에 무슨 직함이 붙든 교육 받지 못한 사람이다. 교육기관들은 이제 서서히 이러한 필요성에 자각해가고 있다. 이들의 노력에 갈채를 보내지만 그렇다고 이들이 우리를 쫓아올 때까지 기다릴 수도 없고, 그럴 필요도 없다. 비폭력의 기본요소들, 역사, 논리, 잠재력 등을 배우고 이를 남들과 나누면 된다.

실천을 통해서 물론 배울 수 있지만 간디가 "인간이 갖고 있는 힘 중 가장 큰 힘"[2]이라고 부른 것을 이 과정에서 찾아내고 이해할 수만 있다면 문화 자체를 바꾸는 데 훨씬 더 다가설 수 있을 것이다.

5. 평화를 향한 행동

전쟁이라는 시스템은 우리의 문화, 우리의 예산, 이러이러한 것만 가능하다는 우리의 한정된 시각을 모두 지배하는 것처럼 보이지만 사실상 끊임없이 보수되는 사상누각에 불과하다. 어떤 일을 군사적으로 해결하려 할 때마다 그 비효율성은 분명히 드러나며, 대안은 더욱 절실하게 필요해진다. 이런 대안을 현실로 만들려고 노력하는 우리는 인간 하나하나의 마음속에 채울 수 없는 평화의 갈망이 존재한다는 사실을 항상 기억해야 한다. 성 아우구스티누스는 이러한 갈망을 그의 저서 『신의 도시』의 제19권에서 아름답게 표현하고 있으며, 전쟁의 소음 속에서도 희미하게나마 우리는 그의 노랫소리를 듣고 있다. 테러리즘의 시대에 전쟁이 쓸모가 있다는 사실 바로 그것 때문에 이 영원한 갈망을 이해하기가 오히려 쉬워진다.

그러나 전쟁 시스템은 어느 곳에나 있고, 우리의 수는 적기 때문에 최대의 효과를 얻기 위해 우리의 노력을 어느 방향으로 집중해야 할지를 알아야 한다. 다행히도 비폭력적 시각을 통해 몇 가지 분명한 지침을 얻을 수 있다.

* 항상 분명하고 긍정적인 대안을 찾을 것. 특히 글을 쓰거나 말을 할 때 상대방이 죄책감을 느끼게 만들려고 하지만 그런 식으로 이야기를 시작하면 대화는 보통 거기서 끝장난다. 토인비는 이렇게 말했다. "간디는 영국이 더 이상 인도를 지배할 수 없게 만들었지만,

동시에 영국이 불명예를 당하지 않고도 포기할 길을 열어 주었다."[3] 우리가 할 일은 나갈 길을 뚫어 주는 것이다. 우리의 기분을 좋게 하기 위해서가 아니라 세상을 더 좋게 하기 위해서다. 건설적 프로그램이 자연스럽게 차단 프로그램보다 우위에 서는 것처럼 긍정적인 대안은 종종 다른 사람에 대한 비판을 불필요하게 만든다. 엘리베이터 안에서 마주쳤던 말없던 사람을 항상 기억해 두자.

자주 인용되는 다음 이야기를 한 사람도 토인비로 알려져 있다. "무관심은 뭔가에 열광하는 것으로만 극복할 수 있다. 그리고 열광하려면 다음 두 가지가 반드시 필요하다. 첫째, 갑자기 상상력을 촉발하는 이상, 둘째, 그 이상을 현실로 옮기는 분명한 계획이다." 비폭력은 그 본질을 깨닫는 순간 갑자기 우리의 상상력을 촉발한다. 여기서 추가로 해야 할 일은 "분명하고도 쉽게 이해할 수 있는 계획"으로, 이 계획을 이용해서 앞서 말한 이상이 모든 측면에서 평화에 어떻게 적용되는지를 보여 줄 수 있다. 여기서 가장 좋은 예는 스리랑카의 사르보다야라는 조직이 개발한 500년 평화계획이다(성질 급한 서양 사람들에게는 100년 계획도 괜찮을 것이다). 전쟁 시스템에 대한 좀더 직접적인 해결책은 물론 비폭력 평화군단을 결성하는 것으로, 이 책 끝의 참고 자료를 참조해도 되고, www.transformingviolence.org를 봐도 된다.

---

* 단순히 상징적이기만 한 사업에 너무 중점을 두지 말라. 4장에서 논의

한 곡선의 1단계를 통과한 문제에 관해서는 특히 그렇다.

*비폭력적인 문화를 창조한다는 전체적인 목적과 부합하지 않을 것으로
보이는 단일한 캠페인에 너무 힘을 많이 쓰지 말라. 거북을 살리는 것
은 그 자체로 의미 있는 일이지만 바다가 썩어 가는 마당에 그것
은 큰 도움이 되지 않는다. 창의적이고 원칙에 입각한 비폭력 활
동을 통해 거북을 구하는 것이 좀더 도움이 될 것이다. 왜냐하면
이러한 노력의 결과는 "가치의 혁명"이라는 대전제와 부합하기
때문이다.

*현재를 위해 미래를 희생하지 말라. 이것이야말로 폭력적인 해결책
이 늘 하는 짓이다. 탱크나 벙커를 파괴하기 위해 아프가니스탄과
이라크에 쏟아 부은 열화우라늄탄을 생각해 보라. 열화우라늄탄
은 무려 25만 년간이나 토양과 수질을 오염시킨다. 비폭력의 원칙
에 잘 훈련된 사람이라면 절대로 이런 일을 일으키지 않는다. 오
히려 좋은 효과가 계속 증폭될 것이다. 전쟁의 여러 측면, 이를테
면 군사예산, 우리의 이름으로 세계 어느 구석에선가 벌어지고 있
는 전쟁범죄 고발하기, 양심적 병역 거부자들에 대한 조언, 전쟁
수행을 위한 세금납부 거부하기처럼 전쟁을 거부하는 이런저런
측면 중 어느 쪽에서 일을 하든 미래까지 계속될 수 있는 사업을
찾아내야 한다. 앞서 말한 것처럼 우리가 체계적으로 비폭력적인
활동을 하는 만큼 세계적인 비폭력의 공명을 들을 수 있을 것이

고, 결국 매튜 아널드가 적절히 표현한 것처럼 "미래와의 소통 경
로를 열어둘 수 있을" 것이다.[4]

* 손을 뻗어라. 쭉 뻗어라. 나는 전국적으로 너무나 큰 피해를 입힌
증오 라디오 프로그램 두 군데와 인터뷰를 하기도 했다. 이것이
너무 심하다고 생각되면 친척이나 직장 동료, 아니면 누구든 증오
에 가득 찬 사람을 정중하지만 자신감 있는 태도로 설득해 보라.
왜냐하면 폭력에 사로잡힌 사람들은 이런 일을 할 수 없기 때문이
다. 비폭력의 논리는 이성의 밝은 빛과 마주설 수 없다. 인내심과
동정심 어린 의사소통만이 어느 정도나마 성공을 일궈 낼 수 있을
것이다.

이제까지 이야기한 것을 다시 한번 요약하면 다음과 같다.

* 대안 미디어를 활용하라(상업적 미디어를 쓸 때는 극도로 주의해야 한다).
* 스스로의 마음을 돌보라.
* 다른 사람들에게 친절하게, 그리고 개인으로서 친근하게 대하라.
* 비폭력을 학습하라.
* 평화를 구축하라.

"침팬지는 섹스의 문제를 힘으로 해결한다. 보노보는 힘의 문제를 섹스로 해결한다." 이는 유명한 영장류 학자인 프란스 드 발이 보노보들을 깊이 연구해 보고 내린 결론이다. 보노보는 침팬지보다 체격이 좀 작은 유인원으로, 아프리카의 깊은 정글 속에 산다. 그래서 침팬지보다 훨씬 나중에 발견되었다. 이들은 모계사회를 이루고 사는 것이 특징이다. 19세기 말, 침팬지를 발견하고 관찰한 유럽인들은 침팬지가 이루고 있는 가부장적이고도 철저히 위계적인 사회 질서를 보고 이들이 인간과 매우 유사하다는 생각을 하기에 이르렀다. 따라서 오늘날과 같은 유전학적 연구수단이 하나도 없던 시절에 그저 '인간은 침팬지로부터 진화했다'는 가설을 내세웠으며, 그 가설이 널리 받아들여졌다. 산업혁명 이후 공업화의 물결이 전 세계를 뒤덮고 자본주의가 지도적 이데올로기로 자리를 잡아가고 있던 시절, 그러니까 세계 곳곳에서 유형무형의 폭력과 불평등이 일상이 되어 가던 시절에 만난 침팬지를 보고 과학자들이 무릎을 치지 않았으면 오히려 이상할 것이다.

보노보가 침팬지보다 한참 뒤에 유럽인들의 눈에 띄었을 때, 이들은 보노보가 새로운 종이라는 사실을 알아보지 못했고, 따라서 '피그미 침팬지'라는 이름을 붙여 주고는 침팬지의 한 아종으로 취급했다.

그러나 시간이 지나고 과학이 발달하자 보노보가 유전적으로 침팬지와 다르다는 사실이 분명해졌다. 그리고 그 이전에 이미 이들의 생활상이 침팬지와는 판이하다는 사실도 알려져 있었다. 모계사회를 이루고 사는 보노보는 '생존은 자연 및 다른 개체와의 끝없는 투쟁'이라는 식으로 삶을 보지 않는다.

돌이켜보면 인간이 침팬지 류의 부계사회를 이루고 산 기간은 수백만 년에 걸친 인류의 역사 속에서 볼 때 마지막 한순간에 불과하다. 인류의 역사를 300만 년으로 본다면 단 1만 년 정도, 그러니까 정착농경이 시작되고 오늘에 이르기까지의 시간일 뿐이리라는 뜻이다. 물론 모계사회에서도 산발적이고 개별적인 '폭력행위'는 있었겠지만 '조직화되고 체계적인, 사회 유지 수단으로서의 폭력'이라는 개념은 그 당시에는 존재하지 않았으리라는 뜻이다. 1/300도 안 되는 기간 중 인간이 폭력의 노예가 된 기간은 말할 것도 없이 농경으로 생산물을 저장할 수 있는 방법이 생겼고 그로 인해 사유재산, 불평등, 착취 등이 태어났으며, 이러한 제도를 유지하는 방법 중 가장 손쉬운 것이 폭력이었기 때문이었으리라고 생각된다. 과거에 산발적이고, 개별적인 폭력을 경험한 인간은 폭력이 적어도 그 순간에는 효과가 있다는 사실을 알았을 테니까 말이다. 인류학자도 생물학자도 아닌 역자의 이러한 추측이 만약 옳다면 폭력이 인간의 본성이라는 주장은 틀린 것이 된다. 왜냐하면 1만 년이란 인류처럼 한 세대가 수십 년씩 되는 종의 진화를 위해 결코 충분한 시간이 아니며, 따라서 인간은 폭력적인 방향으로 진화할 겨를이 없었을 것이다. 인간의 생리학적 특성이 수십만 년간 거의 변화한 것이 없다고 하지 않는가?

그렇다면 희망이 생긴다. 사실 보노보의 등장은 영장류학의 발전에 공헌한 것도 있지만 그보다는 인류가 이제까지 잊고 있었던(정확히 말하면 무시하고 있었던) 모계사회의 가치를 재조명하도록 해 주었다는 데 의미가 있다. 그렇다고 역자가 "전 인류의 모계사회로의 회귀"를 주장하는 것은 아니다. 그러나 폭력을 통제 수단으로 사용하는 사회 구조에 대한 반성을 향한 "잊고 있었던 재출발점" 역할은 할 수 있다고 생각한다.

물론 이 책의 저자가 이러한 식의 희망을 피력하려고 이 책을 쓴 것은 아니다. 폭력이 탄생한 후 인류학적 내지는 진화론적 배경과는 상관없이 이 책은 폭력의 문제를 해결하고, 한 걸음 더 나아가 폭력이 없는, 즉 비폭력 상태를 정상적인 상태로 만들려면 어떻게 해야 하는가를 이야기하고 있다. 폭력이 인간의 본성이 아니라는 희망이 있다면, 이 책이 전하려는 메시지는 그만큼 더 설득력이 생긴다. 이 책에서 저자는 폭력과 비폭력의 여러 가지 측면을 다루며 풍부한 사례로 자신의 생각을 뒷받침하고 있다. 이를테면 미국에서 흔히 볼 수 있는 인종 간의 증오 폭력, 지배자(주로 영국인)가 피지배자(주로 인도인)에 대해 가하는 폭력, 중남미에서 자행되는 정치성을 띤 폭력 등을 분석하고 대안으로서의 비폭력을 이론 및 배경의 차원과 실천의 차원, 실천의 사례 등을 들며 설명하고 있다. 특히 기원 전 200년경 인도를 다스린 아쇼카 왕의 이야기에서는 경탄을, 간디의 활동과 사상에 대한 설명과 사례 묘사는 경탄과 함께 감동을 안겨 준다. 이 밖에도 감탄과 감동을 안겨주는 사례는 넘친다. 옮긴이의 입장에서 가장 큰 수확은 옮긴이가 (주로 무지 때문에) 그냥 안 될 것이라고 생각해 온 부당한 일들에 대해 저자가 해결 사례를 보여 주었거나 가능성을 제시해 준 것이다.

저자가 애써 다룬 이러한 주제들 외에도 인류가 해결해야 할 주요 과제 중 하나는 양성 간의 관계를 지배하는 폭력성과 그 해소에 관한 것이다. 아마 이것까지 다루었다면 이 책은 매우 방대한 저술이 되었을 것이다. 이 주제 하나만으로도 여러 권의 책을 저술할 수 있을 테니 말이다. 다만 역자로서 한 가지 바람이 있다면 이 책이 비폭력과 평화의 문제를 깊이 생각하는 모든 사람들에게 생각의 재료가 되어 서로 다른 모든 인간 집단 간의 관계(양성 간의 관계를 포함하여), 나아가서는 생물권의 모든 종 사이의 관계(사실상 인류라는 지배자 종과 그 밖의 피지배종 사이의 관계가 되겠지만)를 더욱 평등하고 바람직한 것으로 만드는 계기가 되었으면 하는 것이다.

2008년 3월 연희동에서

옮긴이 **이창희**

CWMG=The Collected Works of Mahatma Gandhi, CD-ROM(New Delhi: Government of India).

서문

1. The Talk of the Town, *New Yorker*, September 16, 2002, 32.

2. Krystal Kyer, 27, Olympia Movement for Justice and Peace(OMJP) 회원의 이메일.

3. Jane Perlez, *New York Times*, September 11, 2002.

4. Paul H. Ray and Sherry Ruth Anderson, *The Cultural Creatives: How 50 Million People Are Changing the World*(New York: Three Rivers, 2001).

에필로그

1. Alan Weisman, *Gaviotas: A Village to Reinvent the World*(White River Junction, Vermont: Chelsea Green, 1998).

2. 같은 책, 14, 175-76.

3. 같은 책, 33. 더 자세한 것은 http://friendsofgaviotas.org/about.htm 참조.

1장

1. Hannah Arendt, *On Violence*(New York: Harcourt, Brace & World, 1969), 6.

2. *CWMG*, vol. 53, 354; *Harijan*, April 14, 1946, 90.

3. Jacques Ellul, *Contre les Violents*(Vienna: Le Centurion, 1972), 7.

4. William Johnston, trans., *The Cloud of Unknowing*(New York: Doubleday, Image 1973), 129.

5. John W. Burton, *Violence Explained: The Sources of Conflict, Violence and Crime and Their Prevention*(Manchester: University of Manchester Press, 1997), 10.

6. Joel R. Davitz, "The Effects of Previous Training on Postfrustration Behavior," *Journal of Abnormal Social Psychology* 47(1952): 309-15.

7. Ben Ngubane, Associated Press, July 27, 1998.

8. David Sobel and Robert Ornstein, "Bad News on TV Is Bad News All Around," *Mental*

Medicine Update IV. 1(1995) 1.

9. Joel Goleman, "Today's Lesson: Curbing Kids' Violent Emotions," *San Francisco Chronicle*, March 5, 1992, D3, D6.

10. Daniel Schorr, "TV Violence: What We Know but Ignore," *Christian Science Monitor*, September 7, 1993 19.

11. Andre Brink, "Time Magazine's 100 Leaders and Revolutionaries of the 20th Century," *Time* 151, no.14, 1998, 188-90.

12. Fatima Meer, *Higher than Hope: The Authorized Biography of Nelson Mandela*(New York: Harper & Row, 1990), 218-20.

13. John Daniszewski, Associated Press, "Mandela, de Klerk Debate," *Santa Rosa press Democrat*, April 15, 1984, A5.

14. *CWMG*, vol. 75, 409.

15. David Remnick, "Dumb Luck: Bush's Cold War," *New Yorker*, January 25, 1993, 105.

16. Peacemedia(peacemedia@gn.apc.org)에 보낸 메일. Peacenet Conference, September 28, 1991.

17. Gaby Rado, *Washington Spectator*, February 1, 1994, 2.

18. Sonoma County school newsletter, *Kid Konnection*, July 1994, 21.

19. Lt. Col. Dave Grossman and Gloria Degaetano, *Stop Teachin Our Kids to Kill: A Call to Action against TV, Movie and Video Game Violence*(New York: Random House, 1999); Kara Platoni, "The Pentagon Goes to the Video Arcade," *The Progressive*, July 1999, 27 참조.

20. Wendell Berry, *Standing by Words*(San Francisco: North Point, 1983), 65.

21. *Isha Upanishad*, verse 12.

22. Rich'ard Magee, *Youth Outlook*, September 11-15, 1995, 6에서 재인용.

23. Heraclitus frag. B45.

24. Robert Sanders, "Berkeley, LBNL Scientiss Snap Firs 3-D Pictures of the 'Heart' of the Genetic Transcription Machine," *Berkeleyan*, January 19-25, 2000, 3.

25. Steven Glazer, *The Heart of Learning*(New York: Jeremy P. Tarcher/Putnam, 1999), 218에 서 재인용.

26. Fyodor Dostoevsky, *The Possessed*(New York: The Heritage Press, 1959), 571.

27. Dorothy Conniff, "Day Care: A Grand and Troubling Social Experiment," *Utne Reader*, May/June 1993, 67.

2장

1. L. Mahoney and L. Eguren, *Unarmed Bodyguards: International Accompaniment for the Protection of Human Rights*(West Hartford, CT: Kumarian, 1997), 176.

2. 이 장에서 말하는 것들은 몇몇 PBI 봉사자들에게서 말로 전해들은 것들이다〔이 이야기는 마호니(Mahoney)와 에그렌(Eguren)의 중요한 책들에 등장하기 전부터 PBI 회원들 사이에서는 이미 유명했던 이야기다〕.

3. Kenneth E. Boulding, *Three Faces of Power*(Newbury Park, CA: Sage, 1989).

4. 같은 책, 10.

5. David V. Erdman, ed., *The Poetry and William Blake*(Garden City, NY: Doubleday, 1970), 36.

6. Saint Augustine, *The City of God* XIX:12.

7. Charleton Levis and Charles Short, *A Latin Dictionary*(Oxford: Oxford University Press, 1962), s.v. "Violare."

8. Jacques Lusseyran, *And There Was Light*(New York: Parabola, 1987), 178.

9. Mt. 5:21-22.

10. Johan Galtung, "Violence, Peace, and Peace Research," *Journal of Peace Research* 6, no.3(1969): 168-70.

11. Rachel M. Macnair, *Perpetration-Induced Traumatic Stress*(Westport, CT: Praeger, 2002). 또한 같은 저자의 The Psychology of Peace(Westport, CT: Praeger, 2003) 참조.

12. Saint Augustine, *Confessions* I:xviii.

13. Everett Worthington, ed., *Dimensions of Forgiveness: Psychological Research and Theological Perspectives*(Radnor, PA: Templeton Foundation Press, 1998); Michael E. McCullough, Kenneth I. Pargament, and Carl E. Thoresen, eds., *Forgiveness: Theory, Research, and Practise*(New York: Guilford Press, 2000).

14. *San Francisco Chronicle*, July 8, 1997, A4.

15. *Medical Abstract Newsletter*, 1993.

16. Robert L. Ivie, "Metaphor and the Rhetorical Invention of Cold War 'Idealists,' " *Communication Monographs* 54(1954): 165-81 참조.

17. Associated Press, *Los Angeles Times*, August 11, 1993, B7.

18. Deborah Prothrow-Stith, *Harvard Alumni Gazette*, April 23, 1992, 23.

19. 같은 책, 24.

20. Swami Ramdas, *Ramdas Speaks*, vol. III(Bombay: Bharatiya Vidya Bhavan, 1957), 149.

21. Pam McAllister, *You Can't Kill the Spirit: Women and Nonviolent Action*(Philadelphia: New Society, 1988), 9 참조.

22. Lenore Friedman, *Meetings with Remarkable Women*(Boston: Shambala, 1957), 168 참조.

23. James D. Hunt, *Gandhi and the Nonconformists*(New Delhi: Promilla, 1986), 54-56.

24. *CWMG*, vol. 34, 94; *Satyagraha in South Africa*(Ahmadabad: Navajiovan, 1928), 103 참조.

25. 같은 책.

26. 같은 책.

27. Robert I. Friedman, "An Unholy Rage," *New Yorker*, May 7, 1994, 54.

28. Frans de Waal, *Peacemaking among Primates*(Cambridge: Harvard University Press, 1989), 1.

29. Bill Bailey, *America's Good News Almanac*(New York: Simon and Schuster, Porket Books, 1996), 40-42.

30. *CWMG*, vol. 34, 267.

31. Pyarelal, *The Epic Fast*(Ahmadabad: Navajivan, 1932), 35.

32. Brandon Astor Jones, "Cell 38," *New Internationalist*, no.294(1997): 35.

33. Hannah Arendt, *On Violence*(New York: Harcourt, Brace & World, 1969), 80.

34. Marshall Frady, "The Outsider, II," *New Yorker*, March 10, 1992, 70.

35. *CWMG*, vol. 30, 66-67.

36. *CWMG*, vol. 9, 392.

37. "새로운" 물리학과 비폭력 사이의 낯선 유사성에 관해 더 보려면 8장을 보라.

38. Harold E. Pepinsky, *The Geometry of Violence and Democracy*(Bloomington: Indiana University Press, 1992), 44.

39. 같은 책, 127.

40. M. K. Gandhi, *Hind Swaraj*, or *Indian Home Rule*(Ahmadabad: Navajivan, 1938), 70.

41. Frans de Waal, *Peacemaking among Primates*, 233.

42. John Dominic Crossan, *The Historical Jesus: The Life of a Mediterranean Jewish Peasant*(San Francisco: Harper Collins, 1991), 130-32.

43. 같은 책, 136; Keith Akers, *The Lost Religion of Jesus: Simple Living and Nonviolence in Early Christianity*(New York: Lantern Books, 2000) 참조.

44. Louise B. Young, "Easter Island: Scary Parable," *World Monitor*, August 1991, 45.

3장

1. Staughton Lynd, *Nonviolence in America*(Indianapolis: Bobbs Merrill, 1996), 525-26. 더 새로운 자료를 보려면 4장 주 25를 보라.

2. Yehudah Mirsky, "Jewish Perspectives," *Perspectives on Pacifism*, David R. Smock, ed.(Washington, DC: U.S. Institute of Peace, 1995), 23.

3. 영화 〈A Time for Justice〉(Atlanta: Teaching Tolerance, 1992).

4. "I Refuse to Live in Fear," *San Francisco Examiner Parade*, October 23, 1994, 22-23.

5. Eva Fogelman, *Conscience and Courage*(New York: Anchor Doubleday, 1994), 6, 59.

6. Michael Henderson, *All Her Paths Are Peace: Women Pioneers in Peacemaking*(West Hartford, CT: Kumarian Press, 1994), 162.

7. *CWMG*, vol. 5, 335; *Satyagraha in South Africa*, 100 참조.

8. Stephen Zunes, "The Origins of People Power in the Philippines," *Nonviolent Social Movements: A Geographical Perspective*, Lester Kurtz, Stephen Zunes and Sarah Asher, eds.(Oxford: Blackwell, 2000), 151 참조.

9. Louis Menand, "The War of All Against All," *New Yorker*, March 14, 1994, 74.

10. Eknath Easwaran, *Gandhi the Man*(Petaluma, CA: Nilgiri Press, 1978), 92; *CWMG*, vol. 35, 365.

11. Eva Fogelman, *Conscience and Courage*, 228.

12. 저자와 개인적으로 나눈 서신. 더 많은 자료는 다음 글에 잘 요약되어 있다. Natalie Angier, "Why We're So Nice: We're Wired to Cooperate," *New York Times*, July 23, 2002.

13. "Walking the Talk of Nonviolent Intervention," *Signs of the Times*(Christian Peacemaker Teams newsletter) VI, no. 1, 1996, 2.

14. Solange Muller, talk given to ad hoc organizational meeting for peace teams, New York City, 1992.

15. Harold Flender, *Rescue in Denmark*(New York: Simon & Schuster, 1963), 144.

16. 같은 책, 149.

17. 같은 책, 148.

18. "An Irish Airman Foresees His Death," *The Collected Poems of W. B. Yeats*(New York: Macmillan, 1955), 133.

19. M. Scott Peck, *The Different Drum: Community Making and Peace*(New York: Simon and Schuster, Touchstone, 1987), 35. 영국의 심리학 박사 존 드러리(John Drury)의 "Protesting Can Be Good for Your Health"(http://www.eurocbc.org/page582.html) 참조.

20. Jawaharlal Nehru, *An Autobiography*, C. D. Narasimhaiah, ed.(Delhi: Oxford, 1936), 91.

21. Thich Nhat Hanh, *Love in Action: Writings on Nonviolent Social Change*(Berkeley: Parallax Press, 1973), 71.

22. 저자와 개인적으로 나눈 서신.

23. Kevin Weston, "Why I Don't Pack," *Youth Outlook*, Winter 1994, 4.

24. *Michigan Peace Team Bulletin*, Spring 1998, 2.

25. P. V. Narasimha Rao 재인용, *India News*, October 1, 1994.

26. N. Nikam and R. McKeon, trans., *Edicts of Ashoka*(Chicago: University of Chicago Press, 1959), 27-28.

27. *Yoga Sutras* I. 2.

28. Whitall N. Perry, *Treasury of Traditional Wisdom*(Cambridge, UK: Quinta Essentia, 1971), 533.

29. Robert Livingston, *Sensory Processing, Perception, and Behavior*(New York: Raven Press, 1978), 8.

30. Swami Ritajananda, *Swami Turiyananda*(Madras: Sri Ramakrishna Math, 1963), 172-73.

31. Lowell Cohn, "Montana Was Cool in the Eye of the Storm," *San Francisco Chronicle*, January 24, 1989, Special Souvenir Section, 2.

32. William James, *Principles of Psychology*, reprinted in Great Books of the Western World(Chicago: Encyclopedia Britannica, 1952), 274-75.

33. Marcus Borg, *Jesus: A New Vision*(New York: Harper & Row, 1987), 43-44.

34. *Bhagavad Gita* VI: vv, 34f.

35. Eva Fogelman, *Conscience and Courage*, 178.

36. M. K. Gandhi, *All Men Are Brothers*(Ahmadabad: Navajivan, 1960), 111-12.

4장

1. *CWMG*, vol. 81, 358.

2. Robert Jewett and John S. Lawrence, *The American Monomyth*(Garden City, NY: Anchor Doubleday, 1977).

3. A. L. Kellermann and others, "Gun Ownership as a Risk Factor for Homicide in the Home," *New England Journal of Medicine* 329, no. 15(1993): 1084-91; Janice Somerville, "Gun Control as Immunization," *American Medical News*(January 3, 1994): 7.

4. 유엔 보상위원회(UN Compensation Commission) 자료에서 인용. 다음 웹사이트에서 볼 수 있다. www.onog.ch/uncc/claims/e_claims.

5. Vera Brittain, "Massacre by Bombing," *Fellowship*, March 1944, 50-51.

6. 전쟁 이후에 나온 연구를 보려면, Ernest R. May, *"Lessons" of the Past*(New York: new York University Press, 1973)를 보라.

7. D. G. Tendulkar, *Mahatma: Life of Mohandas Karamchand Gandhi*(New Delhi: Government of India, 1951), 39.

8. Henri J. M. Nouwen, "Saying No to Death," *Peace Is the Way*, Walter Wink, ed.(Maryknoll, New York: Orbis Books, 2000), 144.

9. Lt. Col, Dave Grossman, *On Killing: The Psychological Cost of Learning to Kill in War and*

Society(New York: Little, Brown and Company, 1996); Grossman and DeGaetano, *Stop Teaching Our Kids to Kill*.

10. K. N. Waltz, *Man, the State, and War: A Theoretical Analysis*(New York: Columbia University Press, 1964), 231.

11. William J. Bowers and Glenn Pierce, "Deterrence or Brutalization: What Is the Effect of Executions?" *Crime and Delinquency* 26, no.4(1980): 453-84; R. Bonner and F. Fessended, "Death Penalty Not Factor in Homicide Rates," *Santa Rosa Press Democrat*, September 22, 2000, A16 참조.

12. Sister Helen Prejean, *Dead Man Walking: An Eyewitness Account of the Death Penalty in the United States*(New York: Random House, 1993), 232.

13. Kevin Weston, *Youth Outlook*, 4.

14. 국제연대운동(International Solidarity Movement)의 자원봉사자인 레이첼 코리는 2003년 3월 16일, 가자 지구에서의 폭력 사태를 막기 위해 노력하다가 이스라엘 불도저에 깔려 숨졌다. 그리고 한 달 뒤 브라이언 애버리, 톰 헌덜 그리고 제임스 밀러가 비슷한 중재를 하다가 이스라엘 군인이 쏜 총에 맞았다.

15. Martin Luther King Jr. in James M. Washington, *A Testament of Hope*(San Francisco: Harper San Francisco, 1986), 56.

16. B. R. Nanda, *Mahatma Gandhi*(Delhi: Oxford University Press, 1958), 167.

17. Gernot Jochheim, *Die Gewaltfreie Aktion: Idee und Methoden, Vorbilder und Wirkungen*(Hamburg-Zurich: Rasch und Rohring Verlag, 1984), 262.

18. Nathan Stoltzfus, *Resistance of the Heart: Intermarriage and the Rosenstrasse Protest in Nazi Germany*(New York: Norton, 1996), 215-57, etc.

19. Sergius C. Lorit, *The Last Days of Maximilian Kolbe*(New York: New City Press, 1988), 15-16.

20. Patricia Treece, *A Man for Others*(San Francisco: Harper and Row, 1982), 178.

21. Viktor E. Frankl, *Man's Search for Meaning: An Introduction to Logotherapy*, Ilse Lasch, trans.(Boston: Beacon Press, 1959), 102.

22. 2차 세계대전 때의 비폭력에 관한 또 다른 예는 Roger S. Powers and William B. Vogele, eds., *Protest, Power, and Change: An Encyclopedia of Nonviolent Action from ACT-UP to Women's Suffrage*(New York: Garland, 1995); Jean-Marie Muller, *Vous Avez Dites, "Pacifisme"?: De la Menace Nucleaire a la Defense Civile Non-violente*(Paris: Cerf, 1984), especially pages 251f, 265, and 279를 보라.

23. *CWMG*, vol. 54, 48; *All Men Are Brothers*, 118.

24. Sudarshan Kapur, *Raising Up a Prophet: The African-American Encounter with*

Gandhi(Boston: Beacon, 1992).

25. Staughton Lynd and Alice Lynd, *Nonviolence in America: A Documentary History*(Maryknoll, NY: Orbis, 1995), 2.

26. John B. B. Trussell, *William Penn, Architect of a Nation*(Pennsylvania Historical and Museum Commission, 1983), 37.

27. Howard Haines Brinton, Friends for 300 Years: The History and Beliefs of the Society of Friends Since George Fox Started the Quaker Movement(Wallingford, PA: Pendle Hall Publications and the Philadelphia Yearly meeting of the Religious Society of Friends, 1965), 151-52.

28. 같은 책, 79.

29. *CWMG*, vol. 79, 199.

30. A. L. Basham, *The Wonder That Was India*(Calcutta: Rupa & Co, 1967), 53-55.

31. Alan Weisman, *Gaviotas! A Village to Reinvent the World*, 112-13. 파올로 루가리 자신도 한 때 M-19 게릴라 과격단체에 의해 납치된 적이 있다. 하지만 이틀 뒤에 게릴라들은 파올로 루가리를 풀어주었다.

32. Gene Sharp, *Making Europe Unconquerable*(Cambridge: Ballinger, 1985); National Security through Civilian-Based Defense(Omaha: Association for Transarmament Studies, 1985) 참조.

33. Petra Kelly, *Thinking Green!*(Berkeley, CA: Parallax Press, 1994), 57-58.

34. Philip Hallie, *Lest Innocent Blood Be Shed*(New York: Harper & Row, 1979), 275.

35. 같은 책, 245.

36. 같은 책, 114.

37. 내가 알기로 간디는 미리 대책을 강구하고 어떤 행동을 하지 않았는데, 이를 보면 간디의 생애에는 한 순간도 상징이 없다는 것을 알 수 있다.

38. 2장 주 34 참조.

39. Tom R. Tyler, *Why People Obey the Law*(New Haven: Yale University, 1990).

40. Albert Szent-Gyeorgyi, *The Crazy Ape*(New York: The Philosophical Library, 1970), 44.

41. M. Sherif, *In Common Predicament*(Washington, DC: Public Affairs Press, 1966).

42. Grossman and DeGaetano, *Stop Teaching Our Kids to Kill*, 127.

43. 주 1 참조.

44. Gordon Fellman, *Rambo and the Dalai Lama*(Albany: State University of New York press, 1998), 20.

45. Pyarelal and Sushila Nayar, *In Gandhiji's Mirror*(Delhi: Oxford University Press, 1991), 268.

5장

1. Frank Browning, "Drug Users Defy Stereotypes," *Pacific News Service Newswire* 4: 6, 1992, 3.

2. 이 연구는 William Raspberry에 의해 「인터내셔널 해럴드 트리뷴(International Herald Tribune)」, February 7, 1988을 장식했다. Michael Gordon, "A Journey into a World Apart," World Press Review, September 2000, 16 참조.

3. *Youth Outlook*, January/February 1997, 7.

4. *San Francisco Chronicle*, November 10, 1997.

5. Steven R. Donziger, ed., *The Real War on Crime: The Report of the National Criminal Justice Commission*(New York: Harper Collins, 1996), xvii 참조.

6. Harold E. Pepinsky and Richard Quinney, *Criminology as Peacemaking*(Bloomington: Indiana University Press, 1991), 3.

7. Ruth Morris, *Penal Abolition: The Practical Choice*(Toronto: Canadian Scholar's Press, 1995), 5.

8. James M. Washington, ed., *Testament of Hope*(San Francisco: Harper & Row, 1986), 243.

9. Vincent Schiraldi, UC Focus(University of California, Berkeley) 8, no. 6(1994): 1 재인용.

10. Sharon Roberts, "Ex-Offenders Aid World of Disabled," *New York Times*, February 4, 1990, Y33.

11. 같은 책.

12. *Buffalo Report for March 1, 2002*, http://buffaloreport.com/02030labbott.html 참조.

13. Ruth Morris, *Penal Abolition*, 33.

14. *CWMG*, vol. 19, 466.

15. 같은 책.

16. Arnold Trebacher, *Pacific News Service* editorial, June 24-28, 1991, 2.

17. Harold Pepinsky, "Alternative Social Control Systems" (course syllabus, CJUS P202, Spring 1996).

18. Lila Rucker, "Peacemaking in Prisons: A Process," Pepinsky and Quinney, *Criminology as Peacemaking*, 174.

19. 같은 책, 177.

20. 같은 책, 172.

21. Ruth Morris, *Penal Abolition*, 44.

22. 같은 책, 46.

23. Richard Woodbury, "A Convict's View: 'People Don't Want Solutions,' " *Time*, August 23, 1993, 33.

24. Katherine Webster, "Verdict, Guilty: Sentence, Literature," *Santa Rosa Press Democrat*, May 31, 1994, A6.

25. Martin Luther King, "Why I Am Opposed to the War in Vietnam" (speech, Atlanta, 3rd Sunday in April, 1967).

26. National School Boards report, *Washington Spectator*, January 1, 1993; Karen S. Peterson, *USA Today*, June 19, 1998 참조.

27. Meyer Friedman and Diane Ulmer, *Treating Type A Behavior-and Your Heart*(New York: Ballantine, Fawcett Crest, 1984), 196.

28. Deepak Chopra, *Noetic Sciences Review*, no. 28(Winter, 1993): 19 재인용.

29. *Pacific News Service Newswire*, August 9, 1992, 6.

30. *San Francisco Chronicle*, March 18, 1997, A24.

31. Viktor E. Frankl, *Man's Search for Meaning: An Introduction to Logotherapy*, Ilse Lasch, trans.(Boston: Beacon Press, 1959), 101.

32. E. Midlarsky and E. Kahana, *Altruism in Later Life*(Thousand Oaks, CA: Sage Publications, 1994), 79.

33. *New York Times*, March 29, 1972.

34. Oscar Romero, *The Violence of Love: The Pastoral Wisdom of Archbishop Oscar Romero*, James R. Brockman, trans.(San Francisco: Harper & Row, 1988), 81.

35. Becky Benenate and Joseph Durepos, eds., *No Greater Love*(Novato, CA: New World Library, 1997), 94-95.

6장

1. *CWMG*, vol. 79, 309.

2. Working Assets mailer, May 1998.

3. *Wingspread Journal*, Spring 1997.

4. *CWMG*, vol 34, 42; *Satyagraha in South Africa*, 43.

5. *CWMG*, vol. 10, 283; *Hind Swaraj*, or *Indian Home Rule*, 60.

6. *CWMG*; vol. 24, 77.

7. *Gandhi Mela* VII, East Bay newsletter, 1995, 19.

8. M. Sherif, *In Common Predicament*(Washington, DC: Public Affairs Press, 1966).

9. B. R. Nanda, *India News*, October 1, 1994, 11.

10. D. G. Tendulkar, *Mahatma*, vol. 3, 123.

11. 같은 책, 115.

12. 이 여섯 가지 프로그램은 다음과 같다. Women(9), Kisans(peasant farmers)(14),

Labour(15), Adivasis(indigenous peoples-still a contentious issue in India)(16), Lepers(17), and in a sense Students(18). *Constructive Programme, Its Meaning and Place*는 1941년에 발행되었는데 지금까지도 여전히 유용하게 쓰인다.

13. Eknath Easwaran, trans., *The Dhammapada*(Petaluma, CA: Nilgiri Press, 1990).

14. Marie Winn, *The Plug-In Drug*(New York: Viking Press, 1980), 193.

15. 같은 책, 197.

16. Urie Bronfenbrenner, "The Origins of Alienation," *Scientific American* 231, no. 2(1974): 61.

17. Terry Orlick, *Winning through Cooperation: Competitive Insanity, Cooperative Alternatives*(Washington: Acropolis Books, 1978), 79.

18. 이것은 「애드버스터스」지에서 사용하던 용어이다. 이 용어는 다음 잡지에서도 찾아볼 수 있다. *Canadian Broadcast Review magazine*(www.broadcastdialogue.com).

19. D. G. Tendulkar, *Mahatma*, vol. 4, 50.

20. Ibid, 51.

21. Daniel Levy, "The Cantor and the Klansman," *Time*, February 14, 1992, 14-15; Kathryn Watterson, *Not by the Sword*(New York: Simon and Schuster, 1995).

22. 같은 책, 14.

23. 개인적으로 나눈 서신. Patti Malin, Coordinator, Institute for Global Communication, December 8, 1997.

24. *350 Tested Strategies to Prevent Crime: A Resource for Municipal Agencies and Community Groups*(National Crime Prevention Council, 1995), http://www.ncpc.org/ncpc/ncpc!?pg=2088-9280.

25. Transnational Forum, April 30, 1998; http://www.transnational.org 참조.

26. Ian Marshall and Danah Zohar, *Who's Afraid of Schr?dinger's Cat? All the New Science Ideas You Need to Keep Up with the New Thinking*(New York: Morrow, 1997), 139.

27. *Encyclopadia Britannica*, CD Deluxe Edition, s. v. "Chaos."

28. 같은 책.

29. Dayid J. Garrow, *Bearing the Cross: Martin Luther King, Jr. and the Southern Christian Leadership Conference*(New York: Morrow, 1986), 58.

30. 같은 책, 58, 60.

31. Patrick Gregory trans., Rene Girard, *Violence and the Sacred*(Baltimore: Johns Hopkins University, 1978); Rene Girard, *Victim of His People*(London: Athlone Press, 1987) 참조.

32. *CWMG*, vol. 56, 163.

33. Martin Luther King Jr., *Stride toward Freedom*(New York: Harper and Row, 1958), 111.

7장

1. Glenn T. Seaborg, "Premonitions after the Bombs," *Bulletin of the Atomic Scientists* 41, no. 11(1985): 33.

2. Ervin Lazlo and JongYoulYoo, *World Encyclopedia of Peace*, vol. 3(Oxford: Pergamon Press, 1986), 350.

3. Steven Huxley in *Civilian-Based Defense* newsletter(Civilian-Based Defense Association, Omaha), August 1992, 4.

4. R. K. Prabhu and U. R. Rao, *The Mind of Mahatma Gandhi*(Ahmadabad: Navajivan, 1967), 458.

5. Nuclear Freeze mailer, 1982.

6. Ralph Waldo Emerson, "War," *Instead of Violence: Writings by the Great Advocates of peace and Nonviolence Throughout History*, Arthur and Lila Weinberg, eds.(New York: Grossman Publishers, 1963), 379 재인용.

7. "Protest and Survive," *Protest and Survive*, E. P. Thompson and Dan Smith, eds.(Harmondsworth, UK: Penguin, 1980), 52.

8. 주 5 참조.

9. Eknath Easwaran, trans., *The Dhammapada*(Petaluma, CA: Nilgiri Press, 1990), 88.

10. Michael P. Rogin, *Reagan, the Movie and Other Episodes in Political Demonology*(Berkeley: University of California, 1987), 192.

11. Eknath Easwaran, *Gandhi the Man*, 145.

12. *San Francisco Chronicle*, August 18, 1998, A11.

13. Hannah Arendt, *Eichmann in Jerusalem: A Report on the Banality of Evil*(New York: Penguin Books, 1987), 85-86.

14. Mahoney and Eguren, *Unarmed Bodyguards*, 36 참조.

15. Carol Cohn, "Sex and Death in the Rational World of Defense Intellectuals," *Signs* 12, no. 4(1987): 687.

16. *UNESCO News* 5: 2(February 20, 1998): 8.

17. Mahoney and Eguren, *Unarmed Bodyguards*, 32.

18. Review of Mike McCullough, et al., *To Forgive is Human*(Downers Grove, IL: Inter Varsity Press, 1997) in *Utne Reader*, March/April 1997, 71.

19. George Lakoff and Mark Johnson, *Metaphors We Live By*(Chicago: University of Chicago, 1980); Lakoff, "Metaphor and War: The Metaphor System Used to Justify War in the Gulf," 1991 참조.

20. Ovetta Sampson, "Curse of the Word," *Santa Rosa Press Democrat*, May 16, 2000, D1-2.

21. *Bhagavad Gita*, 18.37.

22. James M. Washington, *Testament of Hope*, 211.

23. Advertisement for the U.S. Monetary War College in *Insight*(June 9, 1990): 27.

24. 같은 책.

8장

1. D. G. Tendulkar, *Mahatma: The Life of Mohandas Karamchand Gandhi*, vol. 2(New Delhi: Government of India, Publications Division, 1951), 237; CWMG, vol. 57, 107; Pyarelal, The Epic Fast, 133.

2. *CWMG*, vol. 74, 194; Prabhu and Rao, *The Mind of Mahatma Gandhi*(Ahmadabad: Navajivan, 1967), 128.

3. *CWMG*, vol 73, 24-25.

4. Charles C. Walker, *A World' Peace Guard: An Unarmed Agency for Peacekeeping*(Hyderabad: Academy of Gandhian Studies, 1981), 3.

6. Pyarelal, *The Last Phase*(Ahmadabad: Navajivan, 1968), 709.

7. 같은 책, 10.

8. 파탄(Pathan)은 파슈툰(Pashtun)을 영어식으로 발음한 것이다. 파탄 족의 거주지는 현대 파키스탄과 아프가니스칸 지역까지 걸쳐 있다.

9. Eknath Easwaran, *Nonviolent Soldier of Isham: Badshah Khan, a Man to Match His Mountains*(Petaluma, CA: Nilgiri Press, 1999), 107.

10. 같은 책, 195. 쿠다이 키드마트가르스에 관해서는 Mukulika Bannerjee, *The Pathan Unarmed: Opposition and Memory in the North West Frontier*(Karachi: Oxford University Press, 2000)를 보라.

11. 같은 책, 122-23.

12. Glenn Paige and others, *Islam and Nonviolence*(Honolulu: Matsunaga Institute for Peace, University of Hawaii, 1993); Michael Nagler, "Is There a Tradition of Nonviolence in Islam?" *War and Its Discontents: Pacifism and Quietism* in the Abrahamic Traditions, J. Patout Burns, ed.(Washington, DC: Georgetown University Press, 1996), 161-66; Mohammed Abu-Nimer, *Nonviolence and Peace Building in Islam*(Gainseville: University Press of Florida, 2003) 참조.

13. *Complete Sahih Bukhari: A Collection of the Hadith in Sahih Bukhari*, vol. 3, book 43, no. 624. www.usc.edu/dept/MSA/fundamentals/hadithsunnah/bukhari/043.sbt.html.

14. 같은 책.

15. Eknath Easwaran, *Nonviolent Soldier of Islam*, 183.

16. *CWMG*, vol. 54, 286; Prabhu and Rao, *The Mind of Mahatma Gandhi*, 452-53.

17. *CWMG*, vol. 82,167; Tendulkar, *Mahatma*, vol. 6, 69.

18. D. C. Watt in 20th Century Culture, Alan Bullock and R. B. Woodings, eds.(New York: Harper and Row, 1983), 256 참조.

19. Alberto L' Abate, "Nonviolent Interventions," *Peace Courier*, March 1994, 2 참조.

20. Stephen Zunes, "Unarmed Insurrections against Authoritarian Governments in the Third World: A New Kind of Revolution," *Third World Quarterly* 15, no, 3(1994): 417.

21. 주 19 참조.

22. 주 19 참조.

23. 그리스 철학자 헤라클리투스(HeraClitus), "Citizens should be as zealous to defend their institutions as they are their walls" (Frag. B44 [my translation]) 참조.

24. Inge Scholl, *The White Rose: Munich 1942-1943*(Middlebury, CT: Wesleyan University, 1970), 95.

25. Yeshua Moser-Puangsuwan and Thomas Weber, *Nonviolent Intervention across Borders: A Recurrent Vision*(Honolulu: University of Hawaii, 2000), 138.

26. Moser-Puangsuwan and Weber, *Nonviolent Intervention*, 14.

27. Mahoney and Eguren, *Unarmed Bodyguards*, 216.

28. Moser-Puangsuwan and Weber, *Nonviolent Intervention*, 13.

29. Christian Le Meut, interview in *Non-Violence Actualité*(February 1994): 10.

30. Peace Brigades International Report, "Sri Lanka Seminar, 1992."

31. Marge Argelyan, "Walking the Talk of Nonviolent Intervention," *Signs of the Times*(CPT newsletter)VI, no.1(1996): 2.

32. Bishop Tutu(speech, National Public Radio, January 2, 1993); Robert Siegel, ed., *The NPR Interviews*(Boston: Houghton Mifflin, 1994), 213 참조.

33. From a letter by Elise Boulding to "Colleagues Concerned with International Nonviolent Peace Services," June 10, 1994.

34. Joe S. Loya, "How Cops Are Turned," *Cleveland Plain Dealer*, August 26, 1997.

35. E. M. Forster, *A Passage to India*(New York: Harcourt, Brace and Co., 1952), 11.

36. Thomas Weber, *Gandhi' s Peace Army: The Shanti Sena and Unarmed Peacekeeping*(Syracuse: Syracuse University Press, 1996), 133.

37. Chris Hedges, "What I Read at War," *Harvard Magazine*. July/August, 2000, 61.

38. *Housman's Peace Diary*(Stony Creek, CT: New Society Publishers, 1998).

39. Adolfo Perez Esquivel, *Christ in a Poncho: Testimonials of the Nonviolent Struggles in Latin America*(New York: Orbis Books, 1984), 127.

40. *Michigan Peace Team Bulletin* 2(1998): 8.

41. Malcolm Gladwell, *The Tipping Point*(New York: Little Brown, 2000) 참조.

42. Moser-Puangsuwan and Weber, *Nonviolent Intervention*, 320.

43. Konrad Lorenz, *On Aggression*, Marjorie Kerr Wilson, trans.(New York: Harcourt, Brace & World, Inc., 1966), 284. Margaret Mead, "Warfare Is Only an Invention-Not a Biological Necessity," *The Dolphin Reader*, 2nd edition, Douglas Hunt, ed.(Boston: Houghton Mifflin Company, 1990), 415-21 참조.

44. Gerald G. Walsh and others, *St. Augustine, City of God*(New York: Image, 1958), 451, 457.

45. Swami Ramdas, *Ramdas Speaks*, 43.

46. Ray and Anderson, *The Cultural Creatives*(서문 주 4 참조).

9장

1. 22행에서 그 자신이 이미 우리에게 다음과 같이 들려주었다. 아킬레우스는 "자신의 분노로 훌륭한 헥토르의 명예를 더럽히고 있다."

2. Sri Eknath Easwaran, *The Compassionate Universe*(Berkeley, CA: Nilgiri Press, 1989), German edition.

3. 저자의 메일. "To Feel What Ima Feels," Kathy Kelly of the Voices in the Wilderness, May 24, 1998.

4. Isaac Newton, *Opticks*(London: Smith and Walford, 1704). Richard Rhodes, *The Making of the Atomic Bomb*(New York: Simon & Schuster, Touchstone, 1988), 30 재인용.

5. Metropolitan Museum exhibit catalog, September 6-December 2, 1990, 58.

6. "Every Fifth Child," *Bread for the World* newsletter, 4: 2(March 1992); *San Francisco Chronicle*, op-ed page, March 28, 1994 참조.

7. Richard Rhodes, *The Making of the Atomic Bomb*, 243.

8. Hannah Arendt, *The Origins of Totalitarianism*(New York: Harcourt, Brace and Company, 1951), 428.

9. *Gewaltfreiheit*, or "freedom from violence", and *Selbstdarstellung*. Brochure of a regional Educational Project for Peace Work(Fränkisches Bildungswerk für Friedensarbeit e. V.), 1994.

10. 주 7 참조.

11. Johan Galtung, "Violence, Peace, and Peace Research," *Journal of Peace Research*, no.3(1959): 167-91. Aldous Huxley, *Means and Ends*(New York: Harper and Brothers, 1937), 1 참조.

12. Speech, Non-Governmental Organizations, United Nations World Conference on Human Rights, Vienna, Austria, June 15, 1993. www. tibet.com/DL/vienna.html.

13. Norman Soloman, "Wizards of Media Oz: Behind the Curtain of Mainstream New's," www.labridge.com/change-links/GOODGRIEF.html 참조.

14. Saint Augustine, *Confessions* vii: 12.

15. George Orwell, "A Hanging," in *The Collected Essays, Journalism and Letters of George Orwell*, Ian Angus and Sonya Orwell, eds.(London: Secker and Warburg, 1968), 46.

16. Mishnah Sanhedrin IV:5 and Koran 5:35.

17. Abraham Isaac Kook, *The Lights of Penitence: The Moral Principles, Lights of Holiness, Essays, Letters, Poems*(New York: Paulist Press, 1978), 6.

18. www.tibet.com/DL/vienna.html 참조.

19. Mary Midgley, *Evolution as a Religion*(London: Methuen, 1985), 157.

20. 주 4 참조.

21. Eyewitness report of Nirmala Deshpande of the Association of People of Asia(speech, San Francisco, Spring 2003).

에필로그

1. Vandana Shiva, *Stolen Harvest: The Hijacking of the Global Food Supply*(Cambridge: South End Press, 2000), 4.

2. John Hume, *A New Ireland: Politics, Peace and Reconciliation*(Boulder, CO: Roberts Rinehart, 1996), 113-14.

3. Ivan Illich, "The Delinking of Peace and Development," *Alternatives* VII:4(1981): 409-16.

4. Thomas Weber, *Hugging the Trees: The Story of the Chipko Movement*(New Delhi: Penguin, 1989), 92f, 40f.

5. 더 자세한 것은 www.restorativejustice.org 참조.

6. L. Ringera Karembu, quoted in Progress Report of the African Great Lakes Initiative(*Friends Peace Teams*), Fall 2003, 1.

7. Hon. Robert Yazzie, "Life Comes from It: Navajo Justice Concepts," *New Mexico Law Review* 24(1994), 180-81, 186.

8. Saint Isaac, *The Ascetical Homilies of St. Isaac the Syrian*(Brookline, MA: Holy Transfiguration Monastery, 1984), 246.

9. William S. James, *Memories and Studies*, "The Moral Equivalent of War" (New York: Longmans, Green & Co, 1911), 290-91.

10. 5장 주 17 참조.

11. Stuart Cowan, "A Design Revolution," *Yes!*, Summer 1998, 30.

12. Thomas Taylor, trans., *Porphyry on Abstinence from Animal Food*(New York: Barnes and

Noble, 1965), 140.

행동지침

1. M. Murphy, S. Donovan, and E. Taylor, *The Physical and Psychological Effects of Meditation: A Review of Contemporary Research with a Comprehensive Bibliography, 1931-1996*, 2nd edition(Sausalito, CA: Institute of Noetic Sciences, 1999) 참조. 더 최근의 연구로는 Teresa E. Seeman, Linda Fagan Dubin, and Melvin Seeman, "Religiosity/Spirituality and Health: A Critical Review of the Evidence for Biological Pathways," *American Psychologist* 58, no.1(January 2003): 53-63이 있다.

2. *CWMG*, vol. 81, 358.

3. 6장 주 9 참조.

4. Mathew Arnold, *Culture and Anarchy*(Cambridge: Cambridge University Press, 1993), 73.

비폭력의 세계, 그러니까 비폭력을 실천하는 단체와 이에 관한 서적 및 기사들은 다행히도 급속히 늘어나고 있기 때문에 이들의 완전한 명단을 작성하려면 책 한 권이 따로 필요할 정도이다. 하지만 이 풍요한 자료의 일부라도 수록하지 않고는 이 책을 끝낼 수가 없다. 이 책에 미처 싣지 못한 기관들, 저술가들이나 개인들은 자신들이 빠진 데 대해 필자를 용서하리라 믿는다.

(여러 그룹이 내 책을 연구 동아리에서 활용했다. 이러한 관심에 부응하여 내가 지금 일하고 있는 비영리 기관인 METTA는 챕터별 스터디 가이드를 www.mettacenter.org에서 무료로 내려받을 수 있도록 했다. 아직도 컴퓨터를 쓰지 않는 행복한 소수자들은 우리 주소로 연락하면 된다.)

명상

순서대로 처리하자. 미국 밖에는 여러 가지 방법의 명상이 있지만 내가 책임 있게 이야기할 수 있는 것은 현재 내가 수행 중인 방법으로, 스리 에크나트 이스와란이 쓴 『명상(Meditation)』[닐기리 출판사(Nilgiri Press), 여러 판이 있음]에 설명되어 있다. 매우 유명한 이 책이나 블루 마운틴 명상 센터의 사업에 대해 더 알고 싶으면 우리 웹사이트인 www.nilgiri.org를 방문하거나 (800)475-2369로 전화하면 된다.

대안 미디어

급속히 확장되고 있는 대안 미디어는 본질상 특정 지역에 국한된 경우도 많다. 예를 들어 「노스베이 프로그레시브」 같은 것은 내가 사는 지역 근처에서 1천 명 정도의 독자를 갖고 있으며, 전국에서 활동 중인 수많은 저출력 라디오 방송들도 지역적인 성격을 띤다. 이러한 매체를 통해 심지어 이라크를 포함한 세계 여러 곳의 분쟁 지역을 직접 다녀온 친지들로부터 생생한 증언을 접할 수 있으며, 이들의 증언은 재래식 전문 미디어의 보도보다 훨씬 더 믿을 수 있다. 아래에 나열한 평화 그룹으로부터도 도움을 얻을 수 있을 것이다. 그러나 인터넷 시대인 오늘날 전 세계를 대상으로 활동하는 네트워크들도 많다. 현재 가장 활동적인 사이트로는 다음과 같은 것들이 있다.

www.alternet.org
www.indymedia.org
www.truthout.org
www.nationinstitute.org/tomdispatch
www.cursor.org

다음 사이트에서는 정기적으로 업데이트된 이메일을 보내줄 것이다.

www.oriononline.org
ksvp@sinewave.com

비폭력

어디서 시작해야 할지 모르겠다. 뉴욕 주의 나이액에 있는 〈화해를 위한 연대(FOR)〉는 미국 거의 전역에서 수십 년간에 걸쳐 비폭력과 관련된 지식 활동을 촉진하고 있으며, 「펠로십(Fellowship)」이라는 기관지를 출간하고 있다. FOR와 그 국제 조직인 IFOR를 통해 세계 각국에 흩어져 있는 유대평화연대 또는 불교평화연대 조직과 연락할 수 있다. 그보다 나중에 생긴 조직으로는 무바라크 아와드가 워싱턴에 설립한 〈비폭력 인터내셔널(Nonviolence International)〉이 있다. "광범위하게" 비폭력을 거부하는 〈통합사회연구소(Institute for Integrated Social Analysis)〉도 추천할 만하다. 내가 몸담고 있는 조직은 METTA(머리글자를 딴 것이기는 하지만 불교 용어로는 "사랑을 담은 친절" 또는 "비폭력"이라는 뜻이다)로, 모든 분야에서 비폭력을 교육하는 것을 전문으로 하고 있다. 비슷한 생각을 가진 프란치스코회 산하 조직으로 〈파체 에 베네(Pace e Bene)〉가 있다. 위에서 말한 모든 기관은 기부금을 받으며, 이러한 기부금은 면세 대상이다.

Fellowship of Reconciliation
P.O. Box 271
Nyack, NY 10960-9988
www.forusa.org

Nonviolence International

4545 42nd Street N.W.

Washington, DC 20016

(202) 244-0951, 또는 info@nonviolenceinternational.net

www.nonviolenceinternational.net

METTA Center for Nonviolence Education

P.O. Box 183

Tomales, CA 94971

www.mettacenter.org

Pace e Bene

1420 West Bartlett Avenue

Las Vegas, NV 89106

(702) 648-2281,

www.paceebene.org

종교 관련 및 비관련 비폭력 그룹들의 허브로는 다음 단체를 추천한다.

The Other Side

300 W. Apsley

Philadelphia, PA 19144

(800) 700-9280

www.theotherside.org

비폭력적 관점에서 유럽의 상황을 다룬 통찰력 있는 논설은 다음 사이트가 좋다.

www.transnational.org

비폭력에 관한 책('평화의 군대'를 참조)은 다음과 같다.

Stephen Zunes, Lester R. Kurtz and Sarah Beth Asher, eds., *Nonviolent Social Movements: A Geographical Perspective*(Oxford: Blackwell, 1999).

준스의 다음 글도 참고할 만하다.

Stephen Zunes, "Unarmed Insurrections against Authoritarian Governments in the Third World: A New Kind of Revolution", *Third World Quarterly* 15.3(1994): 403-26.

과거의 여러 사건에 대한 참고서적은 다음과 같다.

L. Kurtz and Jennifer Turpin, eds, *Encyclopedia of Violence, Peace and Conflict*(3 vols.)(San Diego: Academic Publishing, 1999).

또 하나는 파워즈와 보겔이 쓴 『저항, 권력, 변화(Protest, Power and Change)』 4장의 주를 보면 된다. 피터 애커먼과 잭 듀발의 『더욱 강한 힘(A Force More Powerful)』도 있다. 같은 제목으로 스티브 요크가 만든 PBS 다큐멘터리는 20세기에 발생한 비폭력적 시민 봉기를 다루고 있다. 좀더 극적인 내용을 담은 책으로는 제브 일란의 『시민의 힘(Power of the People)』이 있다. 이 책의 다른 이름은 『증오가 있는 곳(Where There Is Hatred)』이다.

다음 두 권에는 여러 저술가들과 활동가들이 쓴 뛰어난 글이 여러 편 들어 있다.

Walter Wink, ed., *Peace Is the Way*(Maryknoll, NY: Orbis Books, 2000).

G. Simon Harak, ed., *Nonviolence for the Third Millennium*(Macon, GA: Mercer University Press, 2000).

엘리즈 볼딩의 저서는 모두 추천할 만하지만 최근에 출간된 『평화의 문화(Culture of Peace)』나 『용감한 자의 비폭력(Nonviolence of the Brave)』은 특히 뛰어나다.

최근 두 권의 흥미로운 참고서적이 나왔다.

켄 부티건 등이 쓴『폭력으로부터 전체성으로(From Violene to Wholeness)』는 비폭력적 생활양식을 실험하려는 사람에게 권한다. 이 책은 파체 에 베네에서 구할 수 있다. 심각한 분쟁에 말려들어 이를 비폭력적으로 해결하고 싶은 사람들에게는 마이클 네이글러의『폭력의 제단계(The Steps of Violence)』를 추천한다. 이 책은 FOR에서 구할 수 있다.

간디

참고문헌 목록에서 이미 보았겠지만『마하트마 간디 저술 모음』이 시디롬(CD-ROM)으로 나와 있다. 웹사이트 www.gandhiserve.com을 방문하면 된다. 미국 같으면 아룬 간디 연구소가 있다. 전화번호는 (901)452-2824, 이메일은 Gandhi@cbu.edu이다. 90여 권에 이르는 간디의 저술을 책의 형태든 시디롬의 형태든 읽기 시작하기 전에 먼저 뛰어난 다음 길잡이들을 권한다. 첫째는 스리 에크나트 이스와란의『인간 간디(Gandhi the Man)』와『이슬람의 비폭력 병사(Non-violent Soldier of Islam)』이다(둘 다 닐기리 출판사에서 구할 수 있다. '명상' 항목 참조). 이에 관해 더 알고 싶으면 METTA에 연락하면 된다.

간디의 저술이나 간디에 관한 책은 아래 연락처에서 직접 구입할 수 있다.

Greenleaf Books, Canton, ME 04221, (207) 388-2860

South Asia Books, Columbia, MO, (573) 474-0116

간편한 미국판 간디 관련 서적은 Berkley Hills Books에서 나온다. 다행히도 간디에 관한 좋은 책들이 더 빠른 속도로 나오고 있다. (510) 559-8650.

새로운 형사제도

5장에서 언급한 책들 말고도 〈교도소에서의 비파사나(Doing Time, Doing Vipassana)〉라는 영화는 교도소에 수감된 사람들에게 명상을 가르치는 과감한 실험을 담고 있다. 이 실험은 인도 최대의 교도소에서 시작되어 전 세계로 퍼졌다. 아래 주소로 주문하면 된다.

Vipassana Publications

P.O. Box 15926

Seattle, WA 98115

fax: (206) 522-8295

sales@vrpa.com

「예스(Yes)!」지도 2000년 가을호에서 새로운 형사제도에 대해 크게 다루었으며, 더 많은 자료가 필요하면 하워드 제어의 『렌즈 바꾸기

(Changing Lenses)』를 참조하면 된다. 아니면 인터넷에서 "restorative justice"로 검색하면 많은 사이트를 찾아낼 수 있다. 보 로조프와 시타 로조프가 운영하는 교도소 아슈람 프로젝트(Prison Ashram Project)의 사이트도 꼭 방문해 볼 만하다.

Human Kindness Foundation

P.O. Box 61619

Durham, NC 27715

(919) 304-2220

www.humankindness.org

다음과 같은 곳들도 있다.

Alternatives to Violence Project (AVP)

Bill McMechan, International-Network Convenor

P.O. Box 157

Hastings, Ontario

K0L 1Y0 CANADA

(705) 696-2153, 또는 mcmechan.avp@sympatico.ca

Victim-Offender Reconcilation Program(VORP)

19813 N.E. 13th Street

Camas, WA 98607

(360) 260-1551, fax: (360) 260-1563

e-mail: martyprice@vorp.com

평화의 군대

국제평화여단(Peace Brigades International), 기독교 중재팀(Christian Peacemaker Teams)을 비롯하여 이 분야에서 일하는 여러 그룹(Moser-Puangsuwan과 Weber의 저서 참조) 외에도 비폭력 평화대(Nonviolent Peace Force)는 전 세계 차원에서 "평화의 군대"를 대규모로 개발하고 있다. 미국 사무소는 아래와 같다.

801 Front Avenue

St. Paul, MN 55103

(651) 487-0800

www.nonviolentpeaceforce.org

이 분야에 대한 주요 서적은 저자 주에 이미 다 들어가 있지만 아래 다시 한번 소개한다.

Yeshua Moser-Puangsuwan and Thomas Weber, *Nonviolent Intervention across Borders: A Recurrent Vision*(Honolulu:

University of Hawaii, 2000).

L. Mahoney and L. Eguren, *Unarmed Bodyguards: International Accompaniment for the Protection of Human Rights*(West Hartford, CT: Kumarian, 1997).

Thomas Weber, *Gandhi's Peace Army: The Shanti Sena and Unarmed Peacekeeping*(Syracuse: Syracuse University Press, 1996).

환경, 정의로운 경제 등을 향한 발상의 전환

기존의 사고의 틀을 이해하는 데는 (쿤의 유명한 저서 말고도) 다음 두 저서가 도움이 된다.

Malcolm Gladwell, *The Tipping Point*(New York: Little Brown, 2000).

Paul H. Ray and Sherry R. Anderson, *The Cultural Creatives*(New York: Three Rivers Press 2000).

비폭력 투쟁의 '고전'인 칩코 운동에 대해서는 토머스 웨버(Thomas Weber)의 다음 책으로 시작하면 된다.

Hugging the Trees: The Story of the Chipko Movement(New Delhi: Penguin, 1989).

워싱턴 주의 베인브리지에 자리 잡은 좋은 미래 네트워크(Positive Futures Network)와 이곳에서 발행하는 「예스!」지도 새로운 경제와 생활양식에 대한 사고를 업데이트 하는 데 도움이 된다.

새로운 물리학을 일반인들에게 소개하는 책은 많이 있지만 그중에서도 내가 가장 도움을 받은 책은 다음과 같다.

Nick Herbert, *Quantum Reality*(New York: Anchor Doubleday, 1985).

협력을 지향하는 새로운 패러다임을 설명하는 생물학 서적으로는 다음 책을 권한다.

F. B. M. de Waal, *Peacemaking among Primates*(Cambridge: Harvard University Press, 1989).

대안적 경제 모델로는 다음 책이 있다.

Hazel Henderson, *Paradigms in Progress: Life beyond Economics*(San Francisco: Berrett-Kohler, 1991-1995).

마지막으로, 비폭력적인 미래를 모색하는 다양한 분야에 걸친 희망에 찬 실험들을 전체적으로 조감하려면 다음 책을 권한다.

Frances Moore Lappé and Anna Lappé, *Hope's Edge*(New York: Tarcher Putnam, 2002).

『힘의 세 가지 얼굴』 73

지은이 마이클 네이글러 (Michael Nagler)

마이클 네이글러는 캘리포니아 대학(버클리)의 명예교수이다. 1980년대 초 '평화와 갈등 연구 프로그램 (Peace and Conflict Studies Program)'을 설립했으며, 그 이후 비폭력주의에 관해 강의해 왔다. 지금도 여전히 이 프로그램에서 강의를 하고 있다. 세계에서 가장 존경받는 평화학자 중 한 사람이자 비폭력과 명상에 관한 전문가로서 많은 글을 썼고, 전 세계를 돌며 강연도 자주 하고 있다. 지금은 캘리포니아의 토 메일리스에 살고 있다.

옮긴이 이창희

1954년 서울에서 태어났다. 서울대 불문과를 졸업하고 프랑스의 소르본 대학 통역번역대학원에서 한-영-불-통역학으로 석사학위를 받았다. 과학기술 전문 번역가 및 통역사로 오래 일해 왔으며, 현재 이화여대 통역번역대학원 부교수이다. 옮긴 책으로 『과학이 풀지 못한 수수께끼』, 『교과서에서 배우지 못한 과학 이야기』, 『과학의 세계, 미지의 세계』, 『아인슈타인도 몰랐던 과학 이야기』, 『예수도 몰랐던 크리스마스의 과학』, 『지난 2천년 동안의 위대한 발명』, 『진화』, 『21세기의 신과 과학 그리고 인간』, 『말리와 나』 등이 있다.

폭력 없는 미래

비 폭 력 이 살 길 이 다

2008년 5월 10일 1판 1쇄 발행
2009년 6월 10일 1판 1쇄 발행

지은이 마이클 네이글러
옮긴이 이창희
펴낸이 조추자
펴낸곳 도서출판 두레
등록 1978년 8월 17일 제1-101호
주소 서울시 마포구 공덕1동 105-225
전화 02) 702-2119, 703-8781
팩스 02) 715-9420
E-mail dourei@chol.com

ISBN 978-89-7443-081-8 03330

* 가격은 뒤표지에 적혀 있습니다. 잘못 만들어진 책은 바꾸어 드립니다.

이 도서의 국립중앙도서관 출판시도서목록(CIP)은 e-CIP 홈페이지
(http://www.nl.go.kr/ecip)에서 이용하실 수 있습니다. (CIP제어번호: CIP2008001103)